PONS

REISE-SPRACHFÜHRER

AMERIKANISCH

Mit vertonten Beispielsätzen zum Anhören

PONS GmbH
Stuttgart

PONS Reise-Sprachführer
Amerikanisch

Bearbeitet von: Sarah Mamer, Anette Dralle

1. Auflage 2015 (1,01 - 2015)

www.pons.de
E-Mail: info@pons.de

Projektleitung: Gabriela Neumann
Redaktion: Barbara Pflüger, Stuttgart
Umschlaggestaltung: Anne Helbich, Stuttgart
Umschlagfotos: Thinkstock/Pawel Gaul; Thinkstock/Jupiterimages
Logoentwurf: Erwin Poell, Heidelberg
Satz: Datagroup int. SRL, Timisoara
Logoüberarbeitung: Sabine Redlin, Ludwigsburg
Druck: L.E.G.O. S.p.A., Lavis (TN)
Printed in Italy

ISBN 978-3-12-518135-9

Liebe Leserin, lieber Leser,

Sie reisen nach Amerika und Sie freuen sich darauf, in das Land einzutauchen, die Menschen kennenzulernen und die Kultur zu erleben? Mit dem Reise-Sprachführer von PONS haben Sie hierfür immer die richtigen Worte parat.

Ob Sie Konzertkarten besorgen möchten oder eine Reifenpanne haben: In **zehn thematischen Kapiteln** finden Sie den passenden Satz für jede Situation. Und wenn es schnell gehen muss, schlagen Sie einfach im **ausführlichen Wörterbuch** nach.

Sind die nötigsten Dinge geregelt, kann der Genuss beginnen. Schlemmen Sie sich einfach durch das Land - mit der **beiliegenden Speisekarte** finden Sie dafür garantiert die passenden Worte. So erleben Sie das Land noch intensiver.

Als kleines Extra für Sie: Laden Sie die passenden **Sounds** zu den wichtigsten Wörtern und Sätzen von www.pons.de/reise-sprachfuehrer-amerikanisch runter und trainieren Sie damit Ihre Aussprache.

Ganz egal wie individuell Sie Ihre Reise gestalten: Der Reise-Sprachführer von PONS bietet Ihnen alles, was Sie brauchen, um auch jenseits der Touristenpfade Amerika zu entdecken.

Eine schöne Reise wünscht Ihnen

Ihre

PONS Redaktion

Inhalt

Wie spricht man das aus?

Damit Sie jedes Wort und jeden Satz richtig aussprechen, haben wir allen Begriffen und Wendungen eine Lautschrift beigefügt. Die folgende Übersicht zeigt Ihnen, wie Sie die phonetischen Zeichen richtig aussprechen.

Die Darstellung der Aussprache folgt den Regeln des *NTC – Dictionary of American English Pronunciation* von Bernard Silverstein, National Textbook Company.

ˈ	vor einer Silbe bedeutet, dass die nachfolgende Silbe betont ist. Bei einer Hauptbetonung steht das Zeichen oben vor der Silbe, bei einer Nebenbetonung unten; z. B. [ˈtɛlɪˌvɪʒn].	
‿	zwischen zwei Wörtern bedeutet, dass man den letzten Buchstaben des ersten Wortes zum nächsten Wort hinüberzieht: this is [ðɪs‿ɪz].	
i	langes i wie W**ie**n	bean [bin]
ɪ	wie L**i**ste	film [fɪlm]
e	wie g**e**hen	station [ˈsteʃn], way [wej]
ɛ	wie B**ä**cker	well [wɛl]
æ	ganz offener ä-Laut, etwa zwischen B**ä**cker und b**a**cken	happy [ˈhæpi], ham [hæm]
ɚ	ähnlich wie das ö in M**ö**rder, Lippen nicht runden	German [ˈdʒɚmən], Germany [ˈdʒɚməni]
ə	kurzes, schwaches, nur angedeutetes e, etwa wie in Sof**a**	about [əˈbæʊt], welcome [ˈwɛlkəm]
u	langes u wie P**u**ma	room [rum]
ʊ	wie R**u**ck	look [lʊk]
o	langes **o** wie in **o**hne	go [go]
ɔ	langes offenes o, etwa wie in H**or**n	hall [hɔl], all [ɔl]
ɑ	langes a, etwa wie in S**ah**ne	John [dʒɑn], not [nɑt]
ɑɪ	wie M**ai**, d**ei**n	nice [nɑɪs]
æʊ	wie in M**au**s	now [næʊ]
ɔɪ	offenes kurzes o, dann zu i gleiten, wie in h**eu**te	boy [bɔɪ], Roy [rɔɪ]
ŋ	wie in la**ng**, kra**nk**	England [ˈɪŋglənd]

r	Zunge an den Gaumen heben und leicht zurückbiegen	Robert [ˈrɑbɚt], from [frəm]
s	wie in rei**ß**en, la**ss**en	salad [ˈsæləd], sir [sɚ]
z	wie in le**s**en, rei**s**en	is [ɪz], zoo [zu]
θ	[s] gesprochen mit der Zungenspitze zwischen den Zähnen	thank you [ˈθæŋk ju]
ð	[z] gesprochen mit der Zungenspitze zwischen den Zähnen	this [ðɪs], there [ðɛr]
ʃ	wie in Ti**sch**	ship [ʃɪp], she [ʃi]
tʃ	t mit nachfolgendem [ʃ], tsch-Laut	cheese [tʃiz]
ʒ	wie in Gara**g**e, Lo**g**e	television [ˈtɛlɪˌvɪʒn]
dʒ	d und gleich anschließender [ʒ]-Laut, wie in In**ge**nieur	John [dʒɑn], German [ˈdʒɚmən]
v	etwa wie in **W**ein, **W**asser, **V**ioline	invitation [ˌɪnvɪˈteʃn]
w	nicht wie dt. w, sondern mit vorgestülpten Lippen ein kurzes u bilden, dann schnell zum nachfolgenden Laut übergehen	way [wej], welcome [ˈwɛlkəm]

Beachten Sie: Ein „d" am Wortende darf nicht wie ein „t" ausgesprochen werden, sondern muss deutlich als „d" hörbar sein: cold [kold]. Ebenso darf ein „g" am Wortende nicht wie ein „k" ausgesprochen werden, sondern muss deutlich als „g" hörbar sein: egg [ɛg]. Das gilt auch für „b": job [dʃɑb]

DAS ALPHABET

Können Sie mir das buchstabieren?

In manchen Situationen, z. B. am Telefon, hilft meist nur das Buchstabieren. Damit es dabei zu keinen Missverständnissen kommt, anbei für Sie das Alphabet mit der richtigen Aussprache.

A	a	[e]	J	j	[dze]	S	s	[ɛs]
B	b	[bi]	K	k	[ke]	T	t	[ti]
C	c	[si]	L	l	[ɛl]	U	u	[ju]
D	d	[di]	M	m	[ɛm]	V	v	[vi]
E	e	[i]	N	n	[ɛn]	W	w	[ˈdəblju]
F	f	[ɛf]	O	o	[o]	X	x	[ɛks]
G	g	[dʒi]	P	p	[pi]	Y	y	[waɪ]
H	h	[etʃ]	Q	q	[kju]	Z	z	[zi]
I	i	[aɪ]	R	r	[ɑɚ]			

„Was bedeutet ...?“

Mit dieser Liste finden Sie sich im PONS Reise-Sprachführer Amerikanisch schnell zurecht.

ABKÜRZUNGEN IM REISE-SPRACHFÜHRER

adj	Adjektiv, Eigenschaftswort	adjective
adv	Adverb, Umstandswort	adverb
conj	Konjunktion, Bindewort	conjunction
el	Elektrotechnik, Elektrizität	electricity
f	Femininum, weiblich	feminine gender
fam	Umgangssprache, familiär	familiar, colloquial
fig	bildlich, übertragen	figurative
m	Maskulinum, männlich	masculine gender
n	Neutrum, sächlich	neuter gender
pl	Plural, Mehrzahl	plural
poss prn	Possessivpronomen, besitzanzeigendes Fürwort	possessive pronoun
prp	Präposition, Verhältniswort	preposition
rel	kirchlich, geistlich	religious
sing	Singular, Einzahl	singular
s.o.	jemand	someone
s.th.	etwas	something
tele	Telekommunikation, Nachrichtentechnik	telecommunications
v	Verb, Zeitwort	verb

Das Allernotwendigste

Morgen um 16.00 Uhr an der Bar.

Manche Verabredungen beschränken sich auf das Notwendigste. Dennoch können schon kleinste sprachliche Missverständnisse großes persönliches Unverständnis nach sich ziehen

Für den leichten Einstieg: Hier finden Sie die nützlichsten Wörter und Ausdrücke auf einen Blick.

DIE BASICS

Ja.
Yes. [jɛs]
Yeah. [jæ]

Nein.
No. [no]

Bitte.
Please. [pliz]

Danke!
Thank you. [ˈθæŋkju]

Vielen Dank!
Thanks a lot. [ˈθæŋks ə lɑt]

Danke, gleichfalls!
Thanks. Same to you!
[ˈθæŋks. sem tə ˈju]

Bitte!/Gern geschehen!
You're welcome. [juɚ ˈwɛlkəm]

Nichts zu danken!
Don't mention it!
[dont ˈmɛntʃn ɪt]
No problem! [no ˈprɑbləm]

Wie bitte?
Pardon me? [ˈpɑɚdn ˈmi]
What did you say? [ˈwət dɪd jə se]

Selbstverständlich!
Of course. [əv ˈkɔɚs]

Einverstanden!
OK! [ˌoˈke]
All right! [ˈɔl ˈraɪt]

Okay!
OK! [ˌoˈke]

In Ordnung!
All right! [ˈɔl ˈraɪt]

Entschuldigung!/Verzeihung!
Excuse me! [ɪkˈskjus mi]
Pardon me! [ˈpɑɚdən mi]
Sorry! [ˈsɔɚi]

Einen Augenblick, bitte!
Just a second, please.
[ˌdʒəst‿ə ˈsɛknd ˌpliz]

Das reicht jetzt!
That's enough! [ˈðætz ɪˈnəf]
That'll do! [ˈðædəl du]

Hilfe!
Help! [hɛlp]

Ich hätte gern ...
I'd like ... [aɪd laɪk]

Gibt es ...?
Is there ...?/Are there ...?
[ˈɪz ðɛɚ/ˈɑɚ ðɛɚ]

WER? WIE? WAS?

Wer?
Who? [hu]

Was?
What? [wət]

Welcher?/Welche?/Welches?
Which? [wɪtʃ]

Wem?
To whom? [tu ˈhum]

Wen?
Who? [hu]

Wo?
Where? [wɛɚ]

Woher?
Where ... from? [wɛɚ … frəm]

Wohin?
Where ... to? [wɛɚ … tu]

Wo ist ...?/Wo sind ...?
Where's ...? [wɛɚz]
Where are ...? [wɛɚ ɑɚ]

Warum?/Weshalb?/Wozu?
Why ? [waɪ]

Wie?
How? [hæʊ]

Wie viel?
How much? [ˌhæʊ ˈmətʃ]

Wie lange?
How long? [ˌhæʊ ˈlɔŋ]

Wann?
When? [wɛn]

Um wie viel Uhr?
When/What time...?
[wɛn/wət taɪm]

ZAHLEN – MASSE – GEWICHTE

Gut zu wissen

Die Null heißt **zero**, die Eins wird handschriftlich als einfacher Strich, die Sieben wird ohne Querstrich geschrieben. Man lässt nach **hundred** oft das **and** weg, z. B. **one hundred twenty**. Eine Milliarde heißt **one billion = 1,000,000,000**. In Englischen werden Tausender mit einem Komma gegliedert (nicht wie im Deutschen mit einem Punkt). Dagegen werden Dezimalzahlen mit einem Punkt gegliedert, z. B: **2.4 (two point four) feet**. Währungssymbole werden direkt vor die Zahl geschrieben, z. B. **$32.50 (thirty-two dollars and fifty cents)**.

0
oh [o]; zero [ˈzɪro]

1
one [wən]

2
two [tu]

3
three [θri]

4
four [fɔɚ]

5
five [faɪv]

6
six [sɪks]

7
seven [ˈsɛvn]

8
eight [et]

9
nine [naɪn]

10
ten [tɛn]

11
eleven [ɪˈlɛvn]

12
twelve [twɛlv]

13
thirteen [ˈθɚˌtin]

14
fourteen [ˈfɔɚˌtin]

15
fifteen [ˈfɪfˌtin]

16
sixteen [ˈsɪksˌtin]

17
seventeen [ˈsɛvnˌtin]

18
eighteen [ˈeˌtin]

19
nineteen [ˈnaɪnˌtin]

20
twenty [ˈtwɛni]

21
twenty-one [ˌtwɛniˈwən]

22
twenty-two [ˌtwɛniˈtu]

23
twenty-three [ˌtwɛniˈθri]

24
twenty-four [ˌtwɛniˈfɔɚ]

25
twenty-five [ˌtwɛniˈfaɪv]

26
twenty-six [ˌtwɛniˈsɪks]

27
twenty-seven [ˌtwɛniˈsɛvn]

28
twenty-eight [ˌtwɛniˈet]

29
twenty-nine [ˌtwɛniˈnaɪn]

30
thirty [ˈθɚdi]

31
thirty-one [ˌθɚdiˈwən]

32
thirty-two [ˌθɚdiˈtu]

40
forty [ˈfɔɚdi]

50
fifty [ˈfɪfti]

60
sixty [ˈsɪksti]

70
seventy [ˈsɛvndi]

80
eighty [ˈedi]

90
ninety [ˈnaɪndi]

100
a (one) hundred [ə (ˈwən) ˈhəndrɪd]

101
a (one) hundred and one
[ə (ˈwən) ˈhəndrɪd‿ənd ˈwən]

200
two hundred [ˈtu ˈhəndrɪd]

300
three hundred [ˈθri ˈhəndrɪd]

1,000
a thousand [ə ˈθæʊsənd]

2,000
two thousand [tu ˈθæʊsənd]

10,000
ten thousand [tɛn ˈθæʊsənd]

100,000
a (one) hundred thousand
[ə (ˈwən) ˈhəndrɪd ˈθæʊsənd]

1,000,000
a (one) million [ə (ˈwən) ˈmɪljɪn]

1.
1st, first [fɚst]

2.
2nd, second [ˈsɛknd]

3.
3rd, third [θɚd]

4.
4th, fourth [fɔɚθ]

5.
5th, fifth [fɪfθ]

6.
6th, sixth [sɪksθ]

7.
7th, seventh [ˈsɛvnθ]

8.
8th, eighth [eθ]

9.
9th, ninth [naɪnθ]

10.
10th, tenth [tɛnθ]

1/2
a half [ə ˈhæf]

1/3
a (one) third [ə (ˈwən) ˈθɚd]

1/4
a (one) fourth [ə (ˈwən) ˈfɔɚθ]

3/4
three-fourths [ˈθriˈfɔɚθs]

3,5%
3.5% [ˈθri pɔɪnt ˈfaɪv pɚˈsɛnt]

27 °C (82 °F)
twenty-seven degrees Centigrade
[ˌtwɛniˈsɛvn dɪˈgriz ˈsɛntəˌgred];
(eighty-two degrees Fahrenheit)
[ˈetiˌtu dɪˈgriz ˈfæɚənˌhaɪt]

-5 °
five degrees below zero
[ˈfaɪv dɪˈgriz bɪˈlo ˈzɪro]

2015
two thousand and fifteen
[tu ˈθæʊzənd fɪfˈtin]

2016
two thousand and sixteen
[tu ˈθæʊzənd sɪksˈtin]

Maße und Gewichte

1 inch	(in)	= 2,54 cm		
1 foot	(ft)	= 12 inches	= 30,48 cm	
1 yard	(yd)	= 3 feet	= 0,91 m	
1 mile	(m)	= 5280 feet	= 1760 yards	= 1,609 km*
1 nautical	mile	= 1,852 km		
1 pint	(pt)	= 0,47 Liter		
1 quart	(qt)	= 2 pints	= 0,95 Liter	
1 gallon	(gal)	= 4 quarts	= 3,79 Liter	
1 ounce	(oz)	= 28,35 gr		
1 pound	(lb)	= 16 ounces	= 453,59 gr	
1 hundredweight (cwt)			= 100 pounds	= 45,4 kg
1 ton = 20 hundredweight			= 907,2 kg	

*Faustregel: Kilometer x 5/8 = Meilen
Meilen x 8/5 = Kilometer

Das 24-Stunden-System

... wird in den USA hauptsächlich für das Militär oder für Fahrpläne gebraucht. Im Alltag kommen Sie mit 12 Stunden aus: für die Zeiten von Mitternacht bis 12 Uhr mittags in Verbindung mit **a.m.** und von 12 Uhr mittags bis Mitternacht mit **p.m.**, d. h. **2 a.m.** = *2 Uhr morgens* und **2 p.m.** = *14 Uhr*.

Uhrzeit und Tageszeiten

Wie viel Uhr ist es bitte?
What time is it, please? [ˌwət ˈtaɪm ɪz‿ɪt pliz]

Es ist (genau/ungefähr) ...
It's (exactly/about) ... [ɪts (ɪɡˈzæktli/əˈbæʊt)]

- ***3 Uhr.***
  three o'clock. [ˈθri‿əˈklɑk]
- ***5 nach 3.***
  five after three. [ˈfaɪv ˈæftɚ ˈθri]
- ***3 Uhr 10.***
  ten after three. [ˈtɛn ˈæftɚ ˈθri]

Achtung

Anders als im britischen Englisch benutzen die Amerikaner sowohl **of/to** statt nur **to** und **after** statt **past**, z. B.:
It's quarter of four./It's quarter to four. = *Es ist Viertel vor vier.*
It's five after ten. = *Es ist fünf nach zehn.*

- ***Viertel nach 3.***
  quarter after three. [ˈkwɔɚdɚ ˈæftɚ ˈθri]
- ***halb 4.***
  three thirty. [ˈθri ˈθɚdi]
- ***Viertel vor 4.***
  quarter to (of) four. [ˈkwɔɚdɚ tə (əv) ˈfɔɚ]
- ***5 vor 4.***
  five to (of) four. [ˈfaɪv tə (əv) ˈfɔɚ]
- ***12 Uhr Mittag/Mitternacht.***
  noon/midnight. [nun/ˈmɪdnaɪt]

Um wie viel Uhr?/Wann?
What time? [ˌwət ˈtaɪm]
When? [wɛn]

Um 1 Uhr.
At one o'clock. [æt ˈwən‿əˈklɑk]

Um 2 Uhr.
At two o'clock. [æt ˈtu əˈklɑk]

Gegen 4 Uhr.
At about four o'clock. [æt‿əˈbæʊt ˈfɔɚ‿əˈklɑk]

In einer Stunde.
In an hour. [ɪn‿ən‿ˈæʊɚ]

In zwei Stunden.
In two hours. [ɪn ˈtu ˈæʊɚz]

Nicht vor 9 Uhr morgens.
Not before nine a.m. [ˈnɑt bɪˈfɔɚ ˈnaɪn‿ˌeˈɛm]

Nach 8 Uhr abends.
After eight p.m. [ˈæftɚ‿ˈet ˌpiˈɛm]

Zwischen 3 und 4.
Between three and four. [bɪˈtwin ˈθri‿ənd ˈfɔɚ]

Wie lange?
How long? [ˌhæʊ ˈlɔŋ]

Zwei Stunden (lang).
For two hours. [fɔɚ ˈtu ˈæʊɚz]

Von 10 bis 11.
From ten to eleven. [frəm ˈtɛn tʊ‿ɪˈlɛvn]

Bis 5 Uhr.
Till five o'clock. [tɪl ˈfaɪv‿əˈklɑk]

Seit wann?
Since when? [sɪns ˈwɛn]

Seit 8 Uhr morgens.
Since eight a.m. [sɪns‿ˈet‿ˌeˈɛm]

Seit einer halben Stunde.
For half an hour. [fɔɚ ˈhæf‿ən‿ˈæʊɚ]

Seit acht Tagen.
For a week. [fɔɚ‿ə ˈwik]

ab und zu	once in awhile [wɔns ɪn͜ ə waɪl]
Abenddämmerung	dusk [dəsk]; twilight [ˈtwaɪlaɪt]
abends	in the evening [ɪn ði͜ ˈivnɪŋ]
am Sonntag	on Sunday [ɔn ˈsənde]
am Wochenende	over the weekend [ovɚ ðə ˈwikˌɛnd]
bald	soon [sun]
diese Woche	this week [ˌðɪs ˈwik]
früh	early [ˈɚli]
früher	earlier [ˈɚliɚ]
gegen Mittag	about noon/lunchtime [əˈbæʊt ˈnun/ˈləntʃˌtaɪm]
gestern	yesterday [ˈjɛstɚde]
heute	today [təˈde]
heute Morgen/heute Abend	this morning/this evening (tonight) [ˌðɪs ˈmɔɚnɪŋ/ðɪs ˈivnɪŋ (təˈnaɪt)]
in 14 Tagen	in two weeks (’ time) [ɪn ˈtu wiks (ˈtaɪm)]
in einer Woche	in a week [ɪn͜ ə wik]
innerhalb einer Woche	within a week [wɪˈðɪn͜ ə ˈwik]
jeden Tag	every day [ˈɛvri ˈde]
jetzt	now [næʊ]
kürzlich	recently [ˈrisəntli]
letzten Montag	last Monday [ˈlæst ˈmənde]
manchmal	sometimes [ˈsəmtaɪmz]
mittags	at lunchtime [æt ˈləntʃˌtaɪm]
Morgendämmerung	dawn [dɔn]
morgen	tomorrow [təˈmɑɚo]
morgen früh/morgen Abend	tomorrow morning/tomorrow evening [təˈmɑɚo ˈmɔɚnɪŋ/təˈmɑɚo ˈivnɪŋ]
morgens	in the morning [ɪn ðə ˈmɔɚnɪŋ]
nachmittags	in the afternoon [ɪn ðɪ͜ˌæftɚˈnun]
nächstes Jahr	next year [ˈnɛkst ˈjɪɚ]
nachts	at night [æt ˈnaɪt]
Sonnenaufgang	sunrise [ˈsənraɪz]
Sonnenuntergang	sunset [ˈsənsɛt]
spät	late [let]
später	later [ˈledɚ]
stündlich	every hour [ˈɛvri͜ˈæʊɚ]; hourly [ˈæʊɚli]
täglich	every day [ˈɛvri ˈde]; daily [ˈdeli]
tagsüber	during the day [ˈdʊrɪŋ ðə ˈde]
übermorgen	the day after tomorrow [ðə ˈde͜ˌæftɚ təˈmɑɚo]
um diese Zeit	about this time [əˈbæʊt ðɪs ˈtaɪm]
vor zehn Minuten	ten minutes ago [ˈtɛn ˈmɪnɪts͜ əˈgo]
vorgestern	the day before yesterday [ðə ˈde bɪˈfɔɚ ˈjɛstɚde]
vormittags	in the morning [ˈɪn ðə ˈmɔɚnɪŋ]

RUND UMS JAHR

Wochentage

Montag	Monday ['mənde]
Dienstag	Tuesday ['tuzde]
Mittwoch	Wednesday ['wɛnzde]
Donnerstag	Thursday ['θɚzde]
Freitag	Friday ['fraɪde]
Samstag	Saturday ['sædɚde]
Sonntag	Sunday ['sənde]

Monate

Januar	January ['dʒænju͵ɛɚi]
Februar	February ['fɛbru͵ɛɚi]
März	March [maɚtʃ]
April	April ['eprəl]
Mai	May [me]
Juni	June [dʒun]
Juli	July [dʒʊ'laɪ]
August	August ['ɔgəst]
September	September [sɛp'tɛmbɚ]
Oktober	October [ak'tobɚ]
November	November [no'vɛmbɚ]
Dezember	December [dɪ'sɛmbɚ]

Jahreszeiten

der Frühling	spring [sprɪng]
der Sommer	summer ['səmɚ]
der Herbst	fall ['fɔl]
der Winter	winter ['wɪntɚ]

Langes Wochenende

Die gesetzlichen Feiertage heißen in den USA **public holidays**. Oft werden Feiertage in den Vereinigten Staaten auf einen Montag gelegt, so dass sich ein langes Wochenende ergibt (z. B. **President's Day**).
In den Vereinigten Staaten gibt es wesentlich weniger Feiertage als z. B. in Deutschland. Zwei von besonderer Bedeutung sind **the 4th of July** und **Thanksgiving**.
Der **Independence Day**, der *Unabhängigkeitstag* am 4. Juli, wird mit Feuerwerk und Picknicks gefeiert.
Thanksgiving (in etwa *Erntedankfest*) ist der vierte Donnerstag im November. Man feiert ihn zusammen mit der Familie und üppigem Essen: Unter anderem muss **turkey**, ein *Truthahn*, dabei sein.

Feiertage

Silvester
New Year's Eve [ˈnu ˌjɪɚz ˈiv]

Neujahr
New Year's Day [ˈnu ˌjɪɚz ˈde]

Martin Luther Kings Geburtstag
(3. Montag im Januar) Martin Luther King Jr.'s Birthday [ˈmɑɚtɪn ˈluθɚ kɪŋ ˈdʒʊnjɚz ˈbɚθˌde]

Lincolns und Washingtons Geburtstage
(3. Montag im Februar) President's Day [ˈprɛzɪdəntz de]

Karfreitag
Good Friday [ˈgʊd ˈfraɪde]

Ostern
Easter [ˈistɚ]

Ostermontag
Easter Monday [ˈistɚ ˈmənde]

Volkstrauertag
(letzter Montag im Mai) Memorial Day [mɛˈmɔɚiəl de]

Unabhängigkeitstag
(4. Juli) Independence Day [ˌɪndɪˈpɛndəns ˌde]

Tag der Arbeit
(1. Montag im September) Labor Day [ˈlebɚ de]

Kolumbustag
(2. Montag im Oktober) Columbus Day [kəˈləmbəs de]

Abend vor Allerheiligen
(31. Oktober) Halloween [ˌhæləˈwin]

Erntedank
(4. Donnerstag im November) Thanksgiving [ˈθæŋksˌgɪvɪŋ]

jüdische Feiertage
(8 Tage im Dezember) Hanukkah [ˈhɑnəkə]

Heiliger Abend
Christmas Eve [ˈkrɪsməs‿ˈiv]

Santa Claus

In den USA wird Weihnachten am 24. und 25. Dezember gefeiert. In der Nacht zum 25. kommt **Santa Claus** durch den Kamin und bringt den Kindern Geschenke, die am nächsten Morgen ausgepackt werden. Der 2. Weihnachtstag wird nicht gefeiert.
An Silvester gibt es viele Feste, aber traditionellerweise kein Feuerwerk. Dafür wird der 4. Juli – der Unabhängigkeitstag – mit Feuerwerk gefeiert.

Weihnachten	Christmas [ˈkrɪsməs]
1. Weihnachtsfeiertag	Christmas Day [ˈkrɪsməs ˈde]
Silvesterabend	New Year's Eve [ˈnu ˌjɪɚz‿ˈiv]

Datum

Erst der Monat, dann der Tag

Wenn das Datum nur in Zahlen geschrieben wird, kommt in Nordamerika der Monat vor dem Tag, z. B. **10/3/15** (= *3. Oktober 2015*).

Können Sie mir bitte sagen, den Wievielten wir heute haben?
What's the date today? [wətz ðə ˈdet təˈde]

Heute ist der 4. August.
Today's August 4th. [təˈdez‿ˈɔgəst fɔɚθ]

Reiseplanung

Hotel oder Ferienwohnung?

Eine Reise zu planen ist eine organisatorische Meisterleistung. Wenn Ihnen ein Sprachführer zur Seite steht, schmälert das keineswegs Ihre Leistung: es vereinfacht sie.

ESTA

Touristen aus Deutschland, Österreich und der Schweiz reisen in aller Regel im Rahmen des **Visa Waiver-Programms** (**VWP**) in die USA ein. Seit Beginn des Jahres 2009 ist es zwingend erforderlich, sich die elektronische Einreiseerlaubnis (**Electronic System for Travel Authorization, ESTA**) einzuholen. Erkundigen Sie sich auf jeden Fall auch bei Ihrer Botschaft oder in Deutschland beim Auswärtigen Amt. Die Erlaubnis können Sie unter https://esta.cbp.dhs.gov/esta/esta.html anfordern. Es ist ratsam, die ausgedruckte Erlaubnis während der gesamten Reise bei sich zu tragen.

HOTELBUCHUNG PER E-MAIL

Keine Zeit, in der Fremdsprache auf die Schnelle Mails zu formulieren? Mit diesen fertigen Texten können Sie sichergehen, dass die Buchung klappt.

Sehr geehrte Damen und Herren,

vom 24. bis 26. Juni hätte ich gern für zwei Nächte ein Einzel-/Doppel-/Zweibettzimmer. Bitte teilen Sie mir mit, ob Sie ein Zimmer frei haben und was es pro Nacht, einschließlich Frühstück kostet.

Mit freundlichen Grüßen

Dear Sir or Madam,

I would like to book a single/double/twin-bedded room for 2 nights on June 24th and 25th. Please let me know if you have any vacancies and the total cost per night (breakfast included).

Yours sincerely,

AUTOVERMIETUNG PER E-MAIL

Sehr geehrte Damen und Herren,

für die Zeit vom 20. - 25. Juli möchte ich gern ab Flughafen Los Angeles, Kalifornien einen Kleinwagen/einen Mittelklassewagen/ eine Luxuslimousine/einen Kleinbus mieten. Mein Rückflug geht ab San Francisco und deshalb möchte ich das Auto dort zurückgeben. Bitte teilen Sie mir Ihre Tarife mit und welche Unterlagen ich benötige.

Mit freundlichen Grüßen

Dear Sir/Madam,

I would like to rent a Economy/intermediate/luxury/van from July 20-25 from Los Angeles airport. I depart from San Francisco airport so I would like to leave the vehicle there. Please inform me of your rental rates and what documents I would need to have.

Yours sincerely,

ALLGEMEINE FRAGEN

Hotel – Pension – Privatzimmer

Ich suche ein Hotel, jedoch nicht zu teuer – etwas in der mittleren Preislage.
I'd like to stay in a hotel, but nothing too expensive – something in the mid-price range.
[aɪd laɪk tə ste ɪn ə hoˈtɛl bət ˈnəθɪŋ tu ɪkˈspɛnsɪv ˈsəmθɪŋ ɪn ðə mɪd praɪs rendʒ]

Ich suche ein Hotel mit Hallenbad/Golfplatz/Tennisplätzen.
I'd like to stay in a hotel with a swimming pool/a golf course/tennis courts. [aɪd laɪk tə ste ɪn‿ə hoˈtɛl wɪð ə ˈswɪmɪŋ pul/ə ˈgɑlf kɔɚs/ˈtɛnɪs kɔɚts]

Können Sie mir ein schönes Fremdenzimmer mit Frühstück empfehlen?
Can you recommend a good bed-and-breakfast?
[ˈkæn jʊ ˌrɛkəˈmɛnd‿ə gud ˈbɛdn ˈbrɛkfəst]

Für wie viele Leute soll es sein?
How many people does it sleep? [hæʊ ˈmɛni ˈpipl dəz‿ɪt ˈslip]

Können Sie mir ein kinderfreundliches Hotel empfehlen?
Can you recommend a child-friendly hotel, please?
[kæn‿ju ˌrɛkəˈmɛnd ə ˌtʃaɪldˈfrɛndlɪ hoˈtel pliz]

Könnten Sie mir bitte Informationen senden, welche Hotels in ... für Rollstuhlfahrer geeignet sind.
Could you please send me information about which hotels in... are suitable for people with wheelchairs?
[kʊd ju pliz sɛnd mi ɪnfɚˈmeʃn əˈbaʊt wɪtʃ hoˈtɛlz ɪn ... ɑɚ ˈsutɪbl fɔɚ ˈpipəl wiθ ˈwiltʃɛɚz]

Könnten Sie mir bitte sagen, welche Hotels und Campingplätze behindertengerechte Einrichtungen haben?
Could you please tell me which hotels and campgrounds have special facilities for the disabled? [kʊd ju pliz tɛl mi wɪtʃ hoˈtɛlz‿ænd ˈkæmpgraʊndz hæv ˈspɛʃəl fəˈsɪlɪtiz fɔr ðə dɪsˈebəld]

Ist es möglich, ein weiteres Bett in einem der Zimmer aufzustellen?
Is it possible to put an extra bed in one of the rooms?
[ɪz‿ɪt ˈpɔsɪbl tə pʊt‿ən ˈɛkstrə bɛd‿ɪn wɔn‿əv ðə rumz]

Wie viel kostet das pro Woche?
How much does that cost per week?
[hæʊ mətʃ dəz ðæt kɔst pɚ wik]

Ferienhäuser/Ferienwohnungen

Ich suche eine Ferienwohnung oder einen Bungalow.
I'm looking for a fully furnished apartment/cabin or bungalow.
[ɪam ˈlʊkiŋ fɔɚ‿ə ˈfʊli ˌfɚnɪʃt‿əˈpaɚtmənt/ˈkæbɪn ɔɚ ˈbəngəlo]

Gibt es ...?
Is there ...? [ɪz ðɛɚ]

- ***ein Kinderbett***
  a baby's crib [ə ˈbebɪz krɪb]
- ***ein Zustellbett***
  a cot [ə kɑt]
- ***einen Hochstuhl***
  a high chair [ə ˈhɑɪ tʃɛɚ]
- ***einen Fernseher***
  a TV [ə ˌtiˈvi]
- ***ein Telefon***
  a telephone [ə ˈtɛlɪfon]
- ***eine Waschmaschine***
  a washing machine [ə ˈwɑʃɪŋ məˈʃin]

- ***eine Spülmaschine***
  a dishwasher [ə ˈdɪʃwaʃɚ]
- ***eine Mikrowelle***
  a microwave [ə ˈmaɪkrowev]

Sind die Stromkosten im Preis eingeschlossen?
Is electricity included in the price? [ɪz əlɛkˈtrɪsɪti ɪnˈkludɪd ɪn ðə praɪs]

Werden Bettwäsche und Handtücher gestellt?
Are bed linens and towels provided?
[ɑɚ ˈbɛdˌlɪnɪnz‿ənd ˈtæʊəlz prəˈvaɪdɪd]

Wie viel muss ich anzahlen und wann ist die Anzahlung fällig?
How much deposit do you require and how long in advance?
[hæʊ mətʃ dɪˈpazɪt du ju rɪˈkwaɪɚ ənd hæʊ laŋ ɪn‿ədˈvæns]

Wann und wo kann ich die Schlüssel abholen?
When and where should I pick up the keys?
[wɛn ənd wɛɚ ʃʊd‿aɪ pɪk‿ap ðə kiz]

Camping

Ich suche einen kleinen Campingplatz in den Rocky Mountains. Können Sie mir irgendetwas empfehlen?
I'm looking for a small type of campsite in the Rockies. Do you have anywhere you can recommend? [aɪm ˈlʊkɪŋ fɔɚ ‿ə ˈsmɔl taɪp‿əv ˈkæmpsaɪt ɪn ðə ˈrɔkiz. djʊ hæv ˈɛniwɛɚ jʊ kən ˌrɛkəˈmɛnd]

Im Gespräch

Ich finde Sie sehr sympathisch.

Es gibt Sätze, bei denen es sich absolut lohnt, sie zu verstehen. Und noch viel mehr, sie aktiv einzusetzen.

Willkommen!

Die Amerikaner sind im Allgemeinen offene, freundliche und optimistische Menschen. Diese Grundeinstellung spiegelt sich deutlich im Umgang mit ihren Mitmenschen wider. Sie fragen und antworten gerne - manchmal auch Dinge, die in anderen Ländern nur unter guten Freunden besprochen werden.
Durch ein bisschen Smalltalk kommen Sie schnell in Kontakt. Amerikaner haben keine sehr stark ausgeprägte Körpersprache - allerdings gibt es mehr freundschaftlichen Körperkontakt auch zwischen den Geschlechtern. Wenn eine Frau den Unterarm eines Mannes berührt, ist dies nicht unbedingt ein Annäherungsversuch. Eine Berührung während eines Gespräches zeigt eher, dass der Gesprächspartner verstanden wird. Küsse und intime Umarmungen werden seltener in der Öffentlichkeit gezeigt als in Europa.
Auf unbeabsichtigtes Berühren oder Anstoßen folgt immer eine Entschuldigung. Im Bus oder beim Schlangestehen, egal wo man jemanden streifen oder berühren könnte, ohne dies zu wollen, wird immer ein sofortiges **Sorry!** oder **Oh, excuse me.** zu hören sein. Dies läuft so intuitiv ab, dass sogar diejenigen, die angerempelt werden, oft sofort **Excuse me.** sagen. Denken Sie daran, mit einem **Sorry** ist (fast) alles sofort wieder vergessen.
Augenkontakt im Bus oder auf der Straße, vielleicht mit einem **Hi!** oder ein **How's it goin'?** wird als eine normale freundliche Geste gesehen, nicht als Anmache oder Bedrohung. Falls jemand andere Absichten hat und die Grenzen eines flüchtigen Grußes überschreitet, werden Sie es mit Sicherheit bemerken.

Begrüßen

Guten Morgen!
Good morning! [gʊd‿ˈmɔɚnɪŋ]

Guten Tag!
Hello!/Good afternoon! [həˈlo/gʊd‿ˌæftɚˈnun]

Guten Abend!
Good evening! [gʊd‿ˈivnɪŋ]

Hallo!/Grüß dich!
Hello!/Hi!/Howdy!/Hey! [həˈlo/haɪ/ˈhæʊdi/he]

Wie geht es Ihnen?/Wie geht's?
How are you? [hæʊ‿ɑɚ ju]

Danke. Und Ihnen/dir?
Fine, thanks. And you? [ˈfaɪn ˈθæŋks‿ənd ˈju]

Hello!

Bis zur Mittagszeit sollten Sie zur Begrüßung **Good morning** verwenden, danach bis etwa 18 Uhr **Good afternoon**.
Darauf folgt **Good evening**; **Good night** können Sie, wie im Deutschen, verwenden, bevor Sie ins Bett gehen oder sich spät abends verabschieden. Informell können Sie überall und zu jeder Tageszeit **Hello!** oder auch **Hi!** sagen.

How are you?

Amerikaner versuchen stets die positiven Seiten einer Situation zum Ausdruck zu bringen. Dies erklärt, wieso sie fast immer auf die Frage *Wie geht's?* **Fine, thanks. And you?** antworten. Tipp: Achten Sie beim Antworten auf die Wortstellung: *Gut, danke.* Zuerst kommt die inhaltliche Angabe (**fine, ok, solala, pretty good, couldn't be better, super** etc.), dann erst das *Danke schön* – anders als im Deutschen! Wenn Sie mit Leuten reden, die Sie nicht kennen (z. B. im Supermarkt an der Kasse), so ist **How are you?** mehr eine Begrüßung als eine Frage. Hierauf antwortet man kurz, indem man zurückfragt.

Beim Vornamen nennen

In den meisten Situationen bevorzugen Amerikaner, ihr Gegenüber beim Vornamen zu nennen – sogar im Geschäftsleben. Anders ist dies bei formellen Begegnungen, z. B. an der Hotelrezeption.

Wie ist Ihr Name, bitte?/Wie heißt du?
What's your name, (please)? [wɑtz‿jɔɚ nem (pliz)]

Deutsch-Amerikanische Verständigung

Eine kleine Anekdote am Rande: Als der ehemalige Bundeskanzler Helmut Kohl dem ehemaligen US-amerikanischen Präsidenten Bill Clinton bei einem Treffen das Du anbot (**You can say you to me.** *Du kannst mich duzen.*), sah er sich einem verwirrten Bill Clinton gegenüber, der zwar höflich amerikanisch nickte, sich aber bestimmt fragte, was er denn sonst tun sollte.

Ich heiße ...
My name's ... [maɪ‿nemz]

Darf ich bekannt machen?
Can I introduce you to ...? [ˈkæn‿aɪ ɪntroˈdus ju tu]

Das ist ...
This is... [ˈðɪs‿ɪz]

Gleich drei

Für Frau/Fräulein gibt es drei Formen: **Mrs.**, **Ms.** und **Miss**. Dabei wird **Mrs.** für verheiratete Frauen benutzt. **Ms.** kann für alle Frauen gebraucht werden, ob ledig oder verheiratet, **Miss** ist ausschließlich für unverheiratete Frauen bestimmt.

- ***Frau X.***
  Mrs. X./Ms. X. [ˈmɪsɪz/mɪz]
- ***Herr X.***
  Mr. X. [ˈmɪstɚ]
- ***mein Mann./meine Frau.***
  my husband/my wife. [maɪ ˈhəzbənd/maɪ waɪf]

- ***mein Partner./meine Partnerin.***
  my partner. [maɪ ˈpaətnə]
- ***mein Sohn./meine Tochter.***
  my son/my daughter. [maɪ sən/maɪ ˈdɔdə]
- ***mein Freund./meine Freundin.***
  my boyfriend/girlfriend. [maɪ ˈbɔɪfrɛnd/maɪ ˈgəl frɛnd]
- ***mein/e Partner/in/Lebensgefährte/in.***
  my partner. [maɪ ˈpaətnə]

Shake hands

Wenn Sie jemanden neu kennenlernen, sollten Sie der- oder demjenigen auf jeden Fall beim Vorstellen die Hand geben.
Es kann allerdings auch sehr gut sein, dass Sie sich länger mit jemandem unterhalten und Ihr Gegenüber plötzlich ein **and by the way, I'm John!** (*Übrigens, ich bin John.*) einwirft. Auch wenn Ihnen dies komisch vorkommt: genau dann ist es an der Zeit, die Hand zu geben.
Bei Leuten, die man näher kennt, ist auch eine kurze Umarmung zur Begrüßung in Ordnung. Beachten Sie aber, dass dies bei Männern untereinander eher unüblich ist.

Nett, Sie kennen zu lernen.
Nice to meet you. [naɪs tə ˈmit‿ju]

Darf ich Ihnen/dir meine Visitenkarte geben?
May I give you my calling card/business card?
[ˈme‿aɪ gɪv ju maɪ ˈkɔliŋ ˈkaəd/bɪznɪs ˈkaəd]

Verabschieden

Auf Wiedersehen!
Goodbye! [ˌgʊdˈbaɪ]
'Bye! [baɪ]

Bis bald!
See you soon! [ˈsi jə ˈsun]

Bis später!
See you later! [ˈsi jə ˈledə]

Bis morgen!
See you tomorrow! [ˈsi jə təˈmɔəo]

Mach's gut!
See ya!/So long!/Take care!/All the best!
[ˈsi jə/so lɔŋ/tek keə/ɔl ðə bɛst]

Gute Nacht!
Good night! [ˌgʊd ˈnaɪt]

Tschüss!
Bye! [baɪ]

Gute Reise!
Have a good trip! [ˈhæv‿ə gʊd ˈtrɪp]

Schönen Tag noch!
Have a nice day! [ˈhæv‿ə‿naɪs ˈde]

Besuch' uns bald wieder!
Visit again soon! [ˈvɪsɪt əˈgɛn sun]

Es war schön, Sie/dich kennen zu lernen.
It was nice to meet you. [ɪt wəz naɪs tu‿mit ju]

Höflichkeit großgeschrieben

Auf Höflichkeit wird in den Staaten viel Wert gelegt. Mit den folgenden Formulierungen können Sie sich in jeder Situation höflich ausdrücken. Wenn Sie einem anderen etwas geben, sagen Sie **Here you are** oder **Here you go**. Als Antwort auf **Thank you** sagt man **You're welcome** oder **Don't mention it**.
Wenn Sie jemanden unbeabsichtigt stören oder anstoßen, sollten Sie **Sorry!** sagen. Wenn Sie die Aufmerksamkeit einer Person erregen wollen, stellen Sie Ihrem Anliegen ein **Excuse me, ...** voran.

Bitte

Bitte.
Please. [pliz]

Please

... gilt nur bei Fragen. Überreicht man jemandem etwas (im Sinne von *hier, bitte*), benutzt man **Here you are**.

Ja, bitte.
Yes, please. [ˌjɛs ˈpliz]

Nein, danke!
No, thank you. [ˌno ˈθæŋk jʊ]

Aufgepasst!

Im Englischen kann man nicht – wie im Deutschen – einfach **Thank you** als Kurzform für **No, thank you** verwenden. Das kann gegenteilig verstanden werden.

Gestatten Sie?
May I? [me aɪ]

Entschuldigen Sie bitte die Störung.
Sorry for the interruption./Sorry to bother you.
[ˈsɔɚi fɔɚ ði ɪntəˈrəpʃn/ˈsɔɚi tə ˈbaðɚ jʊ]

Entschuldigen Sie bitte, dürfte ich Sie etwas fragen?
Excuse me, may I ask you something?
[ɪkˈskjus mi ˈme aɪ æsk jʊ ˈsəmθɪŋ]

Können Sie mir bitte helfen?
Can you help me, please? [ˈkæn jʊ ˈhɛlp mi pliz]

Darf/Dürfte ich Sie um einen Gefallen bitten?
Could/Can I ask you for a favor? [kʊd/ˈkæn‿aɪ æsk‿jʊ fɔɚ ə ˈfevɚ]

Können Sie mir bitte sagen, …
Could you please tell me …? [kʊd‿jʊ pliz ˈtɛl mi]

Können Sie mir bitte … empfehlen?
Could you recommend …, please? [kʊd‿jʊ ˌrɛkəˈmɛnd … pliz]

Dank

Danke!
Thank you. [ˈθæŋkju]

Danke, sehr gern!
Yes, thank you. [jɛs ˈθæŋkju]

Das ist nett, danke!
That's really nice of you, thank you! [ðætz ˈrili naɪs əv ju ˈθæŋk ju]

Das war sehr lieb von Ihnen.
That was very nice of you. [ˈðæt wɔz ˈvɚi naɪs‿əv ju]

Bitte sehr!/Gern geschehen!
You're welcome!/My pleasure! [juɚ ˈwɛlkəm/maɪ ˈplɛʒɚ]

You're welcome

Auf *Danke schön* antwortet man in den USA mit **You're welcome!** Wenn man jemanden willkommen heißen will, sagt man einfach **Welcome!** oder **Welcome to +** *den Ort*.

Entschuldigung

Entschuldigung!
I'm sorry! [aɪm ˈsɔɚi]

Das tut mir sehr leid!
Please accept my apologies. [pliz ækˈsɛpt maɪ əˈpalədʒiz]

Tut mir leid(, dass ich zu spät komme).
I'm sorry (I'm late)! [aɪm ˈsɔɚi (aɪm let)]

Es war nicht so gemeint.
I didn't mean it that way. [aɪ ˈdɪdn ˈmin‿ɪt ðæt we]

Keine Ursache!/Macht nichts!
No problem!/Don't worry about it! [no ˈprabləm/dont ˈwɚi əˈbæʊt ɪt]

Das ist leider nicht möglich.
I'm afraid that's impossible. [aɪm‿əˈfred ðæts‿ɪmˈpasəbl]

Wünsche

Herzlichen Glückwunsch!
Congratulations! [kənˌgrætʃəˈleʃnz]

Alles Gute zum Geburtstag!
Happy birthday! [ˈhæpi ˈbɚθde]

Viel Glück!/Viel Erfolg!
Good luck! [gʊd lək]

Ich drück' dir/Ihnen die Daumen.
I'll keep my fingers crossed for you. [aɪl kip maɪ ˈfɪngɚz krɔst fɔɚ ju]

Gesundheit! *(nach Niesen)*
Bless you! [blɛs‿ju]

Gute Besserung!
Get well soon! [ˈgɛt ˌwɛl ˈsun]

MITEINANDER REDEN

Angaben zur Person

Wie alt sind Sie/bist du?
How old are you? [hæʊ‿ˈold‿ɑɚ ‿ju]

Ich bin 39.
I'm thirty-nine. [aɪm ˌθɚdiˈnaɪn]

Was machen Sie/machst du beruflich?
What do you do (for a living)? [ˈwət dəjʊ du (fɔɚ ‿ə ˈlɪvɪŋ)]

Ich bin …
I'm … [aɪm]

- ***Lehrer/in.***
  a teacher. [‿ə ˈtitʃər]
- ***Rentner/in.***
  retired. [rɪˈtaɪɚd]
- ***arbeitslos.***
  unemployed. [ˈənemplɔɪd]
- ***Freiberufler/in.***
  a freelancer/self-employed. [‿ə ˈfrilænsɚ/ˈselfˈemplɔɪd]

Ich arbeite bei …
I work for … [aɪ ˈwɚk fɔr]

Ich gehe noch zur Schule.
I'm still in school. [aɪm ˈstɪl‿ɪn ˈskul]

Ich bin Student/in.
I'm a college student. [aɪm‿ə ˈkalɪdʒ ˈstudənt]

Herkunft und Aufenthalt

Sind Sie/Bist du von hier?
Are you a local? [ɑɚ‿ju ə ˈlokəl]

Woher kommen Sie/kommst du?
Where are you from? [ˈwɛɚ‿ɑɚ ˈju frəm]

Ich komme aus …
I'm from … [ɑɪm frəm]

- ***Deutschland.***
  Germany. [ˈdʒɚməni]
- ***der Schweiz.***
  Switzerland. [ˈswɪtsɚlənd]
- ***Österreich.***
  Austria. [ˈɔstriə]

Sind Sie/Bist du schon lange in …?
Have you been here long? [hæv jʊ bɪn hɪɚ ˈlɔŋ]

Ich bin seit … hier.
I've been here since … [ɑɪv ˈbɪn hɪɚ sɪns]

Wie lange bleiben Sie/bleibst du?
How long are you staying? [ˌhæʊ ˈlɔŋ‿ɑɚ jʊ ˈsteɪŋ]

Sind Sie/Bist du zum ersten Mal hier?
Is this your first time here? [ɪz ˈðɪs jɔɚ ˈfɚst ˈtɑɪm ˌhɪɚ]

Gefällt es Ihnen?
Do you like it here? [ˈdʊ jʊ ˈlɑɪk ɪt ˌhɪɚ]

Hier ist meine …
Here's my … [hɪɚz mɑɪ]

Wie ist Ihre/deine …
What's your … [wəts jɔɚ]

- ***Adresse?***
  address? [ˈædrɛs]
- ***E-Mail-Adresse?***
  email address? [ˈiˌmel‿ˈædrɛs]
- ***Telefonnummer?***
  phone number? [ˈfon ˌnəmbɚ]
- ***Handynummer?***
  cell phone number? [ˈsɛlˌfon ˌnəmbɚ]

Sind Sie/Bist du auf Facebook?
Are you on Facebook? [ɑɚ‿ju ɑn ˈfesbʊk]

Verständigungsschwierigkeiten

Wie bitte?
Pardon me? [ˈpɑɚdn ˈmi]
What did you say? [ˈwət dɪd jə se]

Ich verstehe Sie nicht.
I can't understand you. [ɑɪ ˌkænt‿ʊndɚˈstænd ju]

Könnten Sie das bitte wiederholen?
Could you please repeat that? [ˌkʊd ju ˌpliz riˈpit ðæt]

Könnten Sie bitte etwas langsamer sprechen?
Could you please speak a little bit slower?
[ˌkʊd ju ˌpliz spik ə ˈlɪdl bɪt ˈsloɚ]

Ja, ich verstehe.
Yes, I understand. [jɛs ɑɪ əndɚˈstænd]

Sprechen Sie/Sprichst du ...
Do you speak ... [du jə spik]

- ***Deutsch?***
  German? [ˈdʒɚmən]
- ***Französisch?***
  French? [frɛntʃ]

Ich spreche nur wenig ...
I only speak a bit of ... [ɑɪ‿ˈonli spik‿ə ˈbɪt‿əv]

Kannst du/Können Sie das für mich übersetzen?
Could you please translate this for me?
[ˌkʊd ju plɪz ˈtrænslet ðɪs fɔɚ mi]

Könnten Sie es mir bitte aufschreiben?
Could you please write it down for me?
[ˌkʊd ju plɪz ˈrɑɪd‿ɪt daʊn fɔɚ ˌmi]

SMALLTALK

Tabu

Vermeiden Sie es, mit Fremden über Politik oder Religion zu sprechen. Dies sind heikle Themen und werden als private Angelegenheiten betrachtet. Politik ist ein Tabuthema genau wie Rasse, Sex und Religion. Warten Sie, bis Ihr Gegenüber das Thema zur Sprache bringt.

Komplimente

Wie schön!
How nice! [haʊ naɪs]

Das ist wunderbar!
That's wonderful! [ðæts ˈwəndɚfl]

Das Essen hat super geschmeckt!
The food was excellent. [ðə ˈfud wəz‿ˈɛksɪlənt]

Das ist sehr nett von Ihnen/dir!
That's really nice of you! [ðæts ˈrili naɪs‿əv ju]

Ich finde Sie sehr sympathisch/nett.
I like you./You're so nice. [aɪ ˈlaɪk ju/jɔɚso naɪs]

Es ist wirklich traumhaft hier!
It's really gorgeous here! [ɪts ˈrili ˈgɔɚdʒəs ˌhɪɚ]

Das sieht gut aus!
That looks great! [ðæt lʊks ˈgret]

angenehm	pleasant [ˈplɛznt]
ausgezeichnet	excellent [ˈɛksələnt]
beeindruckend	impressive [ɪmˈprɛsɪv]
freundlich	friendly [ˈfrɛndli]
gemütlich *(Ort)*	cozy [ˈkozi]; comfy [ˈkɔmfi]
herrlich	beautiful [ˈbjudɪfl]
hübsch	pretty [ˈprɪdi]
lecker	delicious [dəˈlɪʃəs]
liebenswürdig	precious [ˈprɛʃəs]; lovable [ˈlɔvəbl]
schön	beautiful [ˈbjudɪfl]

Familie

Sind Sie verheiratet?
Are you married? [ˌɑɚ jʊ ˈmæɚid]

Haben Sie Kinder?
Do you have any kids? [djʊ hæv‿ˈɛni kɪdz]

Ja, aber sie sind schon erwachsen.
Yes, but they're already grown-up. [ˈjɛs bʊt ðeɚ‿ˈɔlrɛdi gron‿əp]

Wie alt sind Ihre Kinder?
How old are your children? [hæʊ ˌold ɑɚ jɚ ˈtʃɪldrɪn]

Meine Tochter ist 8 (Jahre alt) und mein Sohn ist 5 (Jahre alt).
My daughter is 8 (years old) and my son is 5 (years old).
[maɪ ˈdɔtɚ ɪz ˈet (jɪɚz‿old) ənd maɪ ˈsən ɪz ˈfaɪv (jɪɚz‿old)]

Freizeit

Haben Sie/Hast du ein Hobby?
Do you have any hobbies? [djʊ hæv‿ˈɛni hɑbiz]

Was machen Sie/Was machst du in der Freizeit?
What do you do in your spare time? [wət du‿ju du ɪn jɔɚ spɛɚ ˈtaɪm]

Mögen Sie/Magst du …?
Do you like … ? [du ju laɪk]

Hören Sie/Hörst du gerne Musik?
Do you like listening to music? [du ju laɪk ˈlɪsənɪŋ tu ˈmjuzɪk]

Ich verbringe viel Zeit mit …
I spend a lot of time with … [aɪ spɛnd‿ə lɑt‿əv ˈtaɪm wɪð]

Ich lese sehr gern.
I like to read. [ɑɪ ˈlɑɪk tə ˈrid]

Ich arbeite gern im Garten.
I like to work in the yard/garden. [ɑɪ‿ˈlɑɪk tə ˈwɚk‿ɪn ðə jɑɚd/ˈgɑɚdən]

Ich male ein wenig.
I dabble/paint a bit. [ɑɪ‿ˈdæbl/ˈpent ə‿bɪt]

Ich sammle Antiquitäten/Briefmarken.
I collect antiques/stamps. [ɑɪ‿kəˈlɛkt ænˈtiks/stæmps]

Ich jogge/schwimme/fahre Rad.
I jog/swim/ride a bike. [ɑɪ ˈjɔg/swɪm/ˈrɑɪd‿ə‿bɑɪk]

Ich gehe regelmäßig ins Fitnesscenter.
I go to the health club on a regular basis.
[ɑɪ ˌgo tə ðə ˈhɛlθ kləb‿ɑn‿ə ˌrɛgjəlɚ ˈbesɪs]

Treiben Sie Sport?
Do you do any sports? [ˈdu ju du ɛni ˈspɔɚts?]

Ich spiele …
I play … [ɑɪ ple]

Wofür interessieren Sie sich so?
What are your interests? [ˈwɑd‿ɑɚ jʊɚ ˈɪntɚsts]

Ich interessiere mich für …
I'm interested in … [ɑɪm ˈɪntrəstɪd ɪn]

ein Instrument spielen	playing an instrument [ˈpleɪŋ ən ˈɪnstrəˌmənt]
kochen	cooking [ˈkʊkɪŋ]
malen	painting [ˈpentɪŋ]
musizieren	making music [ˈmekɪŋ ˈmjuzɪk]
reisen	traveling [ˈtrævəlɪŋ]

Sport treiben	exercising [ˈeksɚˌsaɪzɪŋ]
Sprachen lernen	learning languages [ˈlɚnɪŋ ˈlæŋgwɪˌdʒəz]
töpfern	pottery [ˈpɑdɚi]
zeichnen	drawing [ˈdrɔɪŋ]

Wetter

Was für ein herrliches/schreckliches Wetter!
What fantastic/terrible weather! [wət ˌfænˈtæstɪk/ˈtɛɚəbl ˈwɛðɚ]

Was sagt der Wetterbericht?
What's the weather forecast? [wəts‿ðə ˈwɛðɚ ˌfɔɚkæst]

Wie viel Grad haben wir?
What's the temperature? [wəts‿ðə ˈtɛmprəˌtʃɚ]

Religion und kulturelle Besonderheiten

Welchem Glauben gehören Sie/gehörst du an?
What religion are you? [wət rɪˈlɪdʒən‿ɑɚ ju]

Ich bin ...
I'm ... [ɑɪm]

- ***Buddhist/in.***
  a Buddhist. [ə ˈbudɪst]
- ***Christ/in.***
  a Christian. [ə ˈkrɪstʃən]
- ***Katholik/in.***
  a Catholic. [ə ˈkæθlɪk]
- ***Protestant/in.***
  a Protestant. [ə ˈprɑtəstənt]
- ***Jude/Jüdin.***
  Jewish. [ˈdʒuɪʃ]
- ***Muslim/Muslima.***
  a Muslim. [ə ˈməzlɪm]

Ich bin nicht religiös.
I'm not religious. [ɑɪm nɑt rɪˈlɪdʒəs]

Entschuldigung, ich wollte Ihnen/dir nicht zu nahe treten.
I'm sorry. I didn't mean to offend you.
[ɑɪm ˈsɔɚi ɑi dɪdnt min tu əˈfend ju]

Das ist gegen meine Religion.
That's against my religion. [ðæts‿əˈgɛnst mɑɪ rɪˈlɪdʒən]

Ich esse kein/e ... Das ist gegen meinen Glauben.
I don't eat ... It's against my religion.
[ɑɪ dont‿ it ... ɪts‿ əˈgɛnst mɑɪ rɪˈlɪdʒən]

MEINUNGEN UND GEFÜHLE

Zustimmen und Kommentieren

Gut.
Good. [gʊd]

Richtig.
Right. [raɪt]

Einverstanden!/Abgemacht!
Agreed!/It's a deal! [əˈgrid/ɪts‿ə ˈdil]

Geht in Ordnung!
That's all right! [ˈðæts‿ɔl raɪt]

Okay!
Okay! [ˌoˈke]

Genau!
Exactly! [ɪgˈzæktli]

Ach!
Oh! [o]

Ach, so!
Oh, really! [o ˈrili]

Wirklich?
Really? [ˈrili]

Interessant!
How interesting! [hæʊ‿ˈɪntrɪstɪŋ]

Wie schön!
How nice! [hæʊ naɪs]

Ich verstehe.
I understand./I see. [aɪ‿ˌəndɚˈstænd/aɪ ˈsi]

So ist es eben.
Well, that's the way it is. [wɛl ˈðæts‿ðə ˌwe ɪd‿ˈɪz]

Ganz Ihrer Meinung.
I agree entirely. [aɪ əˈgri ənˈtaɪɚli]

Das stimmt.
That's right. [ˈðæts raɪt]

Das finde ich (sehr) gut.
That's (really) good. [ˈðæts (ˈrili) gʊd]

Gern.
Gladly. [ˈglædli]

Mit Vergnügen!
I'd love to! [aɪd ˈlʊv tʊ]

Gut gemacht!
Good job! [ˈgʊd ˈdʒab]

Ablehnen

Ich habe keine Zeit.
I don't have any time. [aɪ ˈdont hæv‿ˈæni ˈtaɪm]

Ich will nicht.
I don't want to/wanna. [aɪ ˈdont wænt‿tu/wænə]

Gut zu wissen

Wie im Falle von **going to** und **gonna**, werden Sie öfters **wanna** [wænə] statt **want to** hören, wenn Sie mit den Einheimischen sprechen.

Dazu habe ich keine Lust.
I don't really feel like it. [aɪ ˈdont ˈrili ˈfil‿laɪk‿ɪt]

Damit bin ich nicht einverstanden.
That's not ok with me. [ðæts ˈnat oˈke‿wɪθ mi]

Das kommt gar nicht in Frage!
That's out of the question! [ðæts ˈæʊd‿əv ðə ˈkwɛstʃn]

Auf gar keinen Fall!
Certainly not!/No way! [ˈsɚtnli ˈnat/no we]

Ohne mich!
Count me out! [ˈkæʊnt ˈmi ˈæʊt]

Vorlieben

Das gefällt mir./Das gefällt mir nicht.
I like it./I don't like it. [aɪ laɪk ɪt/aɪ ˈdont laɪk ɪt]

Ich möchte lieber ...
I'd rather ... [aɪd ˈræðɚ]

Ich wäre nicht abgeneigt ...
I wouldn't mind ... [aɪ ˈwʊdnt maɪnd]

Am liebsten wäre mir ...
I'd really like ... [aɪd ˈrili laɪk]

Darüber würde ich gerne mehr erfahren.
I'd like to find out more about that. [aɪd ˈlaɪk tə faɪnd‿æʊt ˈmɔɚ əˈbæʊt ðæt]

Nichtwissen ausdrücken

Das weiß ich nicht.
(That) I don't know. [(ðæd)‿aɪ ˈdont no]

Keine Ahnung.
No idea./Not a clue. [no aɪˈdiə/nad‿ə klʊ]

Unentschlossenheit

Das ist mir egal.
Makes no difference to me. [meks‿no ˈdɪfrəns tə ˈmi]

Ich weiß noch nicht.
I don't know yet. [aɪ ˈdont ˈno jɛt]

Vielleicht.
Maybe./Perhaps. [ˈmebi/pɚˈhæps]

Wahrscheinlich.
Probably. [ˈprabəbli]

Freude – Begeisterung

Großartig!
Great! [gret]

Prima!
Good! [gʊd]

Toll!
Fantastic! [ˌfænˈtæstɪk]
Awesome! [ˈɔsəm]
Cool! [kul]

Super!
Super! [ˈsupɚ]

Zufriedenheit

Ich bin voll und ganz zufrieden.
I'm completely content. [aɪm kəmˈplitli kanˈtɛnt]

Ich kann mich nicht beklagen.
I can't complain. [aɪ ˈkænt kəmˈplen]

Das hat hervorragend geklappt.
That worked out perfectly. [ˈðæt wɚkt‿æʊt ˈpɚfəktli]

Langeweile

Wie langweilig!
How boring! [ˈhæʊ ˈbɔɚɪŋ]

... ist total öde.
... is really dull. [ɪs ˈrili ˈdəl]

Erstaunen – Überraschung

Ach so!
Oh!/Oh, my gosh! [o/o maɪ gɔʃ]

Wirklich?
Really? [ˈrili]

Das ist ja nicht zu fassen!
That's hard to believe. [ðæts ˈhaɚd tə bəˈliv]

Unglaublich!
Incredible! [ɪnˈkrɛdəbl]

Erleichterung

Ein Glück, dass ...!
It's lucky that ... [ɪts ˈləki ðæt]

Gott sei Dank!
Thank God! [ˈθænk ˈgad]

Endlich!
Finally! [ˈfaɪnəli]

Gelassenheit

Nur keine Panik/Aufregung!
Don't panic/get excited! [dont ˈpænɪk/gɛd‿ɪkˈsaɪtɪd]

Machen Sie sich keine Sorgen.
Don't worry about a thing. [dont ˈwɚi əˈbæʊd‿ə ˈθɪŋ]

Ärger

Das ist aber ärgerlich!
That's aggravating. [ðæts ˈægrəˌvetɪŋ]

Verflixt!
Damn! [dæm]

Jetzt reicht's!
That's enough! [ðæts ˌɪˈnəf]

... geht mir auf den Geist.
... that's getting on my nerves. [ðæts ˈgɛdɪŋ ɔn maɪ ˈnɚvs]

Eine Unverschämtheit ist das!/So eine Frechheit!
That's outrageous!/What a disgrace!
[ðæts ˌæʊtˈredʒəs/wɑd‿ə dɪsˈgres]

Das darf doch wohl nicht wahr sein!
That can't be true! [ðæt ˈkænt bi ˌtru]

Zurechtweisung

Was fällt Ihnen ein!
What do you think you're doing? [ˈwɑd‿də jə ˈθɪŋk jɚ ˈduɪŋ]

Kommen Sie mir bloß nicht zu nahe!
Don't you dare come near me! [ˈdont‿ju ˈdɛɚ kəm ˌnɪɚ mi]

Das kommt gar nicht in Frage.
That's out of the question. [ðæts ˈæʊd‿əv ðə ˈkwɛstʃn]

Bedauern – Enttäuschung

Oh je!
Oh no! [o ˈno]

Es tut mir leid.
I'm sorry. [ɑɪm ˈsɔɚi]

Es tut mir richtig leid für ....
I feel really sorry for ... [ɑɪ fil ˈrili ˈsɔɚi fɔɚ]

Schade!
What a pity! [ˌwəd‿ə ˈpɪti]

SICH VERABREDEN

Nie zu früh

Bei privaten Einladungen sollten Sie nie zu früh erscheinen, sondern lieber etwas später auftauchen, als auf der Einladung steht (**fashionably late**). Seien Sie deshalb auch bei Verabredungen nicht enttäuscht, wenn Ihr Freund nicht auf die Minute genau erscheint.

Wollen wir heute Abend etwas gemeinsam unternehmen?
Should we go out this evening and do something?
[ˈʃʊd wi go ˈæʊt ðɪs ˈivɪnɪŋ ən‿ˈdu ˌsəmθɪŋ]

Darf ich Sie/dich morgen Abend zum Essen einladen?
Can I take you out for dinner tomorrow evening?
[ˈkæn aɪ tik jʊ ˈæʊt fɔɚ ˈdɪnɚ təˈmɔro ˈivənɪŋ]

Wann treffen wir uns?
When should we meet? [ˈwɛn ʃʊd wi ˈmit]

Treffen wir uns heute Abend?
Should we meet up this evening? [ʃʊd wi mit‿ əp ðɪs‿ˈivnɪŋ]

Treffen wir uns um 9 Uhr vor .../im ...
Let's meet at 9 o'clock in front of/in ...
[lɛtz mit æt naɪn əˈklɔk ɪn ˈfrɔn‿əv/ɪn]

Ich hole Sie/dich ab.
I'll pick you up. [aɪl ˈpɪk jʊ ˈəp]

Kann ich Sie/dich wieder sehen?
Can we see each other again? [kən wi ˈsi‿itʃ ˌəðɚ əˈgɛn]

Das war wirklich ein netter Abend!
Thank you for a really nice evening! [ˈθænk jʊ fɔɚ ə ˈrili naɪs ˈivɪnɪŋ]

FLIRTEN

Du hast wunderschöne Augen.
You have beautiful eyes. [ˌju hæv ˈbjudɪfl ˈaɪz]

Mir gefällt, wie du lachst.
I like the way you laugh. [aɪ ˈlaɪk ðə ˌwe‿ju ˈlæf]

Ich mag dich.
I like you. [aɪ ˈlaɪk ju]

Ich finde dich ganz toll!
I think you're great! [aɪ θiŋk jʊɚ ˈgret]

Ich liebe dich!
I love you. [aɪ ˈləv ju]

Ich möchte dich wieder sehen.
I'd like to see you again. [aɪd laɪk tu si‿ju əˈgɛn]

Hast du einen festen Freund/eine feste Freundin?
Do you have a steady boyfriend/girlfriend?
[də ju hæv‿ə ˌstɛdi ˈbɔɪfrɛnd/ˈgɚlfrɛnd]

Bist du verheiratet?
Are you married? [aɚ jʊ ˈmɛɚid]

- ***Ich lebe mit jemandem zusammen.***
  I live with somebody. [aɪ lɪv wɪθ ˈsəmbədɪ]
- ***Ich bin geschieden.***
  I'm divorced. [aɪm dəˈvɔɚst]
- ***Wir leben getrennt.***
  We're separated. [wɪɚ ˈsɛpɚˌetɪd]

Kommst du mit zu mir?
Do you want to/wanna come back to my place?
[də ju ˈwænə kəm bæk tə ˈmaɪ ples]

Ich möchte mit dir schlafen.
I would like to go home with you. [aɪ wʊd laɪk tu go hom wɪð ju]

Aber nur mit Kondom!
But only with a condom! [bət ˈəʊnli wɪð‿ə kandəm]

Hast du Kondome?
Do you have condoms? [du ju hæv ˈkandəmz]

Wo kann ich welche kaufen?
Where can I buy some? [wɛɚ kæn‿aɪ ˈbaɪ səm]

Nein, das geht mir zu schnell!
No, slow down a moment! [naʊ ˈslo ˈdaʊn ə ˈmomɛnt]

Bitte geh jetzt!
Please leave! [ˈpliz ˈliv]

Lassen Sie mich bitte in Ruhe!
Please leave me alone! [ˈpliz liv mi əˈlon]

Hören Sie sofort damit auf!
Stop that immediately! [ˈstɔp ðæt ɪˈmidiətli]

Unterwegs

Gibt es hier eine Elektrotankstelle?

Wer eine Reise tut, hat nicht nur viel zu erzählen, sondern erst mal viele Fragen.

Ihren Führerschein, bitte!

Früher oder später werden Sie sich unterwegs sicherlich einmal ausweisen müssen. Für Amerikaner ist es recht ungewöhnlich, einen Pass bei sich zu tragen, zumal viele gar keinen besitzen. Es gibt auch keinen Personalausweis wie in Deutschland. Als Ausweis wird meistens der Führerschein benutzt. Er ist klein und handlich und sieht wie eine Kreditkarte mit eingeschweißtem Passfoto aus. Wenn man aufgefordert wird, sich auszuweisen, hört man daher häufig die Frage: **May I see your driver's license please?** oder **May I see some sort of i.d. (identification)?** Bei Polizeikontrollen im Auto ist erstere Frage natürlich wörtlich zu verstehen!
Falls Sie in eine solche Situation geraten, ist ruhiges Verhalten ohne schnelle hektische Bewegungen zu empfehlen. Die Polizei ist sehr vorsichtig, da in den Staaten viele Menschen Schusswaffen besitzen.

FRAGEN NACH DEM WEG

Ortsangaben

links	left [lɛft]
rechts	right [raɪt]
geradeaus	straight ahead [ˌstred‿əˈhɛd]
vor	in front of [ɪn ˈfrənt‿əv]
hinter	behind [biˈhaɪnd]; in back of [ɪn ˈbæk‿əv]
Ecke	corner [ˈkɔɚnɚ]
neben	next to [ˈnɛks tu]
gegenüber	across from [əˈkrɔs frəm]
hier	here [hɪɚ]
dort	there [ðɛɚ]
nah	near [nɪɚ]; close [klos]
in der Nähe (von)	in the vicinty (of) [ɪn ðə vəˈsɪnəti (əv)]
weit	far [faɚ]
nach	after [ˈæftɚ]
zwischen	between [bəˈtwin]
Ampel	traffic light [ˈtræfɪk ˌlaɪt]
Straßenschild	road sign [rod saɪn]
Straße	street [strit]; road [rod]
Straßenecke	streetcorner [strit ˈkɔɚnɚ]
Kreisel	traffic circle [ˈtræfək ˈsɚkəl]
Kreuzung	intersection [ˈɪntɚˌsɛkʃn]; junction [ˈdʒəŋkʃn]
Kurve	curve [kɚv]

Wo geht es lang?

Entschuldigen Sie bitte, wie komme ich nach …?
Excuse me please, how do I get to …?
[ɪksˈkjuz mi ˌplis ˈhaʊ dʊ aɪ gɛt tʊ]

Immer geradeaus bis …
Keep going straight ahead until you get to …
[kip ˈgoɪŋ ˈstred‿əˈhɛd‿ənˈtɪl jʊ gɛt tə]

Dann bei der Ampel links/rechts abbiegen.
Then turn left/right at the traffic light.
[ðɛn tɚn ˈlɛft/raɪt‿æt ðə ˈtræfək laɪt]

Folgen Sie den Schildern.
Follow the signs. [ˈfalo ðə ˈsaɪnz]

Ist das weit von hier?
Is it far from here? [ɪz‿ɪt ˈfɔɚ frəm ˌhɪɚ]

Es ist ganz in der Nähe.
It's really close. [ɪtz ˌrili ˈklos]

Bitte, ist das die Straße nach …?
Excuse me, is this the road to …? [ɪksˈkjuz‿ˈmi ɪz ˈðɪs ðə ˌrod tə]

Bitte, wo ist …?
Excuse me, where's …, please? [ɪksˈkjuz ˈmi ˈwɛɚz … pliz]

Tut mir leid, das weiß ich nicht.
I'm sorry, I don't know. [aɪm ˈsɔɚi aɪ ˈdont ˈno]

Ich bin nicht von hier.
I'm not from here. [aɪm nɔt frəm hɪɚ]

Gehen Sie geradeaus/nach links/nach rechts.
Go straight ahead/turn left/turn right. [go stret‿əˈhɛd/tɚn lɛft/tɚn raɪt]

Erste/Zweite Straße links/rechts.
The first/second street on the left/right.
[ðə ˈfɚst/ˈsɛknd ˌstrit an ðə ˈlɛft/ˈraɪt]

Es ist ganz am Anfang/Ende dieser Straße.
It's right at the end/beginning of the street.
[ɪtz ˌraɪt æt ðə ˈɛnd/bəˈgɪn ŋ əv ðə strit]

Bitte zeigen Sie es mir auf der Karte.
Please show me on the map. [pliz ˈʃho mi ɔn ðə ˌmæp]

Überqueren Sie …
Cross … [ˈkrɔs]

- ***die Brücke.***
  the bridge. [ðə ˈbrɪdʒ]

- *den Platz.*
  the square. [ðə ˈskwɛɚ]
- *die Straße.*
  the street. [ðə ˈstrit]

EINREISEN

Sicherheitshalber

Seit **nine eleven** (dem 11. September 2001) sind die Sicherheitsvorkehrungen für Einreisende sehr viel strenger. So können sich Formalitäten in die Länge ziehen, Sie müssen sich auf Fragen gefasst machen, es werden teilweise Fingerabdrücke abgenommen oder gar Irisüberprüfungen gemacht. Das kleinste Metallteil an Körper oder Kleidung kann dazu führen, dass Sie sich einer genaueren Überprüfung unterziehen lassen müssen.

Ihren Pass, bitte!
Your passport, please. [jɔɚ ˈpæspɔɚt pliz]

Haben Sie ein Visum?
Do you have a visa? [ˌdjʊ hæv‿ə ˈvizə]

Kann ich das Visum hier bekommen?
Can I get a visa here? [kæn‿aɪ gɛd‿ə ˈvizə ˈhɪɚ]

Wie lange bleiben Sie in der USA?
How long are you staying in the US? [ˈhaʊˈ lɔŋ ɑɚ jʊ ˈsteɪŋ ɪn ðe ˌjuˌɛs]

Was machen Sie hier?
What is the purpose of your visit? [wɔtz ˌðə ˈpɚpəs əv jɔɚ ˈvɪzɪt]

Ich brauche einen Fingerabdruck.
I need to take your fingerprint. [aɪ nid tə tek jɔɚ ˈfɪngɚprɪnt]

Zwei Ausgänge

Beim amerikanischen Zoll gibt es zwei Ausgänge:
1. **GOODS to declare** Diesen Ausgang benutzen Sie, wenn Sie zollpflichtige Waren mit sich führen.
2. **NOTHING to declare** Hier gehen Sie durch, wenn Sie nichts zu verzollen haben.

Sie werden bei der Einreise gefragt, ob Sie Pflanzen oder bestimmte Lebensmittel bei sich haben. Es ist z. B. nicht erlaubt, Wurst oder Fleisch einzuführen.

Haben Sie etwas zu verzollen?
Do you have anything to declare? [ˌdjʊ həv‿ˈeniθɪŋ tə dɪˈklɛɚ]

Öffnen Sie bitte den Kofferraum!/diesen Koffer!
Please open the trunk/this suitcase. [ˌpliz ˈopən ðə trənk/ðɪs ˈsutkes]

Muss ich das verzollen?
Do I have to pay duty on this? [ˌdʊ‿aɪ ˈhæv‿tə pe ˈdudi ɑn ðɪs]

Personalien

Familienname	last name [ˈlæst ˌnem]
Familienstand	marital status [ˈmærɪtl ˈstætəs]
– ledig	single [ˈsɪŋgl]
– verheiratet	married [ˈmæɚid]
– verwitwet	*(Frau)* widow [ˈwɪdo]; *(Mann)* widower [ˈwɪdoɚ]
Geburtsdatum	date of birth [ˈded‿əv ˈbɚθ]
Geburtsname	maiden name [ˈmedn ˌnem]
Geburtsort	place of birth [ˈples‿əv ˈbɚθ]
Personalien	personal data [ˈpɚsənəl ˈdædə]
Staatsangehörigkeit	nationality [ˌnæʃənˈælɪti]
Vorname	first name [ˈfɚst ˌnem]
Wohnort	place of residence [ˌples‿əv ˈrɛzɪdəns]

An der Grenze

Ausreise	departure [diˈpɑɚtʃɚ]
Einreise	arrival [əˈraɪvəl]
EU-Bürger	EU citizen [ˈiˈju ˈsɪdɪzən]
Führerschein	driver's license [ˈdraɪvɚz ˈlaɪsəns]
Green card	green card [ˈgrin kaɚd]
Grenze	border [ˈbɔrdɚ]
Grenzübergang	border crossing [ˈbɔrdɚ ˈkrɑsɪŋ]
gültig	valid [ˈvælɪd]
internationaler Impfpass	international vaccination certificate [ˌɪntɚˈnæʃənl ˌvæksɪˈneʃn sɚˈtɪfɪkɪt]
Nummernschild	license plate [ˈlaɪsəns plet]
Passkontrolle	passport control [ˈpæspɔɚt kənˈtrol]
Personalausweis	ID [aɪˈdi]; identification [aɪˈdɛntɪfɪˌkeʃn]
Reisepass	passport [ˈpæspɔɚt]
Visum	visa [ˈvizə]
Zoll	customs [ˈkəstəmz]
zollfrei	duty-free [ˈdudi ˈfri]
Zollgebühren	duty [ˈdudi]
zollpflichtig	subject to duty [ˈsəbdʒɛkt tə ˈdudi]

Wann und wie schnell?

Verkehrsgesetze werden in den USA von den einzelnen Bundesstaaten erlassen - daher können dort jeweils unterschiedliche Regeln gelten. Grundsätzlich jedoch gibt es einige wesentliche Unterschiede zu den deutschen Vorschriften:
In Amerika dürfen Sie an einer roten Ampel rechts abbiegen, wenn keine Autos von links kommen und es kein Schild mit dem Vermerk **No Turn on Red** gibt.
Beachten Sie die Geschwindigkeitsbegrenzungen (**Speed Limit**). Es gibt zwar so gut wie keine Radaranlagen in Amerika, aber wenn Sie Geschwindigkeitsbegrenzungen überschreiten, kann es Ihnen passieren, dass Sie von der Polizei angehalten und mit einer sehr hohen Geldstrafe zur Kasse gebeten werden.
Auf Autobahnen ist eine Geschwindigkeitsbegrenzung von meistens **65 MPH** (Meilen pro Stunde) oder **70 MPH** üblich (entspricht 105 - 113 km/h).
Wenn Sie andere Autos überholen, sollten Sie trotzdem nicht viel schneller fahren. Achten Sie auch auf den Verkehr rechts von Ihnen, denn besonders auf mehrspurigen Autobahnen wird rechts ebenfalls überholt.

A bis Z für Fahrer

Auf-/Abfahrt	freeway ramp [ˈfriˌwe ræmp]
Ausfahrt/Auffahrt	exit/entrance ramp [ˈɛkzɪt/ˈɛntrəns ˌræmp]
Autobahn	freeway [ˈfriwe]; interstate [ˈɪntɚstet]; expressway [ɪksprɛswe]
Autobahngebühr	toll [tɔl]
Baustelle	road construction [ˌrod ˌkənˈstrʊkʃən]
Bußgeld	fine [faɪn]
Fahrspur	lane [len]
Einfahrt	driveway [ˈdraɪvwe]
Hauptstraße	main street [ˈmen ˈstrit]
Landstraße	county road [ˈkæʊnti ˌrod]
Maut	toll (charge) [tol (tʃɑɚdʒ)]
Nebenstraße	sidestreet [ˈsaɪdstrit]
Promillegrenze	legal alcohol limit [ˈligəl ˈælkəhɔl ˈlɪmɪt]
Radarkontrolle	radar speed check [ˈredɑr ˈspid tʃɛk]; speed trap [ˈspid træp]
Rastplatz	rest area [ˈrɛst ˈɛɚiə]; wayside rest [ˈwesaɪd ˈrɛst]
Raststätte	services [ˈsɛɚvɪsəs]
Reklametafel	billboard [ˈbɪlˌbɔɚd]
Schild	road sign [rod saɪn]
Schnellstraße	highway [ˈhaɪwe]; expressway [ɛksˈprɛswe]
Stau	traffic jam [ˈtræfɪk dʒæm]
trampen	hitchhike [ˈhɪtʃˌhaɪk]
Tramper	hitchhiker [ˈhɪtʃˌhaɪkɚ]
Wegweiser	sign [saɪn]

An der Tankstelle/Raststätte

SB

Die meisten amerikanischen Tankstellen haben Selbstbedienung. An manchen Tankstellen bezahlen Sie erst und tanken dann die entsprechende Menge Kraftstoff. Oft können Sie direkt an den Zapfsäulen mit der Kreditkarte bezahlen.

Wo ist bitte die nächste Tankstelle?
Where's the nearest gas station, please? [ˈwɛrz ðə ˈnɪɚɪst ˈgæs steʃn pliz]

Gibt es hier eine Elektrotankstelle?
Is there a charging point (for electronic vehicles) here?
[ɪz ðɛɚ‿ə ˈtʃɑɚdʒɪŋ pɔɪnt (fɔɚ‿ ˌɪlɛkˈtrɑnɪk ˈviəkəlz) hɪɚ]

Ich möchte ... Gallonen
I'd like ... gallons [ɑɪd lɑɪk … ˈgælənz]

- ***Benzin (bleifrei).***
  regular (unleaded). [ˈrɛgjəlɚ (ˌənˈlɛdɪd)]
- ***Super (bleifrei).***
  premium (unleaded). [ˈprimɪəm (ˌənˈlɛdɪd)]
- ***Diesel.***
  diesel. [ˈdizl]

Super bitte, für 20 Dollar.
20 dollars' worth of super, please. [ˌtwɛndi ˈdɑlɚz wɚθ‿əv ˈsupɚ pliz]

Voll tanken, bitte!
Fill her up, please. [ˈfɪl‿ɚ‿ˈəp pliz]

Würden Sie bitte den Ölstand prüfen?
Please check the oil. [ˈpliz tʃɛk ðɪ‿ˈɔɪl]

Ich hätte gern eine Straßenkarte dieser Gegend.
I'd like a road map of this area. [ɑɪd ˌlɑɪk‿ə ˈrod mæp‿əv ðɪs‿ˈɛɚiə]

Wo sind bitte die Toiletten?
Where is the bathroom, please? [ˈwɛɚ ɪz ðə ˈbæθˌrum pliz]

Gibt es eine Behindertentoilette?
Is there a restroom that's wheelchair accessible?
[ɪz ðɛɚ ə ˈrɛstrum ðæts ˈwiltʃɛɚ əkˈsɛsɪbl]

Gibt es hier einen Wickelraum?
Is there a diaper changing room here? [ɪz ðəɚ‿ə ˈdɑɪpɚ tʃendʒɪŋ ˌrum hɪɚ]

Hinweise und Informationen

Blind Xing	Unübersichtlicher Bahnübergang
Bump	Unebenheit
By-Pass	Umgehungsstraße
Caution	Achtung, Vorsicht
Change Lanes	Fahrbahn wechseln
Closed to all Vehicles	Gesperrt für alle Fahrzeuge
Dangerous Curve	Gefährliche Kurve
Dangerous Intersection	Gefährliche Kreuzung
Dead End	Sackgasse
Detour	Umleitung

Dip	Mulde
Divided Highway	Einspuriger Verkehr
Drive slowly	Langsam fahren
Get in Lane	Bitte einordnen
Hospital	Krankenhaus
Intersection/Junction	Einmündung, Kreuzung
Keep Clear	Ausfahrt freihalten
Keep Right (Left)	Rechts (Links) fahren
Lane ends	Spur endet
Merge	Reißverschlusssystem
No Entry	Keine Einfahrt
No Passing	Überholen verboten
No Right Turn	Rechts abbiegen verboten
No Stopping	Halten verboten
No U-Turn	Wenden verboten
No Waiting	Parkverbot
One Lane Traffic	Einspuriger Verkehr
One-Way Street	Einbahnstraße
Parking Meter	Parkuhr
Pedestrian Crossing	Zebrastreifen
Pedestrian Subway	Fußgängerunterführung
Pedestrian Zone	Fußgängerzone
Ramp	Autobahnzufahrt/-ausfahrt
Reduce Speed	Langsamer fahren
Rest area	Rastplatz, z. B. an Autobahnen
Road Narrows	Fahrbahnverengung
Road Work Ahead	Straßenarbeiten
RR Crossing	Bahnübergang
Sharp Right Angle Turn	Scharfe Kurve
Slippery	Rutschgefahr
Slow Down	Langsamer fahren
Soft Shoulder	Unbefestigter Straßenrand
Speed Limit	Geschwindigkeitsbegrenzung
State Troopers	Autobahnpolizei
Steep Hill	Starkes Gefälle
Traffic Jam	Verkehrsstau
Traffic Light(s)	Verkehrsampel
Two-Way Traffic	Gegenverkehr
Winding Stretch of Road	Kurvenreiche Straße
Yield Right of Way	Vorfahrt beachten

Interstates

Die Nummerierung der Autobahnen hat einen logischen Aufbau: Die **Interstates**, die in Ost-West-Richtung verlaufen, haben gerade Zahlen. Sie beginnen im Süden mit **I - 4**, die nördlichste Autobahn hat die Nummer **I - 94**. Die in Nord-Süd-Richtung verlaufenden **Interstates** haben ungerade Zahlen. Die Nummerierung beginnt an der Westküste mit **I - 5** und endet an der Ostküste mit **I - 95**. Dreistellige Zahlen bezeichnen Umgehungsstraßen, z. B. um eine Großstadt oder Abzweigungen einer Interstate, z. B. **I - 285** als Abzweigung der **I - 85**.

Parken

Entschuldigen Sie bitte, gibt es hier in der Nähe eine Parkmöglichkeit?
Excuse me, where can I park around here?
[ɪkˈskjuz mi ˈwɛɚ kæn‿aɪ pɔɚk əˈræʊnd hɪɚ]

Kann ich den Wagen hier abstellen?
Can I park here? [kæn‿aɪ ˈpɔɚk hɪɚ]

Ist der Parkplatz bewacht?
Is there an attendant on duty? [ɪz ðɛɚ‿ən əˈtɛndənt ɑn ˈdudi]

Wie hoch ist die Parkgebühr pro Stunde?
How much is it per hour? [ˈhæʊ ˈmətʃ ɪz‿ɪt pɚ ˈæʊɚ]

Ist das Parkhaus die ganze Nacht geöffnet?
Is the parking ramp open all night? [ɪz ðə ˈpɑɚkɪŋ ræmp‿ˈopən‿ɔl ˈnɑɪt]

Eine Panne

Ich habe eine Panne.
My car's broken down. [mɑɪ ˈkɑɚz ˈbrokn ˈdæʊn]

Ich habe einen Platten.
I have a flat tire. [ɑi hæv ə‿flæt ˈtɑɪɚ]

Ich habe kein Benzin mehr.
I've run out of gas. [ɑiv rən‿æʊt əv gæs]

Die Batterie ist leer.
The battery is empty. [ðə ˈbædɚi ɪz‿ɛmpti]

Können Sie mir Starthilfe geben?
Could you help me jump-start my car?
[kʊd ju hɛlp mi ˈdʒəmpˌstaɚt mɑɪ kɑɚ]

Gibt es hier in der Nähe eine Werkstatt?
Is there an auto repair shop near here?
[ˈɪz ðɛr‿ən ˈɔdo rɪˈpɛɚ ʃap ˈnɪɚ ˈhɪɚ]

Könnten Sie bitte für mich den Pannendienst anrufen?
Could you call the nearest auto repair shop for me, please?
[ˌkʊd‿jʊ ˈkɔl ðə ˌnɪɚɪst ˈɔdo rɪˈpɛɚ ʃap pliz]

Könnten Sie mir mit etwas Benzin aushelfen?
Could you lend me some gas? [ˌkʊd‿jʊ ˈlɛnd mi səm ˈgæs]

Könnten Sie mir beim Reifenwechsel helfen?
Could you help me change the tire, please?
[ˈkʊd‿jʊ hɛlp mi tʃendʒ ðə ˈtaɪɚ pliz]

Würden Sie mich bis zur nächsten Werkstatt mitnehmen?
Could you give me a ride to the nearest auto repair shop?
[ˌkʊd‿jʊ ˈgɪv mi‿ə ˈraɪd tə ðə ˌnɪɚɪst ˈɔdo rɪˈpɛɚ ʃap]

Abschleppdienst	towing service, AAA [ˈtoɪŋ ˌsɚvis (ˈeˈeˈe)]
abschleppen	tow (away) [to (əˈwe)]
Abschleppseil	tow rope [ˈto rop]
Abschleppwagen	tow truck [ˈto trək]
Benzinkanister	gas(oline) canister [ˈgæs(əˈlin) ˈkænəstɚ]
Ersatzrad	spare tire [ˈspɛɚ ˈtaɪɚ]
Flickzeug	repair kit [rɪˈpɛɚ kɪt]
Luftpumpe	pump [pəmp]
Notrufsäule	emergency telephone [ɪˈmɚdʒənsi ˈtɛlɪfon]
Panne	breakdown [ˈbrekdæʊn]; *(Reifenpanne)* flat (tire) [ˈflæt (ˈtaɪɚ)]
Pannendienst	emergency road service [ɪˈmɚdʒənsi rod ˌsɚvɪs]
Platten	flat tire [ˈflæt ˈtaɪɚ]
Starthilfekabel	jumper cable [ˈdʒəmpɚ ˈkebl]
Wagenheber	jack [dʒæk]
Warnblinkanlage	emergency flashers [ɪˈmɚˌdʒənsi ˈflæʃɚz]
Warndreieck	warning triangle [wɔɚniŋ traɪˈæŋgl]
Werkzeug	tools [tulz]

In der Werkstatt

Der Motor springt nicht an.
The engine won't start. [ðɪ‿ˈɛndʒən won start]

Mit dem Motor stimmt was nicht.
There's something wrong with the engine.
[ˌðɛɚz ˈsəmθɪŋ ˈrɔŋ wɪð ðɪ‿ˈɛndʒən]

... ist/sind defekt.
... is/are faulty. [ɪz/ɑɚ ˈfɔlti]

Der Wagen verliert Öl.
I'm losing oil. [aɪm ˈluzɪŋ ˈɔɪl]

Wann ist der Wagen/das Motorrad fertig?
When will the car/the motorcycle be ready?
[ˈwɛn wɪl ðə ˈkaɚ/ðə ˈmotɔɚˌsaɪkl bi ˈrɛdi]

Was wird es ungefähr kosten?
What do you suppose it will cost? [ˈwat də jʊ səˈpoz ɪt wɪl ˈkɔst]

Abblendlicht	dimmed lights [dɪmd laɪts]
Alarmanlage	alarm system [əˈlaɚm ˈsɪstəm]
Anlasser	starter [ˈstaɚdɚ]
Auspuff	muffler [ˈməflɚ]
Automatik(getriebe)	automatic (transmission) [ˌɔtəˈmædɪk (trænzˈmɪʃn)]
Benzinpumpe	gas pump [ˈgæs pəmp]
Blinklicht	blinker [ˈblɪnkɚ]; turn signal [tɚn ˈsɪgnəl]
Bremse	brake [brek]
Bremsflüssigkeit	brake fluid [ˈbrek ˌfluɪd]
Bremslichter	brake lights [ˈbrek ˌlaɪts]
Defekt	defect [ˈdifɛkt]; flaw [flɔ]
Delle	dent [dɛnt]
Erdgas-/ Elektrotankstelle	natural gas/fuel station for electric cars [ˌnætʃərəl ˈgæs/fjʊəl steʃn fɔɚ ɪˈlɛktrɪk kaɚz]
Fernlicht	brights/bright lights [ˈbraɪts/ˌbraɪt ˌlaɪts]
Frostschutzmittel	anti-freeze [ˈænifriz]
Gang	gear [gɪɚ]
– erster Gang	first/low gear [ˈfɚst/ˈlo ˈgɪɚ]
– erster Gang	first/low gear [ˈfɚst/ˈlo ˈgɪɚ]
– Leerlauf	neutral [ˈnutrəl]
– Rückwärtsgang	reverse gear [rɪˈvɚs ˈgɪɚ]
Gaspedal	gas pedal [ˈgæs ˈpɛdəl]
Getriebe	transmission [trænsˈmɪʃn]
Handbremse	parking brake [ˈpaɚkɪŋ ˌbrek]
Hupe	horn [hɔɚn]
Kofferraum	trunk [trənk]

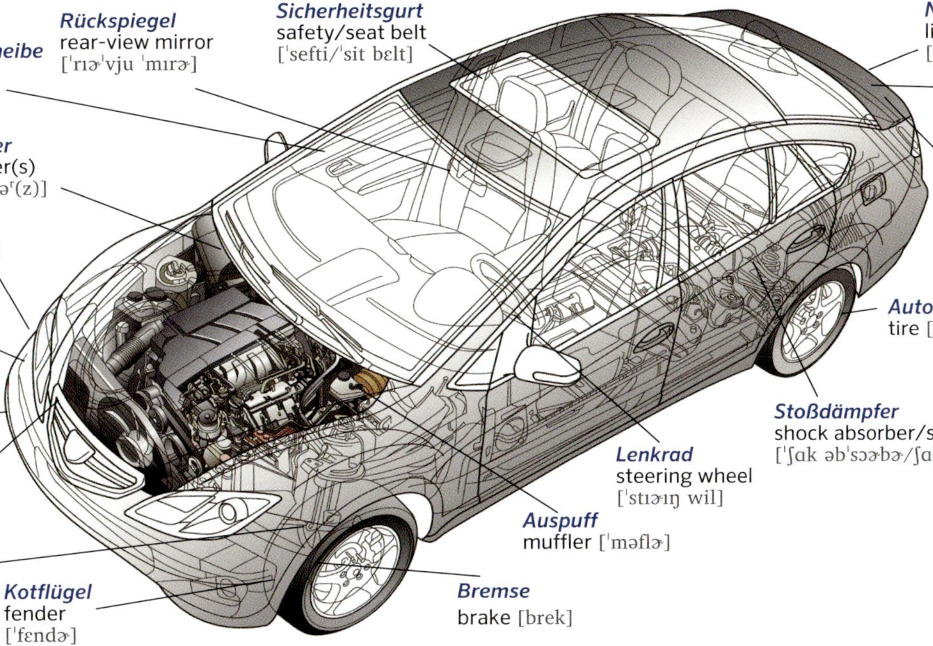
Windschutzscheibe
windshield
[ˈwɪndʃild]
Rückspiegel
rear-view mirror
[ˈrɪɚˈvju ˈmɪrɚ]
Sicherheitsgurt
safety/seat belt
[ˈsefti/ˈsit bɛlt]
Nummernschild
license plate
[ˈlaɪsɛns plet]
Ersatzrad
spare tire
[ˈspɛɚ ˈtɪɚ]
Kofferraum
trunk [trənk]
Scheibenwischer
windshield wiper(s)
[ˈwɪndʃild ˈwaɪpəʳ(z)]
Blinker
blinker [ˈblɪnkɚ]
Scheinwerfer
headlights
[ˈhɛdlaɪts]
Stoßstange
bumper
[ˈbəmpɚ]
Kühler
radiator
[ˈrediedɚ]
Achse
axle
[ˈæksəl]
Kotflügel
fender
[ˈfɛndɚ]
Bremse
brake [brek]
Auspuff
muffler [ˈməflɚ]
Lenkrad
steering wheel
[ˈstɪɚɪŋ wil]
Stoßdämpfer
shock absorber/shocks
[ˈʃak əbˈsɔɚbɚ/ʃaks]
Autoreifen
tire [tɪɚ]

Kratzer	scratch ['skrætʃ]
Kühler	radiator ['rediedɚ]
Kühlwasser	coolant ['kulənt]; radiator water ['rediedɚ ˌwɔdɚ]
Kupplung	clutch [klətʃ]
Kurzschluss	short-circuit ['ʃɔɚt'sɚkɪt]
Lichtmaschine	alternator ['ɔltɚˌnedɚ]
Luftfilter	air filter ['ɛrˌfɪltɚ]
Motor	motor ['modɚ]; engine ['ɛndʒɪn]
Motorhaube	hood [hʊd]
Öl	oil [ɔɪl]
Ölwechsel	oil change ['ɔɪl 'tʃendʒ]
Rad	wheel [wil]
Reifen	tire ['taɪɚ]
Rücklicht	tail light ['tel laɪt]
Rückspiegel	rear-view mirror ['riɚvju 'mɪrɚ]
Schaden	damage ['dæmɪdʒ]
Schaftgetriebe	standard transmission ['stændɚd træns'mɪʃn]
Scheibenwischer	windshield wiper(s) ['wɪndʃild 'waɪpɚ(z)]
Scheinwerfer	headlights ['hɛdlaɪts]
Schraube	screw [skru]
Sicherheitsgurt	safety/seat belt ['sefti/'sit bɛlt]
Standlicht	parking lights ['paɚkɪŋ laɪts]
Stoßstange	bumper ['bəmpɚ]
Tachometer	speedometer [spɪ'damɪdɚ]
Tank	(gas) tank [('gæs) tæŋk]
Verbandskasten	first-aid kit [fɚst 'eɪd kɪt]
Warnblinkanlage	emergency blinkers [ˌɪm'ɚdʒɛnsi 'blɪnkɚz]
Warndreieck	warning triangle ['wɔɚrnɪŋ 'traɪæŋgl]
elektronische Wegfahrsperre	electronic immobilizer [ˌəlɛk'tranɪk ɪ'mobəˌlaɪzɚ]
Werkstatt	auto repair shop ['ɔdo rɪ'pɛɚ ʃap]; garage [gə'raʒ]
Windschutzscheibe	windshield ['wɪndʃild]
Winterreifen	snow tires ['sno 'taɪɚz]
Zündkerze	spark plug ['spaɚk pləg]
Zündung	ignition [ɪg'nɪʃn]

Verkehrsunfall

Es ist ein Unfall passiert!
There's been an accident. [ðɛɚz ˌbin‿ən‿'æksɪdənt]

Rufen Sie bitte schnell ...
Quick! Please call... [kwɪk 'pliz 'kɔl]

- *einen Krankenwagen!*
  an ambulance! [ən‿ˈæmbjʊləns]
- *die Polizei!*
  the police! [ðə pəˈlis]
- *die Feuerwehr!*
  the fire department! [ðə ˈfaɪɚ dɪˈpartmənt]

Haben Sie Verbandszeug?
Do you have a first-aid kit? [ˈdʊ jʊ ˈhæv ə fɪɚst ˈed kɪt]

Sie haben ...
(I'm afraid) You ... [(aɪm əˈfred) ˈju]

- *die Vorfahrt nicht beachtet.*
  didn't yield. [ˈdɪdnt ˈjild]
- *nicht geblinkt.*
  didn't signal your turn. [ˌdɪdnt ˈsɪgnəl jɔɚ ˈtɚn]

Sie sind ...
You ... [jʊ/ˈju]

- *zu schnell gefahren.*
  were driving too fast. [wɚ ˈdraɪvɪŋ ˈtu ˈfæst]
- *bei Rot über die Kreuzung gefahren.*
  ran a red light. [ˌræn‿ə ˈrɛd ˈlaɪt]

Können Sie als Zeuge aussagen?
Can you testify as a witness? [kæn‿ju ˈtɛstəfaɪ‿æz ə ˈwɪtnɪs]

Geben Sie mir bitte Ihren Namen und Ihre Anschrift.
Please give me your name and address.
[pliz gɪv mi jɔɚ ˈnem‿ənd‿ˈædrɛs]

Bei welcher Versicherung sind Sie?
Which insurance company are you with?
[wɪtʃ‿ɪnˈʃʊɚəns ˌkəmpənɪ ɑɚ ju wɪð]

Vielen Dank für Ihre Hilfe!
Thanks for your help. [ˈθæŋks fɔɚ jɔɚ ˈhɛlp]

Auto-, Motorrad- und Fahrradvermietung

Ich möchte für zwei Tage/eine Woche ... mieten.
I'd like to rent ... for two days/for a week.
[aɪd ˈlaɪk tə ˈrɛnt … fɔr ˈtu ˈdez/fɔɚ‿ə ˈwik]

- *einen (Gelände-)Wagen*
  a jeep [ə ˈdʒip]
  SUV [ɛs ju vi]
- *ein Motorrad*
  a motorcycle [ə ˈmodɚˌsaɪkl]

Lenker
handlebars
[ˈhændəl baɚz]
Gangschaltung
gears [gɪɚz]
Vorderlicht
front light
[frʌnt laɪt]
Bremse
brake
[brek]
Nabe
hub [həb]
Speiche
spoke
[spok]
Rad
wheel
[wil]
Pedal
pedal
[ˈpɛdəl]
Sattel
saddle/seat
[ˈsædəl/sit]
Luftpumpe
pump
[pəmp]
Rücklicht
back light
[bæk laɪt]
Schlauch
tube [tub]
Mantel
tire [taɪɚ]
Kette
chain [tʃen]

- *einen Motorroller*
  a scooter [ə ˈskudɚ]
  a moped [ə ˈmopɛd]
- *ein Fahrrad*
  a bike [ə ˈbaɪk]

Ich möchte gerne ...
I'd like ... [aɪd laɪk]

- *Automatik.*
  an automatic. [æn‿ˌɔtəˈmædɪk]
- *Klimaanlage.*
  air-conditioning. [ɛɚ kənˈdiʃnɪŋ]
- *Navigationsgerät.*
  a navigation system/satnav. [ə ˌnævəˈgeʃən ˌsɪstəm]

Gibt es für Körperbehinderte Leihwagen mit Handgas?
Do you have rental cars with hand throttles for the physically challenged?
[dʊ jʊ hæv ˈrɛntl kaɚz wɪθ hænd ˈθradlz fɔɚ ðə ˌfɪzɪkli ˈtʃælɪndʒd]

Kann man hier irgendwo Behindertenfahrräder leihen?
Is it possible to rent hand-operated bikes?
[ɪz ɪt ˈpasɪbl tə rɛnt ˈhænd ˈɔpɚedɪd baɪkz]

Wie viel kostet es pro Tag/Woche?
How much does it cost per day/week? [ˌhæʊ ˈmətʃ dəz‿ɪt ˈkɔst pɚ ˈde/ˈwik]

Ist das einschließlich gefahrener Meilen?
Does that include unlimited mileage?
[ˈdəz ðæt ɪnˈklud ənˈlɪmɪtɪd ˈmaɪlɪdʒ]

Wie viel verlangen Sie pro gefahrenen Meile?
How much do you charge per mile? [ˌhæʊ ˈmətʃ du ju ˈtʃaɚdʒ pɚ ˈmaɪl]

Ist das Fahrzeug vollkaskoversichert?
Is the vehicle covered by comprehensive insurance?
[ˈɪz ðə ˈviɪkl ˈkəvɚd baɪ ˌkamprɪˈhɛnsɪv ɪnˈʃʊɚəns]

Ist es möglich, das Fahrzeug in ... abzugeben?
Can I hand in the vehicle in ...? [ˈkæn aɪ hænd ɪn ðə ˈviɪkl ɪn]

Haben Sie eine Straßenkarte?
Do you have a map? [du ju hæv‿ə ˈmæp]

Ich möchte auch einen Schutzhelm leihen.
I'd like to rent a crash helmet. [aɪd ˈlaɪk tə rent ə ˈkræʃ ˌhelmɪt]

Haben Sie einen Kindersicherheitsgurt?
Do you have a special child's seat belt?
[ˌdu jʊ ˌhæv‿ə ˌspɛʃl ˈtʃaɪldz ˈsit ˌbɛlt]

Verleihen Sie Kinderautositze?
Do you rent children's car seats? [ˌdu jʊ rɛnt ˈtʃɪldrənz ˈkaɚ ˌsits]

Führerschein	driver's license [ˈdraɪvɚz ˈlaɪsəns]
Handbike	hand-operated bike [ˈhænd ˈɔpɚˌetɪd baɪk]
Handgas	hand throttle [ˈhænd ˈθradəl]
Kaution	deposit [ˌdəˈpasɪt]
Kindersitz	child's car seat [tʃaɪldz kar sit]
Kindersitzkissen	child seat cushion [tʃaɪld sit ˈkʊʃn]
Lenkraddrehknopf	rotary steering wheel knob [ˈrotɚi ˈstɪɚɪŋ wil nab]
Nierengurt	kidney belt [ˈkɪdni bɛlt]
Papiere	license [ˈlaɪsəns]
Schiebedach	sunroof [ˈsənruf]
Sturzhelm	crash helmet [ˈkræʃ ˌhɛlmɪt]
Teilkasko	collision and liability insurance [kəˈlɪʒən ənd ˈlaɪəˈbɪlɪti ɪnˈʃʊɚəns]
Vollkasko	comprehensive and liability insurance [kamprɪˈhɛnsɪv ənd ˈlaɪəˈbɪlɪti ɪnˈʃʊɚəns]
Wochenendpauschale	weekend special [ˈwikɛnd ˈspɛʃəl]
Zündschlüssel	ignition key [ɪgˈnɪʃn ki]

IN DER LUFT

Schnäppchen

Falls Sie einen günstigen Flug buchen wollen, schauen Sie nach so genannten **Red Eye Flights**. Allerdings starten diese Flüge zu ungewöhnlichen Zeiten, z. B. mitten in der Nacht oder in den frühen Morgenstunden.
Inlandsflüge in den USA sind alle rauchfrei. Auch in Flughäfen ist das Rauchen nur in bestimmten Bereichen erlaubt. Missachtet man solche Regeln, fällt man sehr unangenehm auf.

Einen Flug buchen

Was ist Ihr Reiseziel?
What is your final destination? [wats jɔɚ ˈfaɪnəl ˌdɛstɪnˈeʃən]

Könnten Sie mir bitte sagen, wann die nächste Maschine nach … fliegt?
Could you tell me when the next plane leaves for …? [kʊd jʊ ˈtɛl mi wɛn ðə ˈnɛkst plen livz fɔɚ]

Sind noch Plätze frei?
Are there still seats available? [ɑɚ ðɛɚ stɪl ˈsits‿əˈveləbl]

Ich möchte einen einfachen Flug nach …
I'd like a one-way flight to … [aɪd laɪk ə ˈwənˈwe flaɪt tə]

Ich möchte einen Hin- und Rückflug nach ... buchen.
I'd like a return flight to ... [aɪd laɪk ə riˈtɚn flaɪt tə]

Was kostet bitte der Flug Touristenklasse/1. Klasse?
How much is an economy class/first class ticket?
[hæʊ mətʃ‿ɪz‿ən‿ɛˈkɑnəmi klæs/ˈfɪɚst klæs ˈtɪkət]

Ich möchte bitte ...
I'd like ... [aɪd ˈlaɪk]

- ***einen Fensterplatz.***
  a window seat. [ə ˈwɪndo sit]
- ***einen Platz am Gang.***
  an aisle seat. [ən‿ˈaɪl sit]

Wir reisen mit einem Kleinkind. Könnten wir Plätze ganz vorn bekommen?
We're traveling with a toddler. Could we have seats towards the front? [wɪɚ ˌtrævəlɪŋ wɪð‿ə ˈtɑdlɚ. kʊd wi ˈhæv ˌsitz‿tɔɚdz‿ðə ˈfrənt]

Ich möchte diesen Flug stornieren.
I'd like to cancel this flight. [aɪd ˌlaɪk tə ˈkænsəl ðɪs flaɪt]

Ich möchte diesen Flug umbuchen.
I'd like to change this booking. [aɪd ˌlaɪk ðɪs ˌtʃendʒ ðə ˈbʊkɪŋ]

Am Flughafen

Wo ist bitte ...
Where is the ..., please? [ˈwɛɚ ɪz ðə ... pliz]

- ***... der Schalter der ...-Fluggesellschaft?***
  ... airline counter [ˈɛɚlaɪn ˈkæʊntɚ]
- ***... Halle/Terminal ...?***
  ... area/terminal ... [ˈɛɚiə/ˈtɚmɪnəl]
- ***... der Check-in-Automat?***
  ... the check-in kiosk [ðə ˈtʃɛkɪn ˈkiˌɑsk]

Electronic check-in

(= *elektronisches Einchecken*) und **security checks** (= *Sicherheitsüberprüfungen*) sind in den USA völlig normal. Bitte seien Sie nicht beleidigt oder ungeduldig, wenn eine **security person** nach Ihrer Herkunft fragt oder sich nach dem Grund Ihrer Einreise erkundigt (**the reason for your stay in the United States?**). Wenn Sie nach Amerika reisen, um Urlaub zu machen, können Sie diese Frage mit **tourism** oder **pleasure** beantworten.

Gibt es für den Flug einen Vorabend-/Telefon-/Internet-Checkin?
Is it possible to check in for the flight the evening before/ by telephone/on the Internet? [ɪz ɪt ˈ pɑsɪbl tʊ tʃɛk‿ˈɪn fɔɚ ðə ˈflaɪt ðə‿ˈivnɪŋ biˈfɔɚ/baɪ ˈtɛlɪfon/ɑn ðə ˈɪntɚnɛt]

Könnte ich bitte Ihren Flugschein sehen?
Could I see your ticket, please? [ˈkʊd‿aɪ ˌsi jɔɚ ˈtɪkɪt pliz]

Kann ich das/diese Flüssigkeit als Handgepäck mitnehmen?
Can I take this/this liquid as carry-on luggage?
[ˈkæn‿aɪ tek ðɪs/ðɪs ˈlɪkwɪd æz ˈkæɚiˌɔn ˈləgɪdʒ]

Ich habe einen Laptop im Handgepäck.
I have a laptop in my hand luggage.
[aɪ hæv‿ə ˈlæptɒp‿ɪn maɪ ˌhænd ˈləgɪdʒ]

Kann ich einen eigenen (faltbaren) Rollstuhl/einen Buggy im Flugzeug mitnehmen?
Can I take my (fold-up) wheelchair/stroller on the plane with me?
[ˈkæn aɪ tek maɪ (ˈfold ʊp) ˈwiltʃɛɚ/strolɚ ɑn ðə ˈplen wɪð mi]

Wird ein Rollstuhl am Abflug-/Zielflughafen bereitgestellt?
Will there be a wheelchair waiting for me at the airport when I depart/arrive? [wɪl ðər bi ə ˈwiltʃɛr ˈwetɪŋ fɔr mi æt ðə ˈɛɚpɔɚt wɛn aɪ dəˈpɑɚt/əˈraɪv]

Wann landet die Maschine aus ...?
When does the flight from ... land? [ˈwɛn dəz ðə ˈflaɪt frɑm … ˈlænd]

Der Flug geht vom Flugsteig ... ab.
Your plane leaves from gate ... [jʊɚ ˈplen ˈlivz frəm get]

An Bord

Ich habe einen Herzschrittmacher.
I have a pacemaker for my heart. [aɪ hæv ə ˈpeɪsˌmeɪkɚ fɔɚ maɪ hɑɚt]

Könnten Sie mir bitte ein Glas Wasser bringen?
Could I have a glass of water, please?
[ˈkʊd‿aɪ hæv‿ə ˌglæs‿əv ˈwɑdɚ pliz]

Könnte ich bitte noch ein Kissen/eine Decke haben?
Could I have a pillow/a blanket, please?
[ˈkʊd‿aɪ hæv‿ə ˈpɪlo/ə ˈblænkət pliz]

Würde es Ihnen etwas ausmachen, mit mir den Platz zu tauschen?
Would you mind switching places with me?
[wʊd jʊ ˈmaɪnd ˈswɪtʃɪŋ ˈplesɪz wɪð mi]

Ankunft

Mein Gepäck ist verloren gegangen.
My luggage is missing. [maɪ ˈləgɪdʒ ɪz ˈmɪsɪŋ]

Mein Koffer ist beschädigt worden.
My suitcase has been damaged. [maɪ ˈsutkes hæz bɪn ˈdæmɪdʒd]

Wo fährt der Bus in Richtung ... ab?
Where does the bus to ... leave from? [ˈwɛɚ dʊz ðə ˈbʊs tə ... liv frəm]

Abflug	takeoff [ˈtekˌɔf]
Ankunft	arrival [əˈraɪvl]
Ankunftszeit	arrival time [əˈraɪvl taɪm]
Anschluss	connection [kəˈnɛkʃn]
Auslandsflug	international flight [ˌɪntɚˈnæʃənl flaɪt]
Begleitperson	accompanying adult [əˌkəmpənɪɪŋ əˈdəlt]
Bordkarte	boarding card [ˈbɔɚdɪŋ kard]
einchecken	check-in [ˌtʃɛk‿ˈɪn]
elektronisches Ticket	e-ticket [ˈiˌtɪkɪt]
Flug	flight [flaɪt]
Flugbegleiter/in	flight attendant [ˈflaɪt əˈtɛndənt]
Fluggesellschaft	airline [ˈɛɚlaɪn]
Flughafen	airport [ˈɛɚpɔɚt]
Flughafenbus	airport shuttle/bus [ˈɛɚpɔɚt ˈʃədl/ˈbəs]
Flughafengebühr	airport tax [ˈɛɚpɔɚt ˈtæks]
Flugsteig, Gate	gate [get]
Gepäck	luggage [ˈləgɪdʒ]; baggage [ˈbægɪdʒ]
Gepäckabfertigung	baggage check-in [ˈbægɪdʒ ˈtʃɛkɪn]
Gepäckausgabe	baggage claim [ˈbægɪdʒ ˈklem]
Gepäckwagen	baggage cart [ˈbægɪdʒ ˈkaɚt]
Handgepäck	carry-on luggage [ˈkæɚiɔn ˈləgɪdʒ]
Handgepäckfach	luggage compartment [ˈləgɪdʒ kəmˈpaɚtmənt]
Inlandsflug	domestic flight [dəˈmɛstɪk flaɪt]
Internetbuchung	online booking [ˌanlaɪn ˈbʊkɪŋ]
Landung	landing [ˈlændɪŋ]
Notausgang	emergency exit [ɪˈmɚdʒənsi ˈɛksɪt]
Notlandung	emergency landing [ɪˈmɚdʒənsi ˈlændɪŋ]
Notrutsche	emergency chute [ɪˈmɚdʒənsi ʃut]
Passagier	passenger [ˈpæsɪndʒɚ]
Pilot	pilot [ˈpaɪlət]
Reiseziel	destination [dɛstɪˈneʃən]
Rückerstattung	refundable [riˈfəndəbəl]
kein Rückerstattung	non-refundable [ˈnɔn riˈfəndəbəl]
Schwimmweste	life jacket [ˈlaɪf ˌdʒækɪt]
Sicherheitsgebühr	security charges [sɪˈkjɚɪdi ˌtʃaɚdʒɪz]
Sicherheitskontrolle	security check [sɪˈkjɚɪdi tʃɛk]

Spucktüte	sick bag [ˈsɪk bæg]
stornieren	cancel [ˈkænsl]
Terminal	terminal [ˈtɚmɪnl]
Touristenklasse	economy class [iˈkɔnəmi klæs]
Übergewicht	excess baggage [ˈɛksɛs ˈbægɪdʒ]
umbuchen	change the booking [ˈtʃendʒ ðə ˈbʊkɪŋ]
Verspätung	delay [dɪˈle]
zollfreier Laden	duty-free shop [ˈdudi fri ʃɑp]
Zwischenlandung	stopover [ˈstɑpˌovɚ]; *(über Nacht)* layover [ˈleˌovɚ]

AUF SCHIENEN

Weite der Landschaft

Die Eisenbahn wird hauptsächlich zwischen den Ballungsgebieten an der Ostküste und für längere Strecken, z. B. nach Westen, benutzt. Die Überlandfahrten sind nicht gerade günstig und ziehen sich oft in die Länge. Allerdings lässt sich dabei ein guter Eindruck von der Weite der Landschaft gewinnen.

Fahrkarten kaufen

Zwei Karten nach Chicago, einfach bitte.
Two one-way tickets to Chicago, please.
[ˈtu ˈwɔnwe ˈtɪkɪtz tə ʃɪˈkɑgo pliz]

1. Klasse/2. Klasse
first-class/second-class [ˈfɚst klæs/ˈsɛknd klæs]

Nichtraucher/Raucher
non-smoking/smoking [ˈnɔn ˌsmokɪŋ/ˈsmokɪŋ]

Eine Rückfahrkarte, bitte.
One round-trip ticket to ..., please. [ˈwən ˈræʊndtrɪp ˈtɪkɪt tə … pliz]

Gibt es eine Ermäßigung für Kinder/Studenten/Senioren?
Is there a reduction for children/students/senior citizens?
[ˈɪz ðɛɚ‿ə rɪˈdəkʃn fɔɚ ˈtʃɪldrən/ˈstudnts/ˈsinjɚ ˈsɪtɪznz]

Gibt es einen Spartarif?
Is there an economy fare? [ɪz ðɛɚ‿æn‿ɪˈkɑnəmi ˌtærɪf]

Muss ich einen Platz reservieren?
Do I have to reserve a seat? [du ɑɪ hæv tu rɪˈzɚv‿ə sit]

Ich möchte gern zwei Plätze reservieren.
I'd like to book two seats, please. [ɑɪd ˈlɑɪk tə ˈbʊk‿ˈtu ˌsitz pliz]

Ich möchte bitte einen Liegesessel/Schlafwagenplatz.
I'd like to book a reclining chair/roomette.
[aɪd ˈlaɪk tə ˈbʊk‿ə riˈklaɪnɪŋ ˈtʃɛɚ/ruˈmɛt]

Bitte eine Platzkarte für den Zug um ... Uhr nach ...
I'd like to reserve a seat on the ... o'clock train to ...
[aɪd ˈlaɪk tə ˈrəzɚv ə‿sit ɔn ðə … ˌəˈklɔk ˈtren tə]

Um wie viel Uhr habe ich in ... Anschluss nach ...?
Is there a connection to ... at ...? [ɪz ðɛr‿ə kəˈnɛkʃn tə … æt]

Wie oft muss ich da umsteigen?
How often do I have to change trains?
[ˈhæʊ ˈɔfn dʊ‿aɪ ˌhæv‿tə ˈtʃendʒ ˈtrenz]

Im Bahnhof

Wo kann ich eine Fahrkarte kaufen?
Where can I buy a ticket? [wɛɚ kæn‿aɪ baɪ ə ˈtɪkɪt]

Ich möchte diesen Koffer als Reisegepäck aufgeben.
I'd like to check this bag through. [aɪd ˈlaɪk tə ˈtʃɛk ðɪs ˌbæg θru]

Wo kann ich mein Fahrrad aufgeben?
Where can I check in my bike? [ˈwɛɚ kæn aɪ ˈtʃɛk ɪn maɪ ˌbaɪk]

Ist der Einstieg in die Wagen ebenerdig?
Are the doors of the train at ground level?
[ar ðə ˈdɔɚz əv ðə ˈtren æt graʊnd ˈlɛvl]

Entschuldigen Sie bitte, von welchem Gleis fährt der Zug nach ... ab?
Excuse me please, which platform does the ... train leave from?
[ɪksˈkjuz mi ˌpliz ˈwɪtʃ ˈplætfɔrm dəz ðə … ˈtren ˈliv frəm]

Im Zug

Ist dieser Platz noch frei?
Excuse me, is this seat taken? [ɪksˈkjuz ˈmi ɪz ˈðɪs ˈsit ˈtekən]

Darf ich bitte das Fenster aufmachen/schließen?
May I open/shut the window? [ˈme‿aɪ ˈopən/ˈʃət ðə ˈwɪndo]

Entschuldigen Sie, ich glaube, das ist mein Platz.
Excuse me, I think this is my seat. [ɪksˈkjuz ˈmi aɪ ˈθɪŋk ðɪs iz ˈmaɪ sit]

Hier ist meine Platzreservierung.
This is my reservation. [ðɪs ɪz ˈmaɪ ˌrɛzɚˈveʃn]

Könnte mir jemand beim Umsteigen behilflich sein?
Could somebody help me change flights/trains?
[kʊd ˈsəmbədi hɛlp mi tʃendʒ ˈflaɪtz/ˈtrenz]

Abfahrt	departure [dɪˈpɑɚtʃɚ]
Abteil	compartment [kəmˈpɑɚtmənt]
Ankunft	arrival [əˈraɪvl]
Aufenthalt	stop [stɑp]
Ausdruck	printout [ˈprɪntˌæʊt]
aussteigen	get out [ˌgɛd‿ˈæʊt]
Autoreisezug	car train [ˈkɑɚ tren]
Bahnhof	train station [ˈtren ˌsteʃn]
einsteigen	get on [ˌgɛd‿ˈɑn]
entwerten	stamp one's ticket [ˌstæmp wənz ˈtɪkɪt]
Ermäßigung	reduction [rɪˈdəkʃn]
Fahrkarte	ticket [ˈtɪkɪt]
Fahrkartenkontrolle	ticket inspection [ˈtɪkɪt‿ɪnˈspɛkʃən]
Fahrkartenschalter	ticket counter [ˈtɪkɪt ˌkæʊndɚ]
Fahrplan	timetable [ˈtaɪmˌtebl]
Fahrpreis	fare [fɛɚ]
Fensterplatz	window seat [ˈwɪndo sit]
Gepäck	luggage [ˈləgɪdʒ]; baggage [ˈbægɪdʒ]
Gepäckaufbewahrung	baggage deposit [ˈbægɪdʒ dəˈpɑzit]
Gepäckschalter	baggage check-in [ˈbægɪdʒ ˈtʃɛkɪn]
Gleis	platform [ˈplætfɔɚm]
Hauptbahnhof	main station [ˈmen ˈsteʃn]
Internetbuchung	Internet booking [ˈɪntɚnɛt ˈbʊkɪŋ]
Kinderfahrkarte	half-fare ticket [hæf fɛɚ ˈtɪkɪt]
Liegewagenplatz	reclining chair seat [rɪˈklaɪnɪŋ tʃɛɚ sit]
Nichtraucherabteil	non-smoking compartment [ˈnɑnˈsmokɪŋ kəmˈpɑɚtmənt]
Platzreservierung	seat reservation [sit rɛzɚˈveʃn]
Reservierung	reservation [ˌrɛzɚˈveʃn]
Rollstuhlfahrer/in	wheelchair user [ˈwiltʃɛɚ ˈjuzɚ]
Rückfahrkarte	round-trip ticket [ˌræʊndtrɪp ˈtɪkɪt]
Schaffner/in	conductor [ˌkənˈdəktɚ]
Schließfach	locker [ˈlɑkɚ]
Schwerbehinderte	severely handicapped persons [səˈvɪɚli ˈhændikæpt pɚsənz]
Speisewagen	dining car [ˈdaɪnɪŋ ˌkɑɚ]
Wagennummer	car number [ˈkɑɚ ˌnəmbɚ]
Wartesaal	waiting room [ˈwedɪŋ rum]
Zug	train [tren]
Zugbegleiter/in	conductor [kənˈdəktɚ]
Zugbegleitpersonal	train crew [tren krʊ]
Zugchef/in	head conductor [hɛd kənˈdəktɚ]
Zuschlag	additional charge [əˈdɪʃənl tʃɑɚdʒ]

Hinweise und Informationen

dining car	Speisewagen
emergency brake	Notbremse
exit	Ausgang
information	Auskunft
men/gents	Herren
no drinking water	kein Trinkwasser
occupied	besetzt
to the platform	zu den Bahnsteigen
refreshments	Erfrischungen
restrooms	Toiletten
sleeping car	Schlafwagen
station master	Stationsvorsteher, Bahnhofsvorstand
track	Bahnsteig/Gleis
train schedule	Fahrplan
underground walkway	Unterführung
vacant	frei
waiting room	Wartesaal
washroom	Waschraum
women/ladies	Damen

AUF DEM WASSER

Eine Schiffsfahrt buchen

Könnten Sie mir bitte sagen, wann das nächste Schiff/ die nächste Fähre nach ... abfährt?
Could you please tell me when the next ship/ the next ferry for ... leaves?
[kʊd ˈju pliz tɛl mi ˈwɛn ðə ˈnɛkst ˈʃɪp/ðə ˈnɛkst ˈfɛɚi fɔɚ … ˈlivz]

Wie lange dauert die Überfahrt?
How long does the crossing take? [ˈhæʊ ˈlɑŋ dəz ðə ˈkrɔsɪŋ ˈtek]

Wann legen wir in ... an?
When do we land at ...? [ˈwɛn dʊ‿wi ˈlænd‿ət]

Wie lange haben wir in ... Aufenthalt?
How long are we stopping at ...? [ˈhæʊ ˈlɑŋ ɑɚ wi ˈstɔpɪŋ æt]

Ich möchte bitte ...
I'd like ..., please [ɑɪd ˈlɑɪk … pliz]

- ***eine Schiffskarte nach ...***
  a ticket to ... [ə ˈtɪkɪt tʊ]
- ***1. Klasse***
  first class [ˈfɚst klæs]

- ***Touristenklasse***
  economy class [iˈkɑnɪmi klæs]
- ***eine Einzelkabine***
  a single cabin [ə ˈsɪŋgl ˈkæbɪn]
- ***eine Zweibettkabine***
  a double cabin [ə ˈdəbl ˈkæbɪn]

Ich möchte eine Karte für die Rundfahrt um ... Uhr.
I'd like a ticket for the round-trip at ... o'clock.
[ɑɪd lɑɪk ə ˈtɪkɪt fɔɚ ðə ræʊnd ˈtrɪp‿æt … əˈklɑk]

An Bord

Ich suche Kabine Nr. ...
I'm looking for cabin number ... [ɑɪm ˈlʊkiŋ fɔɚ ˈkæbɪn ˈnəmbɚ]

Wo ist bitte der Speisesaal/der Aufenthaltsraum?
Where's the restaurant/lounge, please?
[ˈwɛɚz ðə ˈrɛstɚɑnt/ˈlæʊndʒ pliz]

Ich fühle mich nicht wohl.
I don't feel good. [ɑɪ ˈdont ˈfil ˈgʊd]

Könnten Sie bitte den Schiffsarzt rufen?
Could you please call the ship's doctor?
[kʊd ju pliz ˈkɔl ðə ʃɪps ˈdɑktɚ]

Könnten Sie mir bitte ein Mittel gegen Seekrankheit geben?
Could you please give me something for seasickness, please?
[ˈkʊd jʊ ˈgɪv‿mi ˈsəmθɪŋ fɔr ˈsiˌsɪknɪs pliz]

anlegen in	land at [ˈlænd‿æt]
Anlegestelle	pier [pɪɚ]; dock at [ˈdɑk‿æt]
Buchung	booking [ˈbʊkɪŋ]
Dampfer	steamship [ˈstimʃɪp]
Deck	deck [dɛk]
Fähre	ferry [ˈfɛɚi]
Fahrkarte	ticket [ˈtɪkɪt]
Festland	mainland [ˈmenlænd]
Hafen	port [pɔɚt]; harbor [ˈhɑɚbɚ]
Kabine	cabin [ˈkæbɪn]
Kai	wharf [wɔɚf]
Kapitän	captain [ˈkæptɪn]
Klimaanlage	air-conditioning [ɛɚ ˈkənˈdiʃnɪŋ]
Kreuzfahrt	cruise [kruz]
Küste	coastline [ˈkostlɑɪn]
Küstenwächter	coastguard [ˈkostgɑɚd]
Landausflug	excursion [ɪksˈkɚʒn]
Pier	dock [dɔk]

Rettungsboot	lifeboat [ˈlaɪfbot]
Rettungsring	life preserver [ˈlaɪf prɪˈzɚvɚ]
Rundfahrt	round trip [ˈræʊnd ˌtrɪp]
Schwimmweste	life jacket [ˈlaɪf ˌdʒækɪt]
Seegang	rough seas [ˈrəf ˈsiz]
seekrank	seasick [ˈsisɪk]
Ufer	shore [ʃɔɚ]

MIT BUS UND BAHN

„Öffis“

In den Vereinigten Staaten ist das öffentliche Nahverkehrsnetz in den Städten gut ausgebaut. In den **Suburbs** (*Vororten*) und in ländlichen Gegenden dagegen wird wegen der großen Entfernungen oft das Auto benutzt.

Bitte, wo ist die nächste ...
Excuse me, where's the nearest ... [ɪksˈkjuz ˈmi ˈwɛɚz ðə ˈnɪɚɪst]

- ***Bushaltestelle?***
  bus stop? [ˈbəs ˌstɑp]
- ***U-Bahnstation?***
  subway station? [ˈsəbwe ˌsteʃn]

Gibt es Niederflurbusse?
Are there any low-floor buses/kneeling buses?
[ɑɚ ðɛɚ ˈəni lo flɔɚ ˈbʊsəz/ni:lɪŋ ˈbʊsəz]

Welche Linie fährt nach ...?
Which bus route goes to ... ? [ˈwɪtʃ bəs rut (ræʊt) goz‿tə]

Entschuldigen Sie, ist das der Bus nach ...?
Excuse me, does this bus go to ...? [ɪksˈkjus‿mi dəz ˈðɪs ˈbəs go tə]

Wie viele Haltestellen sind es bis ...?
How many stops 'til ...? [ˈhæʊ ˈmeni ˈstɑps tɪl]

Entschuldigen Sie, wo muss ich aussteigen/umsteigen?
Excuse me, where do I have to get off/change?
[ɪksˈkjus mi ˈwɛɚ dʊ‿ɑɪ ˌhæv‿tə gɛd ˈɔf/ˈtʃenʒ]

Könnten Sie mir bitte Bescheid geben, wenn ich aussteigen muss?
Could you please tell me when I have to get off?
[kʊd‿ˈju pliz ˈtɛl mi wɛn‿ɑɪ hæv tə gɛt ˈɔf]

Gibt es ...
Are there ... [ɑɚ ðɛɚ]

- ***Tageskarten?***
  day tickets? [ˈde ˈtɪkɪts]
- ***Wochenkarten?***
  weekly tickets? [ˈwikli ˈtɪkɪts]
- ***Touristentickets?***
  tourist tickets? [ˈturɪst ˈtɪkɪts]

Bitte, einen Fahrschein nach ...
A ticket to ... please. [ə ˈtɪkɪt tə ... pliz]

Direkt und passend

In vielen Städten wird der Fahrpreis direkt – und passend – beim Busfahrer bezahlt!

Der Fahrkartenautomat ist defekt.
The ticket machine is broken. [ðə ˈtɪkɪt məˈʃin ɪz ˈbrokən]

Abfahrt	departure [dɪˈpɑɚtʃɚ]
Bus	bus [bəs]
Busbahnhof	bus station/depot [ˈbəs‿ˌsteʃn/ˈdipo]
einsteigen	get on [ˌgɛd‿ˈɑn]
Endstation	last stop [læst stɑp]
entwerten	stamp one's ticket [ˌstæmp wənz ˈtɪkɪt]
Fahrkartenautomat	ticket/token vendor [ˈtɪkɪt/ˈtokn ˌvɛndɚ]
Fahrplan	timetable [ˈtaɪmˌtebl]
Fahrpreis	fare [fɛɚ]
Fahrschein	ticket [ˈtɪkɪt]; token [ˈtokn]
Haltestelle	bus stop [bəs stɑp]
Kontrolleur	ticket-taker [ˈtɪkɪtˌtekɚ]; conductor [kənˈdəktɚ]
Mehrfahrtenkarte	bus/train pass [ˈbəs/ˈtren ˌpæs]
Nahverkehrszug	local train [ˈlokl ˈtren]
(sich) orientieren	find one's bearings [ˈfaɪnd wɔnzˈ bɛɚɪŋz]
Richtung	direction [dɪˈrɛkʃn]
S-Bahn	(commuter) train [(kəˈmjudɚ) ˈtren]
Schaffner	conductor [kənˈdəktɚ]
Stadtbus	city bus [ˈsɪdi bəs]
Straßenbahn	trolley [ˈtrɑli]; streetcar [ˈstritkɑɚ]
Tageskarte	day pass [ˈde ˌpæs]
U-Bahn	subway [ˈsəbwe]
Überlandbus	bus [bəs]
Wochenkarte	weekly ticket [ˈwikli ˈtɪkɪt]

MIT DEM TAXI

Hallo! Bitte ein Taxi an die Adresse … für jetzt gleich/ für (morgen) … Uhr.
Hello. Could you please send a taxi/cab to the following address as soon as possible/tomorrow at … o'clock?
[həˈlo ˈkʊd‿ju pliz send ə ˈtæksɪ/ˈkæb tʊ ðə ˈfɑləʊiŋ əˈdrɛs æz sun æz ˈpɑsɪbl/təˈmɑrɚo æt … əˈklɑk]

Entschuldigen Sie bitte, wo ist denn der nächste Taxistand?
Excuse me, where is the nearest cab/taxi stand?
[ɪkˈskjus mi ˈwɛɚz ðə ˈnɪɚɪst kæb/ˈtæksi stænd]

Bringen Sie mich bitte zu (dieser Adresse).
Please take me to (this address). [pliz tek mi tu (ðɪs ˈæˌdrɛs)]

Zum Flughafen, bitte.
To the airport, please. [tə ðə ˈɛɚpɔɚt pliz]

Zum ... Hotel, bitte.
To the .... Hotel, please. [tə ðə … ho'tɛl pliz]

In die ...-Straße, bitte.
To ... street, please. [tə … strit pliz]

Zum Zentrum, bitte.
Downtown, please. [ˈdæʊnˈtæʊn pliz]

Nach ..., bitte.
To ..., please. [tə … pliz]

Wie viel kostet es nach ...?
How much will it cost to ...? [ˈhæʊ ˈmətʃ wɪl‿ɪt ˈkɔst tə]

Das ist zu viel.
That's too much. [ðæts ˈtu mətʃ]

Könnten Sie bitte hier halten?
Could you stop here, please? [ˈkʊd‿jʊ ˈstɑp ˈhɪɚ pliz]

Könnten Sie mir bitte eine Quittung ausstellen?
Could you please give me a receipt? [ˈkʊd‿jʊ ˈpliz gɪv mi ə riˈsit]

Das ist für Sie.
That's for you. [ˈðæts fɚ ju]

anhalten	stop [stɔp]
anschnallen	buckle-up [ˈbəkl ˌəp]
Hausnummer	house number [ˈhæʊs ˌnəmbɚ]
Meilenpreis	mile rate [ˈmaɪl ret]
Pauschalpreis	flat rate [ˈflæt ˈret]
Quittung	receipt [rɪˈsit]
Sicherheitsgurt	safety/seat belt [ˈsefti/ˈsit bɛlt]
Taxi	cab/taxi [kæb/ˈtæksi]
Taxifahrer/in	cab/taxidriver [kæb/ˈtæksi ˈdraɪvɚ]
Taxistand	cab/taxi stand [kæb/ˈtæksi stænd]
Trinkgeld	tip [tɪp]

Faustregel

Es ist üblich, einem/einer Taxifahrer/in 15 % des Fahrpreises als Trinkgeld zu geben. Es empfiehlt sich, nach einem **metered taxi**, d. h. einem Taxi mit Taxameter, zu suchen.

Übernachtung

Wir möchten ein Zimmer mit Meerblick.

Sie können Ihre Übernachtungswünsche selbstverständlich auch pantomimisch darstellen – aber die sprachliche Variante erleichtert doch Vieles.

Verkehrsgünstig gelegen oder doch lieber naturnah?

Für unterwegs bieten amerikanische Motels günstige Übernachtungsmöglichkeiten. Qualität und Preis reichen von **rock bottom motels** (unterstes Preisniveau) oder sogar **dives** (*Absteigen*) bis zu sehr guten Motels mit Pool und empfehlenswertem Restaurant. Motels sind für kurze Aufenthalte ausgerichtet und oft an wichtigen Verkehrswegen gelegen. Man hält einfach an und kann (meistens) spontan ein Zimmer bekommen. Wenn Sie stets in den Häusern ein und derselben Motelkette übernachten wollen, können Sie Geld sparen, indem Sie ein „Couponangebot" wahrnehmen. Selbstverständlich kann man auch in Hotels unterschiedlicher Kategorien übernachten. Bedenken Sie hierbei, dass die Zimmer oft sehr großzügig sind. Falls Sie in einer Universitätsstadt günstig schlafen wollen, fragen Sie nach, ob es Plätze in den Studentenheimen (**dormitories**) gibt.
Für Camper gibt es ebenfalls ein großes Angebot. In den schön angelegten Parks (und nicht nur in den berühmten Nationalparks) finden Sie gepflegte Zeltplätze mit viel Platz für jedes Zelt, meistens mit eigener Feuerstelle und Picknicktisch. Allerdings muss man für die sehr gefragten Nationalparks oft bis zu einem Jahr im Voraus planen und buchen. In vielen Parks kann man auch ohne Zelt übernachten - in so genannten **lodges** (rustikale Hotels) oder in **adirondack shelters** (halb offene Hütten).
Andere Möglichkeiten für Naturliebhaber sind die **resorts** (*Ferienanlagen*). Oft finden Sie hier kleine Hütten oder **cabins** mit unterschiedlichen Ausstattungen. Zur Grundausstattung gehören Küche, Schlafzimmer und Wohnzimmer. Die **resorts** sind gewöhnlich an Seen, in den Bergen oder an der Küste gelegen. Manchmal haben sie sogar eine **lodge** mit einem Restaurant.

AN DER TOURISTENINFORMATION

Können Sie mir bitte ... empfehlen?
Could you recommend ..., please? [kʊd͜ jʊ ˌrɛkəˈmɛnd … pliz]

- ***ein gutes Hotel***
  a good hotel [ə gʊd hoˈtɛl]
- ***ein einfaches Hotel***
  a cheap hotel [ə tʃip hoˈtɛl]
- ***eine Pension***
  a guest house/a lodge [ə ˈgɛst hæʊs/ə ladʒ]
- ***ein Privatzimmer***
  a bed and breakfast [ə ˈbɛdn ˈbrɛkfəst]

Ist es zentral/ruhig/in Strandnähe gelegen?
Is it centrally located/quiet/near the beach?
[ɪz͜ ɪt ˈsɛntrəli ˈloketɪd/ˈkwaɪət/nɪɚ ðə ˈbitʃ]

Können Sie mir etwas in der Nähe empfehlen?
Can you recommend anywhere nearby?
[kæn jʊ ˌrɛkəˈmɛnd ˌɛniwɛɚ nɪɚˈbaɪ]

Gibt es hier auch ...
Is there ... here? [ˈɪz ðɛɚ … hɪɚ]

- ***einen Campingplatz?***
  a campground [ə ˈkæmpgræʊnd]
- ***eine Jugendherberge?***
  a youth hostel [ə ˈjuθ ˌhastl]

HOTEL – PENSION – PRIVATZIMMER

Im Hotel angekommen

Ich habe ein Zimmer reserviert. Mein Name ist ...
I've reserved a room. My name's... [aɪv rɪˈzɝvd͜ ə ˈrum. maɪ ˈnemz]

Wir haben reserviert.
We have a reservation. [wi hæv ə ˌrezɚˈveɪʃn]

Haben Sie noch ... ein Zimmer frei?
Do you have any vacancies? [djʊ hæv͜ˌeni͜ˈvekənsiz]

- ***... für eine Nacht***
  ... for one night [fɔɚ ˈwən ˈnaɪt]
- ***... für zwei Tage***
  ... for two nights [fɔɚ ˈtu ˈnaɪtz]
- ***... für eine Woche***
  ... for a week [fɔɚ ə ˈwik]

Haben Sie Familienzimmer?
Do you have family rooms? [du ju hæv fæmlı rumz]

Nein, wir sind leider belegt.
No, I'm afraid we're booked out. [ˈno aım‿əˈfred wıɚ ˈbʊkt ˈæʊt]

Ja, was für ein Zimmer wünschen Sie?
Yes, (sir/madam,) what sort of room would you like?
[ˈjɛs (sɚ/ˈmædəm) ˈwat sɔɚt‿əv ˈrum wʊd jʊ ˈlaık]

Komfortabel

In den USA gibt es folgende Bettgrößen (von klein nach groß):
twin/single, full/double, queen-sized, king-sized

Ich hätte gern ...
I'd like ... [aıd laık]

- ***ein Einzelzimmer***
  a single room [ə ˈsıŋgl rum]
- ***ein Doppelzimmer***
  a double room [ə ˈdəbl rum]
- ***ein ruhiges Zimmer***
  a quiet room [ə ˈkwaıət rum]
- ***mit Dusche***
  with a shower [wıð‿ə ˈʃaʊɚ]
- ***mit Bad***
  with a bathroom/tub [wıð‿ə ˈbæθrum/təb]
- ***mit Balkon/Terrasse***
  with a balcony [wıð ə ˈbælkəni]
- ***mit Blick aufs Meer***
  with a view of the ocean [wıð ə ˈvju əv ðə ˈoʃən]

Kann ich das Zimmer ansehen?
Can I see the room? [kæn‿aı ˈsi ðə ˈrum]

Kann ich bitte noch ein anderes sehen?
Could I see another room? [kʊd‿aı ˈsi əˈnəðɚ ˈrum]

Es ist gut, ich nehme es.
It's fine. I'll take it. [ıts faın aıl ˈtek‿ıt]

Könnten Sie bitte noch ein drittes Bett/ein Kinderbett dazustellen?
Could you put a third bed (roll-away)/children's bed in the room?
[kʊd‿jʊ pəd‿ə ˈθɚd bɛd (ˈrol əˈwe)/ˈtʃıldrənz bɛd ın ðə ˈrum]

Ist das Frühstück inklusive?
Is breakfast included? [ız ˈbrɛkfəst ınˈkludıd]

Gibt es eine Ermäßigung für Kinder?
Do you offer a reduction for children?
[dʊ‿jʊ ˌɔfɚ‿ə rəˈdəktʃən fɔɚ ˈtʃɪldrən]

Was kostet das Zimmer mit ..., bitte?
What does a room with ... cost, please?
[ˈwɑt dəz ə rum wɪθ ˈ... kɑst pliz]

- ***Frühstück***
  breakfast [ˈbrɛkfəst]
- ***Halbpension***
  breakfast and dinner [ˈbrɛkfəst‿ənd‿ˈdɪnɚ]
- ***Vollpension***
  all inclusive [ˈɔl ənˈklusɪv]

Wollen Sie bitte den Anmeldeschein ausfüllen?
Would you like to fill out the registration form?
[ˈwʊd jʊ laɪk tə fɪl ˌæʊt ðə rɛgɪˈstreʃən fɔɚm]

Darf ich Ihren Reisepass/Personalausweis sehen?
May I see your passport/driver's license, please?
[ˈme ɑɪ si jɔɚ ˈpæspɔɚt/ˈdrɑɪvɚz ˈlɑɪsɛns pliz]

Könnten Sie bitte mein Gepäck auf das Zimmer bringen lassen?
Could you please bring my luggage up to my room?
[ˈkʊd jʊ pliz brɪŋ mɑɪ ˈləgɪdʒ əp tə mɑɪ ˈrum]

Wo kann ich den Wagen abstellen?
Where can I park the car? [ˈwɛr kən‿ɑɪ pɑɚk ðə ˈkɑɚ]

- ***In unserer Garage.***
  In our garage. [ɪn æʊɚ gəˈrɑʒ]
- ***Auf unserem Parkplatz.***
  In our parking lot. [ɪn æɚɚ ˈpɑɚkɪŋ lɔt]

Fragen und Bitten

Was und wie viel das Herz begeht ...

Häufig wird (nicht nur zum Frühstück) die so genannte **bottomless cup** serviert, d. h. Sie können so viel Kaffee oder Tee trinken, wie Sie wollen. In vielen amerikanischen Hotels kann man sich am **breakfast buffet** bedienen, wo es von Pfannkuchen und Würstchen bis Cornflakes und Erdbeeren alles gibt. Ansonsten gibt es das **continental breakfast** – Brötchen mit Butter und Marmelade – oder auch ein kräftigeres, warmes Frühstück mit Steak, Eiern, Röstis usw.

Ab wann gibt es Frühstück?
What time is breakfast? [ˈwat‿taɪmz ˈbrɛkfəst]

Wann sind die Essenszeiten?
When are meals served? [ˈwɛn‿ɚ ˈmilz sɚvd]

Wo ist der Speisesaal?
Where's the restaurant? [ˈwɛɚz ðə ˈrɛstəˌrant]

Könnten Sie mich bitte morgen früh um 7 Uhr wecken?
Could I have a wake-up call at 7 o'clock tomorrow morning, please?
[ˈkʊd aɪ hæv ə ˈwekəp kɔl æt ˈsɛvən əˈklɔk teˈmɔɚo ˈmɔɚnɪŋ pliz]

Würden Sie mir bitte ... bringen?
Would you please bring ... [ˈwʊd jʊ pliz brɪŋ]

- *ein Badetuch*
  a bath towel? [ə ˈbæθ ˈtæʊəl]
- *noch eine Decke*
  another blanket? [əˈnəðɚ ˈblænkət]
- *noch mehr Päckchen Kaffee/Beutel Tee*
  more packages of coffee/tea for the hospitality tray?
  [mɔɚ ˈpækɪdʒəz‿əv ˈkɔfi/ti fɔɚ ðə ˌhɔspɪˈtælədi tre]

Service

Die meisten Hotels bieten ein **hospitality tray** auf den Zimmern: ein Tablett mit Wasserkocher, Tassen, löslichem Kaffee, Teebeutel, Kaffeesahne und Zucker. Sie müssen sich nur bedienen.

Wie funktioniert ...?
How does ... work? [hæʊ dəz ... wɔɚk]

Zimmernummer 24, bitte!
Room number 24, please! [rʊm ˈnəmbɚ ˈtwɛni fɔɚ pliz]

Gibt es ... im Zimmer?
Is there ... in the room? [ɪz ðɛɚ ... ɪn ðə rum]

- *Internetanschluss*
  an Internet connection [æn‿ˈɪntɚnɛt kəˈnɛkʃən]
- *Fernsehen*
  a television [ə ˈtɛlɪˌvɪʒn]

Haben Sie WLAN?
Do you have Wi-Fi? [du ju hæv ˈwaɪfaɪ]

Ist Post für mich da?
Are there any letters for me? [ˈaɚ ðɛɚ‿ˈɛni ˈlɛtɚz fɔɚ mi]

Haben Sie eine Nachricht für mich?
Is there a message for me? [ɪz ðɛɚ‿ə ˈmɛsɪdʒ fɔɚ mi]

Wo kann ich …
Where can I … [ˈwɔɚ kæn aɪ]

- ***hier etwas trinken?***
  get something to drink? [ˈgɛt səmθɪŋ tə drɪnk]
- ***ein Auto mieten?***
  rent a car? [rɛnt ə kɑɚ]
- ***das Auto abstellen?***
  leave the car? [liv ðə ˈkɑɚ]
- ***hier telefonieren?***
  make a phone call? [ˈmek ə ˈfonkɔl]
- ***etwas faxen?***
  send a fax? [sɛnd ə fæks]
- ***ins Internet gehen?***
  use the Internet? [juz ðə ˈɪnɚnɛt]

Wo gibt es in der Nähe ein Internetcafé?
Is there an Internet café near here? [ɪz ðeɚ ən ˈɪnɚnɛt kæˈfe nɪɚ hɪɚ]

Wie kann ich eine WLAN-Verbindung einrichten?
How can I set up a wireless/wi-fi connection?
[hæʊ kæn aɪ sɛt əp ə waɪɚlɛs/waɪfaɪ kəˈnɛkʃn]

Kann ich meine Wertsachen bei Ihnen in den Safe geben?
Can I leave my valuables in your safe?
[ˈkæn aɪ liv maɪ ˈvæljəblz ɪn jʊɚ sef]

Gibt es hier eine Kinderbetreuung?
Do you have child-care service here? [ˈdʊ jʊ ˌhæv‿ˈtʃaɪldkɛɚ ˈsɚvɪs hɪɚ]

Ab welchem Alter?
How old do you have to be? [ˌhæʊ ˈold‿dʊ‿jʊ hæv‿tə ˌbi]

Haben Sie ein Babyfon?
Do you have a baby monitor? [dʊ‿jʊ ˌhæv‿ə ˈbebi ˌmɑnɪtɚ]

Alles in Ordnung?

Das Zimmer ist heute nicht geputzt worden.
The room hasn't been cleaned today. [ðə rum ˈhæznt bɪn ˈklind təˈde]

Die Klimaanlage funktioniert nicht.
The air conditioning doesn't work. [ðə ˈɛɚ kenˈdɪʃənɪŋ ˈdəznt wɚk]

Der Wasserhahn tropft.
The faucet leaks. [ðə ˈfɑsət liks]

Es kommt kein (warmes) Wasser.
There's no (hot) water. [ðɛz ˈno (hɔt) ˈwɔtɚ]

Die Toilette/Das Waschbecken ist verstopft.
The toilet/sink is plugged up. [ðə ˈtɔɪlɪt/ˈsɪnk ɪz ˈpləgd ˈəp]

Ich hätte gern ein anderes Zimmer.
I'd like to have a different room. [aɪd laɪk tə hæv ə ˈdɪfrənt rum]

Auschecken und Bezahlen

Ich reise heute Abend/morgen um ... Uhr ab.
I'll be leaving this evening/tomorrow at ... o'clock.
[aɪl bi ˈlivɪŋ ðɪs‿ˈivnɪŋ/təˈmɑɚo‿ət ... əˈklɑk]

Kann ich mein Gepäck (bis heute Abend) hier lassen?
Can I leave my luggage here till (this evening), please?
[kæn‿aɪ liv maɪ ˈləgɪdʒ hɪɚ tɪl (ðɪs‿ˈivnɪŋ) pliz]

Bis wann müssen wir das Zimmer räumen?
When do I have to check-out? [ˈwɛn də‿aɪ hæv tə tʃɛk æʊt]

Könnten Sie bitte die Rechnung fertig machen?
Could you prepare the bill, please? [kʊd‿jʊ priˈpaɚ ðə ˈbɪl plɪz]

Kann ich bitte meinen Pass zurückhaben?
Can I have my passport back, please?
[kæn‿ aɪ hæv maɪ‿ˈpæspɔɚt bæk pliz]

Nehmen Sie Kreditkarten?
Do you take credit cards? [du ˈjʊ tek ˈkrɛdɪt kaɚdz]

Könnten Sie mir bitte ein Taxi rufen?
Could you please call a taxi for me? [kʊd‿jʊ plɪz kal ə ˈtæksi fɔɚ mi]

Vielen Dank für Alles! Auf Wiedersehen!
Thank you very much for everything. Goodbye!
[ˈθænk‿jʊ ˈvɛɚi mətʃ fɔɚ ˈɛvriˌθɪŋ. gʊdˈbaɪ]

Abendessen	dinner [ˈdɪnɚ]
Abfalleimer	wastepaper basket [ˌwestˈpepɚ ˈbæskɪt]
Anmeldung	registration [ˌrɛdʒɪsˈtreʃn]
Aschenbecher	ashtray [ˈæʃtre]
Aufenthaltsraum	lobby [ˈlɑbi]
Auffahrtrampe	ramp [ræmp]
Aufzug	elevator [ˈɛlɪvetɚ]
Babyfon®	baby monitor [ˈbebi ˌmɑnɪtɚ]
Babysitter/in	babysitter [ˈbebi ˌsɪdɚ]
Badetuch	bath towel [ˈbæθˌtæʊəl]
Badewanne	bathtub [ˈbæθtəb]

Wellness pur

Einige Hotels bieten **hot tubs** zur Entspannung an: whirlpoolartige Wannen im Freien.

Badezimmer	bathroom [ˈbæθrum]
Balkon	balcony [ˈbælkəni]; porch [pɔɚtʃ]
barrierefrei	barrier-free [ˈbæɚiɚ fri]
Becher	mug [məg]
Bett	bed [bɛd]
Bettdecke	blanket [ˈblæŋkɪt]
Bettwäsche	bed linen [ˈbɛdˌlɪnɪn]; sheets [ʃits]
Brausenkopf	showerhead [ˈʃæʊɚˌhɛd]
Briefpapier	stationery [ˈsteʃnɛɚi]
Dusche	shower [ˈʃæʊɚ]
Duschsitz	shower seat [ˈʃæʊɚ sit]
Duschvorhang/ Schiebetür	shower curtain [ˈʃæʊəɚˌkɚtən]
ebenerdig	at ground level [æt graʊnd ˈlɛvl]
Empfangshalle	reception [rɪˈsɛpʃn]
Etage	floor [flɔɚ]; storey [ˈstɔɚi]

Stockwerke

Die Stockwerke werden wie folgt bezeichnet: *Erdgeschoss* = **ground** oder **first floor**, *1. OG* = **second floor**, *2. OG* = **third floor** usw.

Fenster	window [ˈwɪndo]
Fernseher	television [ˈtɛlɪˌvɪʒn]; (TV) [ˌtiˈvi]
Fernsehraum	television lounge [ˈtɛlɪˌvɪʒn læʊndʒ]
Frühstück	breakfast [ˈbrɛkfəst]
Frühstücksbüfett	breakfast buffet [ˈbrɛkfəst bəˈfe]
Frühstücksraum	breakfast room [ˈbrɛkfəstˌrum]
Garage	garage [gəˈrɑʒ]
Gedeck *(für das Frühstück)*	place setting [ˈples ˈsɛtɪŋ]
Glas	glass [glæs]
Glühbirne	bulb [bəlb]
Halbpension	breakfast included [ˈbrɛkfəst ɪnˈkludəd]
Handtuch	towel [ˈtæʊəl]
Hauptsaison	peak season [ˈpik ˌsizn]
Heizung	heating [ˈhitɪŋ]
Instantkaffee	*(Päckchen)* instant coffee packages [ˈɪnstənt ˈkɔfi ˈpækɪdʒəz]
Kinderbecken	children's pool [ˈtʃɪldrənz ˌpul]
Kinderbetreuung	child-care service [ˈtʃaɪldkɛɚ ˈsɚvɪs]
Kinderbett	crib [krɪb]
Kleiderbügel	coathanger [ˈkotˌhæŋɚ]
Klimaanlage	air conditioning [ɛɚ ˈkənˌdɪʃnɪŋ]
Kopfkissen	pillow [ˈpɪlo]
Lampe	lamp [læmp]
Licht	light [laɪt]
Lichtschalter	light switch [ˈlaɪt swɪtʃ]
Matratze	mattress [ˈmætrɪs]
Minibar	mini-bar [ˈmɪni baɚ]
Mittagessen	lunch [ləntʃ]
Motel	motel [moˈtɛl]
Nachsaison	off season [ˈɔf ˌsizn]
Nachttisch	bedside table [ˈbɛdsaɪd ˈtebl]
Nachttischlampe	reading lamp [ˈridɪŋ læmp]
Notizblock	notepad [ˈnotpæd]
Parkplatz	parking lot [ˈpɑrkɪŋ lɑt]
Pension	lodging [ˈlɑdʒɪŋ]; guest house [ˈgɛsthæʊs]; inn [ɪn]
Portier	porter [ˈpɔɚdɚ]
Preisliste *(z.B. für die Minibar)*	price list [ˈpraɪs lɪst]
Radio	radio [ˈredio]
reinigen	clean [klin]
reparieren	repair [rəˈpɛɚ]
Reservierung	reservation [ˌrɛzɚˈveʃn]
Restaurant	restaurant [ˈrɛstərɔnt]
Rezeption	reception (desk) [rɪˈsɛpʃn (dɛsk)]

rollstuhlgerecht	wheelchair accessible [ˈwiltʃɛɚ əkˈsɛsɪbl]
Safe	safe [sef]
Schlüssel	key [ki]; plastic card [ˈplæstɪk kaɚd]
Schrank	closet [ˈklɑsɪt]
Schuhputzzeug	shoe polish kit [ʃu ˈpɔlɪʃ kɪt]
Sessel	armchair [ˈɑrmˈtʃɛɚ]
Speisesaal	dining room [ˈdɑɪnɪŋ rum]
Spiegel	mirror [ˈmɪəɚ]
Steckdose	outlet [ˈæʊtlət]
Stecker	plug [pləg]
stufenloser Zugang	stepless access [ˈstɛpləs ˈæksɛs]
Stuhl	chair [ˈtʃɛɚ]
Swimmingpool	swimming pool [ˈswɪmɪŋ pul]
Tablett	tray (hospitality tray) [ˈtre (hɑspɪˈtælɪti tre)]
Teebeutel	tea bag [ˈti bæg]
Terrasse	patio [ˈpætɪəʊ]; deck [dɛk]; terrace [ˈtɛrəs]
Tisch	table [ˈtebəl]
Toilette	lavatory [ˈlævətɔɚi]; restroom [ˈrɛst rum]; bathroom [ˈbæθrum]
Toilettenpapier	toilet paper [ˈtɔɪlɪt ˌpepɚ]
Transferbus	shuttle bus [ˈʃʊdl bəs]
Türcode	door code [dɔɚ kod]
Übernachtung	night's stay [nɑɪtz ste]
Ventilator	fan [fæn]
Verlängerungswoche	extended week [ɪksˈtɛndəd wik]
Vollpension	all inclusive [ˌɔl‿ɪnˈklusɪv]; full room and board [ˈfəl rum‿ən bɔɚd]
Vorsaison	off season [ˈɔf ˌsizn]; preseason [ˈpriˌsizn]
Waschbecken	sink [sɪnk]
Wäschedienst	laundry service [ˈlɑndri ˌsɛɚvɪs]
Wäschewechsel	laundry change [ˈlɑndri tʃendʒ]
Wasser	water [ˈwɔtɚ]
– *kaltes Wasser*	cold water [ˈkold ˈwɔtɚ]
– *warmes Wasser*	hot water [ˈhɔt ˈwɔtɚ]
Wasserglas	tumbler [ˈtəmblɚ]; glass [glæs]
Wasserhahn	faucet [ˈfɔsɪt]
Wasserkocher	water boiler [ˈwɔtɚ ˈbɔɪlɚ]
WLAN	Wi-Fi [ˈwɑɪfɑɪ]
Wolldecke	blanket [ˈblæŋkɪt]
Zimmer	room [rum]
Zimmermädchen	housekeeper [ˈhæʊskipɚ]
Zimmertelefon	phone in the room [ˈfon‿ɪn ðə ˈrum]
Zwischenstecker	adapter [əˈdæptɚ]

Ich habe bei Ihnen die Wohnung/das Haus gebucht.
I've booked the apartment/house with you.
[aɪv bʊkd ði͜ əˈpɑɚtmənt/ðə ˈhæʊs wɪð ju]

Ich habe bei Ihnen die Wohnung/das Haus gemietet.
I've rented the apartment/the house from you.
[aɪv ˈrɛntɪd ði͜ əˈpɑɚtmənt/ðə ˈhæʊs frəm ju]

Wo bekommen wir die Schlüssel?
Where do we pick up the keys from?
[wɛɚ du wi pɪk əp ðə ˈki ˌfrəm]

Ist der Strom-/Wasserverbrauch im Mietpreis enthalten?
Is electricity/water consumption/Are utilities included in the price of rent?
[ɪz əlɛkˈtrɪsɪti/ˈwɑdɚ kənˈsəmʃn/ɑɚ juˈtɪlɪtiz ɪnˈkludəd ɪn ðə ˈpraɪs əv ðə rɛnt]

Sind Haustiere erlaubt?
Are pets allowed? [ɑɚ ˈpɛts͜ əˈlæʊd]

Wo befinden sich die Mülltonnen?
Where are the garbage cans?
[ˈwɛɚ͜ ɚ ðə ˈgɑɚbɪdʒ kænz]

Müssen wir die Endreinigung selbst übernehmen?
Do we have to clean the place before we leave?
[dʊ wi hæv͜ tə ˈklin ðə ples bəˈfɔɚ wi liv]

Wohin kommt der Müll?
Where does the garbage go?
[wɛɚ dəz ðə ˈgɑɚbɪdʒ ˌgo]

Bekomme ich bitte die Kaution zurück?
Can I have my deposit back, please?
[kæn͜ ɪ hæv maɪ dɪˈpɑzɪt bæk pliz]

Wo gibt es hier ein Lebensmittelgeschäft?
Where is there a grocery store near here?
[wɛɚ ɪz ðɛɚ ə ˈgroʃɚi stɔɚ nɪɚ hɪɚ]

Die wichtigsten Wörter

Anreisetag	day of arrival [de͜əv͜ə'raɪvl]
Anzahlung	deposit [dɪ'pazɪt]
Apartment	apartment [ə'paɚtmənt]; efficiency unit [ɪ'fɪʃənsi 'junɪt]
Bauernhof	farm [faɚm]
Bungalow	bungalow ['bəŋgəlo]
Endreinigung	final clean ['faɪnl klin]
Ferienanlage	resort ['rɪ'sɔɚt]; lodge [lɔdʒ]
Ferienhaus	cabin ['kæbɪn]; cottage ['katɪdʒ]; house [hæʊs]
Hausbesitzer	owner ['onɚ]
Haustiere	pets [pɛts]
Kamin	fireplace ['faɪɚples]
Kaution	deposit [dɪ'pazɪt]
Kochnische	kitchenette [ˌkɪtʃɪ'nɛt]
Küche	kitchen [ˌkɪtʃn]
Miete	rent [rɛnt]
Müll	garbage ['gaɚbɪdʒ]
Mülltrennung	separation of garbage [sɛpəreɪʃn əv 'gaɚbɪdʒ]
Nebenkosten	additional costs [ə'dɪʃənl 'kasts]; extras ['ɛkstrəz]
Popcornmaschine	popcorn popper ['pɔpkɔɚn 'pɔpɚ]
Schlafzimmer	bedroom ['bɛdrum]
Schlüsselübergabe	key return [ki ri'tɚn]
Schrankbett	hide-a-bed ['haɪdəbɛd]
Spannung	voltage ['voltɪdʒ]
Strom	electricity [ˌɪlɛk'trɪsəti]
Strompauschale	lump sum for electricity [ləmp səm fɔɚ ˌɪlɛk'trɪsəti]
Studio	studio ['studio]
vermieten	rent [rɛnt]
Wasserverbrauch	water consumption ['wadɚ kən'səmʃn]
Wohnzimmer	living room ['lɪvɪŋ rum]
Zentralheizung	central heating ['sɛntrəl 'hitɪŋ]

Backofen	oven [ˈəvɪn]
Besen	broom [brum]
Bräter	roasting pan [ˈrəʊstɪŋ pæn]
Bügeleisen	iron [ˈɑɪɚn]
Eierbecher	egg cup [ˈɛg kəp]
Eimer	bucket [ˈbəkɪt]
Etagenbett	bunk bed [ˈbəŋk ˌbɛd]
Geschirr	dishes [ˈdɪʃɪz]
Geschirrtuch	dish towel [ˈdɪʃ ˌtæʊəl]
Geschirrspülmaschine	dishwasher [ˈdɪʃˌwɑʃɚ]
Glas/Gläser	glass/glasses [ˈglæs/ˈglæsɪz]
Grill	grill [grɪl]
Herd	stove [stov]
– Elektroherd	electric stove [ɪˈlɛktrɪk stov]
– Gasherd	gas stove [ˈgæs stov]
Kaffeemaschine	coffee maker [ˈkɑfi ˈmekɚ]
Kaffeefilter	coffee filter [ˈkɑfɪ ˌfɪltə]
Kaffeelöffel	coffee spoon [ˈkɑfɪ spun]
Kehrschaufel	dustpan [ˈdəsˈpæn]
Küchensieb	sieve [ˈsɪv]
Kühlschrank	refrigerator [rɪˈfrɪdʒɚetɚ]; fridge [frɪdʒ]
Mixer	blender [ˈblɛndɚ]
Mikrowelle	microwave [ˈmɑɪkroˌwev]
Pfanne	pan [pæn]
Putzmittel	cleaning agent [klinɪŋ ˈedʒənt]
Reibe	grater [ˈgretɚ]
Rührlöffel	stirring spoon [ˌstɚɪŋ spun]
Schlafcouch	fold-out couch [ˈfoldæʊt kæʊtʃ]
Schneebesen	whisk [ˈwɪsk]
Schneidebrett	chopping board [tʃɑpɪŋ ˈbɔɚd]
Schöpfkelle	ladle [ledl]
Schüssel/n	key/keys [ki/kiz]
Staubsauger	vacuum cleaner [ˈvækjʊm klinɚ]
Tasse/Tassen	cup/cups [kəp/kəpz]
Toaster	toaster [ˈtostɚ]
Töpfe	pots and pans [ˈpɔtz‿ənd pænz]
Trockner	drier [drɑɪɚ]
Waschmaschine	washing machine [ˈwɑʃɪŋ məˈʃin]
Wasserkocher	kettle [kɛtl]
Wischmopp	mop [mɑp]

CAMPING

Brandgefahr

Schilder wie **No fires** oder **No campfires**, die das Feuermachen verbieten, werden Ihnen immer wieder begegnen. Auf Grund der häufig auftretenden Waldbrände (**forest fires**), die sich zum Teil sehr rasch ausbreiten, ist diese Anweisung ernst zu nehmen. Wenn Sie in einen Park hineinfahren, haben Sie die Möglichkeit, sich bei den **park rangers** zu informieren. Sie wissen bestens über das Wetter, die Freizeitangebote und informative **nature programs** Bescheid. Oft gibt es auch besondere Spiele oder Veranstaltungen für Kinder und Jugendliche.

Könnten Sie mir bitte sagen, ob es in der Nähe einen Campingplatz gibt?
Could you please tell me where the nearest campground is?
[ˈkʊd jʊ pliz tɛl mi wɛɚ ðə ˈnɪɚəst ˈkæmpgræʊnd iz]

Haben Sie noch Platz für einen Wohnwagen/ein Zelt?
Is there space for another RV (recreation vehicle)/tent?
[ˈɪz ðɛɚ ˈspes fɔɚ‿əˈnəðɚ ɑɚˈvi (ˌrɛkriˈeʃn ˈvihɪkl)/ˈtɛnt]

Wie hoch ist die Gebühr pro Tag und Person?
How much does it cost per day and per person?
[ˈhæʊ ˈmətʃ dəz‿ɪt ˈkɑst pɚ ˈde‿ən pɚ ˈpɚsn]

Wie hoch ist die Gebühr für ...
What's the charge for ... [ˈwɑts ðə ˈtʃɑɚdʒ fɔɚ]

- ***das Auto?***
  the car? [ðə ˈkɑɚ]
- ***den Wohnwagen?***
  the trailer? [ðə ˈtrelɚ]
- ***das Wohnmobil?***
  the RV? [ðə ɑɚˈvi]
- ***das Zelt?***
  the tent? [ðə ˈtɛnt]

Vermieten Sie stationäre Wohnwagen?
Do you rent trailer homes? [dʊ jʊ rɛnt ˈtrelɚ homz]

Wir bleiben ... Tage/Wochen.
We'll be staying for ... days/weeks. [wil bi ˈsteɪŋ fɔɚ ... ˈdez/ˈwiks]

Wo sind ...
Where are ... [wɛɚ ɑɚ]

- ***die Toiletten?***
  the restrooms/flush toilets? [ðə ˈrɛstrumz/flʊʃ tɔɪlətz]
- ***die Waschräume?***
  the washrooms? [ðə ˈwɔʃrumz]
- ***die Duschen?***
  the showers? [ðə ˈʃæʊɚz]

Gibt es hier Stromanschluss?
Are there hook-ups here? [ˈɑr ðɛr ˈhʊkəpz hɪɚ]

Wo kann ich Gasflaschen umtauschen?
Where can I exchange gas canisters/cartridges?
[ˈwɛɚ kæn‿ɑɪ ɪksˈtʃendʒ ˈgæs ˈkænɪˌstɚz/ˈkɑrtrɪdʒɪz]

Ist der Campingplatz bei Nacht bewacht?
Is the campground guarded at night?
[ɪz ðə ˈkæmpgræʊnd ˈgɑrdɪd‿ət ˈnɑɪt]

Camping	camping [ˈkæmpɪŋ]
Campingführer	camping guide [ˈkæmpɪŋ gɑɪd]
Campingplatz	campground [ˈkæmpgræʊnd]; *(einzelner)* campsite [ˈkæmpsɑɪt]
Gasflasche	gas canister [ˈgæs ˈkænəstɚ]
Gaskartusche	gas cartridge [gæs ˈkɑrtrɪdʒ]
Gaskocher	gas/camping stove [ˈgæs/kæmpɪŋ stov]
Geschirrspülbecken	sink [sɪŋk]
Hammer	hammer [ˈhæmɚ]
Hering	tent peg [ˈtɛnt pɛg]
Insekten Spray	insect repellent [ˈɪnsɛkt riˈpɛlənt]; bug spray [bəg spre]
Kocher	stove [stov]
Lagerfeuer	bonfire [ˈbɔn fɑɪɚ]; campfire [ˈkæmpfɑɪɚ]
Luftmatratze	air mattress [ˈɛɚ ˈmætrəs]
Petroleumlampe	kerosene lantern [ˈkɛɚəˌsin ˈlæntɚn]
Propangas	propane gas [ˈpropen gæs]
Schlafsack	sleeping bag [ˈslipɪŋ bæg]
Spaten	spade [sped]
Steckdose	outlet [ˈæʊtlɪt]
Stecker	plug [pləg]
Strom	electricity [ˌɪlɛkˈtrɪsəti]
Stromanschluss	hook-ups [ˈhʊk əpz]; electrical outlet [ɪˈlɛktrɪkl ˈæʊtlɛt]
Taschenlampe	flashlight [ˈflæʃlɑɪt]
Taschenmesser	pocket knife [pɑkət nɑɪf]
Toiletten	flush toilets [fləʃ ˈtɔɪlətz]

Trinkwasser	drinking water [ˈdrɪŋkɪŋ ˌwɔdɚ]
Voranmeldung	reservation [rɛsɚˈveʃn]
Waschraum	lavatory [ˈlævətɔri]
Waschsalon	laundromat [ˈlɔndrəmæt]; coin-op laundry [ˈkɔɪnɑp ˈlɔndri]
Wäschetrockner	drier [ˈdrɑɪɚ]
Wasser	water [ˈwɔtɚ]
Wasserkanister	water canister [ˈwɔtɚ ˈkænɪstɚ]
Wohnmobil	RV [ɑr ˈvi]
Wohnwagen	trailer [ˈtrelɚ]
Zelt	tent [tɛnt]
zelten	camp [kæmp]
Zeltschnur	tether line [ˈtɛðɚ lɑɪn]
Zeltstange	tentpole [ˈtɛntpol]

Essen und Trinken

Habe ich *das* bestellt?

Man muss nicht unbedingt jeden Menschen verstehen, aber bei einer Speisekarte ist es von großem Vorteil.

Gar nicht so schlecht wie ihr Ruf

Auch in den USA gibt es – außer den allseits bekannten Fastfood-Ketten – verschiedenste Arten von Restaurants. Wenn Sie sich etwas Gutes gönnen wollen, so ist der Hinweis **fine dining** hilfreich.
Diners, die man auch aus den US-Filmen kennt, haben sich inzwischen zu einer amerikanischen Institution gemausert. In diesen einfachen Restaurants können Sie die echte amerikanische Küche kosten. Vielleicht werden Sie der Bezeichnung **hamburger joint** begegnen. Hiermit sind alle Restaurants gemeint, die sich hauptsächlich – aber nicht nur – auf den Burger konzentrieren.
Probieren Sie ruhig einmal einen echten Burger, d. h. nicht von einer Fastfood-Kette, sie schmecken wirklich ganz anders. Lassen Sie sich von Einheimischen sagen **where you can get a decent burge**r.
Drive-ins, z. B. **Dairy Queen** oder **A & W Rootbeer stands**, sind schon seit langer Zeit auf die Wünsche des Autofahrers eingestellt. Zum Teil kann man an einer Bestellsäule parken, an der eine Speisekarte angebracht ist. Nach der Bestellung über ein Mikrofon wird das (schnelle) Essen zu Ihrem Auto gebracht – die Bedienung kommt auf Rollschuhen oder auch zu Fuß. Gegessen wird dann im Auto.
Weiterhin gibt es **pancake houses** (Pfannkuchen, Waffeln u. Ä. werden hier serviert), **smorgasbords** (skandinavische Restaurants im Büfettstil) und etliche Restaurants, die die Bevölkerungsvielfalt dieses Landes widerspiegeln. Viele kleine Cafés und Bars servieren ausgezeichnetes Essen.
Die **family restaurants** lassen das Essengehen mit Kindern zum Genuss statt zum Stress werden. Die Speisekarte ist entsprechend zusammengestellt und – das Wichtigste – Kinder sind erwünscht. Hier gibt es Sets, auf denen die Kinder malen können, Spielecken und vieles mehr.

ESSEN GEHEN

Wo gibt es hier ...
Is there ... here? [ˈɪz ðɛɚ ... ˈhɪɚ]

- ***ein gutes Restaurant?***
  a good restaurant [‿ə ˈgʊd ˈrɛstəˌrɑnt]
- ***ein nicht zu teures Restaurant?***
  an inexpensive restaurant [ən‿ˌɪnɪkˈspɛnsɪv ˈrɛstəˌrɑnt]
- ***einen Schnellimbiss?***
  a fast-food restaurant/a burger place
  [ə ˈfæstˌfud ˈrɛstəˌrɑnt/ə ˈbɚgɚ ples]

Wo kann man hier in der Nähe gut/preiswert essen?
Where can I get a good/reasonably priced meal near here?
[ˈwɛɚ kæn‿aɪ ˈgɛd‿ə ˈgʊd/ˈrizənəbli praɪsd mil nɪɚ ˈhɪɚ]

IM RESTAURANT

Wait to be seated

In den USA wird es als unhöflich empfunden, sich im Restaurant oder Café an einen Tisch zu setzen, an dem schon andere Gäste sitzen. Deshalb befindet sich in den meisten Restaurants am Eingang ein Hinweisschild **Please wait to be seated**.
Dies bedeutet, dass Sie vom Personal an einen Tisch geführt werden. Vielleicht werden Sie gefragt **How many are in your party?** (*Wie viele sind Sie?*). Nur wenn es **seat yourself** heißt, können Sie sich den Tisch selbst aussuchen.

Ich möchte für heute Abend einen Tisch für vier Personen reservieren.
I'd like to reserve a table for four for this evening.
[ˈaɪd laik tə rɪˈzɚv‿ə ˈtebl fɚ ˈfɔr fɚ ðɪs‿ˈivnɪŋ]

Einen Tisch für 2/3 Personen, bitte. *(Vorbestellung)*
I'd like to reserve two seats, please. [aɪd laɪk to rɪˈsɚv tu ˈsits pliz]

Wo sind bitte die Toiletten?
Where are the restrooms, please? [ˈwɛɚ‿aɚ ðə ˈrɛst rumz pliz]

Gibt es hier einen Wickelraum?
Is there a diaper changing room here? [ɪz ðəɚ‿ə ˈdaɪpɚ tʃendʒɪŋ ˌrum hɪɚ]

Haben Sie eine (Nicht-)Raucherzone?
Do you have a (non-)smoking area? [du ju hæv‿ə (ˈnan) ˈsmokɪŋ ˈɛɚiə]

Rauchfrei

Rauchen ist fast überall in den USA und Kanada verboten. Auch in Bars oder Restaurants ist das Rauchen, wenn überhaupt, nur in bestimmten Bereichen gestattet oder es ist ein Mindestabstand zum nächsten Esstisch einzuhalten.

BESTELLEN

Excuse me

Es empfiehlt sich, die Aufmerksamkeit des Bedienungspersonals durch **excuse me** statt **waiter** oder **waitress** zu wecken.

Ich möchte ...
I'd like ... [aɪd laɪk]

- ***die Speisekarte, bitte!***
  the menu please. [ðə ˈmɛnju pliz]
- ***die Weinkarte, bitte!***
  the wine list, please. [ðə waɪn lɪst pliz]

Für umsonst

Seien Sie nicht überrascht, wenn Sie im Restaurant gleich ein Glas Wasser mit der Speisekarte bekommen, d. h. ehe Sie überhaupt bestellt haben. Es handelt sich hier zwar um Leitungswasser, das aber ohne Bedenken getrunken werden kann. Dafür muss man natürlich nichts bezahlen.

Was können Sie mir empfehlen?
What can you recommend? [ˈwɑt kæn‿jʊ ˌrɛkəˈmɛnd]

Ich hätte gerne etwas Typisches aus der Region
I'd like to try a local speciality. [ɑɪd lɑɪk tu trɑɪ ə ˈlokəl ˈspɛʃəlti]

Abwechslungsreich und regional

In den größeren Städten gibt es eine große Vielfalt an Küchen; in kleineren Ortschaften finden Sie oft Schilder mit **home cooking**. Hier bekommen Sie traditionelle amerikanische Gerichte serviert. Die verschiedenen Regionen der USA haben ihre jeweiligen Spezialitäten. Im Nordosten sind es Fisch und Lobster, im Südosten ist es das Cajun-Essen, im Südwesten schlägt sich der mexikanische Einfluss nieder, im Nordwesten sind Meeresfische zu empfehlen. Im Landesinneren sind Fleisch und Süßwasserfische auf der Speisekarte zu finden. Beachten Sie, dass oftmals kein Alkohol angeboten wird, besonderes in den **Family Restaurants**.

Haben Sie vegetarische Gerichte/Diätkost?
Do you have vegetarian meals/low-fat meals?
[ˌdu jʊ ˈhæv ˌvɛdʒəˈtɛɚiən milz/lo fæt milz]

Gibt es auch Kinderportionen?
Do you also serve children's meals? [ˌdu jʊ ˈɔlso ˌsɚv ˈtʃɪldrənz ˌmilz]

Haben Sie schon gewählt?
Are you ready to order? [ɑɚ‿jə ˈrɛdi tə‿ˈɔɚdɚ]

Können Sie mir erklären, was ... ist?
Could you explain what ... is, please? [ˈkʊd‿jʊ ˌɪksˈplen wɑt … ɪz pliz]

Ich nehme ...
I'll have ... [ɑɪl hæv]

Als Vorspeise/Hauptgericht/Nachtisch nehme ich ...
I'll have the ... as an appetizer/as an entrée/for dessert.
[ɑɪl hæv ðə ˈ… æz‿æn ˈæpəˌtɑɪzɚ/æz‿æn‿ˈɑntre/fɔɚ dəˈzɚt/]

Ich möchte keine Vorspeise, danke.
No appetizer for me, thank you. [no ˈæpəˌtɑɪzɚ fɔɚ mi θænk ju]

Wir haben leider kein/e ... mehr.
I'm afraid we're out of the ... [ɑɪm‿əˈfred wɪɚ‿ˈæʊt‿əv ðə]

Könnte ich statt ... ... haben?
Could I have ... instead of ...? [kʊd‿ɑɪ hæv ˈ… ɪnˈstɛd‿əv]

Ich esse kein ...
I don't eat ... [ɑɪ dont‿ it]

Ich bin ...
I'm ... [aɪm]

- *Diabetiker/Diabetikerin.*
  diabetic. [ˌdaɪəˈbɛtɪk]
- *Vegetarier/Vegetarierin.*
  a vegetarian. [ə ˌvɛdʒɪˈtɛɚrɪən]
- *Veganer/Veganerin.*
  a vegan. [ə ˈvigən]

Ich bin allergisch gegen ...
I'm allergic to ... [aɪm‿əˈlɚdʒɪk tu]

- *Eier.*
  eggs. [ɛgz]
- *Gluten.*
  gluten. [ˈglutn]
- *Milchprodukte.*
  dairy products. [ˈdɛɚi prɑdəkts]
- *Natriumglutamat.*
  monosodium glutamate. [ˌmɑnəˈsodiəmˈglutəˌmet]
- *Nüsse.*
  nuts. [nəts]

Wie möchten Sie Ihr Steak haben?
How would you like your steak? [ˈhæʊ wʊd‿jʊ ˈlaɪk jɔɚ ˈstek]

- *gut durch*
  well-done [ˈwɛlˈdən]
- *halb durch*
  medium rare [ˈmidjəm rɛɚ]
- *englisch*
  rare [rɛɚ]

Welche Salatsoße möchten Sie haben ?
Which salad dressing would you like on your salad?
[ˈwɪtʃ ˈsæləd ˈdrɛsɪŋ wʊd‿jʊ laɪk‿ɔn jɔɚ ˈsæləd]

Was möchten Sie trinken?
What would you like to drink? [ˈwɑt wʊd‿jʊ laɪk‿tə ˈdrɪŋk]

Bitte ein Glas ...
A glass of ..., please. [ə ˈglæs‿əv ... pliz]

Bitte eine Flasche/eine halbe Flasche ...
A bottle of ... please./half a bottle of ... [ə ˈbɑdəl əv ... pliz/ˈhæf ə ˈbɑdəl əv]

Mit Eis, bitte.
With ice, please. [wɪθ aɪs pliz]

Guten Appetit!
Enjoy (your food)! [ɪnˈjɔɪ (jɔɚ ˈfud)]

Mahlzeit!

Die Amerikaner kennen keinen entsprechenden Ausdruck für „Guten Appetit!", „Mahlzeit!" etc. **Enjoy your meal** oder einfach **Enjoy** bekommt man normalerweise nur in einem Restaurant zu hören. Zu Hause sagen die Amerikaner allenfalls auf Französisch **Bon appétit**.
Amerikaner sind gerne Gastgeber. Zögern Sie nicht, nach Getränken oder Snacks zu fragen. Es wird der entsprechenden Person eine Freude sein, Sie zu bewirten.

Zum Wohl!
Cheers! [tʃɪɚz]

Haben Sie noch einen Wunsch?
Would you like anything else? [wʊd‿jʊ ˈlaɪk‿ˈɛniθɪŋ‿ˈɛls]

Danke, das genügt.
No, thank you, that's enough. [noʹ ˈθæŋk‿jʊ ðætz‿əˈnəf]

Bitte bringen Sie uns …
Could you bring us …, please? [kʊd‿jʊ ˈbrɪŋ‿əs … pliz]

Könnten Sie uns noch etwas Brot/Wasser/Wein bringen?
Could you please bring us some more bread/water/wine?
[kʊd‿jʊ pliz ˈbrɪŋ‿əs səm mɔɚ ˈbrɛd/ˈwɑdɚ/ˈwaɪn]

Könnten Sie uns noch einen Teller bringen?
Could you please bring an extra plate? [kʊd‿jʊ pliz ˈbrɪŋ‿ən‿ˈɛkstrə plet]

Könnten Sie bitte einen Kinderstuhl bringen?
Could you please bring us a high chair? [ˌkʊd jʊ pliz brɪŋ əs‿ə ˈhaɪtʃɛɚ]

Könnten Sie mir bitte das Fläschchen warm machen?
Could you warm up this baby bottle, please?
[ˌkʊd‿jʊ ˌwɔɚm ˈəp ðɪs ˈbebi ˌbɑdl pliz]

SICH BESCHWEREN

Hier fehlt ein/e ...
We need (another) ... [wi nid (əˈnəðɚ)]

Haben Sie mein/e ... vergessen?
Have you forgotten my ...? [hæv‿jʊ fɚˈgɑtn maɪ]

Das habe ich nicht bestellt.
(I'm afraid) I didn't order that. [(aɪm əˈfred) aɪ ˈdɪdnt ˈɔrdɚ ˈðæt]

Das ist kalt/nicht gar/versalzen.
I'm sorry, but this is cold/raw/too salty.
[aɪm ˈsɔɚi bət ðɪs ɪs ˌkold/ˌrɔ/tu ˈsɔlti]

Das Fleisch ist zäh/zu fett.
The meat's tough./There's too much fat on the meat.
[ðə ˌmits ˈtəf/ðɛɚz ˌtu mətʃ ˈfæt ɔn ðə ˌmit]

Der Fisch ist nicht frisch.
The fish isn't fresh. [ˌðə ˈfɪʃ ɪznt ˈfrɛʃ]

Nehmen Sie es bitte zurück.
I'd like to return it, please. [aɪd ˌlaɪk tə riˈtɚn‿ɪt ˈpliz]

Holen Sie bitte den Chef.
I'd like to speak to the manager, please.
[aɪd ˌlaɪk tə ˌspik tə ðə ˈmænɪdʒɚ pliz]

BEZAHLEN

Alles zusammen!

Es ist nicht üblich, getrennt zu bezahlen, wenn mehrere Leute zusammen gegessen haben. Es wird von Ihnen erwartet, dass Sie zusammenlegen und erst nach dem Bezahlen regeln, wer welche Posten übernimmt.

Die Rechnung/Bezahlen, bitte!
Could we have the check, please? [ˈkʊd‿wi hæv ðə ˈtʃɛk pliz]

Welche Kreditkarten nehmen Sie?
Which credit cards do you accept? [ˈwɪtʃ ˈkrɛdət ˌkaɚdz də‿jʊ əkˈsɛpt]

Bitte alles zusammen.
Could we have that on one check, please?
[ˌkʊd‿wi hæv ðæt ɑn wən ˈtʃɛk pliz]

Könnten Sie bitte getrennte Rechnungen machen?
Separate checks, please. [ˌsɛprɪt ˈtʃɛks pliz]

Ist die Bedienung inklusive?
Is service included? [ˌɪz ˈsɚvɪs ənˈkludəd]

Die Rechnung scheint mir nicht zu stimmen.
There seems to be a mistake on the check.
[ðɛr ˈsimz tə bi‿ə miˈstek‿ɑn ðə ˌtʃɛk]

Das habe ich nicht gehabt. Ich hatte …
I didn't have that. I had … [ɑɪ ˈdɪdnt ˈhæv ˈðæt ɑɪ ˈhæd]

Hat es geschmeckt?
Did you enjoy your meal? [dɪd‿jʊ‿ɪnˈdʒɔɪ jɔɚ ˈmil]

Das Essen war ausgezeichnet.
The food was excellent. [ðə ˈfud wəz‿ˈɛksɪlənt]

Möchten Sie den Rest mitnehmen?
Would you like to take that home with you?
[ˌwʊd ju ˈlɑɪk tə tek ðæt ˈhom wɪθ ju]

Soll ich es Ihnen einpacken?
Should I wrap that for you? [ʃʊd ɑɪ ræp ðæt fɔɚ ju?]

Das ist für Sie.
That's for you. [ˈðæts fɔɚ ˈju]

Es stimmt so.
Keep the change. [ˈkip ðə ˈtʃəndʒ]

Aufbruch

Nach dem Bezahlen sollten Sie möglichst bald Ihren Platz im Lokal den nächsten wartenden Gästen überlassen.

SANDWICH SHOP

Breite Palette

Die Amerikaner lieben ihre Sandwiches. Diese finden Sie in etlichen Cafés, Kneipen, **delicatessens** (Cafés oder Restaurants mit jüdischem Essen) oder sogar an der Theke eines kleinen Tante-Emma-Ladens, wo sie frisch zubereitet werden. Oft wird eine breite Palette an Sandwichvarianten angeboten. Bereiten Sie sich darauf vor, einige Entscheidungen treffen zu müssen, was Brotsorte, Auflage, Gemüsezusätze usw. angeht.

Was möchten Sie?
What can I get you? [wat kæn aɪ ˈgɛt jʊ]

Ein Truthahn-Sandwich, bitte.
A turkey sandwich, please. [ə ˈtɚki ˈsændwɪtʃ pliz]

Auf Weißbrot, Sauerteigbrot, Vollkorn- oder Roggenbrot?
On white, sourdough, wholewheat or rye? [an waɪt ˈsaʊɚdo ˈholwit ɔɚ raɪ]

Was für Käse hätten Sie gern darauf?
What kind of cheese would you like on that?
[wat kaɪnd‿əv ˈtʃiz wʊd jʊ‿laɪk‿an ðæt]

Emmentaler oder Cheddar?
Swiss cheese or cheddar? [swɪs tʃiz ɔɚ ˈtʃɛdɚ]

Mit Mayonnaise oder Senf?
With mayonnaise or mustard? [wɪθ ˈmenez ɔɚ ˈmʊstɚd]

Hätten Sie gern Zwiebeln oder Salat darauf?
Would you like onions or lettuce on top?
[wʊd jʊ laɪk ˈənjənz ɔɚ ˈlɛtɪs an tap]

Gurke oder Chips dazu?
Pickle or potato chips with that? [ˈpɪkl ɔɚ pəˈtedo tʃɪps wɪθ ˈðæt]

Zum Hieressen oder Mitnehmen?
To eat here or to go? [tə it ˈhɪɚ ɔɚ tə go]

doggie bag

Falls Ihnen die servierte Portion zu groß ist, können Sie ein **doggie bag** bestellen, d. h. der Rest Ihres Essens wird für Sie eingepackt.

bagel [ˈbegl]	Bagel
BLT sandwich [bi əl ti ˈsændwɪtʃ]	Speck, Salat und Tomate auf Toast
club sandwich [kləb ˈsændwɪtʃ]	dreilagiges Sandwich mit Pute, Speck, Salat, Tomate und Mayonnaise auf Toast
corned beef [kɔrnd bif]	mit Salz konserviertes Rindfleisch
egg salad [ɛg ˈsæləd]	Eiersalat
ham [hæm]	Schinken
pastrami [pəˈstrami]	würziges geräuchertes Rindfleisch
roast beef [rostˈbif]	Roastbeef
rueben sandwich [ˈrubən ˈsændwɪtʃ]	Käse, Kraut und Pastrami getoastet auf Roggenbrot
pepperoni [pɛpɚoni]	Salami
smoked turkey [smokt ˈtɚki]	geräuchertes Truthahnfleisch

submarine sandwich
['səbməin 'sændwɪtʃ] ... reichlich belegtes weiches Baguette
tunafish salad
['tunəfɪʃ 'sæləd] ... Thunfischsalat

Abendessen ... dinner ['dɪnə]
alkoholfrei ... non-alcoholic ['nɔn ælkə'hɔlɪk]
Aschenbecher ... ashtray ['æʃtre]
Besteck ... cutlery ['kətləri]; silverware ['sɪlvəwɛə]
Bestellung ... order ['ɔrdə]
Diabetiker ... diabetic ['daɪə'bɛtɪk]
Dressing ... salad dressing ['sæləd 'drɛsɪŋ]
Essig ... vinegar ['vɪnɪgə]
vom Fass ... on tap [ɔn tæp]; draft [dræft]
fettarm ... low-fat [lo 'fæt]
Fläschchenwärmer ... bottlewarmer ['bɑdlˌwɔəmə]
Fleck ... stain [sten]
Frühstück ... breakfast ['brɛkfəst]
Gabel ... fork [fɔək]
Gang ... course [kɔəs]
Gedeck ... place setting ['ples sɛdɪŋ]
Gericht ... dish [dɪʃ]
Getränk ... drink [drɪŋk]
Gewürz ... seasoning ['sizənɪŋ]; spice [spaɪs]
Glas ... glass [glæs]
– ***Wasserglas*** ... tumbler ['təmblə]; glass [glæs]
– ***Weinglas*** ... wine glass [waɪn glæs]
glutenfrei ... gluten-free ['glutn 'fri]
Gräte ... fishbone ['fɪʃbon]
hart gekocht *(Ei)* ... hard-boiled [hɑəd bɔɪld]
Hauptspeise ... entree [ɔn'tre]
hausgemacht ... homemade [hom 'med]
heiß ... hot [hɑt]
hungrig sein ... be hungry [bi 'həŋgri]
kalorienarm ... low-calorie [lo 'kælərɪ]
Karaffe ... carafe [kə'ræf]
Kellner/in ... service person ['səvɪs 'pəsn];
waiter/waitress ['wetə/'wetrɪs]
Ketschup ... ketchup ['kɛtʃəp]
Kinderteller ... children's meal ['tʃɪldrənz mil]
Knochen ... bone [bon]
Koch ... cook [kʊk]
Korkenzieher ... corkscrew ['kɔəkskru]
lieblich *(Wein)* ... sweet [swit]
Löffel ... spoon [spun]
– ***Teelöffel*** ... teaspoon ['tispun]

Mayonnaise	mayonnaise ['menez]
Menü	set meal ['sɛt 'mil];dinner special ['dɪnɚ 'spɛʃəl]
Messer	knife [naɪf]

Tischsitten

Beim Essen mit Messer und Gabel schneiden sich viele Amerikaner zuerst einige Bissen zurecht und nehmen dann die Gabel in die rechte Hand. Besonders Frauen legen dabei die linke in den Schoß. Dies wird nicht als Ausdruck schlechter Manieren angesehen. Es ist allerdings auch nichts dabei, mit Messer rechts und Gabel links zu essen.

Mittagessen	lunch [ləntʃ]
Nachtisch	dessert [dɪ'zɚt]
Ober	waiter ['wetɚ]
Öl	oil [ɔɪl]
Pfannengericht	one dish meal ['wən dɪʃ mil]
Pfeffer	pepper ['pɛpɚ]
Pfefferstreuer	pepper shaker ['pɛpɚ 'ʃekɚ]
Portion	portion ['pɔɚʃn]
Rost	roast [rost]
Salatbüfett	salad bar ['sæləd baɚ]
Salz	salt [sɔlt]
Salzstreuer	salt shaker [sɔlt 'ʃekɚ]
Scheibe	slice [slaɪs]
Schonkost	special dietary foods ['spɛʃəl 'daɪtɛɚi fʊdz]
Schüssel	dish [dɪʃ]; bowl [bol]
Senf	mustard ['məstɚd]
Serviette	napkin ['næpkɪn]
Soße	sauce [sɔs]; *(zum Braten)* gravy ['grevi]; *(Salatsoße)* dressing ['drɛsɪŋ]
Speisekarte	menu ['mɛnju]
Spezialität	speciality [ˌspɛʃɪ'ælɪti]
Strohhalm	straw [strɔ]
Suppe	soup [sup]
Suppenteller	soup bowl ['sup bol]
Süßstoff	sweetener ['switnɚ]
Tagesgericht	today's special [tə'dez 'spɛʃəl]
Tasse	cup [kəp]
- Untertasse	saucer ['sɔsɚ]
Teller	plate [plet]
Tischtuch	tablecloth ['teblklɔθ]
Trinkgeld	tip [tɪp]

Tip

Vergessen Sie das Trinkgeld nicht. Es ist üblich, Servicekräften, Taxifahrern, Barkeepern etc. mindestens 15% Trinkgeld zu geben. In Bars und Restaurants lassen Sie es einfach nach dem Bezahlen auf dem Tisch liegen.

trocken *(Wein)*	dry [draɪ]
vegetarisch	vegetarian [ˌvɛdʒɪˈtɛɚɪən]
Vorspeise	hors d'oeuvre [ɔɚˈdɚv]; appetizer [ˈɑpəˌtaizɚ]
Wasser	water [ˈwɔtɚ]
würzen	season [ˈsizn]
Zahnstocher	toothpick [ˈtuθpɪk]
Zucker	sugar [ˈʃʊgɚ]

Zubereitung

durchgebraten	well-done [ˈwɛlˈdən]
frittiert	deep-fried [ˈdip ˈfraɪd]
gar	done [dən]
gebacken	baked [bekt]
gebraten	sautéed [sɔˈteɪd]
– ***am Spieß***	roasted on a spit [rostɪd ɑn‿ə‿spɪt]
– ***vom Grill***	grilled [grɪld]
– ***in der Pfanne***	fried [fraɪd]
gedämpft	steamed [stimd]
gedünstet	sauteed [sɑˈted]
gefüllt	stuffed [stəft]
gegart	cooked [kʊkt]
gegrillt	grilled [grɪld]
gekocht	boiled [ˈbɔɪld]
geräuchert	smoked [smokt]
geröstet	toasted [ˈtostəd]
geschmort	braised [brezd]
mager	lean [lin]
roh	raw [rɔ]
saftig	juicy [ˈdʒusi]
sauer	sour [ˈsæʊɚ]
scharf	hot [hɑt]; spicy [ˈspaɪsi]
süß	sweet [swit]
überbacken	gratin [grɑˈtɑn]
im Wasserbad	in a double boiler [ɪn‿ə‿ˈdəbl ˈbɔɪlɚ]
zäh	tough [təf]
zart	tender [ˈtɛndɚ]

Menu

Speisekarte

Breakfast — Frühstück

black coffee [blæk ˈkɔfi]	schwarzer Kaffee
– ***decaffeinated coffee*** [diˈkæfɪˌnedəd ˈkɔfi]	koffeinfreier Kaffee
bread/rolls/toast [brɛd/rolz/tost]	Brot/Brötchen/Toast
butter [ˈbədɚ]	Butter
(buttermilk) biscuit [(ˈbədɚmɪlk) ˈbɪskɪt]	weiches Brötchen
cold cereal [ˈkold ˈsɪɚiəl]	Cornflakes/Muesli
cheese [ˈtʃiz]	Käse
croissant [kwəˈsən]	Croissant
Danish roll [ˈdenɪʃ rol]	süßes Stückchen
eggs [ˈɛgs]	Eier
– ***soft-boiled eggs*** [ˌsɑft bɔɪld ˈɛgs]	weiche Eier
– ***hard-boiled eggs*** [ˌhɑɚd bɔɪld ˈɛgs]	hartgekochte Eier
– ***scrambled eggs*** [ˈskræmbəld ˈɛgs]	Rühreier
– ***fried eggs*** [frɑɪd ˈɛgs]	Spiegeleier
– ***sunny side up*** [ˈsəni sɑɪd ˈəp]	auf einer Seite gebratene Eier
– ***bacon/ham and eggs*** [ˈbekn/hæm ən‿ɛgs]	Spiegel-oder Rühreier mit Schinkenspeck
– ***eggs benedict*** [ɛgs ˈbɛnədɪkt]	Eier und Schinken auf Brötchen mit Sauce Hollandaise
– ***poached eggs*** [potʃt ɛgs]	verlorene Eier
– ***omelette (ham/mushroom/ cheese)*** [ˈɑmlət (hæm/ˈməʃrum/tʃiz)]	Omelete mit Schinken/Pilz/Käse
English muffin [ˈɪŋglɪʃ ˈməfɪn]	getoastetes Brötchen
(2 slices of) toast with butter and jam/jelly [tu ˈslɑɪsəz‿əv tost wɪθ ˈbədɚ ənd dʒæm/ˈdʒɛli]	(2 Stück) Toastbrot mit Butter und Marmalade
French toast [frɛntʃ tost]	armer Ritter
fresh fruit [frɛʃ frut]	frisches Obst

fruit juice [ˈfrut dʒus] — Fruchtsaft
– ***grapefruit juice*** [ˈgrepfrut dʒus] — Grapefruitsaft
– ***orange juice*** [ˈɔɚɪndʒ dʒus] — Orangensaft
– ***tomato juice*** [təˈmedo dʒus] — Tomatensaft
ham [ˈhæm] — Schinken
hashbrowns [ˈhæʃ bræʊnz] — Röstkartoffeln
herbal tea [ˈɚbəl ti] — Kräutertee
honey [ˈhəni] — Honig
hot cereal [hɔt ˈsɪɚiəl], ***oatmeal*** [ˈotmil] — Haferbrei
hot chocolate, cocoa [ˈhɔt ˈtʃɑklət' ˈkoko] — heiße Schokolade
huevos rancheros [ˈwevos rænˈtʃɛɚoz] — Spiegeleier auf Tortilla mit Salsa
maple syrup [ˈmæpl ˈsɪɚəp] — Ahornsirup
muffin [ˈməfɪn] — Muffin
pancakes [ˈpænkeks] — Pfannkuchen
sausages [ˈsɔsɪdʒəz] — kleine Wurstchen
waffles [ˈwɑflz] — Waffeln

Hors d'oeuvres — Vorspeisen

buffalo chicken wings [ˈbəfəlo ˌtʃɪkɪn wɪŋz] — scharf gewürzte Hühnerflügel mit Schimmelkäse-Dip
chicken fingers [ˈtʃɪkɪn ˈfɪŋgɚz] — frittierte Hühnchenteile, in Soße getunkt
cocktail sauce [ˈkɑktel sɔs] — würzige Tomatensoße (ohne Alkohol)
dip [dɪp] — Dip
guacamole [ˌgwɑkəˈmolə] — Avocado-Dip
grapefruit juice [ˈgrepfrut dʒus] — Grapefruitsaft
melon [ˈmɛlən] — Melone
nachos [ˈnɑtʃoz] — Maismehlchips mit Salsa
onion rings [ˈənjən rɪŋz] — frittierte Zwiebelringe
potato skins [pəˈtedo skɪnz] — gewürzte Kartoffelstücke mit Schale
salsa [ˌsɑlsə] — scharfe rote Chilisauce
shrimp cocktail [ˈʃrɪmp ˈkɑktel] — Garnelencocktail
smoked salmon [ˈsmokt ˈsæmən] — Räucherlachs
tomato juice [təˈmeto dʒus] — Tomatensaft

Soups | Suppen

bouillon/consommé ['bʊjən/'kɑnsəme]	Fleischbrühe
chicken noodle soup ['tʃɪkɪn 'nudl 'sup]	Hühnerbrühe mit Nudeln
chilli con carne ['tʃɪli kən 'kɑɚni]	Eintopf mit Tomaten, roten Bohnen und Rindfleisch
clam/fish chowder ['klæm/'fɪʃ 'tʃæʊdɚ]	sahnige Muschel-/Fischsuppe
cream of chicken soup ['krim‿əv 'tʃɪkɪn 'sup]	Hühnercremesuppe
cream of mushroom soup ['krim‿əv 'məʃrum 'sup]	Champignoncremesuppe
cream of potato soup ['krim‿əv pə'tedo 'sup]	Kartoffelsuppe
cream of tomato soup ['krim‿əv tə'meto 'sup]	Tomatencremesuppe
French onion soup ['frɛntʃ 'ənjən 'sup]	französische Zwiebelsuppe
gumbo ['gəmbo]	Eintopf mit Meeresfrüchten oder Geflügel und Okraschoten *(Südstaaten)*
lobster bisque ['lɑbstɚ 'bɪsk]	Hummersuppe
soup of the day [sup‿əv ðə 'de]	Tagessuppe
split pea soup ['splɪt 'pi 'sup]	Erbsensuppe
vegetable soup ['vɛdʒtəbl sup]	Gemüsesuppe

Fish and Seafood | Fisch und Schaltiere

abalone ['æbəloni]	kalifornisches Schalentier
bass [bæs]	Barsch
catfish ['kætfɪʃ]	Wels
clams [klæmz]	Venusmuscheln
cod [kɑd]	Kabeljau
crab [kræb]	Krabbe
haddock ['hædək]	Schellfisch
halibut ['hæləbət]	Heilbutt
lobster ['lɑbstɚ]	Hummer
mackerel ['mækrəl]	Makrele
oysters ['ɔɪstɚz]	Austern
perch [pɚtʃ]	Barsch

pike [paɪk]	Hecht
red snapper [rɛd ˈsnæpɚ]	Schnapperfisch
salmon [ˈsæmən]	Lachs
scallops [ˈskæləpz]	Jakobsmuscheln
shrimp [ʃrɪmp]	Garnelen
sole [sol]	Seezunge
sturgeon [ˈstɚdjən]	Stör
swordfish [ˈsɔrdfɪʃ]	Schwertfisch
trout [træʊt]	Forelle
tuna [ˈtunə]	Thunfisch
walleye [ˈwɑlaɪ]	Zander

Poultry — Geflügel

capon [ˈkepɔn]	Kapaun
chicken [ˈtʃɪkɪn]	Hähnchen
duck(ling) [ˈdək(lɪŋ)]	(junge) Ente
fowl [fæʊl]	Geflügel
goose [gus]	Gans
pheasant [ˈfɛznt]	Fasan
quail [kwel]	Wachtel
turkey [ˈtɚki]	Truthahn

Meat — Fleisch

beef [bif]	Rindfleisch
hot beef sandwich [ˈhɔt ˈbif ˈsændwɪtʃ]	Sandwich mit heißem Rinderbraten
beef stroganoff [bif ˈstrogənˌɔf]	Boeuf Stroganoff (Rind mit Pilzen auf Nudeln)
brats [brɑts]	Bratwürste
chop [tʃɑp]	Kotelett
filet mignon [fɪˈle mɪnˈjɔn]	Filet(steak)
ham [hæm]	Schinken
hamburger [ˈhæmbɚgɚ]	Hamburger
lamb (with mint sauce) [læm (wɪð ˈmɪnt ˈsɔs)]	Lamm (mit einer sauren Minzsoße)
liver (and onions) [ˈlɪvɚ (‿ən‿ˈənjənz)]	Leber (mit Zwiebeln)
meatballs [ˈmitbɔlz]	Fleischklößchen
meatloaf [ˈmitlof]	Hackbraten
pork [pɔɚk]	Schweinefleisch
pork roast [pɔɚkˈrost]	Schweinebraten
prime rib [praɪm ˈrɪb]	Schmorrippe

roast beef [rost ˈbif]	Rinderbraten
rump steak [ˈrəmp stek]	Rumpsteak
sausages [ˈsɔsɪdʒɪz]	Würstchen
sirloin steak [ˈsɚlɔɪn ˈstek]	Lendenstück vom Rind
sirloin tip [ˈsɚlɔɪn ˈtɪp]	Rinderlende
barbequed (B-B-Q) spare ribs	gegrillte Schweinsrippchen [bɑɚbəˌkjud ˈspɛɚ rɪbz]
steak [stek]	Filet(steak)
Porterhouse steak [ˈpɑɚdɚhæʊs ˌstek]	dickes Rindersteak mit T-förmigem Knochen
T-bone steak [ˈtibon ˈstek]	Rindersteak mit T-förmigem Knochen
tenderloin [ˈtɛndɚˌlɔɪn]	zartes Lendenstück vom Rind oder Schwein
veal [vil]	Kalbfleisch
venison [ˈvɛnɪzn]	Reh oder Hirsch
gravy [ˈgrevi]	Fleischsoße

Salads — Salate

Caesar salad [ˈsizɚ ˈsæləd]	Caesarsalat
chef's salad [ˈʃɛfs‿ˈsæləd]	Eisbergsalat mit Schinkenstreifen, Tomaten, Käsestreifen, Oliven
chicken salad [ˈtʃɪkɪn ˈsæləd]	Hühnersalat
Cob salad [ˈkɔb ˈsæləd]	Römersalat mit Hühnerfleisch, Speckwürfeln, gekochtem Ei, Tomaten und Cheddar-Käse
cole slaw [ˈkol slɔ]	Krautsalat mit Mayonnaisesoße
pasta salad [ˈpɔstə ˈsæləd]	Nudelsalat
shrimp salad [ˈʃrɪmp ˈsæləd]	Krevettensalat
tossed salad [ˈtɔsd ˈsæləd]	grüner Salat als Beilage
spinach salad [ˈspɪnɪtʃ ˈsæləd]	Salat aus frischem Spinat mit Pilzen und Speckwürfeln
taco salad [ˈtɔko ˈsæləd]	Tacoschale gefüllt mit gewürztem Hack, Tomaten, Käse, Oliven usw.
Waldorf salad [ˈwɔldɔɚf ˈsæləd]	Salat mit Äpfeln und Walnüssen

Dressings — Salatsoßen

blue cheese dressing [bluˈtʃiz ˈdrɛsɪŋ]	Roquefortsoße
French dressing [frɛntʃ ˈdrɛsɪŋ]	rote Soße auf Vinaigrette-Basis
garlic dressing [ˈgɑɚlɪk ˈdrɛsɪŋ]	Knoblauch-Sahnesoße
house dressing [hæʊs ˈdrɛsɪŋ]	Spezialität des Hauses

low calorie dressing [lo 'kælɚi 'drɛsɪŋ]	Diätdressing
oil and vinegar dressing [ɔil‿ən 'vɪnəgɚ 'drɛsɪŋ]	Vinaigrette
thousand island dressing [θæʊsənd 'aɪlənd 'drɛsɪŋ]	Mayonnaisebasis mit Chilisoße oder Ketschup

Vegetables — Gemüse

artichoke/bottoms/hearts ['ɑɚdɪˌtʃok/'bɑdmz/hɑɚtz]	Artischocke/Artischockenböden/-herzen
asparagus [əs'pɛɚəgəs]	Spargel
baked beans ['bekt 'binz]	gebackene Bohnen in Ahornsirup
butter beans ['bətɚ binz]	Wachsbohnen
French beans [frɛntʃ binz]	grüne Bohnen
beets [bits]	Rote Beete (rote Rüben)
broccoli ['brɔkəli]	Brokkoli
Brussel sprouts [ˌbrəsl'spræʊts]	Rosenkohl
cabbage ['kæbɪdʒ]	Kohl
carrots ['kɛɚəts]	Karotten
cauliflower ['kɑliflæʊɚ]	Blumenkohl
celery ['sɛləri]	Stangensellerie
corn-on-the-cob ['kɔɚn‿ɔn ðə 'kɔb]	Maiskolben
cucumber ['kjukəmbɚ]	Gurke
leek [lik]	Lauch
lettuce ['lɛtɪs]	Kopfsalat, Eisbergsalat
mushrooms ['məʃrumz]	Champignons
onions ['ənjənz]	Zwiebeln
okra ['okrə]	Okraschotten
peas [piz]	Erbsen
peppers ['pɛpɚz]	Paprikaschoten
baked potatoes [bekt pə'tedoz]	gebackene Pellkartoffeln
– ***boiled potatoes*** [bɔɪld pə'tedoz]	Salzkartoffeln
– ***French fries*** ['frɛntʃ 'frɑɪz]	Pommes frites
– ***hash browns*** ['hæʃ bræʊnz]	Bratkartoffeln
– ***mashed potatoes*** [mæʃt pə'tedoz]	Kartoffelbrei
– ***scalloped potatoes*** ['skæləpt pə'detoz]	Kartoffelgratin
– ***sautéed potatoes*** [sɑ'ted pə'tedoz]	Schwenkkartoffeln
scallions ['skæljənz]	Schalotte/Frühlingszwiebeln

spinach ['spɪnɪdʒ] ... Spinat
squash [skwɑʃ] ... Kürbis
sweet potato [swit pə'tedo] ... Süßkartoffel
tomatoes [tə'medoz] ... Tomaten
turnips ['tɝnɪps] ... Rüben
watercress ['wɑtɚ krɛs] ... Kresse

Dessert and Fruit — Nachtisch und Obst

apple ['æpl] ... Apfel
blueberry ['blu,bɛɚi] ... Heidelbeere
cream [krim] ... Sahne
fruit salad ['frut 'sæləd] ... Obstsalat
ice-cream ['aɪs'krim] ... Eis
peaches ['pitʃɪz] ... Pfirsiche
pears [pɛɚz] ... Birnen
pineapple ['paɪn,æpl] ... Ananas
rhubarb ['rubɑɚb] ... Rhabarber
strawberry ['strɑbɛɚi] ... Erdbeere
sundae ['sənde] ... Eisbecher

Pastries — Gebäck

brownie ['bræʊni] ... Schokoladenschnitte
carrot cake ['kɛɚət ,kek] ... Karottenkuchen
cheese cake ['tʃiz ,kek] ... Käsekuchen
chocolate chip cookies [tʃɑklɪt tʃɪp kʊkiz] ... Kekse mit Schokoladenchips
chocolate layer cake (devil's food cake) ['tʃɔklət 'lejɚ ,kek ('dɛvlz fud ,kek)] ... Schokoladentorte
cobbler ['kɑblɚ], *crisp* [krɪsp] ... Obst mit Teig überbacken
pie [paɪ] ... Kuchen mit Mürbeteigboden
- *apple pie* ['æpl paɪ] ... mit Äpfeln
- *blueberry pie* ['blu,bɛri paɪ] ... mit Heidelbeeren
- *french silk pie* ['frɛntʃ 'sɪlk paɪ] ... mit Schokoladencreme
- *lemon meringue pie* ['lɛmən mə'ræŋ paɪ] ... mit Zitrone und Eischneedecke
- *pumpkin pie* ['pəmpkɪn paɪ] ... mit Kürbis
- *southern pecan pie* ['səðɚn pɪ'kɑn paɪ] ... mit Pekannuss
- *pie a la mode* [paɪ ,ɑ lə 'mod] ... Kuchen mit Eis

Drinks
Getränkekarte

Drinks	Alkoholische Getränke
wine [waɪn]	Wein
– **red** [rɛd], **rosé** [ros'e]	Rotwein
– **blush** [bləʃ]	Rosé(wein)
– **white** [waɪt]	Weißwein
– **dry** [draɪ]	trocken
– **sweet** [swit]	lieblich
– **light** [laɪt]	leicht
– **table wine** ['tebl waɪn]	Tafelwein
– **vermouth** [vɚ'mʊθ]	Wermut
champagne [ˌʃæm'pen]	Champagner
sparkling wine ['sparklɪŋ waɪn]	Sekt
spritzer ['sprɪtzɚ]	Schorle
beer [bɪɚ]	Bier
– **3/2 beer** [θri tu bɪɚ]	Bier mit wenig Alkohol
– **bottle beer** ['bɔtl bɪɚ]	Flaschenbier
– **export** ['ɪkspɔɚt]	Exportbier
– **imported** [əm'pɔɚtəd]	ausländisches Bier
– **local brew** ['lokəl bru]	Bier aus einer kleinen Brauerei aus der Region
– **draft** [dræft], **on tap** [ɔn tɑp]	vom Fass

Klein, aber fein

Neben bekannten Biermarken wie z. B. **Miller** oder **Budweiser** gibt es sogenannte **microbreweries**, die sich durch geringere Produktionsmengen und mehr Experimentierfreude beim Brauen auszeichnen. In einem **brew pub** (*Brauhaus*) kann man zum Essen ein **local brew**, ein Bier aus einer kleineren Brauerei in der Gegend, genießen.

bourbon ['bɚbən]	amerikanischer Whisky *(vorwiegend aus Mais hergestellt)*
cognac/French brandy ['kɔnjæk/frɛntʃ 'brændi]	Kognak
gin [dʒɪn]	Gin

liqueur [lɪˈkʊɚ]	Likör
rum [rəm]	Rum
rye whiskey [raɪ ˈwɪski]	amerikanischer Whiskey *(vorwiegend aus Roggen hergestellt)*
scotch [skɔtʃ]	schottischer Whiskey
tequila [tɛˈkilə]	Tequila
vodka [ˈvɑdkə]	Wodka
whisky [ˈwɪski]	Whiskey

Soft Drinks — Alkoholfreie Getränke

apple cider [ˈæpl ˈsaɪdɚ]	Cidre
apple juice [ˈæpl dʒus]	Apfelsaft
fruit juice [ˈfrut dʒus]	Fruchtsaft
grapefruit juice [ˈgrepˌfrut dʒus]	Grapefruitsaft
lemonade [ˌlɛməˈned]	gesüßter Zitronensaft
malt [mɔlt]	Milcheisgetränk
mineral water [ˈmɪnrəl ˌwɔtɚ]	Mineralwasser
orange juice [ˈɔrɪndʒ dʒus]	Orangensaft
root beer [ˈrut ˌbɪɚ]	süße, dunkle Limonade
smoothie [smuði]	Dickflüssiges Erfrischungsgetränk mit Früchten
soft drinks, soda, pop [sɑft drɪŋks′ sodə′ pɑp]	Limo, Cola, süßer Sprudel
shake [ʃek]	Milcheisgetränk
tomato juice [təˈmedo dʒus]	Tomatensaft

Hot Drinks — Warme Getränke

tea (with lemon) [ti (wɪð ˈlɛmən)]	Tee (mit Zitrone)
coffee (with cream/milk) [ˈkɔfi (wɪð ˈkrim/ˈmɪlk)]	Kaffee (mit Sahne/Milch)
decaffeinated coffee [diˈkæfɪnˌedɪd ˈkɔfi]	koffeinfreier Kaffee
hot chocolate [ˈhɑt ˈtʃɑklɪt]	heiße Schokolade

Coffee Shop/Café — Café

(a cup of) coffee (ə ˈkəp‿əv) ˈkɔfi]	(eine Tasse) Kaffee
(a cup/pot of) tea [(ə ˈkəp/pɑt‿əv) ti]	(eine Tasse/Kanne) Tee

milk [mɪlk]	Milch
skimmed milk [skɪmd mɪlk]	fettarme Milch
whipped cream [wɪpt krim]	Schlagsahne
(a piece of) cake [(ə pis‿əv) kek]	(ein Stück) Kuchen
bar [bɑɚ]	flacher Kuchen
brownie [ˈbræʊni]	Schokoladeschnitte
muffin [ˈməfɪn]	Muffin
cookies [ˈkʊkiz]	Kekse
doughnut [ˈdonət]	Krapfenring
cupcake [kəpkek]	Muffin

Wer die Wahl hat ...

In den **coffee shops** werden Sie meistens den traditionellen (schwachen) amerikanischen Kaffee bekommen. Falls Sie Kaffee nach europäischer Art suchen, werden Sie in **cafés** mehr Glück haben. Es gibt sogar einige Ketten, die sich auf Kaffee spezialisiert haben. Hier können Sie zwischen Unmengen von Kaffeesorten wählen – vom **caffeinfree espresso** bis zum **coffee mocca** (*Kaffee mit Schokolade und Sahne*).

Ice-cream Parlor — Eisdiele

ice cream [ˈɑɪs ˈkrim]	Eis
– ***banana split*** [bəˈnænə ˈsplɪt]	Eisbecher mit Banane
– ***chocolate ice cream*** [ˈtʃɑklɪt ˈɑɪsˈkrim]	Schokoladeneis
– ***hot fudge sundae*** [hɑt fədʒ ˈsənde]	Vanilleeis mit heißer Schokoladensoße
– ***peach melba*** [ˈpitʃ ˈmɛlbə]	Eisbecher mit Pfirsich
– ***strawberry ice cream*** [ˈstrɔbɛɚi ˈɑɪskrim]	Erdbeereis
– ***popsicle*** [ˈpɑpsəkl]	Fruchteis am Stiel
– ***sundae*** [ˈsənde]	Eisbecher
iced coffee [ˈɑɪst ˈkɔfi]	Eiskaffee
malt [mɔlt]	Milcheisgetränk
rootbeer float [ˈrʊtbɪɚ flot]	Rootbeer *(süßes alkoholfreies Getränk)* mit Vanilleeis

FISCH UND MEERESFRÜCHTE

Auster
oyster
['ɔɪstɚ]

Dosenfisch
canned fish
['kænd 'fɪʃ]

Fischfilet
fillet of fish
[fɪ'le‿əv 'fɪʃ]

Flusskrebs
crayfish
['krefɪʃ]

Forelle
trout
[træʊt]

Garnele
shrimp
[ʃrɪmp]

Heilbutt
halibut
['hæləbət]

Herzmuschel
cockle
['kɑkl]

Hummer
lobster
[lɑbstɚ]

Kabeljau
cod
[kɑd]

Karpfen
carp
[kaɚp]

Krake
inktvis
['ɪŋktfɪs]

Krebs
crab
[kræb]

Lachssteak
salmon steak
['sæmən fɪ'le]

Makrele
mackerel
['mækrəl]

Miesmuschel
mussel
['məsl]

Sardine
sardine
[saɚ'din]

Scholle
plaice
[ples]

Seeteufel
monkfish
['mənkfɪʃ]

Seezunge
sole
[sol]

Tintenfisch
squid
[skwɪd]

Tunfisch
tuna
['tunə]

Venusmuschel
Venus clams
[vinəs klæmz]

Zander
walleye
['wɔlaɪ]

FRÜHSTÜCK

Ahornsirup
maple syrup
[ˈmepl ˈsɪɚəp]

Baguette
baguette
[bæˈgɛt]

Brezel
pretzel
[prɛtsl]

Butter
butter
[ˈbədɚ]

Cornflakes
cereal
[ˈsɪɚiəl]

Croissant
croissant
[krəsˈɑnt]

Erdnussbutter
peanut butter
[ˈpinət ˈbədɚ]

gekochtes Ei
boiled egg
[ˌbɔɪld ˈɛg]

Honig
honey
[ˈhəni]

Joghurt
yoghurt
[ˈjogɚt]

Kaffee
coffee
[ˈkɔfi]

Käse
cheese
[tʃiz]

Knäckebrot
crispbread
[krɪspbrɛd]

Marmelade
jam
[ˌdʒæm]

Omelett
omelette
[ˈɑmlət]

Milch
milk
[mɪlk]

Pfannkuchen
pancakes
[ˈpænkeks]

Rührei
scrambled eggs
[skræmbəld ˈɛgz]

Saft
juice
[dʒus]

Schokoladen-aufstrich
chocolate spread
[ˈtʃɑklət sprɛd]

Schwarzbrot
brown rye bread
[bræʊn raɪ brɛd]

Spiegelei
fried egg
[fraɪd ˈɛg]

Tee
tea
[ti]

Toast
toast
[tost]

GEMÜSE

Artischocke
artichoke
[ˈɑɚdɪˌtʃok]

Aubergine
eggplant
[ˈɛgplænt]

Avocado
avocado(e)
[ɑvəˈkɑdo]

Blumenkohl
cauliflower
[ˈkɑlɪˌflæʊɚ]

Brokkoli
broccoli
[ˈbrɔkəli]

Champignons
mushrooms
[ˈməʃrumz]

Chilischote
chilli
[ˈtʃɪli]

Erbsen
peas
[piz]

Gurken
cucumbers
[ˈkjuˌkəmbɚz]

Karotten
carrot
[ˈkærət]

Kartoffeln
potatoes
[pəˈtetoz]

Knoblauch
garlic
[ˈgɑɚlɪk]

Kopfsalat
lettuce
[lɛtɪs]

Kürbis
pumpkin
[ˈpəmpˌkɪn]

Lauch
leek(s)
[lik(s)]

Oliven
olives
[ˈɑlɪvz]

Paprika
pepper [ˈpɛpɚ]

Radieschen
radishes
[ˈrædɪʃɪz]

Ruccola
rocket
[əˈrugələ]

Spargel
asparagus
[əˈspɛɚəgəs]

Spinat
spinach
[ˈspɪnɪtʃ]

Tomate
tomato
[təˈmedo]

Zucchini
courgette [zuˈkini]
zuchhini [zuˈkini]

Zwiebel
onion
[ˈənjən]

OBST

Ananas
pineapple
[ˈpɑɪnˌæpəl]

Apfel
apple
[ˈæpəl]

Aprikose
apricot
[ˈæprɪkɔt]

Bananen
banana
[bəˈnænə]

Birne
pear
[pɛɚ]

Cashewnüsse
cashews
[ˈkæʃus]

Erdbeere
strawberries
[strɑˌbɛɚiz]

Feige
fig
[fɪg]

Grapefruit
grapefruit
[ˈgrepˌfrut]

Haselnüsse
hazelnuts
[ˈhezlˌnəts]

Himbeere
raspberries
[ˈræzˌbɛɚiz]

Kirsche
cherries
[ˈtʃɛɚiz]

Kiwis
kiwis
[ˈkiwiz]

Kokosnuss
coconut
[ˈkokəˌnət]

Limette
lime
[lɑɪm]

Mango
mango
[mengo]

Melone
melon
[mɛlən]

Nektarine
nectarine
[ˌnɛktəˈrin]

Orange
orange
[ˈɔɚndʒ]

Papaya
papaya
[pəˈpɑɪjə]

Pfirsiche
peach
[pitʃ]

Pflaume
plum
[pləm]

Weintrauben
grape
[grep]

Zitrone
lemon
[lɛmən]

Ausflüge und Kultur

Wie lange haben Sie geöffnet?

Der kulturelle Wert bestimmter Fragen eröffnet sich einem oftmals erst, wenn es zu spät ist.

Nationalparks im Westen und Großstädte im Osten

Ziel der meisten USA-Besucher sind entweder die Nationalparks im Westen oder die Großstädte im Osten. Sicherlich ist es schwer, in einem Urlaub mehr als nur einen kleinen Teil dieses Landes zu erkunden. Falls Sie Stadtluft bevorzugen, sollten Sie wissen, dass nicht nur New York und Washington D.C. sehenswert sind.
In vielen Städten werden Sie den **trolley tours** begegnen. **Trolleys** sind eigentlich Straßenbahnen, die in den meisten Städten (San Francisco ausgenommen) ausgestorben sind. Bei den **trolley tours** fährt man in Bussen, die wie Straßenbahnen dekoriert sind, und hat einen **tour guide** oder **tour driver**, der während der Rundfahrt gute Einblicke in die Geschichte oder Architektur vermittelt und - wenn Sie Glück haben - einige Insidertipps gibt.
Auffallend in den Großstädten ist die Vielzahl der Museen für moderne Kunst (**museums of modern art**). Oft gibt es Sonderveranstaltungen im Sommer, wobei interessierte Museumsbesucher mitmachen können, denn in den USA sind die Museen interaktiver gestaltet als in Europa.
Auch außerhalb der Museen wird oft versucht, Geschichte und Kunst lebendig zu machen - z. B. in den **Renaissance Fairs** oder **Reenactments** (nachgespielte Geschichten).
Falls Sie eher Naturliebhaber sind, sollten Sie in den Parks die **Visitor's Centers** besuchen. Hier bekommt man eine Vielfalt an Informationen über die Tiere und Pflanzen der Gegend sowie über Veranstaltungen, die im Park stattfinden, wie z. B. **campfire programs** oder **nature walks**.

AN DER TOURISTENINFORMATION

Ich hätte gern …
I'd like … [aɪd ˈlaɪk]

- ***einen Stadtplan von …***
  a map of the city of …, please. [ə ˈmæp əv ðə ˈsɪti əv … ˈpliz]
- ***ein Verzeichnis der Museen und Galerien.***
  a list of the museums and art galleries.
  [ə‿lɪst əv ðə mjuˈziəmz‿ænd‿ɑɚt gælɚiz]
- ***einen Audioführer.***
  an audio guide. [æn‿ˈɔdiˌo gaɪd]

Haben Sie einen Veranstaltungskalender für diese Woche?
Do you have a schedule of events for this week?
[djʊ hæv‿ə ˈskɛdʒul‿əv‿ɪˈvɛnts fɔɚ ˈðɪs ˈwik]

Können Sie mir bitte sagen, welche Sehenswürdigkeiten es hier gibt?
Could you please tell me what places of interests there are here?
[ˈkʊd jʊ pliz tɛl mi wɑt ˈplesɪz əv ˈɪntrɪst ðɛɚ ɑɚ hɪɚ]

Sie müssen unbedingt … besichtigen/besuchen.
You've really got to see/visit … [jʊv ˈrili ˈgɑdɑ si/ˈvɪzɪt]

Wann ist das Museum geöffnet?
When's the museum open? [ˈwɛnz ðə mjʊˈziəm ˈopn]

Gibt es Stadtrundfahrten?
Are there sightseeing tours of the town/city?
[ˈɑɚ‿ðɛɚ ˈsaɪtˌsiɪŋ tʊɚz‿əv ðə ˈtæʊn/ˈsɪti]

Was kostet denn die Rundfahrt, bitte?
How much does a round-trip cost, please?
[ˈhæʊ ˈmətʃ dəz ə ˈræʊndtrɪp ˈkɔst pliz]

SEHENSWÜRDIGKEITEN – MUSEEN

Öffnungszeiten, Führungen, Eintrittskarten

Wie lange haben Sie geöffnet?
How long are you open? [hæʊ lɔŋ‿ɑɚ ju ˈopn]

Wann beginnt die nächste Führung?
When does the next tour start? [ˈwɛn dəz ðə nɛkst ˈtʊɚ ˈstɑɚt]

Gibt es auch eine Führung auf Deutsch/Englisch?
Is there a tour in German/English, too?
[ɪz ðɛɚ‿ə tʊɚ‿ɪn ˈdʒɚmən/ˈɪŋglɪʃ ˈtu]

Darf man hier fotografieren?
Are we allowed to take pictures here?
[ɑɚ wi‿əˈlæʊd tə tek ˈpɪktʃɚz hɪɚ]

Zwei Eintrittskarten, bitte!
Two tickets, please.
[ˈtu ˈtɪkɪts pliz]

Zwei Erwachsene und ein Kind.
Two adults and one child.
[ˈtu ˈædəlts‿ən ˈwən ˈtʃɑɪld]

Gibt es Ermäßigungen für ...
Are there price reductions for ...
[ɑɚ ðɛɚ ˈprɑɪs rəˈdəktʃnz fɔɚ]

- ***... Kinder?***
  ... children? [ˈtʃɪldrən]
- ***... Studenten?***
  ... students? [ˈstudənts]
- ***... Senioren?***
  ... senior citizens? [ˈsinjɚ sɪdɪznz]
- ***... Gruppen?***
  ... groups? [grups]

Gibt es einen Katalog zur Ausstellung?
Is there an exhibition catalog?
[ˈɪz ðɛr‿ən ˈɛksɪbɪʃn ˈkætəlɑg]

Ist die Ausstellung für Gehbehinderte über Aufzüge erreichbar?
Is the exhibition wheelchair accessible?
[ɪz ðə ˈɛksɪbɪʃn ˈwiltʃɛɚ əkˈsɛsɪbl]

Gibt es spezielle Führungen für Gehörlose?
Are there special guided tours for the deaf?
[ɑɚ ðɛɚ ˈspɛʃl ˈgɑɪdɪd tʊɚz fɔɚ ðə ˈdɛf]

Können Induktionsschleifen für Hörbehinderte eingeschaltet werden?
Can the text display for the hard of hearing be turned on?
[kæn ðə tɛkst ˌdɪsˈple fɔɚ ðə ˈhɑɚd‿əv ˈhɪɚɪŋ bi tɚnd ɑn]

Gibt es Museumsführungen/Theateraufführungen für Taubstumme/Blinde?
Are there museum tours/theater performances for the deaf/visually impaired?
[ɑɚ ðəɚ mjuˈsiəm tʊɚz/ˈθiətɚ pɚˈfɔɚmənsəz fɔɚ ðə dɛf/vɪzʒuəli ɪmpˈɛɚd?]

Was? Wann? Wo?

Ist das …?
Is this …? [ɪz ˈðɪs]

Wann wurde dieses Gebäude erbaut/restauriert?
When was this building built/restored?
[ˈwɛn wəz ðɪs bɪldɪŋ ˈbɪlt/rɪˈstɔɚd]

Von wem ist dieses Bild?
Who's this picture by? [ˈhuz ðɪs ˈpɪktʃɚ baɪ]

Haben Sie das Bild als Poster/Postkarte/Dia?
Do you have a poster/postcard/slide of this?
[djʊ hæv‿ə ˈpostɚ/ˈpostˌkɑɚd/ˈslaɪd‿əv ðɪs]

Die wichtigsten Wörter

Besichtigung	tour [tʊɚ]
Denkmalschutz	historical preservation [hɪsˈtɔɚɪkl ˌprɛzɚˈveʃn]
Fremdenführer/in	guide [gɑɪd]
Fremdenverkehrsamt	Office of Tourism [ˈɔfɪs əv ˈtʊɚɪsm]
Führung	guided tour [ˈgɑɪdɪd ˈtʊɚ]
Funde	finds [fɑɪndz]
Fußgängerzone	pedestrian zone [pɛˈdəstrɪən zon]
Gasse	lane [len]; alley [ˈæli]
Geburtsstadt	birthplace [ˈbɚθples]
Geschichte	history [ˈhɪstri]
Haus	house [ˈhæʊs]
Kunst	art [ɑɚt]
Markt	market [ˈmɑɚkɪt]
Museum	museum [mjuˈziəm]
Öffnungszeiten	opening hours [ˈopənɪŋ ˌæʊɚz]
Park	park [pɑɚk]
rekonstruieren	reconstruct [ˌrikənˈstrəkt]
Religion	religion [ˌriˈlɪdʒən]
restaurieren	restore [rɪˈstɔɚ]
Sehenswürdigkeiten	sights [sɑɪts]
Stadtrundfahrt	sightseeing tour [ˈsɑɪtˌsiɪŋ tʊɚ]
Stadtteil	district [ˈdɪstrɪkt]
Stadtzentrum	downtown [ˈdɑʊnˈtɑʊn]
Straße	street [strit]; road [rod]
Überreste	remains [rɪˈmenz]
Volkskundemuseum	museum of natural history [mjuˈziəm əv ˈnætʃɚl ˈhɪstɚi]
Vorort	suburb [ˈsəbɚb]
Wahrzeichen	landmark [ˈlændmɑɚk]

Abtei	abbey [ˈæbi]
Altar	altar [ˈɑltɚ]
Altstadt	the historical district [ði‿ˈhɪsˈtɔrɪkəl ˈdɪstrɪkt]
Archäologie	archaeology [ˌɑɚkiˈɑlədʒi]
Architekt/in	architect [ˈɑɚkɪtɛkt]
Architektur	architecture [ˈɑɚkɪtɛktʃɚ]
Arena	arena [əˈrinə]
Arkaden	arcades [ɑrˈkedz]
Ausgrabungen	dig [dɪg]; excavations [ˌɛkskəˈveʃnz]
Bauwerk	building [ˈbɪldɪŋ]
Bogen	arch [ɑɚtʃ]
Brücke	bridge [brɪdʒ]
Brunnen	fountain [ˈfæʊntɪn]
Burg	castle [ˈkæsəl]
Bunker	bunker [ˈbʊnkɚ]
Dach	roof [ruf]
Decke	ceiling [ˈsilɪŋ]
Denkmal	monument [ˈmɑnjəmənt]
Dom	cathedral [kəˈθidrl]
Fassade	façade [fəˈsɑd]
Fenster	window [ˈwɪndo]
Festung	fort(ress) [ˈfɔrt(rɪs)]; castle [ˈkæsl]
Flügel	wing [wɪŋ]
Friedhof	cemetery [ˈsɛmɪˌtɛɚi]
Gebäude	building [ˈbɪldɪŋ]
Gedenkstätte	memorial [mɪˈmɔriəl]
Gewölbe	vault(s) [vɔlt(s)]
Giebel	gable [ˈgebl]
Grab	tomb [tum]; grave [grev]
Grabmal	monument [ˈmɑnjəmənt]
Innenhof	inner courtyard [ˈɪnɚ ˈkɔɚtjɑɚd]
Inschrift	inscription [ɪnˈskrɪpʃn]
Kanzel	pulpit [ˈpəlpət]
Kapelle	chapel [ˈtʃæpl]
Kathedrale	cathedral [kəˈθidrl]
Kirche	church [tʃɚtʃ]
Kirchturm	steeple [ˈstipl]
Kloster	*(Mönchskloster)* monastery [ˈmɑnəstɛri]; *(Nonnenkloster)* convent [ˈkɑnvənt]
Kreuzgang	cloister [ˈklɔɪstɚ]
Krypta	crypt [ˈkrɪpt]
Kuppel	dome [dom]
Markthalle	indoor market [ˈɪndɔɚ ˈmɑɚkɪt]

Mauer	wall [wɔl]
Mausoleum	mausoleum [ˌmɔsəˈliəm]
Obelisk	obelisk [ˈobɪlɪsk]
Oper	opera [ˈɑprə]
Palast	palace [ˈpælɪs]; mansion [ˈmænʃn]
Platz	square [skwɛɚ]
Portal	portal [ˈpɔɚtəl]
Rathaus	city hall [ˈsɪti ˈhɔl]
Ruine	ruin [ˈruɪn]
Säule	column [ˈkɑləm]; pillar [ˈpɪlɚ]
Schloss	castle [ˈkæsl]
Springbrunnen	fountain [ˈfæʊntən]
Stadtmauer	town wall [ˈtæʊn wɑl]
Theater	theater [ˈθɪətɚ]
Tor	gate [get]
Turm	tower [ˈtæʊɚ]
Universität	university [ˌjunɪˈvɚsɪti]
wieder aufbauen	rebuild [ˌriˈbɪld]

Bildende Kunst

Akt	nude [nud]
Aquarell	watercolor [ˈwɔdɚˌkəlɚ]
Ausstellung	exhibition [ˌɛksɪˈbɪʃn]
Bild	picture [ˈpɪktʃɚ]
Bildhauer	sculptor [ˈskəlptɚ]
Bronze	bronze [brɑnz]
Exponat	exhibit [ɪgˈzɪbɪt]
Fotografie	photography [fəˈtɑgrəfi]
Galerie	gallery [ˈgæləri]
Gemälde	painting [ˈpentɪŋ]
Glasmalerei	glass painting [ˈglæs ˌpentɪŋ]
Goldschmiedekunst	gold work [ˈgold wɚk]
Grafik	graphic arts [ˈgræfɪk ˈɑɚts]
Holzschnitt	woodcutting [ˈwʊdkətɪŋ]
Keramik	ceramics [səˈræmɪks]
Kopie	copy [ˈkɑpi]
Kreuz	cross [ˈkrɑs]
Kruzifix	crucifix [ˈkrusɪfɪks]
Kunstgewerbe	arts and crafts [ˈɑɚts‿ən ˈkræfts]
Maler/in	painter [ˈpentɚ]
Malerei	painting [ˈpentɪŋ]
Modell	model [ˈmɑdl]
Mosaik	mosaic [moˈzeɪk]
Original	original [əˈrɪdʒənl]

Plakat	poster [ˈpostɚ]
Plastik	sculpture [ˈskəlptʃɚ]
Porträt	portrait [ˈpɔɚtrɪt]
Porzellan	china [ˈtʃaɪnə]; porcelain [ˈpɔɚsəlɪn]
Radierung	etching [ˈɛtʃɪŋ]
Schnitzerei	woodcarving [ˈwʊdˌkaɚvɪŋ]
Siebdruck	silk-screen print(ing) [ˈsɪlkskrin ˈprɪnt(ɪŋ)]
Skulptur	sculpture [ˈskəlptʃɚ]
Statue	statue [ˈstætʃu]
Stillleben	still life [ˈstɪl ˈlaɪf]
Terrakotta	terracotta [ˌtɛɚəˈkɑtə]
Töpferei	pottery [ˈpɑtəri]
Torso	torso [ˈtɔɚso]
Vase	vase [ves]
Zeichnung	drawing [ˈdrɔɪŋ]

Stilrichtungen und Epochen

antik	ancient [ˈenʃnt]
Art Deco	Art Deco [ɑɚt dəko]
Barock	Baroque [bəˈrok]
Blütezeit	heyday [ˈhede]; prime [praɪm]
Bronzezeit	Bronze Age [brɑnz edʒ]
Christentum	Christianity [ˌkrɪstiˈænɪti]
Dynastie	dynasty [ˈdaɪnəsti]
Epoche	period [ˈpɪɚiəd]
Expressionismus	Expressionism [ɪksˈprɛʃəˌnɪzm]
Gotik	Gothic [ˈgɑθɪk]
griechisch	Greek [grik]
heidnisch	heathen [ˈhiðn]; pagan [ˈpegən]
Impressionismus	impressionism [ɪmˈprɛʃəˌnɪzm]
Jahrhundert	century [ˈsɛntʃəri]
Jugendstil	Art Nouveau [ˈɑɚ nuˈvo]
keltisch	Celtic [ˈsɛltɪkʼ ˈkɛltɪk]
Klassizismus	Classicism [ˈklæsɪsɪzm]
Kubismus	Cubism [ˈkjubɪzm]
Manierismus	Mannerism [ˈmænɚɪzm]
Mittelalter	Middle Ages [ˈmɪdl edʒɪz]
modern	modern [ˈmɑdɚn]
normannisch	Norman [ˈnɔɚmən]
Renaissance	Renaissance [ˌrɛnɪˈsɑns]
Rokoko	Rococo [ˈrokoko]
Romanik	Romanesque period [ˌroməˈnɛsk ˈpɪɚɪəd]
Romantik	(Age of) Romanticism [(ˌedʒ‿əv) roˈmæntɪˌsɪzm]

Steinzeit	Stone Age [ston͜edʒ]
Stil	style [staɪl]
Surrealismus	Surrealism [sɚˈriəlɪsm]
vorgeschichtlich	prehistoric [ˌprihɪˈstɔɚɪk]
Wikinger	Viking [ˈvaɪkɪŋ]
die Zwanziger	the Twenties [ˈtwɛniz]

KULTUR PUR

Avantgardistisches und Bodenständiges

Beim Stichwort „Theater" denkt man in der Regel an New York. Das Theatergeschehen beschränkt sich jedoch nicht nur auf diese Stadt - sehr viele andere Großstädte bieten ein ausgezeichnetes Programm. Für Kinogänger lohnt natürlich die Kinofabrik Hollywood einen Besuch. Hier können Sie die Studios besuchen und sehen, wo einige der bekannten Filme gedreht wurden. Auch **art films** (*künstlerische Filme*) kann man in diesem Land finden. Vor allem in Universitätsstädten gibt es oft sehr gutes Programmkino.
Ihre Musik hat manche Gegenden erst berühmt gemacht: In New Orleans ist das der **New Orleans jazz**, aber auch **Zydeco**, eine Art schwarze **Cajun**-Musik. Daneben haben Chicago und New York eine ausgezeichnete Jazz-Tradition. Nashville ist nach wie vor **country capital**, das Zentrum der Countrymusic. **Bluegrass** finden Sie in verschiedenen Gegenden. Das in Texas beheimatete **Fiddling** - Geigen-Volksmusik - ist eine oft verkannte Kunst. Im Sommer gibt es des öfteren **concerts in the parks**. In warmen Sommernächten kann man so unter freiem Himmel Musik oder auch Filme genießen.

Könnten Sie mir bitte sagen, welches Stück heute Abend im Theater gespielt wird?
Could you please tell me what's on/playing at the theater tonight?
[kʊd jʊ pliz tɛl mi wɑts ˈɑn/ˈpleɪŋ͜ət ðə ˈθɪətɚ təˈnaɪt]

Was läuft morgen Abend im Kino?
What's on at the movies tomorrow night?
[wɑts ˈɑn͜æt ðə ˈmuviz təˈmɑɚo ˈnaɪt]

Können Sie mir ein gutes Theaterstück empfehlen?
Can you recommend a good play? [ˈkæn jʊ rɛkəˈmɛnd ə ˈgʊd ˈple]

Wann beginnt die Vorstellung?
When does the performance start? [ˈwɛn dəz ðə pɚˈfɔɚməns ˈstɑɚt]

Wo bekommt man Karten?
Where can I get tickets? [ˈwɛr kæn͜aɪ gɛt ˈtɪkɪts]

Kann man Karten reservieren?
Can you book tickets in advance? [kæn‿ju bʊk ˌtɪkɪts‿ ɪn‿æd'væns]

Ich hatte Karten vorbestellt auf den Namen …
I've booked tickets under the name of …
[aɪv bʊkt 'tɪkɪts 'əndɚ ðə nem‿əv]

Bitte zwei Karten für heute Abend.
Two tickets for tonight, please. ['tu 'tɪkɪts fɔɚ tə'naɪt pliz]

Bitte zwei Plätze zu …
Two …-dollar seats please. ['tu … 'dɑlɚ sits pliz]

Kann ich bitte ein Programm haben?
Can I have a program, please? [kæn‿aɪ 'hæv‿ə 'progræm pliz]

Kann ich bei Ihnen ein Opernglas ausleihen?
Can I borrow a pair of opera glasses from you please?
[kæn‿ aɪ ˌbɑɚo ə pɛɚ‿əv‿'ɑprə glæsɪz frəm ju pliz]

Bühne	stage [stedʒ]
Eintrittskarte	ticket ['tɪkɪt]
Festival	festival ['fɛstɪvl]
Garderobe	coat check ['kot tʃɛk]
Kasse	ticket office ['tɪkɪt ˌɔfɪs]; ticket stand ['tɪkɪt stænd]
Pause	intermission [ɪntɚ'mɪʃən]
Programmheft	program ['progræm]
Vorstellung	performance [pɚ'fɔɚməns]
Vorverkauf	advance ticket sales [əd'væns 'tɪkɪt selz]

Theater

Akt	act [ækt]
Aufführung	performance [pɚ'fɔɚməns]
Ballett	ballet [bæ'le]
Drama	drama ['drɑmə]
Freilufttheater	open-air theater ['opnˌɛɚ 'θietɚ]
Inszenierung	production [prə'dəkʃn]
Kabarett	cabaret [ˌkæbɚ're]
Kabarettist	entertainer [ɛntɚ'tenɚ]
Kleinkunstbühne	cabaret [ˌkæbɚ're]
Komödie	comedy ['kɑmədi]
Kopfhörer	headphones ['hɛdfonz]
Loge	box [bɑks]
Musical	musical ['mjuzɪkl]
Oper	opera ['ɑprə]
Operette	operetta [ˌɑpə'rɛdə]

Parkett	parquet [paɚ'ke]; orchestra ['ɔɚkɪstrə]
Premiere	premiere [prɪ'mɪɚ]
1. Rang	1st row [fɚst ro]
Schauspiel	play [ple]
Schauspieler/in	actor/actress ['æktɚ/'æktrɪs]
Spielplan	program ['progræm]
Tänzer/in	dancer ['dænsɚ]
Theater	theater ['θɪətɚ]
Theaterstück	play [ple]
Tragödie	tragedy ['trædʒɪdi]
Varietee	music hall ['mjuzɪk hɔl]; variety theater [və'raɪədi 'θɪətɚ]

Konzert

akustisch	accoustic [ə'kustɪk]; unplugged [ən'pləgd]
Blues	blues [bluz]; R & B (rhythm and blues) ['ɑɚ‿ən 'bi]
Chor	choir ['kwaɪɚ]
Countrymusic	country & western ['kəntri ən 'wɛstɚn]
Dirigent/in	conductor [kən'dəktɚ]
Folk	folk/polka/country [fok/'pokə/'kəntri]
Jazz	jazz [jæz]
Klassik	classical music ['klæsɪkl 'mjuzɪk]
Komponist/in	composer [kəm'pozɚ]
Konzert	concert ['kɑnsɚt]
– Kammerkonzert	chamber music concert ['tʃembɚ ˌmjuzɪk 'kɑnsɚt]
– Kirchenkonzert	church concert ['tʃɚtʃ 'kɑnsɚt]
– Sinfoniekonzert	symphony concert ['sɪmfəni 'kɑnsɚt]
Orchester	orchestra ['ɔrkɪstrə]
Pop	pop [pɑp]
Rap	rap [ræp]
Reggae	reggae ['rege]
Rock	rock ['rɑk]
Sänger/in	singer ['sɪŋɚ]; vocalist ['vokəlɪst]
Solist/in	soloist ['soloɪst]
Soul	soul [sol]
Techno	techno ['tɛkno]
Volksmusik	folk music ['fok 'mjuzɪk]

Kino

Besetzung	cast ['kæst]
Drehbuch	screenplay/script ['skrinple/skrɪpt]
Film	movie ['muvi]
– *Actionfilm*	action movie ['ækʃn 'muvi]
– *Dokumentarfilm*	documentary [ˌdakju'mɛntəɚi]
– *Drama*	drama ['dramə]
– *Klassiker*	classic ['klæsɪk]
– *Komödie*	comedy ['kamədi]
– *Kurzfilm*	short film ['ʃɔɚt fɪlm]
– *Schwarzweißfilm*	black and white movie ['blæk‿ənd 'waɪt 'muvi]
– *Science-Fiction-Film*	science fiction movie ['saɪəns 'fɪkʃn'muvi]; scifi movie [sifi muvi]
– *Thriller*	thriller ['θrɪlɚ]
– *Western*	Western ['wɛstɚn]
– *Zeichentrickfilm*	animated movie ['æniˌmedɪd 'muvi]
Filmschauspieler/in	movie actor/actress ['muvi 'æktɚ/'æktrɪs]
Hauptrolle	leading role ['lidɪŋ 'rol]
Kino	movie theater ['muvi 'θiətɚ]
– *Freilichtkino*	drive-in movie ['draɪvɪn 'muvi]
Leinwand	screen [skrin]
Nebenrolle	supporting role [sə'pɔɚtɪŋ rol]
Originalfassung	original version [ə'rɪdʒənl 'vɚʒn]
Regie	directed by [də'rɛktɪd baɪ]
Spezialeffekte	special effects ['spɛʃl ə'fɛkts]
synchronisiert	dubbed [dəbd]
Untertitel	subtitles ['səbtaɪtlz]

AM ABEND

Was ist ... los?
What's going on ... [wəts goɪŋ ‿an]

– *dieses Wochenende?*
this weekend? [ðɪs 'wikɛnd]

– *heute Abend?*
this evening? [ðɪs‿'ivnɪŋ]

Gibt es hier ...
Is/Are there ... here? [ɪz/aɚ ðɛɚ ... hɪɚ]

– *Livemusik?*
live music [laɪv 'mjuzɪk]

– *ein Kino?*
a movie theater [ə 'muvi 'θiətɚ]

- *ein Theater?*
  a theater [ə ˈθiətɚ]
- *Kneipen?*
  bars [bɑɚz]
- *eine Disco?*
  a disco [ə ˈdɪsko]
- *eine Schwulen-/Lesbenszene?*
  a gay/lesbian scene [ə ˈge/ˈlɛzbiən sin]

Wer spielt/singt?
Who's playing/singing? [huz ˈplejɪŋ/ˈsɪŋɪŋ]

Wo kann man hier tanzen gehen?
Where can you go dancing here? [ˈwɛɚ kæn jʊ go ˈdænsɪŋ hɪɚ]

Üblich

Wenn Sie zum Bestellen eines Getränks an die Bar gehen, ist es üblich, auf der Theke einen Dollar für den Barkeeper liegen zu lassen.

Bar	bar [bɑɚ]
Cocktail	cocktail [kɑktel]
Diskothek	disco (theque) [ˈdɪskə(tɛk)]; club [kləb]
Klub	club [kləb]
Kneipe	bar [bɑɚ]; tavern [tævɚn]
Livemusik	live music [ˈlaɪv ˈmjuzɪk]
Longdrink	highball [haɪbɔl]
Nachtklub	night club [ˈnaɪt kləb]
Party	party [ˈpɑɚdi]
Show	show [ʃo]
Spielkasino	casino [kəˈsino]
tanzen	dance [dæns]

FESTE FEIERN

Könnten Sie mir bitte sagen, wann das ...-Festival stattfindet?
Could you please tell me when the ...-Festival runs?
[kʊd jʊ pliz tɛl mi ˈwɛn ðə ... ˈfɛstɪvl rənz]

- *vom ... bis ...*
  from ... to ... [ˈfrəm ... tu]
- *jedes Jahr im August*
  in August each year [ɪn ˈɔgəst itʃ jɪɚ]
- *alle 2 Jahre*
  every other year [ˈɛvri ˈəðɚ jɪɚ]

Kann jeder teilnehmen?
Can anyone take part?/Is it open to the public?
[ˈkæn‿ˈæniwən tek pɑrt/ˈɪz‿ɪt ˈopn tu ðə ˈpəblɪk]

State Fairs ...

sind große Feste, die jeden Sommer stattfinden. Hier werden allerlei Waren und Produkte aus dem jeweiligen Bundesstaat ausgestellt – von Äpfeln, Marmelade, Quilts und Pferden bis zu Kunstgegenständen. Qualitätswettbewerbe sind ein wichtiger Teil der **Fairs**. Auch Konzerte mit namhaften Stars gehören dazu, große Vergnügungsparks sind angeschlossen.

amerikanischer Volkstanz	square dance [ˈskwɛɚ dæns]
dekorierter Umzugswagen	float [flot]
Festival	festival [ˈfɛstɪvl]
Feuerwerk	fireworks [ˈfaɪɚwɚks]
Flohmarkt	flea market [ˈfli ˌmɑrkɪt]
Jahrmarkt	county/state fair [ˈkæʊnti/stet fɛɚ]
Karneval	carnival [ˈkɑɚnəvəl]; Mardi Gras *(in New Orleans)* [ˈmɑɚdi grɑ]
Kirmes	carnival [ˈkɑɚnəvəl]; fun fair [fən fɛɚ]
(nicht militärische) Parade	parade [pɛˈred]
Prozession	procession [prɛˈsɛʃn]
Umzug	parade [pɛˈred]
Vernissage	opening [ˈopɪnɪŋ]
Volksfest	county/state fair [ˈkaʊnti/stet fɛɚ]
Zirkus	circus [ˈsɚkəs]

EINEN AUSFLUG MACHEN

Wo fahren wir los?
Where do we leave from? [ˈwɛɚ du wi ˈliv frəm]

Wann treffen wir uns?
When should we meet? [ˈwɛn ʃʊd wi ˈmit]

Kommen wir am/an ... vorbei?
Will we pass by ...? [wɪl wi pæs baɪ]

Besichtigen wir auch ...?
Are we going to see ..., too? [ˈɑɚ‿wi ˌgoɪŋ‿tə si … ˈtu]

Wann fahren wir zurück?
When are we going back? [wɛn ˈɑɚ‿wi ˌgoɪŋ bæk]

Amisch-Siedlung	Amish settlement [ˈɑmɪʃ ˈsɛtlmənt]
Ausflug	excursion [ɪkˈskɚʃn]; trip [trɪp]
Aussicht	view [vju]
Aussichtspunkt	look-out point [ˈlʊkæʊt pɔɪnt]
Berg	mountain [ˈmæʊntɪn]
Bergdorf	mountain village [ˈmæʊntɪn ˈvɪlɪdʒ]
Botanischer Garten	botanical gardens [bəˈtænɪkl ˈgɑɚdnz]
Brennerei	distillery [dɪsˈtɪlɚi]
Dampfer	steamship [ˈstimʃɪp]
Düne	dune [dun]
Fischerhafen	fishing port [ˈfɪʃɪŋ pɔrt]
Fischerort	fishing town [ˈfɪʃɪŋ tæʊn]
Fluss	river [ˈrɪvɚ]
Freilichtmuseum	open-air museum [ˈopnˌɛɚ mjuˈziəm]
Freizeitzentrum	recreation center [ˌrɛkriˈeʃn ˌsɛntɚ]
Freizeitpark	amusement park [əˈmjuzmɛnt ˈpark]
Gebirge	mountains [ˈmæʊntɪnz]
Geisterstadt	ghost town [gost tæʊn]
Geysir	geyser [ˈgɑɪsɚ]
Gipfel	summit/peak [ˈsəmɪt/pik]
Gletscher	glacier [ˈgleʃɚ]
Grotte	cave [kev]
Heide	heath [hiθ]
Herrenhaus	mansion [ˈmænʃn]
Hinterland	hinterland [ˈhɪntɚlænd]
Höhle	cave [kev]
Insel	island [ˈɑɪlənd]
Inselrundfahrt	tour around the island [ˈtɔɚ əˈræʊnd ðə ˈɑɪlənd]
Klippe	cliff [klɪf]
Künstlerkolonie	artist's colony [ˈɑɚtɪsts ˈkɑləni]
Landschaft	scenery [ˈsinɚi]; countryside [ˈkəntrisɑɪd]
Lava	lava [lɑvə]
Leuchtturm	lighthouse [ˈlɑɪthæʊs]
Markt	(farmers') market [(ˈfɑrmɚz) ˈmɑɚkɪt]
Nationalpark	national park [ˈnæʃnəl ˈpɑɚk]
Naturschutzgebiet	wilderness area [ˈwɪldɚnɛs ˈɛɚiə]; nature reserve [ˈnetʃɚ riˈzɚv]
Park	park [pɑɚk]; *(auf Kreisebene)* county park [ˈkæʊnti pɑɚk]; *(auf Landesebene)* state park [ˈstet pɑɚk]
Markt	market [ˈmɑɚkɪt]
Museumsdorf	museum town [mjuˈsiəm tæʊn]
Nationalpark	national park [ˈnæʃnəl ˈpɑɚk]

Was das Herz begehrt

Die Naherholungsgebiete in den USA sind meistens abgeschlossene Parks. Sie bezahlen pro Auto eine Einfahrtgebühr – dafür werden Ihnen Einrichtungen wie Grillstellen, Picknicktische, Frischwasser, Toiletten, Bademöglichkeiten usw. geboten.

Naturschutzgebiet	wilderness area [ˈwɪldɚnɛs ˈɛɚiə]; wildlife sanctuary [ˈwaɪldlaɪf ˈsenkʃuˌɛɚi]; nature reserve [ˈnetʃɚ riˈzɚv]
Pass	pass [pæs]
Pferdekutsche	horse and buggy [ˈhɔɚs‿ən ˈbəgi]
Planetarium	planetarium [ˌplænɪˈtɛɚɪəm]
Plantage	plantation [plænˈteʃn]
Prärie	prairie [ˈprɛɚi]
Quelle	spring [sprɪŋ]
Riff	reef [rif]
Rundblick	panorama [ˌpænəˈræmə]
Rundfahrt	round trip [ræʊnd trɪp]
Schlucht	canyon [ˈkænjʊn]; gorge [gɔɚdʒ]
(der) See	lake [lek]
Steppe	plain(s) [plen(z)]
Sternwarte	observatory [əbˈzɚvətɔɚi]
Sumpf	swamp [swamp]
Tagesausflug	day trip [ˈde trɪp]
Tal	valley [ˈvæli]
Tropfsteinhöhle	dripstone cave [ˈdrɪpston kev]
Umgebung	surroundings [səˈræʊndɪŋz]
Vogelschutzgebiet	bird reserve [ˈbɚd rəˈsɚv]
Vulkan	volcano [valˈkeno]
Wald	woods [wʊdz]; forest [ˈfaɚɪst]
Waldbrand	forest fire [ˈfaɚɪst ˈfaɪɚ]
Wasserfall	waterfall [ˈwɔtɚfɔl]
Wildpark	wildlife park [ˈwaɪldlaɪf paɚk]
Wüste	desert [ˈdɛzɚt]
Zoo	zoo [zu]

Picknick

Eine Lieblingsbeschäftigung

... der Amerikaner ist das Picknicken. Eine Decke braucht man meistens gar nicht, weil die Parks mit *Picknicktischen* (**picnic tables**) ausgerüstet sind.
Meistens gibt es auch eine Feuerstelle. Denken Sie jedoch daran, dass Alkohol nicht an öffentlichen Plätzen, z. B. in **city parks**, getrunken werden darf.

Besteck	cutlery [cətlɚi]
Bratwürste	brats [ˈbrɑtz]
Brötchen	buns [bʊnz]
Chips	chips [ˈtʃɪps]
Dip	dip [dɪp]
Flaschenöffner	bottle opener [ˈbɑdl ˈopɛnɚ]
Ketchup	ketchup [kɛtʃəp]
Korkenzieher	corkscrew [ˈkɔɚkskru]
Kühlbox	cooler [ˈkulɚ]
Limonade	pop [pɑp]; soda [ˈsodə]
Pappbecher	paper cup [pepɚ cəp]
Pickles	pickles [pɪklz]
Picknick	picnic [ˈpɪknɪk]
Picknickkorb	picnic basket [pɪknɪk baskɪt]
Senf	mustard [məstɚd]
Streichhölzer	matches [ˈmætʃəz]
Thermosflasche®	Thermos® bottle [ˈθɚməs ˈbɑdl]
Wiener	hot dogs [ˈhɑt dɑgz]

Sport und Wellness

Was machen Sie im Urlaub?

Nichts Anstrengendes zu tun kann ziemlich schweißtreibend sein. Man sagt „Das Leben genießen" dazu.

„Action“ groß geschrieben

Wenn Sie „Action“ lieben, finden Sie in den USA häufig Möglichkeiten zum **rafting** (*Wildwasserfahren mit Schlauchbooten*), **white-water canoeing** oder **kayaking** (*Wildwasserfahren*) und zu Floßfahrten. Die Touren sind in der Regel sehr gut organisiert. Sie werden genauestens eingewiesen und mit den Sicherheitsmaßnahmen vertraut gemacht. Selbstverständlich werden Sie zum Ausgangspunkt gebracht bzw. am Ende der geplanten Strecke
wieder abgeholt. Auch in den Bergen gibt es für jeden etwas: vom **mountain hiking** (*Bergwandern*) bis zum **free climbing** (*Bergsteigen ohne Hilfsmittel*) oder **heliskiing** (*Skiabfahrten, zu deren Ausgangspunkt Sie mit dem Hubschrauber gebracht werden*).

No Go!

Nacktbaden ist ein absolutes Tabu, es sei denn, ein Badebereich ist explizit als **Nudist Pool** oder **Nudist Beach** (*FKK Bereiche*) ausgewiesen. In einigen Bundesländern gilt dies auch für „oben ohne“ und ist strafbar. Diese Regel gilt übrigens auch für kleine Kinder!

Entschuldigen Sie bitte, gibt es hier ein ...
Excuse me please, is there a (an) ... here?
[ɪksˈkjuz mi pliz ɪz ðɛɚ‿ə (ən)… hɪɚ]

- ***Schwimmbad?***
  public swimmimg pool [ˈpəblɪk ˈswɪmɪŋ ˈpul]
- ***Freibad?***
  outdoor pool [ˈæʊtdɔɚ ˈpul]
- ***Hallenbad?***
  indoor pool [ˈɪndɔɚ ˈpul]

Eine Eintrittskarte, bitte!
One ticket, please. [ˈwən ˈtɪkɪt pliz]

Können Sie mir bitte sagen, wo die ... sind?
Can you tell me where the ... are, please?
[ˈkæn jʊ tɛl mi wɛɚ ðə … ɑɚ pliz]

- ***Duschen***
  showers [ˈʃæʊɚz]
- ***Umkleidekabinen***
  changing rooms [ˈtʃendʒɪŋ rumz]

For swimmers only!	Nur für Schwimmer!
No swimming allowed!	Baden verboten!
No diving allowed!	Hineinspringen verboten!
Dangerous current!	Gefährliche Strömung!

Ist der Strand ...
Is the beach... [ɪz ðə bitʃ]

- ***sandig?***
  sandy? [ˈsændi]
- ***steinig?***
  rocky/stony? [ˈrɑki/ˈstoni]

Gibt es hier Seeigel/Quallen/Algen?
Are there sea urchins/jellyfish/Is there algae here?
[ɑɚ ðɛɚ ˈsi ˌɚtʃɪnz/ˈdʒɛlifɪʃ/ɪz ðɛɚ ˈældʒi hɪɚ]

Ist die Strömung stark?
Is there a strong current? [ɪz ðɛɚ‿ə ˈstrɑŋ ˈkɚənt]

Können Sie mir sagen, ob es für Kinder gefährlich ist?
Can you tell me if it's dangerous for children?
[kæn jʊ tɛl mi ɪf ɪts ˈdendʒɚəs fɔɚ ˈtʃɪldrɪn]

Wann ist Ebbe/Flut?
When's the low tide/high tide? [wɛnz ðə ˈlo ˌtaɪd/ˈhaɪ ˌtaɪd]

Ich möchte ... mieten.
I'd like to rent ... [aɪd laɪk tə ˈrɛnt]

- ***einen Liegestuhl***
  a deck chair. [ə dɛk tʃɛɚ]
- ***einen Sonnenschirm***
  a beach umbrella. [ə bitʃ əmˈbrɛlə]
- ***ein Boot***
  a boat. [ə bot]
- ***ein Paar Wasserski***
  a pair of water-skis. [əˈpɛɚ‿əv ˈwɔtɚskiz]

Was kostet das pro Stunde/pro Tag?
How much is it per hour/per day? [ˈhæʊ ˈmətʃ‿ɪz‿ɪt pɚ ˈæʊɚ/pɚ ˈde]

Anlegestelle	dock [dak]
aufblasbares Boot	inflatable boat [ɪnˈfledəbl bot]
Badebereich	swim zone [swɪm zon]
– schwimmende Abgrenzung eines Badebereiches	buoy line [ˈbui laɪn]
Badeinsel	inflatable island [ɪnˈfledəbl aɪlənd]
Bademeister/in	lifeguard [ˈlaɪfgaɚd]
Bahnenschwimmen	lane swimming [len swɪmɪŋ]
Beachvolleyball	beach volleyball [bitʃ ˈvalibal]
FKK-Strand	nudist beach [ˈnudɪst bitʃ]
Jet-Ski	jetski [dʒetski]
Kinderbecken	children's pool [ˈtʃɪldrənz ˌpul]
Liegewiese	sunbathing area [ˈsənbeðɪŋ ˈɛɚiə]
Luftmatratze	air mattress [ˈɛɚ ˈmætrɪs]
Nichtschwimmer	non-swimmer [ˈnanˌswɪmɚ]
Planschbecken	wading pool [ˈwedɪŋ ˌpul]
schwimmen	swimming [ˈswɪmɪŋ]
Schwimmer/in	swimmer [ˈswɪmɚ]
Schwimmflossen	fins [fɪnz]
Schwimmflügel	water wings [ˈwɔdɚ ˌwɪŋz]
Schwimmhilfe	flotation device [floˈteʃn dəˈvaɪs]
Schwimmmaske	mask [mæsk]
Schwimmring	innertube [ˈɪnɚtub]
Spielplatz	playground [ˈplegræʊnd]
Sprungbrett	diving board [ˈdaɪvɪŋ bɔɚd]
Tretboot	paddle boat [ˈpædl bot]
Unterströmung	undertow [ˈəndɚto]

AKTIV WERDEN

Welche Sportmöglichkeiten gibt es hier?
What athletic activities/facilities are there here?
[wɑt æθˈlɛtɪk ækˈtɪvɪtiz/fəˈsɪlɪtiz‿ɑɚ ðɛɚ hɪɚ]

Gibt es hier ...
Is there ... here? [ɪz ðɛɚ‿... hɪɚ]

- ***einen Golfplatz?***
  a golf-course [ə ˈɡɑlfkɔɚs]
- ***einen Tennisplatz?***
  a tennis court [ə ˈtɛnɪs kɔɚt]

Können Sie mir bitte sagen, wo man hier angeln/gut wandern kann?
Could you please tell me where one can go fishing/go hiking?
[kʊd jʊ pliz tɛl mi ˈwɛɚ wən kən go ˈfɪʃɪŋ/go ˈhaɪkɪŋ]

Wo kann ich ... ausleihen?
Where can I rent ...? [ˈwɛɚ kæn‿aɪ ˈrɛnt]

Ich möchte einen ... kurs für Anfänger/Fortgeschrittene machen.
I'd like to do a ... course for beginners/take an advanced ... course.
[ˈaɪd laɪk tə du ə ˈkɔɚs fɔɚ bəˈɡɪnɚz/tek ən ədˈvænsd ... kɔɚs]

Darf ich mitspielen?
Can I join in? [kæn‿aɪ dʒɔɪn‿ˈɪn]

Möchten Sie/Möchtest du mitspielen?
Would you like to join in? [wʊd ju laɪk tu dʒɔɪn‿ˈɪn]

Das wäre toll!
That would be great! [ðæt wʊd bi ˈɡret]

Eintrittskarte	ticket [ˈtɪkɪt]
gewinnen	win [wɪn]
Kasse	ticket office [ˈtɪkɪt ˌɔfɪs]; ticket stand [ˈtɪkɪt stænd]
Niederlage	defeat [dɪˈfit]
Rennen	race [res]
Schiedsrichter	referee [ˌrɛfɚˈri]; umpire [ˈəmpaɪɚ]
Sieg	win [wɪn]; victory [ˈvɪktɚi]
Spiel	match [mætʃ]; game [ɡem]
Sportplatz	athletic field [æθˈlɛtɪk fild]
Stadion	stadium [ˈstediəm]
unentschieden	tie [taɪ]
verlieren	lose [luz]
Wettkampf	contest [ˈkantɛst]; match [mætʃ]

Bodyboard	body board [badi bɔɚd]; boogie board [bʊgi bɔɚd]
Bodyboarden	body boarding [badi bɔɚdɪŋ]; boogie boarding [bʊgi bɔɚdɪŋ]
Bootserfahrung	boating/sailing experience [ˈbodɪŋ/ˈselɪŋ ɪksˈpɪɚiɛns]
Bootsanlegestelle	dock for boats [dɔk fɔɚ bots]
Bootsverleih	boat-rental [ˈbot ˌrɛntl]
Canyoning	canyoning [ˈkænjənɪŋ]
Flossen	swim fins [swɪm fɪnz]
Gerätetauchen	scuba diving [ˈskubə ˈdaɪvɪŋ]
Harpune	harpoon [haɚˈpun]
Hausboot	houseboat [ˈhaʊsbot]
Kanu	canoe [kəˈnu]
Kajak	kayak [ˈkaɪjæk]
Motorboot	power boat [ˈpowɚbot]
Neoprenanzug	wet suit [wɛt sut]
Paddel	oar [oɚ]
paddeln	canoe [kəˈnu]; paddle [ˈpædl]
Ponton	pontoon [ˈpɔnˈtun]
Rafting	rafting [ˈræftɪŋ]
Regatta	regatta [rɪˈgatə]
Rückholservice	pick-up service [ˈpɪkəp ˈsɚvɪs]
Ruder	rudder [ˈrədɚ]
Ruderboot	row boat [ˈro bot]
Rudern, rudern	rowing [roɪŋ]
Sauerstoffgerät	breathing apparatus [ˈbriðɪŋ æpɚˈætəs]
Schlauchboot	rubber boat [ˈrəbɚ ˈbot]
Schnorchel, schnorcheln	snorkel [ˈsnɔɚkl]
Segelboot	sailboat [ˈselbot]
Segeln, segeln	sailing [ˈselɪŋ]
Segelschein	skipper's license [ˈskɪpɚz ˈlaɪsɛns]
Segeltörn	sailing trip [ˈselɪŋ trɪp]
Surfbrett	surfboard [ˈsɚfbɔɚd]
Surfen, surfen	surf [ˈsɚf]
tauchen	(scuba)dive [(ˈskubə)daɪv]
Taucherausrüstung	diving equipment/gear [ˈdaɪvɪŋ ɪˈkwɪpmənt/gɪɚ]
Taucherbrille	mask [mæsk]
Wasserski	waterski [ˈwɔdɚ ski]
Wasserski fahren	waterski [ˈwɔdɚ ski]
Wasserskooter	water scooter [wɔdɚ skudɚ]
Wasserwandern *(im Hausboot)*	tour on a houseboat/pontoon [tɔɚ ən ə hæʊsbot/panˈtun]

Wellenreiten	surfing [ˈsɚfɪŋ]
Wildwasser	rapids [ˈræpɪdz]; whitewater [ˈwaɪt ˈwɔtɚ]
Wildwasser fahren	white-water canoeing [ˈwaɪt ˈwɔtɚ kəˈnuɪŋ]
Windsurfen, windsurfen	windsurfing [ˈwɪndsɚfɪŋ]
Windverhältnisse	wind conditions [ˈwɪnd kənˈdɪʃnz]

Angeln

Angel	fishing rod [ˈfɪʃɪŋ rɑd]
angeln	fishing [ˈfɪʃɪŋ]
Angelschein	fishing license [ˈfɪʃɪŋ ˈlaɪsns]
Fangen und Freilassen	catch and release [kætʃ ənd rəˈlis]
Hafenmeisterei	harbor master's office [ˈhɑɚbɚ ˈmæstɚz ˈɔfɪs]
Hochseeangeln	deep-sea fishing [ˈdipsi ˈfɪʃɪŋ]
Köder	bait [bet]
– lebende Köder	live bait [laɪv bet]
Schonzeiten	off season [ˈɑf ˈsizn]

Ballspiele

Tailgate parties

Bei schönem Wetter wird vor Beginn von Sportveranstaltungen, z. B. **American Football**, vor dem Stadion gepicknickt, und auf dem Parkplatz neben den Autos finden kleine Grillfeste statt. Die Getränkekühlbox darf dabei natürlich nicht fehlen!

Amerikanisches Handball	*(eine Squash-ähnliche Sportart)* handball [ˈhændbɔl]
Ball	ball [bɔl]
Baseball	baseball [ˈbesbɔl]
– Baseballschläger	baseball bat [ˈbesbɔl bæt]
– Baseballhandschuh	baseball mitt [ˈbesbɔl mɪt]
Basketball	basketball [ˈbæskɪtbɔl]
– spontan organisiertes Spiel	pick-up game [ˈpɪkʊp gem]
– Straßenbasketball	streetball [ˈstritbɔl]
Eishockey	hockey [ˈhɑki]
Feldhockey	field hockey [fild ˈhɑki]
Football	*(amerikanisches)* football [ˈfʊtbɔl]
– Footballmannschaft	football team [ˈfʊtbɔl tim]
– Footballplatz	football field [ˈfʊtbɔl fild]
– Footballspiel	football game [ˈfʊtbɔl gem]

Fußball	*(Spiel)* soccer [ˈsɑkɚ]; *(Ball)* soccer ball [ˈsɑkɚ bɔl]
Fußballplatz	soccer field [ˈsɑkɚ fild]
Fußballspiel	soccer game [ˈsɑkɚ gem]
Halbzeit	halftime [ˈhæftaɪm]
Hockeyschläger	hockey stick [ˈhɑki stɪk]
Lacrosse	lacrosse [ləˈkrɔs]
Mannschaft	team [tim]
Netz	net [nɛt]
Puck	puck [pək]
Racquetball	*(ähnlich wie Squash, aber mit einem kürzeren Schläger und einem größeren, weicheren Ball)* racquetball [ˈrɑkɪtˌbɔl]
Rugby	rugby [ˈrəgbi]
Tor	*(Schuss)* goal [ˈgol]; *(Pfosten)* goal post [gol post]
Torwart	goalie [ˈgoli]; goalkeeper [ˈgolˌkipɚ]
Volleyball	volleyball [ˈvɑlibɔl]

Tennis und Badminton

Badminton	badminton [ˈbædmɪtən]
– ***Badmintonschläger***	badminton racket [ˈbædmɪtən ˌrækɪt]
Doppel	doubles [ˈdəblz]
Einzel	singles [ˈsɪŋglz]
Federball	*(Ball)* shuttlecock; *(Spiel)* badminton [ˈbædmɪtən]
Flutlicht(anlage)	flood lights [flʊd laɪtz]
Schläger	racket [ˈrækɪt]
Squash	squash [skwɑʃ]
Tennis	tennis [ˈtɛnɪs]
– ***Tennisschläger***	tennis racket [ˈtɛnɪsˌrækɪt]
Tischtennis	ping-pong [ˈpɪŋpɔŋ]; table tennis [ˈtebl ˈtɛnɪs]
– ***Tischtennisschläger***	ping-pong/table tennis paddle [ˈpɪŋpɔŋ/ˈteblˌtɛnɪs ˈpædl]

Fitness- und Krafttraining

Aerobic	aerobics [ɛˈrobɪks]
Bodybuilding	bodybuilding [ˈbadiˌbɪldɪŋ]
Fitnesscenter	gym [dʒɪm]; health club [hɛlθ kləb]
Gymnastik	gymnastics [dʒɪmˈnæstɪks]
joggen	jogging [ˈdʒɑgɪŋ]; jog [dʒɑg]
Jogging	jogging [ˈdʒɑgɪŋ]

Kampfsport	martial arts [ˈmɑɚʃəl ˈɑɚtz]
Konditionstraining	fitness training [ˈfɪtnɪs ˌtrenɪŋ]; workout [ˈwɔɚkæʊt]
Pilates	Pilates [pəˈlɑtiz]
Spinning®	spinning® [ˈspɪnɪŋ]
Stretching	stretching [ˈstrɛtʃɪŋ]
Wirbelsäulengymnastik	spinal column physiotherapy [ˈspɑɪnəl ˈkɔləm ˌfɪsioˈθɛɚəpi]
Zumba®	Zumba® [ˈzumbə]

Radfahren

Tennisplätze zu Hauf

Wenn Sie Tennis spielen, wird Ihnen wahrscheinlich auffallen, dass es in den USA Tennisplätze en masse gibt. Sie sind meist kostenlos, und wenn kein Schild mit der Aufschrift **private** oder gar **No trespassing** (*Betreten verboten*) es verbietet, können Sie ohne weiteres darauf spielen.

E-Bike	electric bike [iˈlɛktrɪk ˈbɑɪk]
Fahrrad	bicycle [ˈbɑɪsɪkl]; bike [bɑɪk]
Fahrradhelm	bike helmet [bɑɪk ˈhɛlmɪt]
Fahrradweg	bike path [ˈbɑɪk pæθ]
Flickzeug	tire repair kit [ˈtɑɪɚ rɪˈpɛɚ kɪt]
Handbike	hand-operated bike [ˈhænd ˈɔpɚˌetɪd bɑɪk]
Luftpumpe	pump [pəmp]
Mountainbike	mountain bike [ˈmæʊntɪn bɑɪk]
Rad fahren	cycle [ˈsɑɪkl]; cycling [ˈsɑɪklɪŋ]
Radsport	cycling [ˈsɑɪklɪŋ]
Radtour	cycling tour [ˈsɑɪklɪŋ ˌtʊɚ]; bike trip [ˈbɑɪk trɪp]
Rennrad	racing bike [ˈresɪŋ bɑɪk]
Roller	scooter [ˈskutɚ]
Schlauch	(inner) tube [ˈɪnɚ tub]

(Fahrrad-)Schloss	bike lock [ˈbaɪk lɑk]
Seitentaschen	paniers [ˈpɑnjɚz]
Tourenrad	touring bike [ˈtɚrɪŋ baɪk]
Trekkingrad	trekking bike [ˈtrɛkɪŋ baɪk]

Wandern und Bergsteigen

Ich möchte eine Bergtour machen.
I'd like to go backpacking (in the mountains).
[aɪd laɪk tə go ˈbækˌpækɪŋ (‿ɪn ðə ˈmæʊntɪnz)]

Können Sie mir eine interessante Route auf der Karte zeigen?
Can you show me an interesting route on the map?
[kæn‿jʊ ʃo mi‿ən‿ˈɪntrɪstɪŋ ˈrut‿an ðə ˈmæp]

Führt dieser Weg nach ...?
Is this the way to ...? [ɪz ðɪs ðə we tu]

Ich habe mich verlaufen.
I'm lost. [aɪm lɔst]

Bergsteigen	rock-climbing [ˈrɑkˌklaɪmiŋ]; mountaineering [ˌmæʊntəˈnɪɚɪŋ]
Fernwanderweg	trail [trel]
Freeclimbing	free climbing [ˈfri ˌklaɪmɪŋ]
Gehzeiten	duration of hike [dɚˈeʃən əv haɪk]
Route	route [rut]
Schutzhütte	shelter [ˈʃɛltɚ]
Sicherungsseil	safety rope [ˈsefti rop]
Tagestour	day trip [ˈde trip]
Trekking	trekking [ˈtrɛkɪŋ]
Wanderkarte	hiking map [ˈhaɪkɪŋ mæp]
Wandern, wandern	hiking [ˈhaɪkɪŋ]
Wanderweg	hiking path [ˈhaɪkɪŋ pæθ]; trail [trel]

Reiten

Ausritt	ride [raɪd]
Pferd	horse [hɔɚs]
Polo	polo [ˈpolo]
reiten	horse-back ride [ˈhɔɚsbæk raɪd]; go horse-back riding [go ˈhɔɚsbæk ˈraɪdɪŋ]
Reiterferien	riding camp [ˈraɪdɪŋ kæmp]
Reitschule	riding school [ˈraɪdɪŋ skul]
Rodeo	rodeo [ˈrodio]
Sattel	saddle [ˈsædəl]
Zaum	bridle [ˈbraɪdəl]

Golf

In-Sport

Golf zählt in den Staaten nicht unbedingt zu den elitären Sportarten und ist momentan wieder sehr beliebt. Nicht immer braucht man Mitglied in einem Club zu sein oder einen hohen Jahresbeitrag zu bezahlen, um spielen zu können – es gibt auch **municipal golf courses**, die der Stadt gehören.

18-Loch-Platz	18-hole course [ˈeˌtin hol kɔɚs]
Abschlag	tee-off [ti ɔf]
Clubhaus	clubhouse [kləb hæʊs]
Clubmitglied	club member [kləb ˈmɛmbɚ]
Golf	golf [gɑlf]
Golfclub	country club [ˈkəntri kləb]
Golfplatz	golf course [ˈgɑlf kɔɚs]
Golfschläger	golf club [ˈgɑlf kləb]
Greenfee	green fee [grin fi]
öffentliche Golfanlage	public golf course [ˈpəblɪk gɑlf kɔɚs]
Tee	tee [ti]
Übungsplatz	driving range [ˈdraɪvɪŋ rændʒ]
Vorgabe	handicap [ˈhændikæp]

Flugsport

Drachenfliegen	hang gliding [ˈhæng ˌglaɪdɪŋ]
Fallschirmspringen	parachuting [ˈpæɚəˌʃutɪŋ]
Gleitschirm	paragliding [ˈpæɚəˌglaɪdɪŋ]
Heißluftballon	hot air balloon [hɔt ˈɛɚ bəˈlon]
Paragliding	paragliding [ˈpɛrəˌglaɪdɪŋ]
Schleppschirm	*(am Strand)* parasailing [ˈpɛrəˌselɪŋ]
Segelfliegen	gliding [ˈglaɪdɪŋ]
Startplatz	take-off area/runway [tek‿ɑf ˈɛɚiə/ˈrənˌwe]
Thermik	thermals [ˈθɚməlz]

Winterurlaub

Wo kann ich Skier ausleihen?
Where can I rent skis? [wɛɚ kæn‿aɪ rɛnt ˈskiz]

Ich möchte Skier und Skistiefel ausleihen.
I'd like to rent skis and ski boots. [aɪd laɪk tu rɛnt ˈskiz ænd ˈski buts]

Eine Tageskarte, bitte.
One ski pass, please. [wən ski pæs pliz]

Um wie viel Uhr ist die letzte Bergfahrt/Talfahrt?
When's the last trip up the mountain/down the hill?
[ˈwɛnz ðə ˈlæst trɪp əp ðə ˈmæʊntən/dæʊn ðə hɪl]

Babylift .... children's lift [tʃɪldrənz lɪft]
Bergstation .... summit station [ˈsəmɪt ˈsteʃn]
Buckelpiste .... mogul hill/slope [ˈmogəl hɪl/slop]
Curling .... curling [ˈkɚlɪŋ]
Eisbahn .... ice-skating rink [ˈaɪs ˈsketɪŋ rɪŋk]
Eishockey .... ice hockey [ˈaɪs ˌhaki]
Eislauf .... ice-skating [ˈaɪs ˌsketɪŋ]
Langlaufski .... cross-country skiing [ˈkrɔs ˈkəntri ˈskiɪŋ]
Loipe .... track [træk]
Mittelstation .... middle station [ˈmɪdl ˈsteʃn]
Pulverschnee .... powder snow [ˈpaʊdɚ sno]
Schlepplift .... tow lift [ˈto lɪft]; T-bar [ˈtibaɚ]
Schlitten .... sled [slɛd]; toboggan [təˈbagən]
Schlitten fahren .... sliding [ˈslaɪdɪŋ]; sledding [slɛdɪŋ]
Schlittschuhe .... ice skates [ˈaɪs skets]
Seilbahn .... cable railway [ˈkebl ˈrelwe]
Sessellift .... chairlift [ˈtʃɛɚlɪft]
Ski .... ski [ski]
Ski alpin .... downhill-skiing [ˈdæʊnhɪl ˈskiɪŋ]
Skihütte .... ski lodge/chalet [ˈski lɔdʒ/ʃæˈle]
Ski laufen .... go skiing [go ˈskiɪŋ]
Skibindung .... ski binding [ski baɪndɪŋ]
Skibrille .... goggles [ˈgaglz]
Skikurs .... skiing lessons [ˈskiɪŋ ˌlɛsnz]
Skilehrer/in .... skiing instructor [ˈskiɪŋ ɪnˈstrəktɚ]
Skisschanze .... ski jump [ski dʒəmp]
Skistöcke .... ski poles [ˈski polz]
Snowboard .... snowboard [ˈsnobɔɚd]
Tagespass .... day pass/ski pass [ˈde pæs/ski pæs]
Talstation .... base station [bes ˈsteʃn]
Wochenpass .... weekly pass [ˈwikli pæs]

Sonstige Sportarten

Bogenschießen .... archery [ˈaɚtʃɚi]
Boulespiel .... boules [ˈbul]; bocce ball [ˈbɔtʃə bɔl]
Bowling .... bowling [ˈbolɪŋ]
Bungeejumping .... bungee jumping [ˈbəndʒi ˈjəmpɪŋ]

Inliner	inline skates [ɪnlaɪn skets]; Rollerblades® [ˈroləˌbledz]
Inline skaten	go rollerblading [go ˈroləˌbledɪŋ]
Kegeln	bowling [ˈbolɪŋ]
Leichtathletik	track and field [træk‿ən ˈfild]
Minigolf	miniature/crazy golf [ˈmɪnəˌtʃə/ˈkrezigalf]
Rollschuhe	roller skates [ˈrolə skets]
Skateboard	skateboard [ˈsketbɔəd]
Skateboard fahren	go skateboarding [go ˈsketbɔədɪŋ]
Slacklining	slacklining [ˈslæklaɪnɪŋ]

WELLNESS

Wie viele Anwendungen bekomme ich noch?
How many more treatments do I get? [hæʊ ˈmenɪ mɔə tritˈmənts du aɪ gɛt]

Ich möchte noch einige zusätzliche ...
I'd like a number of additional ... [aɪd ˈlaɪk ə ˈnəmbə ɑv əˈdɪʃənl]

Könnte ich einen anderen Termin bekommen?
Could I have another appointment? [kʊd‿aɪ hæv əˈnəðə ˈ əpɔɪntmənt]

Machen Sie auch eine ...
Are you also having a ...? [ɑə ju ɔlso hævɪŋ ə]

Ich möchte ... Produkte.
I'd like ... products. [ɑɪd laɪk ... ˈprɑdəkts]

- *parfümfreie*
  fragrance-free [ˈfregrəns ˈfri]
- *allergiegetestete*
  allergy-tested [ˌæləd͡ʒi ˈtɛstɪd]

Ich möchte tierversuchsfreie Produkte.
I'd like products that haven't been tested on animals.
[ɑɪd laɪk ˈprɑdəkts ðæt hævənt bɪn ˌtɛstɪd‿ɑn‿ˈænɪməlz]

Ich leide unter ...
I suffer from ... [aɪ səfə frɑm]

Akupressur	acupressure [ˈækjuˌprɛʃə]
Akupunktur	acupuncture [ˈækjʊˈpəŋktʃə]
Aquajogging	aqua jogging [ˈɑkwə dʒɑgɪŋ]
Aromabad	aroma bath [ˈərəʊmɑ ˈbæθ]
Aromatherapie	aromatherapy [əˌroməˈθɛrəpi]
Augenbrauen färben	dye your eyebrows [dɑɪ‿jɔə‿ ˈɑɪbræʊz]
Ayurveda	Ayurveda [aɪjɔveɪdə]
Bäder	baths [bæðz]
Beautybehandlung	beauty treatment [ˈbjuti ˈtritmənt]

Behandlung	treatment [trit'mənt]
Dampfbad	steam bath ['stim bæθ]
– *römisches ~*	Roman bath ['romən 'bæθ]
– *Hamam*	hammam/Turkish bath [həm'ɔm/'tɚkɪʃ 'bæθ]
Diätkost	light/diet food [laɪt/'daɪət 'fud]
entschlacken, entgiften	purify, detoxify [pjʊrəfaɪ, ˌditaksəfaɪ]
Fango	volcanic mud [vɔlkænik məd]
Fuß(reflexzonen)-massage	reflexology (foot) massage [ˌrifl'ɛks'alədʒɪ ('fʊt) mə'saʒ]
Ganzkörpermassage	full body massage ['fʊl‿'badɪ mə'saʒ]
Gesichtsbehandlung	face treatment [feɪs trit'mənt]
Gesichtsgymnastik	facial exercises [ˌfeʃəl 'ɛksɚsaɪzɪz]
Hautstraffung	skin tightening ['skɪn taɪtnɪŋ]
Heilbad	therapeutic bath ['θɛrəpjʊtɪk 'bæθ]
Heilfasten	fasting cure ['fæstɪŋ kjʊɚ]
Heu-Bad	hay bath [haɪ 'bæθ]
Kneippanwendung	kneipism [knaɪpɪzəm]
Körperpackung	body wrap ['badi ræp]
Kurtaxe	visitor's tax ['vɪzɪtəz 'tæks]
Licht- und Elektrotherapie	light therapy and electrotherapy ['laɪt 'θɛrəpi ænd‿ɪ'lɛktro'θɛrəpi]
Lymphdrainage	lymphatic drainage ['lɪmfætɪk dreɪnɪdʒ]
Maniküre	manicure ['mænɪkjuɚ]
Massage	massage [mə'saʒ]
Meditation	meditation [mɛdɪ'teɪʃn]
Pediküre	pedicure ['pɛdɪkjuɚ]
Peeling	skin exfoliant/scrub [skɪn ɛksfoliənt/skrəb]
Sauna	sauna ['sɔnə]
– *finnische ~*	Finnish sauna ['fɪnɪʃ 'sɔnə]

Nicht ohne

In Amerika sollten Sie nicht nur ein Handtuch in die Sauna mitbringen, sondern auch Badekleidung tragen.

Schwimmbad	pool [pul]
Solarium	tanning studio ['tænɪŋ 'studio]
Thalasso	thalassic therapy [θə'læsɪk 'θɛrəpi]
Therapie	therapy ['θɛrəpɪ]
Thermalbad	thermal baths [θɚməl 'bæθz]
Wellenbad	wave pool [weɪv pul]
Whirlpool	whirlpool ['wɚlpul]
Wimpern färben	dye your eyelashes [daɪ jɔɚ‿ 'aɪlæʃɪz]
Yoga	yoga ['jogə]

KREATIV WERDEN

Ich möchte ... belegen.
I'd like to enroll in ... [aɪd laɪk tu ɛnˈrol‿ɪn]

- ***einen Töpferkurs***
  a pottery course. [ə ˈpadɛɚi kɔɚs]
- ***einen Sprachkurs***
  a language course. [ə ˈlæŋgwɪdʒ kɔɚs]
- ***einen Kochkurs***
  a cooking course. [ə ˈkʊkɪŋ kɔɚs]

Wie viele Stunden sind pro Tag vorgesehen?
How many lessons are planned a day? [haʊ ˈmæni ˈlɛsənz‿aɚ plænd ə‿ˈde]

Ist die Teilnehmerzahl begrenzt?
Is the number of participants limited?
[ɪz ðə ˈnəmbɚ‿əv parˈtɪsɪpənts ˈlɪmɪtəd]

Sind Vorkenntnisse erforderlich?
Do you need previous knowledge? [dʊ jʊ nid ˈpriviəs ˈnalɪdʒ]

Bis wann muss man sich anmelden?
When's the registration deadline? [wɛnz‿ðə ˌrɛdʒɪˈstreʃn ˈdɛdlaɪn]

Sind die Materialkosten inklusive?
Are the costs of materials included? [aɚ ðə ˌkɔsts əv məˈtɪɚɪəlz ɪnˈkludəd]

Was ist mitzubringen?
What should I bring with? [ˈwat ʃʊd aɪ brɪŋ wɪθ]

Aktzeichnen	drawing nudes [ˈdraɪŋ nudz]
Aquarellmalen	watercolor painting [ˈwadɚˌkəlɚ ˈpentɪŋ]
Bauchtanz	belly dancing [ˈbɛli ˈdænsɪŋ]
Fotografieren	photography [foˈtagræfi]
Goldschmieden	working with gold [ˈwɚkɪŋ wɪθ gold]
Holzwerkstatt	carpentry workshop [ˈkaɚpɛntri ˈwɚkʃap]
Kochen	cooking [ˈkʊkɪŋ]
Kurs	course [kɔɚs]
Malen	painting [ˈpentɪŋ]
Ölmalerei	oil painting [ɔɪl ˈpentɪŋ]
Schauspielworkshop	drama workshop [ˈdramə ˈwɚkʃap]
Seidenmalerei	silk painting [ˈsɪlk ˈpentɪŋ]
Sprachkurs	language course [læŋgwɪdʒ kɔɚs]
Tanztheater	dance theatre [dæns ˈθiətɚ]
Theatergruppe	theater ensemble [ˈθiətɚ ənˈsambl]
Trommeln	drumming [drəmɪŋ]
Workshop	workshop [ˈwɚkʃap]

FOOTACTION USA
JEWEL HUT
sam goody
music movies
sam goody
samgoody

Shoppen und Einkaufen

Wie viel kostet das?

Mit dieser Frage können Sie Überraschungen vermeiden. Insbesondere die unangenehmen.

Shop til you drop

Den Einkaufsgelüsten sind in den USA fast keine Grenzen gesetzt. Nicht von ungefähr kommt der Spruch **shop til you drop** (*kauf ein bis du umfällst*). In heißen Sommermonaten muss man allerdings bedenken, dass die Temperatur in den Geschäften oder den **shopping malls** im Vergleich zu der Außentemperatur oft sehr niedrig ist. Vor allem in großen Einkaufszentren oder Supermärkten kann man auch mitten im Sommer einen leichten Pullover gebrauchen. Alle Bundesstaaten setzen die Höhe ihrer Mehrwertsteuer selbst fest, weshalb die Prozentsätze variieren können. Wichtig ist, dass Sie daran denken, dass **State Sales Tax** auf der Rechnung dazu kommt. In kleinen Tante-Emma-Läden, **Mom-and-Pop-Shops**, sollten Sie genügend Kleingeld parat haben. Denn wenn Sie nur große Scheine oder eine Kreditkarte dabei haben, kann es Ihnen passieren, dass Sie nicht bezahlen können, da kein Rückgeld in der Kasse ist.

FRAGEN FÜR DIE EINKAUFSTOUR

Ich suche ...

Werden Sie schon bedient?
Are you being helped? [ˈɑɚ‿jʊ ˈbiɪŋ ˈhɛlpt]

Danke, ich sehe mich nur um.
Thanks. I'm just looking around. [θæŋks ɑɪm dəʒst ˈlʊkɪŋ əˈræʊnd]

Ich suche ...
I'm looking for ... [ɑɪm ˈlʊkɪŋ fɔɚ]

Ich möchte ...
I'd like ... [ˌɑɪd ˈlɑɪk]

Haben Sie ...?
Do you have ...? [ˈdjʊ hæv]

Darf es sonst noch etwas sein?
Can I get you anything else? [kæn‿ɑɪ gɛt‿jʊ‿ˈɛniθɪŋ‿ˈɛls]

Handeln und kaufen

Wie viel kostet das?
How much is it? [hæʊ mətʃ ɪz‿ɪt]

Das ist aber teuer.
That's a bit expensive. [ðæts‿əˈbɪt ɪkˈspɛnsɪv]

Geben Sie einen Rabatt?
Do you offer a discount? [du ju ˈɔfɚ ə ˈdɪskæʊnt]

Gut, ich nehme es.
Good, I'll take it. [gʊd aɪl ˈtek ɪt]

Nehmen Sie Kreditkarten?
Do you take credit cards? [ˈdjʊ tek ˈkrɛdɪt kaɚdz]

Reklamieren

Ich möchte das bitte zurückgeben.
I'd like to return this please. [aɪd laɪk tu rɪˈtɚn ðɪs pliz]

Es ist beschädigt/kaputt.
It's damaged/broken. [ɪts ˈdæmɪdʒd/ˈbrokn]

Ich möchte bitte mein Geld zurück.
I'd like my money back, please. [aɪd laɪk maɪ ˈməni bæk pliz]

Kann ich das umtauschen?
Can I exchange this, please? [kæn‿aɪ ɛksˈtʃendʒ ðɪs pliz]

GESCHÄFTE

24-Stunden-Service

Die Ladenöffnungszeiten sind nicht an Gesetze gebunden. Im Allgemeinen haben die **shopping malls** Montag bis Samstag von 9.30 bis 21.00 Uhr geöffnet, sonntags von 11.30 bis 18.00 Uhr. Die Geschäfte in den **downtown areas** sind montags bis freitags von 9.30 bis 18.00 Uhr offen und haben oft zwei lange Einkaufsabende. Große, preisgünstige Supermärkte bieten meist das ganze Jahr über einen 24-Stunden-Service an, Ketten kleinerer Supermärkte ebenfalls.
Sie liegen zwar oft zentral, sind aber teurer.

Antiquitätengeschäft	antique shop [æn'tik ʃɑp]
Apotheke	pharmacy ['fɑɚməsi]; drugstore ['drəgstɔɚ]
Bäckerei	bakery ['bekɚi]
Blumengeschäft	florist's ['flɔɚɪsts]
Buchhandlung	bookstore ['bʊkstɔɚ]
Computerfachgeschäft	computer store [kəm'pjutɚ stɔɚ]
Drogerie	drugstore ['drəgstɔɚ]
Elektrohandlung	electrical appliance store [ɪ'lɛktrɪkəl ə'plaɪəns stɔɚ]
Feinkostgeschäft	delicatessen [ˌdɛlɪkə'tɛsn]
Fischgeschäft	seafood store ['sifʊd stɔɚ]
Flohmarkt	flea market ['fli ˌmɑrkɪt]
Fotogeschäft	photo store ['fodo stɔɚ]
Friseur	hairdresser's ['hɛɚˌdrɛsɚz]; beauty salon ['bjuti sə'lɔn]; *(Herren)* barber shop ['bɑɚbɚ ʃɑp]
Handyladen	cell phone store ['sɛl fon stɔɚ]
Juwelier	jeweler's ['dʒuləz]
Kaufhaus	department store [dɪ'pɑɚtmənt stɔɚ]
Konditorei	bakery ['bekɚi]
Kunsthändler	art dealer ['ɑɚt 'dilɚ]
Lebensmittelgeschäft	grocery store ['groʃɚi stɔɚ]; supermarket ['supɚˌmɑɚkɪt]
Markt	farmers' market ['fɑɚmɚz 'mɑɚkɪt]
Metzgerei	butcher shop ['bʊtʃɚ ʃɑp]; meat market ['mit 'mɑɚkɪt]
Obst- und Gemüsehändler	greengrocer('s) [grin'grosɚ(z)]
Optiker	optician's [ɑp'tɪʃənz]
Parfümerie	perfume store ['pɚfjum stɔɚ]
Reinigung	dry cleaners ['draɪ klinɚz]
Reisebüro	travel agency ['trævl 'edʒənsi]
Schneider/in	*(für Herren)* tailor ['telɚ]; *(für Damen)* dressmaker ['drɛsˌmekɚ]
Schreibwarengeschäft	stationery store ['steʃnɛɚi stɔɚ]
Schuhgeschäft	shoe store ['ʃu stɔɚ]
Schuhmacher	shoemaker's ['ʃuˌmekɚz]
Souvenirladen	gift shop ['gɪft ʃɑp]
Spielwarengeschäft	toy store ['tɔɪ stɔɚ]
Spirituosengeschäft	liquor store ['lɪkɚ stɔɚ]
Sportartikel	sporting goods store ['spɔɚdɪŋ gʊdz stɔɚ]
Supermarkt	supermarket ['supɚˌmɑɚkɪt]
Süßwarengeschäft	candy store ['kændi stɔɚ]
Tabakladen	tobacco store [tə'bæko stɔɚ]
Trödler	second-hand store ['sɛkənd ˌhænd stɔɚ]

Uhrmacher	watchmaker's [ˈwatʃˌmekɚz]
Wäscherei	laundry [ˈlɔndri]
Waschsalon	laundromat [ˈlɔndrəˌmæt]
Weinhandlung	wine merchant's [ˈwaɪn ˈmɚtʃənts]; liquor store [ˈlɪkɚ stɔɚ]
Zeitungshändler	newspaper stand [ˈnuzpepɚ stænd]

LEBENSMITTEL KAUFEN

Was darf es sein?
What can I do for you? [ˈwat kæn‿aɪ ˈdʊ fɔɚ jʊ]

Geben Sie mir bitte ...
I'd like ... [aɪd laɪk]

- *ein Pfund ...*
  a pound of ... [ə ˈpæʊnd‿əv]
- *10 Scheiben ...*
  ten slices of ... [ˈtɛn ˈslaɪsɪz‿əv]
- *ein Stück von ...*
  a piece of ... [ə ˈpis‿əv]
- *eine Packung ...*
  a package of ... [ə ˈpækɪdʒ‿əv]
- *ein Glas ...*
  a jar of ... [ə ˈdʒaɚ‿əv]
- *eine Dose ...*
  a can of ... [ə ˈkæn‿əv]
- *eine Flasche ...*
  a bottle of ... [ə ˈbatl‿əv]
- *eine Einkaufstüte.*
  a bag. [ə ˈbeg]

Bitte schneiden Sie es in Scheiben.
Please cut it in slices. [pliz kət ɪt ɪn slaɪsɪz]

Darf es noch etwas sein?
Will there be anything else for you today?
[wɪl ðɛɚ bi ˈəniθɪŋ ˌɛls fɚ ju təˈde]

Danke, das ist alles.
No, thanks. That'll be it. [ˈno ˈθæŋks ðætl bi ɪt]

Was ist das?
What's that? [wəts ˈðæt]

Kann ich es probieren?
Can I try it? [kæn‿ aɪ ˈtraɪ ɪt]

Verkaufen Sie ...
Do you sell ... [du ju sɛl]

- ***Bioprodukte?***
  organic products? [ɔɚˈgænɪk ˈprɑdəkts]
- ***Produkte aus der Region?***
  local products? [ˈlokəl ˈprɑdəkts]

abgelaufen	past the sell-by date [pæst ðə ˈsɛlˈbɑɪ det]
Haltbarkeit	sell-by date/best before [ˈsɛlˈbɑɪˈdet/bɛst biˈfɔɚ]
(ohne) Konservierungsstoffe	(without) preservatives [(wɪðˈæʊt) prɪˈzɚvətɪvz]

Der Kunde ist König

Lebensmittel sind streng durch das **FDA (Food and Drug Administration)** kontrolliert. Schon seit Jahren stehen alle Zutaten, plus Kalorien- und Vitaminangaben, auf den Produkten. Für Reisende mit Allergien oder für diejenigen, die eine verordnete Diät einhalten müssen, ist somit Einkaufen ohne Risiko möglich.
Kostenbewusste Kunden werden schnell bemerken, dass in großen Supermärkten die Preise schon als **unit price** – meistens nach **ounces** – angegeben sind. Man braucht sich also nicht den Kopf zu zerbrechen, um Preise miteinander vergleichen zu können.
In den meisten großen Supermärkten wird ein Mitarbeiter Ihre Einkäufe für Sie in Tüten verpacken. Lassen Sie ihn dies auch bitte tun und haben Sie kein schlechtes Gewissen dabei. Es ist sein Job und er wird dafür bezahlt. Oft werden Sie gefragt, ob Sie Plastiktüten oder Papiertüten wollen (**paper or plastic?**). Leider sind die Amerikaner noch nicht sehr umweltbewusst und wiederverwendbare Einkaufstüten sind noch ziemlich selten zu finden.

Obst und Nüsse	Fruit and Nuts
Ananas	pineapple [ˈpaɪnæpl]
Äpfel	apples [ˈæplz]
Apfelsinen	oranges [ˈɔrɪndʒɪz]
Aprikosen	apricots [ˈæprɪkɑts]
Bananen	bananas [bəˈnænəz]
Birnen	pears [pɛɚrz]
Brombeeren	blackberries [ˈblækˌbɛɚriz]
Datteln	dates [dets]
Erdbeeren	strawberries [ˈstrɔbɛɚriz]
Feigen	figs [fɪgz]
Granatapfel	pomegranate [ˈpɑməˌgrænɪt]
Grapefruit	grapefruit [ˈgrepfrut]
Heidelbeeren	blueberries [ˈbluˌbɛɚriz]
Johannisbeeren	currants [ˈkɚənts]
Kirschen	cherries [ˈtʃɛɚriz]
Kiwi	kiwi fruit [ˈkiwi ˈfrut]
Kokosnuss	coconut [ˈkokənət]
Limone	lime [laɪm]
Mandarinen	tangerines [ˌtændʒəˈrinz]
Mango	mango [mængo]
Mandeln	almonds [ɑlməndz]
Melone	melon [ˈmɛlən]
– Honig~	cantaloupe [ˈkæntəlop]
– Wasser~	watermelon [ˈwɔtɚˌmɛlən]
Nüsse	nuts [nəts]
Obst	fruit [frut]
Pfirsiche	peaches [ˈpitʃɪz]
Pflaumen	plums [pləmz]
Preiselbeeren	cranberries [ˈkrænˌbɛɚriz]
Rosinen	raisins [ˈrezɪnz]
Stachelbeeren	gooseberries [ˈgusˌbɛɚriz]
Trauben	grapes [greps]
Trockenpflaumen	prunes [prunz]
Walnüsse	walnuts [ˈwɑlnətz]
Zitronen	lemons [ˈlɛmənz]

Gemüse	Vegetables
Artischocken	artichokes [ˈɑɚtɪtʃoks]
Auberginen	eggplant [ˈɛgplænt]
Avocados	avocado(e)s [ˌəvəˈkɑdoz]
Blumenkohl	cauliflower [ˈkɑlɪˌflaʊɚ]
Bohnen	beans [binz]
– *grüne Bohnen*	green/snap beans [ˈgrin/ˈsnæp ˈbinz]
– *dicke Bohnen*	broad beans [ˈbrɔd ˈbinz]
– *rote Bohnen*	kidney beans [ˈkɪdni binz]
– *weiße Bohnen*	haricot beans [hɛɚiko binz]
Chicorée	chicory [ˈtʃɪkɚi]
Erbsen	peas [piz]
Fenchel	fennel [ˈfɛnl]
Frühlingszwiebeln	green onions [grin ˈənjənz]
Gurken	cucumbers [ˈkjukəmbɚz]
Karotten	carrots [ˈkærəts]
Kartoffeln	potatoes [pəˈtedoz]
Kichererbsen	chickpeas [ˈtʃɪkˈpiz]
Knoblauch	garlic [ˈgɑɚlɪk]
Kohl	cabbage [ˈkæbɪdʒ]
Kürbis	pumpkin [ˈpəmpkɪn]; squash [ˈskwɑʃ]
Lauch	leek(s) [lik(s)]
Linsen	lentils [ˈlɛntəlz]
Mais	sweetcorn [ˈswitkɔɚn]
Oliven	olives [ˈɑlɪvz]
Paprika(schote)	pepper [ˈpɛpɚ]
Petersilie	parsley [ˈpɑɚsli]
Radieschen	radishes [ˈrædɪʃəz]
Rote Bete	red beets [ˈrɛd bitz]
Salat	lettuce [ˈlɛtɪs]
Kopfsalat	Boston leaf lettuce [ˈbɑstən lif ˈlɛtɪs]
Sellerie	celery [ˈsɛlɚi]
Spargel	asparagus [əˈspɛɚəgəs]
Spinat	spinach [ˈspɪnɪdʒ]
Süßkartoffeln	sweet potatoes [ˈswit pəˈtedos]
Tomaten	tomatoes [təˈmedoz]
Wirsing	savoy cabbage [ˈsævɔɪ ˈkæbɪdʒ]
Zwiebeln	onions [ˈənjənz]
Zucchini	zucchini [zuˈkini]

Backwaren, Süßwaren — Bakery Products, Confectionary

Backwaren, Süßwaren	Bakery Products, Confectionary
Bonbons	candy [ˈkændi]
Brot	bread [brɛd]
– ***Roggenbrot***	rye bread [raɪ brɛd]
– ***Vollkornbrot***	whole grain bread [ˈholgren ˌbrɛd]
– ***Weißbrot***	white bread [ˈwaɪt ˌbrɛd]
Brötchen	buns [bʊnz]; rolls [rolz]; bagels [ˈbeglz]
– ***belegtes Brot***	sandwich [ˈsænwɪdʃ]
Donut, Krapfenring	donut/doughnut [ˈdonət]
Eis	*(Speiseeis)* ice cream [ˈaɪsˌkrim]
Gebäck	*(salzig)* crackers [ˈkrækɚz]; *(süß)* cookies [ˈkʊkizs]
– ***Weizencracker***	*(salzig)* saltine crackers [sɑlˈtin ˈkrækɚz]
– ***Grahamcracker***	*(süß)* Graham crackers [ˈgrem ˈkrækɚz]
Haferflocken	rolled oats [ˈrold ˈots]
Ingwerkekse	ginger snaps [dʒɪndʒɚ snæpz]
Honig	honey [ˈhəni]
Kaugummi	chewing gum [ˈtʃuɪŋ gəm]
Kekse	cookies [ˈkʊkiz]
Kuchen	cake [kek]
Maismehl	cornmeal [ˈkɔɚnmil]
Maisstärke	cornstarch [ˈkɔɚnstɑɚtʃ]
Marmelade	jam [dʒæm]; marmalade [ˈmɑɚməled]
Müsli	muesli [ˈmjuzli]
Schokolade	chocolate [ˈtʃɑklɪt]
Schokoriegel	bar of chocolate [ˈbɑɚ‿əv ˈtʃɑklɪt]; candy bar [ˈkændi bɑɚ]
Süßigkeiten	candy [ˈkændi]
Süßes Stückchen	Danish roll [ˈdenɪʃ rol]; sweet roll [ˈswit rol]
Toast	toast [tost]
Zimtstückchen/-schnecke	cinnamon roll [ˈsɪmənən rol]

Eier und Milchprodukte — Eggs and Dairy Products

Eier und Milchprodukte	Eggs and Dairy Products
Butter	butter [ˈbədɚ]
Buttermilch	buttermilk [ˈbədɚmɪlk]
Eier	eggs [ɛgz]
Joghurt	yoghurt [ˈjogɚt]
Käse	cheese [tʃiz]
– ***Hüttenkäse***	cottage cheese [ˈkadɪdʒ ˈtʃiz]
– ***Schafskäse***	feta cheese [ˈfɛtə ˈtʃiz]
– ***Schnittkäse***	sliced cheese [ˈslaɪst ˈtʃiz]
– ***Streichkäse***	cream cheese [krim ˈtʃiz]
– ***Ziegenkäse***	goat's cheese [ˈgotz ˈtʃiz]

Milch	milk [mɪlk]
– ***fettarme Milch***	skimmed milk [ˈskɪmd mɪlk]; 2 % milk [tu pɚˈsɛnt mɪlk]
Sahne	cream [krim]
– ***saure Sahne***	sour cream [ˈsaʊɚ ˈkrim]
– ***Schlagsahne***	whipping cream [ˈwɪpɪŋ krim]
– ***Sahneersatz***	non-dairy creamer [ˌnɑnˈdɛɚi ˈkrimɚ]

Fleisch und Wurstwaren — Meat and Sausage

Aufschnitt	cold cuts [ˈkold ˈkəts]
Fleisch	meat [mit]
Gulasch	stew [stu]; Hungarian goulash [həŋˈgæɚiən ˈgulɑʃ]
Hackfleisch	ground meat [græʊnd‿ˈmit]; hamburger [ˈhæmbɚgɚ]
Hähnchen	chicken [ˈtʃɪkɪn]
Hammelfleisch	mutton [ˈmətn]
Kalbfleisch	veal [vil]
Kaninchen	rabbit [ˈræbɪt]
Kotelett	chop [ˈtʃɑp]
Lammfleisch	lamb [læm]
Leberpastete	liver paté [ˈlɪvɚ pæˈte]
Leberwurst	liver sausage [ˈlɪvɚ ˌsɔsɪdʒ]
Lyoner	bologne [bəˈloni]
Rindfleisch	beef [bif]
Salami	salami [səˈlɑmi]
Schinken	ham [hæm]
– ***gekochter Schinken***	baked ham [bekt hæm]
– ***roher Schinken***	smoked ham [ˈsmokt ˈhæm]
Schweinefleisch	pork [pɔɚk]
Wurst	sausage meats [ˈsɔsɪdʒ mitz]
Würstchen	sausages [ˈsɔsɪdʒɪz]

Fisch und Meeresfrüchte — Fish and Seafood

Aal	eel [il]
Austern	oysters [ˈɔɪstɚz]
Barsch	perch [pɚtʃ]
Fisch	fish [fɪʃ]
Forelle	trout [traʊt]
Garnelen	shrimp [ʃrɪmp]
Hecht	pike [paɪk]

Heilbutt	halibut [ˈhæləbət]
Hering	herring [ˈhɛrɪŋ]
Krabben	shrimp [ʃrɪmp]
Krebs	crab [kræb]
Makrele	mackerel [ˈmækrl]
Miesmuscheln	venus mussels [ˈvinəs ˈməsəlz]
Muscheln	mussels [ˈməslz]
Schwertfisch	swordfish [ˈsɔɚdfɪʃ]
Seezunge	sole [sol]
Thunfisch	tunafish [ˈtunəfɪʃ]
Tintenfisch	squid [skwɪd]

Gewürze und Kräuter — Spices and Herbs

Anis	aniseed [ˈænɪssid]
Basilikum	basil [ˈbæzl]
Bohnenkraut	savory [ˈsevɚi]
Chilipulver	chili powder [tʃɪli pæʊdɚ]
Dill	dillseed [ˈdɪlsid]
Estragon	tarragon [ˈtɛɚəgɔn]
Fenchel	fennel [ˈfɛnəl]
Ingwer	ginger [ˈdʒɪnˌdʒɚ]
Kardamon	cardamon [ˈkɑɚdəmən]
Knoblauch	garlic [ˈgɑɚlɪk]
Kräuter	herbs [ɚbz]
Kreuzkümmel	cumin [ˈkumɪn]
Lorbeer	bay leaves [ˈbe livz]
Majoran	marjoram [ˈmɑɚjɚəm]
Muskatnuss	nutmeg [ˈnətmɛg]
Nelken	cloves [klovz]
Oregano	oregano [ərˈegəno]
Paprika	*(Gewürz)* paprika [ˈpæprɪkə]
Petersilie	parsley [ˈpɑɚsli]
Pfeffer	pepper [ˈpɛpɚ]
Piment	allspice [ˈɑlspaɪs]
Rosmarin	rosemary [ˈrozmæɚi]
Safran	saffron [ˈsæfrən]
Schnittlauch	chives [tʃaɪvz]
Thymian	thyme [taɪm]
Zimt	cinammon [ˈsɪnəmən]

Dies und das	This and that
Brühwürfel	bouillon cubes [ˈbujɑŋˌkjubz]
Essig	vinegar [ˈvɪnɪgɚ]
Ketschup	ketchup [ˈkɛtʃəp]
Linsen	lentils [ˈlɛntɪlz]
Maismehl	corn meal [ˈkɔɚ mil]
Margarine	margarine [ˈmɑɚdʒɚɪn]
Mayonnaise	mayonnaise [ˈmeənez]
Mehl	flour [ˈflæʊɚ]
Nudeln	pasta [ˈpɑstə]; noodles [ˈnudəlz]
Nüsse	nuts [nəts]
Öl	oil [ɔɪl]
Olivenöl	olive oil [ˈɑlɪv ɔɪl]
Reis	rice [rɑɪs]
Salz	salt [sɔlt]
Senf	mustard [ˈməstɚd]
Zucker	sugar [ˈʃʊgɚ]

Getränke	Beverages
Apfelsaft	apple juice [ˈæpl dʒus]
Bier	beer [bɪɚ]
– ***alkoholfreies Bier***	non-alcoholic beer [ˌnɔnælkəˈhɔlɪk bɪɚ]

3/2 beer

... ist noch schwächer als das normale amerikanische Bier. Ansonsten erlebt die Bierkultur der kleineren Brauereien eine Renaissance. Falls Sie das Bier einer lokalen Brauerei probieren wollen, fragen Sie in einem **liquor store** (nur hier bekommen Sie alkoholische Getränke) nach den **local brewery beers**. Es lohnt sich!

Champagner	champagne [ˌʃæmˈpen]
Kaffee	coffee [ˈkɔfi]
– ***koffeeinfreier Kaffee***	decaffeinated (decaf) coffee [ˌdiˈkæfɪnedɪd (dekæf) ˈkɔfi]
Kakao	cocoa, hot chocolate [ˈkoko], [hɑt ˈtʃɑklɪt]
Limonade	pop [pɑp]; soda [ˈsodə]; soft drinks [ˈsɔft drɪŋks]

Mineralwasser	mineral water [ˈmɪnrəl ˌwɔtɚ]
– ***mit/ohne Kohlensäure***	carbonated/non-carbonated [ˈkaɚbəˌnetɪd/ˌnɔnˈkaɚbəˌnetɪd]
Orangensaft	orange juice [ˈɔɚɪndʒ dʒus]
Tee	tea [ti]
– ***Grüner Tee***	green tea [grin ti]
– ***Früchtetee***	fruit tea [fruːt ti]
– ***Hagebuttentee***	rose hip tea [ros hɪp ˈti]
– ***Kamillentee***	camomile tea [ˈkæməmaɪl ˈti]
– ***Kräutertee***	herbal tea [ˈɚbəl ti]
– ***Pfefferminztee***	peppermint tea [ˈpɛpɚmɪnt ˈti]
– ***Rooibostee***	rooibos tea [ˈrɔɪbəs ˈti]
– ***Schwarztee***	black tea [ˈblæk ˈti]
– ***Teebeutel***	tea bags [ˈti bægz]
Sekt	sparkling wine [ˈspaɚklɪŋ waɪn]
Wein	wine [waɪn]
– ***Rosé(wein)***	blush [bləʃ]
– ***Rotwein***	red wine [rɛd waɪn]
– ***Weißwein***	white wine [waɪt waɪn]

BÜCHER, ZEITSCHRIFTEN UND SCHREIBWAREN

Ich hätte gern ...
I'd like ... [aɪd laɪk]

- ***eine deutsche Zeitung.***
  a German newspaper. [ə ˈdʒɚmən ˈnusˌpepɚ]
- ***eine Zeitschrift.***
  a magazine. [ə ˌmegəˈzin]
- ***einen Reiseführer.***
  a travel guide. [ə ˈtrævl gaɪd]
- ***eine Wanderkarte dieser Gegend.***
  a hiking map of this area. [ə ˈhaɪkɪŋ mæp‿əv ðɪs ˈɛɚiə]

Traditionsgemäß

... ist die Sonntagszeitung in den Staaten fast die wichtigste (auf jeden Fall die dickste) Ausgabe der Woche. Sie beinhaltet einige extra Lesebeilagen, Zeitschriften, Inserate, Fernsehprogramme und Comics.

Bücher, Zeitschriften und Zeitungen

Buch	book [bʊk]
Comic-Heft	comic book [ˈkamɪk bʊk]
Frauenzeitschrift	women's magazine [ˈwɪmənz ˌmegəˈzin]
Illustrierte	magazine [ˌmegəˈzin]
Kochbuch	cookbook [ˈkʊkbʊk]
Kriminalroman	thriller [ˈθrɪlɚ]; detective story [dɪˈtɛktɪv ˈstɔɚi]
Landkarte	map [mæp]
Reiseführer	travel guide [ˈtrævl gaɪd]
Roman	novel [ˈnavl]
Sonntagszeitung	Sunday paper [ˈsənde pepɚ]
– Sonntagskomiks	Sunday comics [ˈsənde ˈkamɪks]
Spielkarten	playing cards [ˈplejɪŋ kaɚdz]
Stadtplan	city map [ˈsɪdi ˈmæp]
Straßenkarte	road map [rod mæp]
Tageszeitung	daily newspaper [ˈdeli ˈnusˌpepɚ]
Taschenbuch	paperback [ˈpepɚbæk]
Zeitschrift	magazine [ˌmegəˈzin]
Zeitung	newspaper [ˈnusˌpepɚ]

Schreibwaren

Ansichtskarte	picture postcard [ˈpɪktʃɚ ˈpostkaɚd]
Bleistift	pencil [ˈpɛnsl]
Bleistiftspitzer	pencil sharpener [ˈpɛnsl ˈʃaɚpənɚ]
Block	notebook [ˈnotbʊk]
Briefpapier	stationery [ˈsteʃnɛɚi]
Briefumschlag	envelope [ˈɛnvəlop]
Farbstift	colored pencil [ˈkələd ˈpɛnsl]
Grußkarten	greeting cards [ˈgridɪŋ ˈkaɚdz]
Kugelschreiber	ballpoint pen [ˈbɔlpɔɪnt ˈpɛn]
Malbuch	coloring book [ˈkələɪŋ ˌbʊk]
Malstift	crayon [ˈkrejən]
Notizblock	notepad [ˈnotpæd]
Papier	paper [ˈpepɚ]
Reißzwecken	tacks [tæks]
Tesafilm®	Scotch® tape [skatʃ tep]
Tinte	ink [ɪnk]
Tintenpatronen	cartridges [ˈkaɚtrɪdʒəz]
Schreibwaren	*(Papier und Umschläge)* stationary [ˈsteʃnɛɚi]

DROGERIEARTIKEL → ZEIGEBILDER AM KAPITELENDE

Drug Stores

Drogerieartikel gibt es in **drug stores**. Hier werden Sie auch eine **pharmacy** – *Apotheke* – finden. Ab und zu gibt es auch noch einen traditionellen **soda counter**, an dem man eine Kleinigkeit zum Essen und Trinken bekommt.

allergiegetestet	allergy-tested [ˌælɚdʒi ˈtɛstɪd]
Babynahrung	baby food [ˈbebi ˌfud]
Creme	cream [krim]
Drogerieartikel	toiletries [ˈtɔɪlətriz]
Faden	thread [θrɛd]
Gesichtscreme	face cream [ˈfes krim]
Haarfestiger	setting lotion [ˈsɛtɪŋ ˌloʃn]
Haargel	hair gel [ˈhɛɚ dʒɛl]
Haarklammern	hairpins [ˈhɛɚpɪnz]; bobbypins [ˈbɑbipɪnz]
Handcreme	hand cream [ˈhænd krim]
Kamm	comb [kom]
Knopf	button [ˈbətn]
Lichtschutzfaktor	protection factor [prəˈtɛkʃn ˌfæktɚ]
Mückenschutz	insect repellant [ˈɪnsɛkt riˈpɛlənt]
Mundwasser	mouthwash [ˈmaʊθwɔʃ]
Nadel	needle [nidl]
Nagellack	nail polish [ˈnel ˌpɑlɪʃ]
Nagellackentferner	nail-polish remover [ˈnel ˌpɑlɪʃ rɪˈmuvɚ]
Papiertaschentücher	pocket tissues [pɑkət ˈtɪsju:z]
Puder	powder [ˈpaʊdɚ]
Rasierklingen	razor blades [ˈrezɚ bledz]
Rasierpinsel	shaving brush [ˈʃevɪŋ brəʃ]
Rasierwasser	after-shave (lotion) [ˈæftɚʃev (ˌloʃn)]
Einweg-Rasierapparat	disposable shaver [dɪˈsposəbl ˈʃevɚ]
Reinigungsmilch	facial cleanser [ˈfeʃəl ˈklɛnsɚ]
Rouge	blush [bləʃ]
Sauger	nipple [ˈnɪpəl]
Saugflasche	feeding bottle [ˈfidɪŋ ˌbɑdl]
Schnuller	pacifier [ˈpæsɪfaɪɚ]
Slipeinlagen	panty liners [ˈpænti ˌlaɪnɚz]
Sonnenmilch	suntan lotion [ˈsəntæn ˌloʃn]
Sonnenöl	suntan oil [ˈsəntæn‿ɔɪl]
Spiegel	mirror [ˈmɪɚɚ]
Spülbürste	dish washing brush [ˈdɪʃ wɔʃɪŋ brəʃ]
Spülmittel	dish-washing liquid [ˈdɪʃwaʃɪŋ ˌlɪkwɪd]
Spültuch	dishcloth [ˈdɪʃklaθ]

Waschlappen	washcloth [ˈwaʃklɔθ]
Waschmittel	detergent [dɪˈtɚdʒənt]
Watte	cotton balls [ˈkatn ˈbɔlz]
Wattestäbchen	cotton swabs [ˈkatn ˈswabs]
Windeln	diapers [ˈdaɪpɚz]
Zahnseide	dental floss [ˈdɛntəl flas]
Zahnstocher	toothpick [ˈtuθpɪk]

ELEKTROARTIKEL/COMPUTER

Adapter	adapter [əˈdæptɚ]
Akku	rechargeable battery [riˈtʃardʒəbl ˈbædɚi]
Batterie	battery [ˈbædɚi]
CD/DVD	CD/DVD [siˈdi/ˈdiviˈdi]
Drucker	printer [prɪntɚ]
Föhn	hairdryer [ˈhɛɚˌdraɪɚ]
Glühbirne	bulb [bəlb]
Handy	cellphone [ˈsɛlˌfon]
Kopfhörer	headphones [ˈhɛdfonz]
Ladegerät	battery charger [ˈbædɚi tʃaɚdʒɚ]
Ladekabel	battery charger [ˈbædɚi ˈtʃaɚdʒɚ]
Laptop	laptop [læptap]
Lautsprecher	speaker [ˈspikɚ]
Notebook	notebook [ˈnotbʊk]
Memorystick	memory stick [ˈmɛməri stɪk]
MP3-Player	mp3 player [ˈem pi θri plejɚ]
Radio	radio [ˈredio]
Rohling	blank disk [ˈblænk dɪsk]
Smartphone	smartphone [ˈsmaɚtfon]
Speicherkarte	memory card [ˈmɛməri ˈkaɚd]
Stecker	plug [pləg]
Tablet-PC	tablet [ˈtæblɪt]
USB-Stick	USB stick [ˌju ɛs ˈbi stɪk]
Verlängerungsschnur	extension cord [ɪksˈtɛnʃən kɔɚd]

FOTOARTIKEL

Ich brauche ... für diese Kamera.
I need ... for this camera. [aɪ nid ... fɔɚ ðɪs ˈkæmərə]

- *eine Speicherkarte*
  a memory card [ə ˈmɛməri ˈkaɚd]
- *Akkus*
  rechargeable batteries [riˈtʃaɚdʒəbl ˈbædəriz]
- *einen Film*
  a film [ə ˈfɪlm]

Ich brauche Passfotos.
I need passport photos. [aɪ nid pæspɔɚt fotoz]

Kann ich hier Fotos von meiner Kamera auf CD brennen lassen?
Can I burn photos from my camera onto a CD here?
[kæn aɪ ˌbɝn ˌfotoz frəm‿maɪ ˈkæmərə ɑntu ə siˈdi hɪɚ]

... funktioniert nicht mehr.
The ... doesn't work. [ðə ... dəznt wɝk]

Das ist kaputt. Können Sie es bitte reparieren?
It's broken. Can you repair/fix it? [ɪtz ˈbrokən kæn jʊ rɪˈpɛɚ/fɪks ɪt]

Auslöser	shutter [ˈʃətɚ]
Belichtungsmesser	light meter [ˈlaɪt ˌmitɚ]
Blitzgerät	flash [flæʃ]
Camcorder	camcorder [kæmˈkɔɚdɚ]
Digitalkamera	digital camera [dɪdʒɪtl ˈkæmɚə]
DVD	DVD [ˈdiviˈdi]
Einwegkamera	disposable camera [dɪˈspozəbl ˌkæmərə]
Filmempfindlichkeit	film speed [fɪlm spid]
Linse	lens [lɛnz]
Objektiv	lens [lɛnz]; objective [əbˈjɛktɪv]
Selbstauslöser	self-timer [self ˈtaɪmɚ]; delayed-action shutter release [diˈledˈækʃn ˈʃətɚ rɪˈlis]
Sofortbildkamera	instant camera [ˈɪnstənt ˈkæmɚə]
Stativ	tripod [ˈtraɪpɔd]
Sucher	viewfinder [ˈvjuˌfaɪndɚ]
Teleobjektiv	telephoto lens [ˈtɛlɪˌfoto lɛnz]
Unterwasserkamera	underwater camera [ˌəndɚˈwɑdɚ ˈkæmɚə]
USB-Kabel	USB cable [ˈju ɛs bi kebl]

BEIM FRISÖR

Waschen und föhnen, bitte.
Shampoo and blow dry, please. [ʃæmˈpu ən ˈblo ˈdraɪ pliz]

Schneiden mit/ohne Waschen, bitte.
Wash and cut/Dry cut, please. [ˈwɑʃ‿ən ˈkət/ˈdraɪ ˈkət pliz]

Ich möchte ...
I'd like ... [ˌɑɪd ˈlaɪk]

Nur die Spitzen.
Just trim the ends. [dʒəst trɪm ði‿ˈɛndz]

Nicht zu kurz/Ganz kurz/Etwas kürzer, bitte.
Not too short/Really short/A bit shorter, please.
[ˈnɑt ˈtu ˈʃɔɚt/ˈrili ˈʃɔɚt/ə ˈbɪt ˈʃɔɚtɚ pliz]

Die Ohren sollen frei sein/bedeckt bleiben.
My ears should be showing/shouldn't be showing.
[maɪ ɪɚz ʃʊd bi ˈʃoɪŋ/ˈʃʊdnt bi ˈʃoɪŋ]

Rasieren, bitte.
I'd like a shave, please. [aɪd laɪk‿ə ˈʃev pliz]

Vielen Dank. So ist es gut.
Thank you. That's fine. [ˈθænk ju. ðatz ˌfaɪn]

Augenbrauen zupfen	pluck (your) eyebrows [pˈlək (jɔɚ) aɪbraʊz]
Bart	beard [bɪɚd]
bürsten	brush [brəʃ]
färben	dye [daɪ]
föhnen	blow dry [ˈblo ˈdraɪ]
frisieren	do someone's hair [ˈdu ˈsəmwənz ˈhɛɚ]
Frisur	hairstyle [ˈhɛɚstaɪl]; hairdo [ˈhɛɚdu]
Haar(e)	hair [hɛɚ]
– fettige Haare	greasy hair [ˈgrisi ˈhɛɚ]
– glatte Haare	straight hair [stret hɛɚ]
– lockige Haare	curly hair [ˈkɚli hɛɚ]
– trockene Haare	dry hair [draɪ ˈhɛɚ]
– wellige Haare	wavy hair [ˈwevi hɛɚ]
kämmen	comb [kom]
Locken	curls [kɚlz]
Pony	bangs [bæŋz]
Scheitel	part [ˈpaɚt]
Schuppen	dandruff [ˈdændrəf]
Shampoo	shampoo [ʃæmˈpu]
Spitzen schneiden	trim the ends [trɪm ðə endz]
Strähnchen	highlights [ˈhaɪlaɪtz]
tönen	put in a rinse [pət‿ɪn ə ˈrɪns]
Wimpern färben	dye your eyelashes [daɪ jɔɚ‿ˈaɪlæʃɪz]

DAS WICHTIGSTE FÜR DEN HAUSHALT

Abfallbeutel	garbage bag [ˈgaɚbɪdʒ bæg]
Alufolie	tin foil [tɪn fɔɪl]
Bindfaden	string [strɪŋ]
Brennspiritus	methyl alcohol [ˈmɛθɪl ˈælkəhɔl]
Dosenöffner	can opener [ˈkæn ˌopənɚ]
Draht	wire [ˈwaɪɚ]
Flaschenöffner	bottle opener [ˈbadl ˈopɛnɚ]
Fleckenentferner	stain remover [ˈsten rɪˈmuvɚ]
Frischhaltefolie	plastic wrap [ˈplæstɪk ræp]

Gabel	fork [fɔɚk]
Glas	glass [glæs]
Grill	grill [grɪl]
Grillanzünder	firestarters [ˈfaɪɚˌstaɚdɚz]
Grillkohle	charcoal [ˈtʃaɚkol]
Haushaltswaren	household goods [ˈhæʊshold gʊdz]
Insektenspray	insect repellent [ˈɪnsɛkt rɪˈpɛlənt]
Kerzen	candles [ˈkændlz]
Korkenzieher	corkscrew [ˈkɔɚkskru]
Kühlelement	freezer pack [ˈfrizɚ pæk]
Kühltasche	cooler [ˈkulɚ]
Löffel	spoon [spun]
Messer	knife [naɪf]
Nadel	needle [ˈnidəl]
Petroleum	petroleum [ˌpəˈtroliəm]
Plastikbesteck	plastic silverware [ˌplæstɪk ˈsɪlvɚˌwɛɚ]
Plastikbeutel	plastic bag [ˈplæstɪk ˈbæg]
Schere	scissors [ˈsɪsɚz]
Servietten	napkins [ˈnæpkɪnz]
Sicherheitsnadel	safety pin [ˈsefti pɪn]
Streichhölzer	matches [ˈmætʃɪz]
Taschenmesser	pocket knife [ˈpakɪt naɪf]
Thermosflasche®	Thermos® flask/bottle [ˈθɚməs flæsk/ˈbɑtl]
Trinkflasche	bottle [ˈbadl]
Wäscheklammern	clothes pins [kloz pɪnz]
Wäscheleine	clothes line [kloz laɪn]

ETWAS ZUM ANZIEHEN

Farben

Welches die passende Farbe für Sie ist, können wir Ihnen zwar nicht sagen, dafür haben wir aber den richtigen Ausdruck parat.

beige	beige [beʒ]
blau	blue [blu]
braun	brown [bræʊn]
einfarbig	plain [plen]
farbig	colored [ˈkəlɚd]
gelb	yellow [ˈjɛlo]
goldfarben	golden [ˈgoldən]
grau	gray [gre]
grün	green [grin]

lila	lilac [ˈlaɪlək]; purple [pɚpl]
orange	orange [ˈɔrəndʒ]
rosa	pink [pɪŋk]
rot	red [rɛd]
schwarz	black [blæk]
silberfarben	silver [ˈsɪlvɚ]
türkis	turquoise [ˈtɚˌkɔɪz]
violett	purple [ˈpɚpl]; violet [ˈvaɪəlɪt]
weiß	white [waɪt]
hellblau/hellgrün	light blue/light green [laɪt blu/laɪt grin]
dunkelblau/dunkelgrün	dark blue/dark green [dark blu/dark grin]

Kleidung

Können Sie mir bitte ... zeigen?
Can you show me ... please? [kæn‿jʊ ˈʃo mi … pliz]

Kann ich es anprobieren?
Can I try it on? [kæn‿aɪ ˈtraɪ‿ɪt‿ˈan]

Welche (Konfektions-)Größe haben Sie?
What size do you wear? [wat ˈsaɪz du jʊ wɛɚ]

Konfektionsgrößen in den USA

Damenkleider, Kostüme, Mäntel

Amerik.	4	6	8	10	12	14				
Deutsch	34	36	38	40	42	44				
Herrenanzüge, Mäntel										
Amerik.	36	38	40	42	44	46	48			
Deutsch	46	48	50	52	54	56	58			
Herrenhemden										
Amerik.	14	14½	15	15½	16	16½	17	17½		
Deutsch	37	38	39	40	41	42	43	44		
Damenschuhe										
Amerik.	5	5½	6	6½	7	7½	8	8½	9	9½
Deutsch	36	37	38	39	40	41	42			
Herrenschuhe										
Amerik.	8	8½	9	9½	10	10½	11	11½	12	
Deutsch	41	42	43	44	45	46				

Das ist mir zu ...
It's too ... [ɪts tu]

- ***eng/weit.***
  tight/big, baggy. [ˈtaɪt/bɪg′ ˈbegi]
- ***kurz/lang.***
  short/long. [ˈʃɔɚt/ˈlaŋ]
- ***klein/groß.***
  small/big. [ˈsmɔl/ˈbɪg]

Das passt gut. Ich nehme es.
It's a good fit. I'll take it. [ɪts‿ə ˈgʊd ˈfɪt aɪl ˈtek‿ɪt]

Das ist nicht ganz, was ich möchte.
It's not quite what I'm looking for. [ɪts ˈnat ˈkwaɪt wat‿aɪm lʊkɪŋ fɔɚ]

Haben Sie das auch noch in einer anderen Farbe?
Do you have it in a different color? [du ju hæv‿ ɪt‿ɪn‿ ə ˌdɪfrənt ˈkəlɚ]

Anorak	anorak [ænɚæk]
Anzug	suit [sut]
Ärmel	sleeve [sliv]
Badeanzug	swim(ming) suit [ˈswɪm(ɪŋ) sut]
Badehose	swimming trunks [ˈswɪmɪŋ trəŋks]
Bademantel	bathrobe [ˈbæθrob]
Baumwolle	cotton [ˈkatən]
BH	bra [bra]
Bikini	bikini [bɪˈkini]
Blazer	blazer [ˈblezɚ]
Bluse	blouse [blæʊs]
bügelfrei	noniron [nanˈaɪɚn]
Handschuhe	gloves [gləvz]
Hemd	shirt [ʃɚt]
Hose	pants [pænts]
Hut	hat [hæt]
– Sonnenhut	sunhat [ˈsənhæt]
Jacke	jacket [ˈdʒækɪt]
Jeans	jeans [dʒinz]
Jogginganzug	sweat suit [ˈswɛt sut]
Jogginghose	sweat pants [ˈswɛt pænts]
Kapuze	hood [hʊd]
Kinderkleidung	children's clothing [ˈtʃɪldrənz ˌkloðɪŋ]
Kleid	dress [drɛs]
Kostüm	suit [sut]
Krawatte	tie [taɪ]
Leinen	linen [ˈlɪnən]
Mantel	coat [kot]
Mütze	cap [kæp]

Pullover	pullover [ˈpʊlˌovɚ]; sweater [ˈswɛtɚ]
Regenjacke	rain coat [ren‿kot]
Reißverschluss	zipper [zɪpɚ]
Rock	skirt [skɚt]
Sakko	sports coat [spɔɚts‿kot]
Schal	scarf [skɑɚf]
Schirm	umbrella [əmˈbrɛlə]
Seide	silk [sɪlk]
Shorts	shorts [ʃɔɚts]
Skihose	skipants [ˈskipæntz]
Slip	*(Herren)* underpants [ˈəndɚpæntz]; briefs [brifs]; *(Damen)* underpants [ˈəndɚpæntz]
Socken	socks [sɑks]
Strickjacke	cardigan [ˈkɑɚdɪgən]
Strumpfhose	tights [taɪts]; pantyhose [ˈpæntihoz]
Sweatshirt	sweatshirt [ˈswɛtʃɚt]
T-Shirt	T-shirt [ˈtiʃɚt]
Unterwäsche	underwear [ˈəndɚwɛɚ]
Weste	vest [vɛst]; cardigan [ˈkɑɚdɪgən]
Wolle	wool [wəl]

Schuhe und Taschen

Ich habe Schuhgröße ...
I wear a size .... [aɪ wɛɚ ə saɪz]

Sie sind zu eng/zu groß.
They're too tight/too big. [ðɛɚ ˈtu ˈtaɪt/tu bɪg]

Absatz	heel [hil]
Flipflops	flip-flops [ˈflɪp flɑps]
Gummistiefel	rubber boots [ˈrəbɚ ˈbuts]
Gürtel	belt [bɛlt]
Handtasche	purse [pɚs]
Koffer	suitcase [ˈsutkes]
Lederjacke	leather jacket [ˈlɛðɚ ˈdʒækɪt]
Ledermantel	leather coat [ˈlɛðɚ ˈkot]
Reisetasche	bag [bæg]
Rucksack	backpack [ˈbækˈpæk]; daypack [ˈdeˈpæk]
Sandalen	sandals [ˈsændlz]
Schulterriemen	shoulder strap [ˈʃoldɚ stræp]
Schnürsenkel	shoelaces [ˈʃuˈlesəz]
Schuh	shoe [ˈʃu]
Schuhbürste	shoe brush [ˈʃu brəʃ]
Schuhcreme	shoe polish [ˈʃu ˈpɑlɪʃ]
Skistiefel	ski boots [ˈski buts]

Sohle	sole [sol]
Stiefel	boots [buts]
Strandschuhe	sandals [ˈsændlz]; beach shoes [ˈbitʃ ʃuz]
Tasche	purse [pɚs]; bag [bæg]
Trolley(koffer/-tasche)	rolling suitcase [rolɪŋ ˈsutkes]
Turnschuhe	tennis shoes [ˈtɛnɪs ʃuz]; sneakers [ˈsnikɚz]
Umhängetasche	(shoulder) bag [ˈʃoldɚ bæg]
Wander-/Trekkingschuh	hiking boots [ˈhaɪkɪŋ ˈbuts]

In der Reinigung

Sauber bleiben

Wollen Sie einmal unterwegs Ihre Kleider waschen, suchen Sie nach einem **Laundramat**. Die Waschmaschinen und Trockner sind **coinoperated** – mit Münzen zu bedienen. Wenn Sie nicht genug **Quarters** (25-Cent-Stücke) bei sich haben, können Sie Ihr Geld in einer **change machine** wechseln. Die **Laundramats** sind nicht teuer und bieten oft eine gute Möglichkeit, um mit Amerikanern ins Gespräch zu kommen.

Ich möchte diese Sachen reinigen/waschen lassen.
I'd like to have these things cleaned/washed, please.
[aɪd laɪk tə hæv ðiz θɪŋz ˈklind/ˈwaʃt pliz]

Wann sind sie fertig?
When will they be ready? [ˈwɛn wɪl ðe bi ˈrɛdi]

bügeln	iron [ˈaɪɚn]; press [prɛs]
chemisch reinigen	dryclean [ˈdraɪˈklin]
Wäsche	laundry [ˈlandri]

BEIM OPTIKER

Würden Sie mir bitte diese Brille/das Gestell reparieren?
Would you please fix these glasses for me?
[wʊd jʊ fɪks ðiz ˈglæsɪz fɔɚ mi]

Ich bin kurzsichtig/weitsichtig.
I'm near-sighted/far-sighted. [aɪm ˈnɪɚsaɪtɪd/ˈfaɚsaɪtɪd]

Wie ist Ihre Sehstärke?
What's your eye prescription? [ˈwats‿jɚ‿aɪ pɚˈskrɪpʃn]

rechts ..., links ...
... in the right eye, ... in the left eye [ɪn ðə ˈraɪt‿aɪ' ... ɪn ðə ˈlɛft‿aɪ]

Wann kann ich die Brille abholen?
When can I pick up my glasses? [ˈwɛn kæn‿aɪ ˈpɪkˌəp maɪ ˈglæsɪz]

Ich hätte gern ...
I'd like ... [aɪd laɪk]

- ***Eintageslinsen.***
  daily disposable contacts. [ˈdeli dɪˈspozəbəl ˈkanˌtækts]
- ***eine Aufbewahrungslösung.***
  some storage solution. [səm ˈstaɚɪdʒ səlˈuʃən]
- ***eine Reinigungslösung.***
  some cleaning solution. [səm ˈklinɪŋ səlˈuʃən]
- ***für harte/weiche Kontaktlinsen.***
  for hard/soft contacts. [fɔɚ ˈhaɚd/ˈsaft ˈkantækts]
- ***eine Sonnenbrille.***
  some sunglasses. [səm ˈsənˌglæsɪz]
- ***ein Fernglas.***
  some binoculars. [səm bɪˈnakjʊlɚz]

Gleitsichtgläser	bifocals [baɪfokəlz]
Lesebrille	reading glasses [ridɪŋ glæsɪz]

SOUVENIRS KAUFEN

Ich hätte gern ...
I'd like ... [aɪd laɪk]

- ***ein hübsches Andenken.***
  a beautiful souvenir/present. [ə‿ˈbjutəfl ˈsuvəˈnɪɚ/ˈprɛznt]
- ***etwas Typisches aus dieser Gegend.***
  something typical of this area./some local craft.
  [ˈsəmθɪŋ ˈtɪpɪkl‿əv ˌðɪs ˈɛɚiə/ˈsəm ˈlokl ˈkræft]

Wie viel wollen Sie ausgeben?
How much are you thinking of spending?
[ˈhaʊ ˈmətʃ aɚ jʊ ˈθɪnkɪŋ‿əv ˈspɛndɪŋ]

Ich möchte etwas nicht zu Teures.
I'd like something that's not too expensive.
[aɪd laɪk ˈsəmθɪŋ ðəts ˈnɑt ˈtu ɪksˈpɛnsɪv]

Das ist aber hübsch.
That's pretty. [ðæts ˈprɪdi]

Können Sie mir das bitte als Geschenk verpacken?
Can you gift-wrap it for me, please? [kæn‿ju ˈgɪft ræp‿ ɪt fɔɚ mi pliz]

Danke schön, ich habe nichts gefunden(, das mir gefällt).
Thanks, but nothing really seems to fit the bill.
[ˈθæŋks ˈbət ˈnəθɪŋ ˈrili simz tə‿fɪt ðə ˈbɪl]

echt	genuine [ˈdʒɛnjuɪn]
Folkloreladen	traditional folk art store [trəˈdɪʃənl fok ɑɚt stoɚ]
handgemacht	handmade [ˈhændˈmed]
handgewebt	hand-woven [ˈhændˈwovən]
Keramik	ceramics [səˈræmɪks]
kitschig	tacky [ˈtæki]
Mitbringsel	gift [gɪft]
regionales Produkt/ Spezialität	regional product/speciality [ˈridʒənl ˈprɑdəkt/spɛʃiˈæləti]
Schmuck	jewelry [ˈdʒuəlri]
Schnitzerei	woodcarving [ˈwʊdˌkɑɚvɪŋ]
Töpferwaren	pottery [ˈpɑdɚi]

IM TABAKLADEN

Eine Schachtel/Eine Stange Zigaretten, bitte.
A packet/carton of cigarettes, please.
[ə ˈpæk/ˈkɑɚtn‿əv ˌsɪgəˈrɛts pliz]

– ***mit/ohne Filter, bitte.***
filter-tipped/without filter, please. [ˈfɪltɚ tɪpt/wɪθæʊt fɪltɚ pliz]

Zehn Zigarren/Zigarillos, bitte.
Ten cigars/cigarillos, please. [ˈtɛn sɪˈgɑɚz/sɪgəˈrɪloz pliz]

Aschenbecher	ashtray [ˈæʃtre]
Feuerzeug	lighter [ˈlaɪdɚ]
Pfeife	pipe [paɪp]
Pfeifentabak	pipe tobacco [ˈpaɪp təˈbæko]
Streichhölzer	matches [ˈmætʃɪz]
Zigarette	cigarette [sɪgəˈrɛt]
Zigarettentabak	cigarette tobacco [ˌsɪgəˈrɛt təˈbæko]
Zigarillo	cigarillo [ˌsɪgəˈrɪlo]
Zigarre	cigar [sɪˈgaɚ]

UHREN UND SCHMUCK

Insider-Tipp

Wenn Sie **designer jewelry** *(Designerschmuck)* suchen, sind die **Museum Shops** ein guter Tipp.

Anhänger	pendant [ˈpɛndənt]
Armband	bracelet [ˈbreslɪt]
Armbanduhr	wristwatch [ˈrɪstwatʃ]
– für Damen/für Herren	ladies'/men's [ˈlediz/mɛnz]
Brosche	pin [pɪn]
Gold	gold [gold]
Kette	necklace [ˈnɛklɪs]
Krawattennadel	tiepin [ˈtaɪpɪn]
Kristall	crystal [ˈkrɪstl]
Modeschmuck	fashion jewelry [ˈfæʃn ˈdʒuəlri]
Ohrstecker	stud earring [stəd ˈ ɪɚɪŋ]
Ohrringe	earrings [ˈɪɚrɪŋz]
Perle	pearl [pɚl]
Reisewecker	travel alarm [ˈtrævl əˈlaɚm]
Ring	ring [rɪŋ]
Schmuck	jewelry [ˈdʒuəlri]
Silber	silver [ˈsɪlɚ]
wasserdichte Uhr	waterproof watch [ˈwadɚpruf watʃ]

ZEIGEBILDER

Bürste
brush
[brəʃ]

Damenbinde
sanitary napkin
[ˈsænɪtɛə·i ˈnæpkɪn]

Deo(dorant)
deodorant
[diˈodə·ənt]

Duschgel
shower gel
[ˈʃaʊə· dʒɛl]

Haargummis
hairbands
[ˈhɛə·bændz]

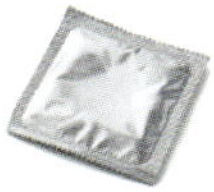

Kondom
condom
[ˈkɑndəm]
rubber [ˈrʊbə·]
fam

Lippenpomade
lip balm
[tʃæpstɪk]

Lippenstift
lipstick
[ˈlɪpstɪk]

Pflaster
band-aid®
[ˈbændˌed]

Rasierer
razor [ˈrezə·]
shaver [ˈʃevə·]

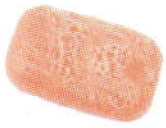

Seife
soap [sop]

Shampoo
shampoo
[ʃæmˈpu]

Sonnencreme
sun tan lotion
[ˈsən tæn loʃən]

Tampon
tampon
[ˈtæmpɔn]

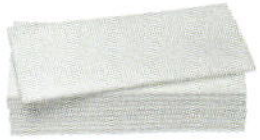

Taschentücher
tissues
[tɪʃuz]

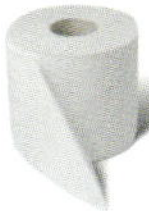

Toilettenpapier
toilet paper
[ˈtɔɪlɪt ˌpepə·]

Wattestäbchen
cotton swabs
[ˈkɑtn ˈswɑbs]

Wimperntusche
mascara
[mæˈskɛə·ə]

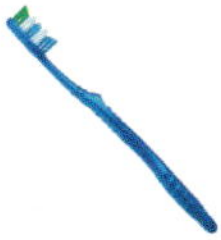

Zahnbürste
toothbrush
[ˈtuθbrəʃ]

Zahnpasta
toothpaste
[ˈtuθpest]

Für alle Fälle

Können Sie mir bitte sagen ...?

Wo, wie, wann...? Eines lehrt uns das Leben:
nicht zu fragen ist die bei Weitem schlechteste Wahl!

Vermutlich wollen Sie im Urlaub mit all dem am liebsten nichts zu tun haben. Mit der Polizei, dem Arzt, der Apotheke ... Und bestimmt finden Sie es gut, wenn Sie folgende Orte schnell auffinden: eine Post, eine Bank, ein Internetcafe ... In diesem Kapitel informieren wir Sie rund um diese Themen.

IN DER APOTHEKE

Pharmacies and drug stores

Falls Sie Medikamente kaufen müssen, schauen Sie nach einem Schild mit einem **RX**. Dahinter verbergen sich die **pharmacies** (*Apotheken*). Des Öfteren sind sie Teil eines großen **drug store** (*Drogerie*). Da jedes Land andere Bestimmungen in Bezug auf rezeptfreie Medikaamente hat – **OTC (over the counter) drugs** – fragen Sie am besten an der Theke. Ein **pharmacist** (*Apotheker/in*) wird Sie sicherlich beraten können.
Übrigens: Das Wort **drug** bedeutet sowohl *Medikament* als auch *Droge*.

Könnten Sie mir bitte sagen, wo die nächste Apotheke (mit Nachtdienst) ist?
Could you tell me where the nearest pharmacy (with 24-hour service) is? [ˈkʊd ju tɛl mi wɛɚ ðə ˈnɪɚɪst ˈfɑɚməsi (wɪð ˈtwɛntifɔɚˈæʊɚ ˈsɚvɪs) ɪz]

Könnten Sie mir bitte etwas gegen ... geben?
Can you give me something for ..., please?
[kæn jʊ ˈgɪv mi ˈsəmθɪŋ fɔɚ ... pliz]

Dieses Mittel ist verschreibungspflichtig.
You need a prescription for this. [ˌjʊ ˈnid ə ˈprɪˈskrɪpʃn fɔɚ ˌðɪs]

Abführmittel	laxative [ˈlæksətɪv]
Antibabypillen	contraceptive pills [ˌkɑntrəˈsɛptɪv pɪlz]
Aspirin®	aspirin [ˈæspɚɪn]
Augentropfen	eye drops [ˈaɪ drɑps]
Beruhigungsmittel	sedative [ˈsɛdətɪv]; tranquilizer [ˈtrænkwɪlaɪzɚ]
Brandsalbe	ointment for burns [ˈɔɪntmənt fɔɚ ˈbɚnz]
Desinfektionsmittel	disinfectant [ˌdɪsɪnˈfɛktənt]
Elastikbinde	ace/elastic bandage [ˈes/ɪˈlæstɪk ˈbændɪdʒ]
Elektrolytlösung	Pedialyte® [ˈpidiəˌlaɪt]
Fieberthermometer	thermometer [θɚˈmɑmɪtɚ]
Halstabletten	cough drops [ˈkɔf drɑps]
Hustensaft	cough syrup [ˈkɑf ˈsɚəp]

Mittel gegen Insektenstiche	insect repellent [ˈɪnsɛkt rɪˈpɛlənt]
Insulin	insulin [ˈɪnsəlɪn]
Jod(tinktur)	(tincture of) iodine [(ˈtɪŋktʃɚ‿əv) ˈɑɪədɑɪn]
Kondom	condom [ˈkɑndəm]
Kopfschmerztabletten	aspirin [ˈæspɚɪn]
Kreislaufmittel	cardiac stimulant [ˈkɑɚdiæk ˈstɪmjələnt]
Läuse	lice [lɑɪs]
Medikament	medicine [ˈmɛdɪsən]
Mittel	remedy [ˈrɛmɪdi]; medicine [ˈmɛdɪsən]
Mullbinde	gauze bandage [ˈgɔz ˈbændɪdʒ]
Ohrentropfen	ear-drops [ˈɪrdɚɑps]
Pflaster	Band-aid® [ˈbændɪd]
Pille danach	morning-after pill [ˈmɔɚnɪŋ‿ˈæftɚ pɪl]
Puder	powder [ˈpaʊdɚ]
Rezept	prescription [prɪsˈkrɪpʃn]
Salbe	ointment [ˈɔɪntmənt]
Schlaftabletten	sleeping pills [ˈslipɪŋ pɪlz]; tranquilizers [ˈtrenkwɪˌlɑɪzɚz]
Schmerztabletten	pain-killers [ˈpenˌkɪlɚz]
Sonnenbrandsalbe	sunburn ointment [ˈsənbɚn ˈɔɪntmənt]
Tablette	pill [pɪl]
Traubenzucker	glucose [ˈglukos]
Tropfen	drops [drɑps]
Vitamintabletten	vitamin supplements [ˈvɑɪtəmɪn ˈsəplɪmənts]
Watte	cotton balls [ˈkɑtn ˈbɔlz]; cotton-wool [ˈkɑtnˈwʊl]
Zäpfchen	suppository [səˈpɑzɪtɔɚi]

Notice — Beipackzettel

composition	Zusammensetzung
areas of application	Anwendungsgebiete
contraindications	Gegenanzeigen
side effects	Nebenwirkungen
drug interaction precaution	Wechselwirkungen

Dosage: — Dosierungsanleitung:

Take once/several times in 24 hours ...	1 x/mehrmals täglich ... einnehmen
– 1 pill	1 Tablette
– 20 drops	20 Tropfen
– 1 dosage cup	1 Messbecher

before meals	vor dem Essen
after meals	nach dem Essen
on an empty stomach	auf nüchternen Magen
Take with water and swallow whole	unzerkaut mit etwas Flüssigkeit einnehmen
Dissolve in water	in etwas Wasser auflösen
Let dissolve (in one's mouth)	im Mund zergehen lassen
Apply sparingly to the skin and rub in	dünn auf die Haut auftragen und einreiben
infants	Säuglinge
under 6 years	Kleinkinder
6 – 12 years	Schulkinder
12 years to adult	Jugendliche
adult	Erwachsene
Keep out of reach of children!	Für Kinder unzugänglich aufbewahren!

BEIM ARZT

Könnten Sie mir … empfehlen?
Can you recommend a good …? [kæn jʊ ˌrɛkəˈmɛnd‿ə gʊd]

- ***Arzt/Ärztin***
  doctor [ˈdaktɚ]
- ***Augenarzt***
  optometrist [apˈtamɪtrɪst]
- ***Frauenarzt***
  gynecologist [ˌgaɪnəˈkalədʒɪst]
- ***Hals-Nasen-Ohren-Arzt***
  ear, nose and throat specialist [ˈɪɚ ˈnoz‿ən ˈθrot ˈspɛʃəlɪst]
- ***Hautarzt***
  dermatologist [ˌdɚməˈtalədʒɪst]
- ***Kinderarzt***
  pediatrician [ˌpidiəˈtrɪʃn]
- ***Praktischen Arzt***
  GP [ˈdʒiˈpi]
  general practitioner [ˈdʒɛnɚəl prækˈtɪʃnɚ]
- ***Urologen***
  urologist [ˌjʊˈralədʒɪst]
- ***Zahnarzt***
  dentist [ˈdɛntɪst]

Wo ist ihre/seine Praxis?
Where's his/her practice/office? [ˈwɛɚz hɪz/hɚ ˈpræktɪs/ˈɔfɪs]

Beschwerden beschreiben

Was für Beschwerden haben Sie?
What's the trouble? [ˈwɑts ðə ˈtrəbl]

Ich habe Fieber.
I'm running a temperature. [ɑɪm rənɪŋ‿ə ˈtɛmprətʃɚ]

Mir ist oft …
I often feel … [ɑɪ ˈɔfn fil]

- ***schlecht/übel.***
  sick/nauseous. [sɪk/ˈnɔʃəs]
- ***schwindlig.***
  faint. [ˈfent]

Ich bin ohnmächtig geworden.
I fainted. [ɑɪ ˈfentəd]

Ich bin stark erkältet.
I've got a bad cold. [ɑɪv gɔdə bæd kold]

Ich habe Kopfschmerzen/Halsschmerzen.
I have a headache/sore throat. [ɑɪ hæv‿ə ˈhɛdek/sɔɚ θrot]

Ich habe Husten.
I have a cough. [ɑɪ hæv ə ˈkɔf]

Ich bin …
I've been … [ɑɪv bɪn]

- ***gestochen worden.***
  stung. [ˈstəŋ]
- ***gebissen worden.***
  bitten. [ˈbɪtn]

Ich habe mir den Magen verdorben.
I have an upset stomach. [ɑɪ hæv‿ən ˈəpsɛt ˈstəmək]

Ich habe Durchfall.
I have diarrhea. [ɑɪ hæv ˌdɑɪərˈiə]

Ich habe Verstopfung.
I'm constipated. [ɑɪm ˈkɑnstɪpetəd]

Ich vertrage das Essen/die Hitze nicht.
The food doesn't agree with me./I can't handle the heat.
[ðə fud dəznt əˈgri wɪ mi/ɑɪ kænt ˈhændl ðə hit]

Ich habe mich verletzt.
I've hurt myself. [ɑɪv ˈhɚt mɑɪˌsɛlf]

Ich bin gestürzt.
I fell down. [ɑɪ ˈfɛl ˈdɑʊn]

Ich bin allergisch gegen ...
I'm allergic to ... [aɪm‿əˈlɚdʒɪk tu]

- ***Antibiotika.***
  antibiotics. [ˌæntaɪbaɪˈɔtɪks]
- ***Bienen.***
  bees. [biz]
- ***Pollen.***
  pollen. [ˈpalən]

Ich bin gegen ... geimpft.
I'm vaccinated against ... [aɪm ˈvæksɪnetɪd əˈgɛnst]

- ***Hepatitis A/B/A und B***
  hepatitis A/B/A and B. [ˌhɛpəˈtaɪtɪs e/bi/e ænd bi]
- ***Tetanus***
  tetanus. [ˈtɛtnəs]
- ***Typhus***
  typhoid. [ˈtaɪfɔɪd]

Können Sie mir bitte etwas gegen ... geben/verschreiben?
Could you give me/prescribe me something for ...?
[ˈkʊd‿jʊ ˈgɪv mi/pɚˈskraɪb mi ˈsəmθɪŋ fɔɚ]

Wie oft muss ich es einnehmen?
How often do I have to take it? [hæʊ ˈafn du aɪ hæv tə ˈtek‿ ɪt]

Normalerweise nehme ich ...
I usually take ... [aɪ ˈjuʒuəli tek]

Ich habe einen hohen/niedrigen Blutdruck.
I have high/low blood pressure. [aɪ hæv hai/lo ˈblədprɛʃɚ]

Ich bin ...
I'm ... [aɪm]

- ***Allergiker/in.***
  prone to allergies. [ˌpron tu ˈælɚdʒiz]
- ***Diabetiker/in.***
  a diabetic. [‿ə daiəˈbɛtɪk]
- ***körperbehindert.***
  physically challenged/physically disabled/physically impaired.
  [ˌfɪzɪkli ˈtʃælɪndʒd/ˌfɪzɪkli dɪsˈebəld/ˌfɪzɪkli ɪmˈpɛɚd]
- ***sehbehindert.***
  visually challenged/visually impaired.
  [ˌvɪʒuəli ˈtʃælɪndʒd/ˌvɪʒuəli ɪmˈpɛɚd]

Ich habe ...
I have ... [aɪ hæv]

- ***Epilepsie.***
  epilepsy. [ɛpəlɛpsi]

- ***multiple Sklerose.***
  multiple sclerosis (MS). [ˈmʌltəpl skləˈosɪs (ɛm ɛs)]
- ***einen Herzschrittmacher.***
  a pacemaker. [ə ˈpesmekɚ]

Ich bin schwanger.
I'm pregnant/expecting. [aɪm ˈprɛgnənt/ɪksˈpɛktɪŋ]

Ich hatte vor kurzem ...
I had ... recently. [aɪ hæd ˈ... ˈrisntli]

Bei der Untersuchung

Was kann ich für Sie tun?
What can I do for you? [ˈwɑt kæn aɪ ˈdu fɔɚ ju]

Wo tut es weh?
Where does it hurt? [ˈwɛr dəz‿ɪt ˈhɚt]

Ich habe hier Schmerzen.
I feel some pain here. [aɪ ˈfil səm ˈpen ˈhɪɚ]

Bitte, machen Sie sich frei.
Please get undressed. [pliz gɛt ˌənˈdrɛst]

Bitte tief einatmen. Atem anhalten.
Take a deep breath. Hold your breath, please.
[tek‿ə dip brɛθ. hold jʊɚ brɛθ pliz]

Ich brauche eine Blut-/Urinprobe.
I need a blood/urine sample. [aɪ ˈnid‿ə ˈbləd/ˈjʊɚɪn ˈsæmpl]

Sie müssen geröntgt werden.
You'll have to be x-rayed. [jʊl ˈhæv tə bi ˈɛksred]

Sie müssen operiert werden.
You'll need an operation. [jʊl ˈnid ən ˌɔpɚˈeʃn]

Sie sollten ein paar Tage Bettruhe halten.
You need a few days in bed. [jʊ nid‿ə fju dez‿ɪn bɛd]

Es ist nichts Ernstes.
It's nothing serious. [ɪts ˈnəθɪŋ ˈsɪɚiəs]

Haben Sie einen Impfpass?
Do you have a vaccination card? [djʊ hæv‿ə ˌvæksɪnˈeʃn ˈkɑɚd]

Ich bin gegen ... geimpft.
I've had a vaccination against ... [aɪv hæd ə ... ˌvæksɪˈneʃn əgɛnst]

Wie lange muss ich hier bleiben?
How long will I have to stay here? [ˈhaʊ ˈlaŋ wɪl aɪ hæv tə ˈste hɪɚ]

Geben Sie mir bitte …
I'd like … [aɪd laɪk]

- ***ein Glas Wasser.***
  a glass of water/ice cubes. [ə glæs əv ˈwadɚ/ˈaɪs kjubz]
- ***eine Schmerztablette.***
  a pain-killer. [ə ˈpenˌkɪlɚ]
- ***eine Schlaftablette.***
  a sleeping pill. [ə ˈslipɪŋ pɪl]
- ***eine Wärmflasche.***
  a hot-water bottle. [e hat ˈwadɚ ˈbadl]

Ich kann nicht einschlafen.
I can't fall asleep. [aɪ kænt fal əˈslip]

Wann darf ich aufstehen?
When can I get up? [ˈwɛn kæn‿aɪ ˈgɛt‿ˈəp]

Krankheiten und Beschwerden

Abszess	abscess [ˈæbsɛs]
Aids	AIDS [edz]
Allergie	allergy [ˈælɚdʒi]
allergisch sein gegen …	allergic to … [ˈælɚdʒɪk tə]
Angina	chest pain [tʃɛst pen]
ansteckend	contagious [kənˈtedʒəs]
Asthma	asthma [ˈæsmə]
Atembeschwerden	difficulty breathing [ˈdɪfɪkəlti ˈbriðɪŋ]
Ausschlag	rash [ræʃ]
Bänderriss	torn ligament [ˈtɔɚn ˈlɪgəmənt]
Beschwerden	symptoms [sɪmtəmz]
Bindehautentzündung	conjunctivitis [kənˈdʒəŋtəvaɪtɪs]
Blähungen	gas [gæs]; bladder infection [ˈblædɚ ɪnˈfɛkʃn]
Blinddarmentzündung	appendicitis [əˌpɛndɪˈsaɪtɪs]
Blutung	bleeding [ˈblidɪŋ]
Bluthochdruck	high blood pressure [hai ˈblədˌprɛʃɚ]
Blutvergiftung	blood-poisoning [ˈblədˌpɔɪznɪŋ]
Borreliose	borreliosis [barɛlɪəʊsɪs]; Lyme disease [laɪm dɪˈziz]
Brechreiz	nausea [ˈnɔziə]
Bronchitis	bronchitis [braŋˈkaɪtɪs]

Bruch	*(Leisten~)* hernia [ˈhɚniə]; *(Knochen~)* fracture [ˈfræktʃɚ]
Cholera	cholera [ˈkɑlɚə]
Diabetes	diabetes [ˌdɑɪəˈbitiz]
Diphtherie	diphtheria [ˌdɪpˈθɪɚiə]
Durchfall	diarrhea [ˌdɑɪəˈriə]
Entzündung	infection [ɪnˈfɛkʃn]; inflammation [ɪnfləˈmeʃn]
Epilepsie	epilepsy [ˈɛpɪlɛpsi]
Erkältung	cold [kold]
Fehlgeburt	miscarriage [ˈmɪskærɪdʒ]
Fieber	fever [ˈfivɚ]; temperature [ˈtɛmprətʃɚ]
gebrochen	broken [ˈbrokn]
Gehirnerschütterung	concussion [kənˈkəʃn]
Gehirnschlag	stroke [strok]
Gelbfieber	yellow fever [ˈjɛlo ˈfivɚ]
Gelbsucht	jaundice [ˈdʒɑndɪs]
Geschlechtskrankheit	venereal disease [vɪˈnɪɚiəl dɪˈziz]
geschwollen	swollen [ˈswolən]
Geschwulst	growth [groθ]; tumor [ˈtumɚ]
Geschwür	ulcer [ˈəlsɚ]
Gleichgewichtsstörungen	impaired balance [ɪmˈpɛɚd ˈbæləns]
Grippe	flu [flu]
Halsschmerzen	sore throat [ˈsɔɚ ˈθrot]
Hämorriden	hemorrhoids [ˈhɛmɚɔɪdz]
heiser	hoarse [hors]
Herpes	herpes [ˈhɚpiz]
Herzanfall	heart attack [ˈhɑɚt‿əˈtæk]
Herzbeschwerden	heart trouble [ˈhɑɚt ˌtrəbl]
Herzfehler	heart defect [ˈhɑɚt ˌdɪˈfɛkt]
Herzinfarkt	heart attack [ˈhɑrɚ‿əˈtæk]; cardiac infarction [ˈkɑɚdiæk‿ɪnˈfɑɚkʃn]
Herzrasen	tachycardia [ˈtækikɑɚdiə]
Heuschnupfen	hay fever [ˈhe ˌfivɚ]
Hexenschuss	lumbago [ləmˈbego]
Hirnhautentzündung	meningitis [mɛnɪndʒˈɑɪtɪs]
HIV-positiv	HIV positive [etʃ ɑɪ vi ˈpɑzɪtɪv]
Infektion	infection [ɪnˈfɛkʃn]
Insektenstich	insect bite [ˈɪnsɛkt bɑɪt]
Ischias	ischium [ˈɪʃiəm]; sciatica [sɑɪˈætɪkə]
jucken	itch [ɪtʃ]
Keuchhusten	whooping cough [ˈhupɪŋ kɔf]
Kinderkrankheit	childhood disease [ˌtʃɑɪldhʊd dɪˈziz]
Kinderlähmung	polio [ˈpolio]
Knochenbruch	fracture [ˈfræktʃɚ]
Kolik	colic [ˈkɑlɪk]

Kopfschmerzen	headache [ˈhɛdek]
Krampf	cramp [kræmp]
Krankheit	illness [ˈɪlnɪs]
Krebs	cancer [ˈkænsɚ]
Kreislaufstörung	circulatory disorder [ˈsɚkjʊləˈtɔri dɪsˈɔɚdɚ]
Lähmung	paralysis [pəˈrælɪsɪs]
Lebensmittelvergiftung	food-poisoning [ˈfudˌpɔɪznɪŋ]
Leistenbruch	hernia [ˈhɚniə]; rupture [ˈrəptʃɚ]
Lungenentzündung	pneumonia [nəˈmonjə]
Magenschmerzen	stomach-ache [ˈstəməkˌek]
Malaria	malaria [məˈlɛɚiə]
Mandelentzündung	tonsilitis [ˌtansɪˈlaɪtɪs]
Masern	measles [ˈmizlz]
Migräne	migraine [ˈmaɪgren]
Mittelohrentzündung	ear infection [ˈɪɚ ɪnˌfɛkʃn]
Mumps	mumps [məmps]
Nasenbluten	nose bleed [ˈnoz blid]
Nierenentzündung	nephritis [nəˈfraɪtɪs]
Nierenstein	kidney stone [ˈkɪdni ston]
niesen	sneeze [sniz]
Ohnmacht	faint [fent]
Pilzinfektion	fungal infection [ˈfəŋgl ɪnˈfɛkʃn]
Prellung	bruise [bruz]; contusion [kənˈtuʒn]
Rheuma	rheumatism [ˈrumətɪzm]
Röteln	German measles [ˈdʒɚmən ˈmizlz]
Rückenschmerzen	backache [ˈbækek]
Salmonellen	salmonella [ˈsælmnelə]
Scharlach	scarlet fever [ˈskaɚlɪt ˈfivɚ]
Schlaflosigkeit	sleeplessness [ˈsliplɪsnəs]
Schlaganfall	stroke [strok]
Schmerzen	pain [pen]
Schnittwunde	cut [kət]
Schnupfen	cold [kold]; runny nose [rəni noz]
Schüttelfrost	shaking chills [ˈʃekɪŋ tʃɪlz]
Schwellung	swelling [ˈswɛlɪŋ]
Schwindel	dizziness [ˈdɪzinɪs]
Sehstörungen	impaired vision [ɪmˈpɛɚd ˈvɪʃən]
Seitenstich	side-pain [ˈsaɪdpen]
Sodbrennen	heartburn [ˈhaɚtbɚn]
Sonnenbrand	sunburn [ˈsənˌbɚn]
Sonnenstich	sunstroke [ˈsənstrok]
Stirnhöhlenentzündung	sinusitis [ˌsaɪnəsˈaɪtɪs]
Tetanus	tetanus [ˈtɛtənəs]
Typhus	typhoid [ˈtaɪfɔɪd]
Übelkeit	nausea [ˈnɔziə]

Verbrennung	burn [bɚn]
Verdauungsstörung	indigestion [ˌɪndɪˈdʒɛstʃn]
Vergiftung	poisoning [ˈpɔɪznɪŋ]
verletzen	hurt [hɚt]; injure [ˈɪndʒɚ]
Verletzung	injury [ˈɪndʒɚi]
verstaucht	sprained [sprend]
Verstopfung	constipation [ˌkɑnstɪˈpeʃn]
wehtun	hurting [ˌhɚtɪŋ]
Windpocken	chickenpox [ˈtʃɪknpɑks]
Wunde	wound [wund]
Zerrung	pulled ligament/muscle [ˈpʊld ˈlɪgəmənt/ˈməsl]

Körper und Krankenhaus von A bis Z

Arm	arm [ɑɚm]
atmen	breathe [brið]
Attest	certificate [sɚˈtɪfɪkət]
Augen	eyes [aɪz]
Bauch	stomach [ˈstəmək]
Bein	leg [lɛg]
Bescheinigung	certificate [sɚˈtɪfɪkət]
Besuchszeit	visiting hours [ˈvɪzɪtɪŋ ˌæʊɚz]
bewusstlos	unconscious [ənˈkɑnʃəs]
Blase	bladder [ˈblædɚ]
Blinddarm	appendix [əˈpɛndɪks]
Blut	blood [bləd]
Blutdruck	blood pressure [ˈbləd ˈprɛʃɚ]
bluten	bleed [blid]
Blutgruppe	blood group [ˈbləd grup]
Bronchien	bronchial tubes [ˈbrɑŋkiəl ˈtubz]
Brust	chest [tʃɛst]; *(weibliche ~)* breast [brɛst]
Bypass	bypass (operation) [ˈbaɪpæs‿(ˌɑpəˈreʃn)]
Chirurg/in	surgeon [ˈsɚdʒn]
Darm	intestines [ɪnˈtɛstɪnz]
desinfizieren	disinfect [ˌdɪsɪnˈfɛkt]
Diagnose	diagnosis [ˌdaɪəgˈnosɪs]
Diät	diet [ˈdaɪət]
Eiter	pus [pəs]
sich erbrechen	vomit [ˈvɑmɪt]
Facharzt	specialist [ˈspɛʃəlɪst]
Finger	finger [ˈfɪŋgɚ]
Fuß	foot [fʊtʼ fit]
Gallenblase	gall bladder [ˈgɔl ˌblædɚ]
Gehirn	brain [bren]

Gehör	hearing [ˈhɪɚɪŋ]
Gelenk	joint [dʒɔɪnt]
Geschlechtsorgane	sexual organs [ˈsɛksʃuəl ˈɔɚgənz]
Gesicht	face [fes]
Hals	neck [nɛk]
Hand	hand [ˈhænd]
Haut	skin [skɪn]
Herz	heart [hɑɚt]
Herzschrittmacher	pacemaker [ˈpesˌmekɚ]
Herzspezialist	cardiologist/heart specialist [ˌkɑɚdiˈɑlɪdʒɪst/ˈhɑɚt ˈspɛʃəlɪst]
Hüfte	hip [hɪp]
Husten	cough [kɔf]
Impfpass	vaccination card [ˌvæksɪˈneʃn ˌkɑɚd]
Impfung	vaccination [ˌvæksɪˈneʃn]
Infusion	infusion [ɪnˈfjuʃn]
Kehle	throat [θrot]
Knie	knee [ni]
Knöchel	ankle [ˈænkl]
Knochen	bone [bon]
Kopf	head [hɛd]
krank	ill [ɪl]; sick [sɪk]
Krankenhaus	hospital [ˈhɑspɪtl]
Krankenkasse	medical insurance [ˈmɛdɪkl‿ɪnˈʃɚəns]
Krankenschwester	nurse [nɚs]
Leber	liver [ˈlɪvɚ]
Lippe	lip [lɪp]
Lunge	lungs [ləŋz]
Magen	stomach [ˈstəmək]
Mandeln	tonsils [ˈtɔnsɪlz]
Menstruation	menstruation [mɛnˈstreʃn]
Mund	mouth [mæʊθ]
Muskel	muscle [ˈməsl]
nähen	stitch up [ˈstɪtʃ‿ˈəp]
Narbe	scar [skɑɚ]
Narkose	anesthetic [ˌænɪsˈθɛtɪk]
Nase	nose [noz]
Nerv	nerve [nɚv]
nervös	nervous [ˈnɚvəs]
Niere	kidney [ˈkɪdni]
Ohr	ear [ɪɚ]
Operation	operation [ˌɑpəˈreʃn]
Prothese	prosthesis [prɑsˈθisɪs]
Puls	pulse [pəls]
Rippe	rib [rɪb]
röntgen	x-ray [ˈɛksre]

Röntgenaufnahme	x-ray [ˈɛksre]
Rücken	back [bæk]
Rückgrat	spine [spaɪn]
Schiene	splint [splɪnt]
Schienbein	shin [ʃɪn]
Schlüsselbein	collarbone [ˈkɑlɚbon]
Schulter	shoulder [ˈʃoldɚ]
Schwangerschaft	pregnancy [ˈprɛgnənsi]
schwitzen	sweat [swɛt]; perspire [pɚˈspaɪɚ]
Speiseröhre	esophagus [əˈsɑfəgəs]
Sprechstunde	office hours [ˈɔfɪs æʊɚz]
Spritze	injection [ɪnˈdʒɛkʃn]; shot [ʃɑt]
Station	ward [wɔɚd]
Stich	sting [stɪŋ]
Stuhlgang	bowel movement [ˈbæʊwl ˈmuvmənt]
Trommelfell	eardrum [ˈɪɚdrəm]
Ultraschalluntersuchung	ultrasound scan [ˈəltrəsæʊnd skæn]
Unterleib	abdomen [ˈæbdəmən]
Untersuchung	examination [ɪgˌzæmɪˈneʃn]
Urin	urine [ˈjʊɚɪn]
Verband	bandage [ˈbɑndɪdʒ]
verbinden	dress [drɛs]
Verdauung	digestion [daɪˈdʒɛstʃn]
verschreiben	prescribe [prɪˈskraɪb]
Virus	virus [ˈvaɪrəs]
Wartezimmer	waiting room [ˈwetɪŋ rum]
Wirbelsäule	spine [spaɪn]
Zecke	tick [tɪk]
Zehe	toe [to]
Zunge	tongue [təŋ]
Zyste	cyst [sɪst]

BEIM ZAHNARZT

Ich habe (starke) Zahnschmerzen.
I have a (terrible) toothache. [aɪ hæv‿ə (ˈtɛrəbl) ˈtuθek]

Dieser Zahn (oben/unten/vorn/hinten) tut weh.
This tooth (at the top/bottom/front/back) hurts.
[ˈðɪs ˌtuθ (æt ðə ˈtɑp/ˈbɑtm/ˈfrənt/ˈbæk) ˈhɚts]

Ich habe eine Füllung verloren.
I've lost a filling. [aɪv lɑst‿ə ˈfɪlɪŋ]

Mir ist ein Zahn abgebrochen.
I've broken part of a tooth off. [aɪv ˈbrokən pɑɚt‿əv‿ə ˈtuθ ɔf]

Ich behandle ihn nur provisorisch.
I'll only do a temporary job. [aɪl ˈonli du ə ˈtɛmpɚɛɚi jɑb]

Geben Sie mir bitte eine Spritze.
I'd like an injection. [aɪd laɪk ən‿ɪnˈdʒəkʃn]

Geben Sie mir bitte keine Spritze.
No injection please. [no ɪnˈdʒəkʃn pliz]

Backenzahn	molar [ˈmolɚ]
Brücke	bridge [brɪdʒ]
Kiefer	jaw [dʒɔ]
Krone	crown [kraʊn]
Loch *(Karies)*	cavity [ˈkævəti]
Plombe	filling [ˈfɪlɪŋ]
Prothese	prosthesis [prɑsˈθəsɪs]
Schneidezahn	incisor [ɪnˈsaɪsɚ]
Weisheitszahn	wisdom tooth [ˈwɪzdəm tuθ]
Zahn	tooth [tuθ′ tiθ]
Zahnfäule	tooth decay [ˈtuθ dəˈke]
Zahnfleisch	gums [gəmz]
Zahnschmerzen	toothache [ˈtuθek]
Zahnspange	brace(s) [ˈbresəz]
Zahnstein	tartar [ˈtɑɚtɚ]
ziehen	take out [ˌtek‿ˈæʊt]; extract [əksˈtrækt]

BANKGESCHÄFTE TÄTIGEN

Komfortabler geht es kaum

Selbstverständlich können Sie in den USA auch vom Auto aus Ihre Bankgeschäfte abwickeln: Bei den Banken steht ein Schild für **drive thru banking** (**thru** ist die Kurzform von **through**).
Das Telefonieren an öffentlichen Fernsprechern ist ebenfalls vom Auto aus möglich, kleine Telefonzellen in Autofensterhöhe finden Sie oft auf Parkplätzen. Briefkästen sind so aufgestellt, dass man vom Auto aus seine Post einwerfen kann.

Können Sie mir bitte sagen, wo hier eine Bank ist?
Could you please tell me where the nearest bank/ATM is?
[ˈkʊd ju pliz ˈtɛl mi ˈwɛɚ ðə ˈnɪɚɪst ˈbæŋk/e ti ˈɛm ɪz]

Ich möchte … Euro (Schweizer Franken) in Dollar wechseln.
I'd like to exchange … Euros (Swiss Francs) into dollars.
[ɑɪd lɑɪk tə ɪkstʃendʒ … ˈjʊɚoz (ˈswɪs ˈfræŋks) ˈɪntə ˈdɑlɚz]

Können Sie mir bitte sagen, wie heute der Wechselkurs ist?
Could you please tell me what the exchange rate is today?
[ˈkʊd ju pliz ˈtɛl mi ˈwɑt ðə ɪksˈtʃedʒ ret ɪz təˈde]

Ich möchte diesen Reisescheck einlösen.
I'd like to cash this traveler's check. [ɑɪd lɑɪk tə kæʃ ðɪs ˈtrævlɚz ˈtʃɛk]

Auf welchen Betrag kann ich ihn maximal ausstellen?
What's the largest amount I can make this out to?
[wɑts ðə ˈlɑrdʒəst əˈmæʊnt ɑɪ kən mek ðɪs ˈæʊt tə]

Punkt statt Komma

Denken Sie daran, dass die Stellen vor der Null nicht wie im Deutschen mit einem Komma, sondern mit einem Punkt getrennt werden, z. B: „zwanzig Dollar" wird **$20.00** geschrieben.

Darf ich bitte … sehen?
May I see … please? [me͜ ɑɪ si … pliz]

- *Ihren Ausweis*
  your I.D. (driver's license) [jɔɚ͜ ɑɪˈdi (drɑɪvɚz ˈlɑɪsəns)]
- *Ihren Pass*
  your passport [jɔɚ ˈpæspɔɚt]

Würden Sie bitte hier unterschreiben?
Sign here, please. [sɑɪn ˈhɪɚ pliz]

Der Geldautomat akzeptiert meine Karte nicht.
The ATM does not accept my card.
[ðə e ti ˈɛm dəz nɑt əkˈsɛpt maɪ ˈkɑɚd]

Der Geldautomat gibt meine Karte nicht mehr heraus.
The ATM has swallowed my card. [ðə e ti ˈɛm hæz ˈswɑlod maɪ ˈkɑɚd]

Cash or charge?

Die einfachsten Zahlungsmittel in den Staaten sind Bargeld (manchmal gibt es Rabatte für Barzahlung), Kreditkarten und Reiseschecks. Andere Scheckkarten oder Überweisungen sind eher problematisch. Die Amerikaner selbst benutzen am häufigsten Giroschecks und Kreditkarten. In Geschäften werden Sie oft gefragt **Cash or charge?** – *Zahlen Sie bar oder mit Kreditkarte?*
Dollarscheine gibt es für die Werte $1, $5, $10, $20, $50 und $100. Münzen sind für 1 Cent (**penny**), 5 (**nickel**), 10 (**dime**) und 25 (**quarter**) im Umlauf. Amerikaner sagen häufig **bucks** statt **dollars**.
Oft steht neben Kassen eine Schale, in die Sie Ihre kleinen Münzen reinwerfen oder auch ein paar Cent rausnehmen können, wenn Sie einen Betrag nicht passend haben.

abheben	withdraw [wɪθˈdrɑ]
auszahlen	cash [kæʃ]
Bank	bank [bæŋk]
Bankleitzahl (BLZ)	bank route number [bæŋk rut ˈnəmbɚ]
bar	cash [kæʃ]
Bargeld	cash [kæʃ]
Bearbeitungsgebühr	bank charges [bæŋk ˈtʃɑɚdʒɪz]
Betrag	amount [əˈmæʊnt]
Cent	cent [sɛnt]
Datum	date (month/day/year) [de (mənθ/de/jɪɚ]
Devisen	foreign currency [ˈfɔɚɪn ˈkɚənsi]
eingeben	press [prɛs]
einstecken	insert [ɪnˈsɚt]
Euro	euro [ˈjʊɚo]
Formular	form [fɔrm]
Geheimzahl	pin number [ˈpɪn ˌnəmbɚ]
Geld	money [ˈməni]
Geldautomat	ATM/automatic teller machine [ˈeˈtiˈɛm/ˈɔtəˌmætɪk ˈtɛlɚ məˈʃin]
Geldanweisung	cable transfer [ˈkebl ˈtrænsfɚ]
Geldschein	bill [bɪl]
Geldwechsel	exchange [ɪksˈtʃendʒ]

Kleingeld	change [tʃenʒ]
Konto	account [əˈkæʊnt]
Kontonummer	bank account number [bæŋk əˈkæʊnt ˈnəmbɚ]
Kreditkarte	credit card [ˈkrɛdɪt kaɚd]
Münze	coin [kɔɪn]
Quittung	receipt [rɪˈsit]
Reisescheck	traveler's check [ˈtrævlɚz tʃɛk]
Scheck	check [tʃɛk]
– einen Scheck ausstellen	make out a cheque [ˈmek æʊt ə‿ˈtʃɛk]
Schweizer Franken	Swiss franc(s) [ˈswɪs ˈfræŋk(s)]
Überweisung	transfer [ˈtrænsfɚ]
– telegrafische ~	wire transfer [waɪɚ ˈtrænsfɚ]
umtauschen	change [tʃendʒ]
Unterschrift	signature [ˈsɪgnɪtʃɚ]
Währung	currency [ˈkərənsi]
Wechselkurs	exchange rate [ɪksˈtʃendʒ ˌret]
Zahlung	payment [ˈpemənt]

FILMEN UND FOTOGRAFIEREN

Könnten Sie bitte ein Foto von uns machen?
Would you mind taking a picture of us?
[wʊd jʊ maɪnd ˈtekɪŋ‿ə ˈpɪktʃɚ əv‿əs]

Drücken Sie bitte auf diesen Knopf.
Just press this button. [dʒəst prɛs ðɪs ˈbətn]

Die Entfernung/Blende stellt man so ein.
You set the distance/aperture like this.
[ju sɛt ðə ˈdɪstəns/ˈæpətʃɚ laɪk ˌðɪs]

Wie kann ich zoomen/scharfstellen?
How do I zoom/focus? [hæʊ‿du ɑɪ zum/fokəs]

Es ist alles automatisch.
It's all automatic. [ɪtz ɔl ˌɔtəˈmætɪk]

Dürfte ich Sie fotografieren?
May I take a picture of you? [ˈme‿ɑɪ tek‿ə ˈpɪktʃɚ ‿əv ju]

Foto	picture [pɪktʃɚ]; photo(graph) [ˈfoto(græf)]
Fotoapparat	camera [ˈkæmɚə]
Digitalkamera	digital camera [ˈdɪdʒətl ˈkæmɚə]
fotografieren	taking photos [ˈtekɪŋ ˈfotoz]
Hochformat	portrait format [ˈpɔɚtrɪt ˈfɔɚmæt]
Querformat	landscape format [ˈlændskep ˈfɔɚmæt]

ETWAS VERLOREN?

Können Sie mir bitte sagen, wo das Fundbüro ist?
Where's the lost and found office, please?
[ˈwɛɚz ðə ˈlɔst‿ən ˈfæʊnd ˈɔfɪs pliz]

Ich habe … verloren.
I've lost … [aɪv ˈlɔst]

Ich habe meine Handtasche im Zug vergessen.
I left my purse on the train. [aɪ lɛft maɪ ˈpɚs an‿ðə tren]

Würden Sie mich bitte benachrichtigen, wenn sie gefunden werden sollte?
Please let me know if it's handed in. [ˈpliz lɛt mi ˈno‿ɪf ɪts ˌhændɪd‿ˈɪn]

Hier ist meine Hotelanschrift/Heimatadresse.
Here's the address of my hotel/my home address.
[ˈhɪɚz ðɪ‿ˈædrɛs‿əv maɪ hoˈtɛl/maɪ ˈhom‿ˈædrɛs]

IM INTERNETCAFÉ

Wo gibt es in der Nähe ein Internetcafé?
Is there an Internet café near here? [ɪz ðeɚ ən ˈɪnɚnɛt kæˈfe nɪɚ hɪɚ]

Ich möchte …
I'd like to … [aɪd laɪk tu]

- ***im Internet surfen.***
  use the Internet. [juz ðə ˈɪntɚnɛt]
- ***einen Drucker benutzen.***
  use a printer. [juz‿ ə ˈprɪntɚ]
- ***einen Scanner benutzen.***
  use a scanner. [juz‿ ə ˈskænɚ]
- ***eine CD brennen.***
  burn a CD. [bɚn‿ ə si ˈdi]

Wie viel kostet eine Stunde?/Viertelstunde?
What does it cost for an hour/a quarter of an hour?
[wət dəz‿ɪt ˈkɔst fɔɚ ən‿ˈæʊɚ/fɔɚ əˈ ˈkwɔɚdɚ əv‿ən‿ˈæʊɚ]

Kann ich ... mit diesem Computer verbinden?
Can I connect ... to this computer?
[kæn‿ aɪ kəˈnɛkt ... tu ðɪs kəmˈpjutɚ]

- ***meinen USB-Stick***
  my USB stick [maɪ ju es ˈbi stɪk]
- ***meine Kamera***
  my camera [maɪ ˈkæmərə]
- ***meinen MP3-Player***
  my MP3 player [maɪ ɛm pi ˈθri ˈplejɚ]

Gibt es einen Passwortschutz?
Is there password protection? [ɪz ðɛɚ ˈpæswɚd prəˈtekʃn]

Kann ich bei Ihnen skypen?
Can I skype here? [kæn‿aɪ ˈskaɪp hɪɚ]

Gibt es Kopfhörer mit Mikrofon?
Are there headphones with a microphone?
[ɑɚ ðɛɚ ˌhɛdfonz wɪð‿ə ˈmaɪkrəfon]

Kann ich von hier ein Fax versenden?
Can I send a fax from here? [kæn‿ˈaɪ sɛnd ə fæks frɑm hɪə]

Kann ich eine Seite ausdrucken?
Can I print out a page? [kæn‿aɪ prɪnt ˈæʊt ə ˈpedʒ]

Kann ich Daten herunterladen?
Can I download data? [kæn ‿aɪ dæʊnlod dætə]

Bei mir klappt die Verbindung nicht.
I don't have a connection. [aɪ dont hæv ə kəˈnɛkʃn]

Ich habe Probleme mit dem Computer.
I have a problem with the computer. [aɪ hæv ə ˈprɑbləm wɪð ðə kəmˈpjudɚ]

Es gibt Probleme mit der Maus/mit dem Browser/Monitor.
There's a problem with the mouse/browser/monitor.
[ðeɚz ə ˈprɑbləm wɪð ðə mæʊs/ˈbræʊzɚ/ˈmɑnətɚ]

Kann ich bei Ihnen Fotos von meiner Digitalkamera auf CD brennen?
Can I burn some photos from my digital camera onto CD here?
[kæn‿aɪ ˈbɚn səm fotoz frəm maɪ ˈdɪdʒɪtəl kæmrɚ ɑntʊ siˈdiˈ hɪɚ]

BEI DER POLIZEI

Könnten Sie mir bitte sagen, wo das nächste Polizeirevier ist?
Could you please tell me where the nearest police station is?
[kʊd ju pliz tɛl miˈwɛr ðə ˈnɪɚɪst pəˈlis‿ˌsteʃn ɪz]

Ich möchte ... anzeigen.
I'd like to report ... [aɪd laɪk tə rɪˈpɔɚt]

– ***einen Diebstahl***
a theft. [ə θɛft]
– ***einen Überfall***
a mugging. [ə ˈməgɪŋ]
a robbery. [ə ˈrɑbəɚi]

Mir ist ... gestohlen worden.
My ... was stolen. [maɪ … wəz ˈstolən]

– ***die Handtasche***
purse [pɚs]
– ***die Brieftasche***
wallet [ˈwɑlɪt]
– ***mein Ausweis***
my passport [maɪ ˈpæspɔrt]
– ***mein Fotoapparat***
my camera [maɪ ˈkæməe]
– ***mein Auto/mein Fahrrad***
my car/bike [maɪ ˈkaɚ/ˈbaɪk]
– ***mein iPod/Laptop/Handy***
my ipod/laptop/cell phone [maɪ ˈaɪ pɑd/pæspɔrt/læptɑp, sɛl fon]

Mein Auto ist aufgebrochen worden.
My car was broken into. [maɪ ˈkaɚ wəz ˈbrokn‿ˈɪntʊ]

Aus meinem Auto ist ... gestohlen worden.
... was stolen from my car. [… wəz ˈstolən frəm maɪ ˈkaɚ]

Mein Sohn/Meine Tochter ist verschwunden.
My son/daughter is missing. [maɪ ˈsən/ˈdɔtɚ ɪz ˈmɪsɪŋ]

Dieser Mann belästigt mich.
This man's harassing me. [ˈðɪs ˈmænz həˈræsɪŋ mi]

Ich bin überfallen/vergewaltigt worden.
I've been mugged/raped. [aɪv bɪn ˈməgd/ˈrept]

Können Sie mir bitte helfen?
Can you help me, please? [ˈkæn jʊ ˈhɛlp mi pliz]

Ich möchte einen Anwalt sprechen.
I'd like to speak to a lawyer. [aɪd laɪk tu ˌspik tu ə ˈlɔɪjɚ]

Wann genau ist das passiert?
When exactly did it happen? [ˈwɛn‿ɪgˈzæktli dɪd‿ɪt ˈhæpn]

Ihren Namen und Ihre Anschrift, bitte.
Your name and address, please. [jɔɚ ˈnem‿ən‿ˈædrɛs pliz]

Wenden Sie sich bitte an das deutsche/österreichische/Schweizer Konsulat.
Please get in touch with the German/Austrian/Swiss Consulate.
[pliz gɛt‿ɪn tətʃ wɪð ðə ˈdʒɚmən/ðɪ‿ˈɑstriən/ðə ˈswɪs ˈkɑnsəlɪt]

anzeigen	report [rɪˈpɔɚt]
aufbrechen	break into [brek‿ˈɪntʊ]
Autoradio	car radio [ˈkɑɚ ˈredio]
belästigen	harass [həˈræs]
beschlagnahmen	confiscate [ˈkɑnfɪsket]
Brieftasche	wallet/billfold [ˈwɑlɪt/ˈbɪlfold]
Dieb	thief [θif]
Diebstahl	theft [θɛft]
Gefängnis	prison [ˈprɪzn]
Geldbörse	coin purse [ˈkɔɪn pɚs]
Gericht	court [kɔɚt]
Kfz-Schein	car papers [kɑɚ ˈpepɚz]; car registration [kɑɚ ˈrɛdʒɪˈstreʃn]
Kreditkarte	credit card [ˈkrɛdɪt kɑɚd]
Papiere	license [ˈlaɪsəns]
Personalausweis	ID [aɪˈdi]; identification [aɪˈdɛntɪfɪˌkeʃn]
Polizei	police [pəˈlis]
Polizeiwagen	police car [pəˈlis kɑɚ]
Polizist/in	police officer [pəˈlis ˈɔfɪsɚ]
Rauschgift	drugs [drəgz]
Rechtsanwalt	lawyer/attorney [ˈlɔɪjɚ/əˈtɚni]
Reisepass	passport [ˈpæspɔɚt]
Richter/in	judge [dʒədʒ]
Scheck	check [tʃɛk]
Schlüssel	key [ki]
Schmuggel	smuggle [ˈsməgl]
Schuld	fault [fɔlt]
sexuelle Belästigung	sexual harassment [ˈsɛkʃuəl həˈræsmənt]
Taschendieb	pickpocket [ˈpɪkˌpɑkɪt]
Überfall	attack [əˈtæk]; mugging [ˈməgɪŋ]
Untersuchungshaft	police custody [pəˈlis ˈkəstədi]
Verbrechen	crime [kraɪm]
Vergewaltigung	rape [rep]
verhaften	arrest [əˈrɛst]
verlieren	lose [luz]
Zeuge/Zeugin	witness [ˈwɪtnɛs]
zusammenschlagen	beat up [ˈbit‿ˈəp]

Können Sie mir bitte sagen, wo ... ist?
Could you tell me where ... is, please? [ˈkʊd‿jʊ ˈtɛl mi ˈwɛɚ … ɪz pliz]

- ***das nächste Postamt***
  the nearest post office [ðə ˈnɪɚɪst ˈpost ˌɔfɪs]
- ***der nächste Briefkasten***
  the nearest mailbox [ðə ˈnɪɚɪst ˈmelbɑks]

Was kostet ein Brief/eine Postkarte ...
How much is a letter/postcard ... [ˈhaʊ ˈmətʃ ‿ɪz‿ə ˈlɛtɚ/ˈpostkaɚd]

- ***nach Deutschland?***
  to Germany? [tə ˈdʒɝməni]
- ***nach Österreich?***
  to Austria? [tʊ‿ˈɑstriə]
- ***in die Schweiz?***
  to Switzerland? [tə ˈswɪtsɚlənd]

Drei Briefmarken zu ... Cent, bitte!
Three .... ct stamps, please. [θri … sɛnt stæmpz pliz]

Diesen Brief bitte per ...
I'd like to send this letter ... [ɑɪd lɑɪk tə sɛnd ðɪs ˈlɛtɚ]

- ***Luftpost.***
  by airmail. [bɑɪ‿ˈɛɚmel]
- ***Express.***
  special delivery. [ˈspɛʃl dɪˈlɪvɚi]
- ***Einschreiben.***
  certified. [ˈsɝtɪfɑɪd]

Wie lange braucht ein Brief nach Deutschland?
How long does a letter to Germany take?
[ˈhaʊ ˈlɑŋ dəz‿ə ˈlɛtɚ tə ˈdʒɝməni tek]

Haben Sie Sondermarken?
Do you have collector's stamps? [djʊ hæv kəˈlɛktɚz stæmps]

Absender	sender [ˈsɛndɚ]
Adresse	address [ˈædrɛs]
aufgeben	mail [mel]
ausfüllen	fill out [fɪl‿ˈæʊt]
Brief	letter [ˈlɛtɚ]
Briefkasten	mailbox [ˈmelbɑks]
Briefmarke	stamp [stæmp]
Briefträger	mailman [ˈmelmæn]; mailcarrier [melˈkɛɚiɚ]
Eilbrief	special delivery letter [ˈspɛʃl dɪˈlɪvɚi ˈlɛtɚ]
Einschreibebrief	certified letter [ˈsɝtɪfɑɪd ˈlɛtɚ]

Empfänger	addressee [ˌædrɛˈsi]
Fax	fax [fæks]
Faxgerät	fax machine [fæks məˈʃin]
Formular	form [fɔɚm]
frankieren	stamp [stæmp]
Gebühr	charge [tʃɑɚdʒ]; fee [fi]
Gewicht	weight [wet]
Hauptpostamt	main post office [ˈmen ˈpostˌɔfɪs]
Leerung	collection [kəˈlɛkʃn]
mit Luftpost	airmail [ˈɛɚmel]
nachsenden	forward [ˈfɔɚwɚd]
Päckchen	small package [ˈsmɔl ˌpækɪdʒ]
Paket	package [pækɪdʒ]
Porto	postage [ˈpostɪdʒ]
Postamt	post office [ˈpost ˌɔfɪs]
Postkarte	postcard [ˈpostkɑɚd]
postlagernd	poste restante [ˈpost rɪˈstɑnt]; general delivery [ˈdʒɛnɚəl dɪˈlɪvɚi]
Postleitzahl	zip code [zɪp kod]
Sondermarke	collector's/commemorative stamp [kəˈlɛktɚz/kəˈmɛmɚətɪv stæmp]
Vordruck	form [fɔɚm]
Wertangabe	declaration of value [ˌdɛkləˈeʃn‿əv ˈvælju]
Zollerklärung	customs declaration [ˈkəstəmz ˌdɛkləˈeʃn]

TELEFONIEREN

Ich möchte nach ... telefonieren.
I'd like to call ... [aɪd laɪk tu cɔl]

Wie viel kostet es pro Minute?
How much does it cost per minute? [hæʊ mətʃ dəz‿ɪtkɔst pɚ ˈmɪnɪt]

In welche Kabine soll ich gehen?
Which booth should I use? [wɪtʃ ˈbuð ʃʊd‿ aɪ juz]

Ich möchte ...
I'd like ... [aɪd laɪk]

- ***eine Telefonkarte.***
  a phone card. [ə ˈfon kɑɚd]
- ***ein R-Gespräch führen.***
  to call collect. [tu kɔl kəˈlɛkt]

Wie ist bitte die Vorwahl von ...?
What's the area code for ...? [ˈwɑtz ðə ɛɚiə kod fɔɚ]

Kosten

In den USA gibt es unterschiedlich teure private Telefon-unternehmen. In Telefonzellen steht der Preis auf dem Telefon. Normalerweise kostet ein Ortsgespräch mindestens 35 Cent. Für ein Ferngespräch wählen Sie die Nummer, ohne Geld einzuwerfen, woraufhin Ihnen die (evtl. automatisierte) Zentrale sagt, wie viel Sie für die ersten drei Minuten einwerfen müssen. Nach Ablauf der 3 Minuten werden Sie unterbrochen und es wird Ihnen mitgeteilt, wie viel Sie noch zahlen müssen, wenn Sie weiter telefonieren wollen. An Flughäfen findet man meistens Fernsprecher, die gängige Kreditkarten als Zahlungsmittel nehmen.

Ein Telefongespräch führen

Bei einem Notfall

... wählen Sie **911** für Polizei, Feuerwehr oder Krankenwagen.
Die Auskunft erreichen Sie unter der Nummer **411**.

Hier spricht ...
This is ... (speaking). [ˈðɪs‿ɪz ... (ˈspikɪŋ)]

Hallo, mit wem spreche ich, bitte?
Hello, who's speaking, please? [ˌhəˈlo ˈhuz ˈspikɪŋ pliz]

Kann ich bitte Herrn/Frau ... sprechen?
Can I please speak to Mr/Mrs.... ? [kæn‿aɪ pliz ˈspik tə ˈmɪstɚ/ˈmɪsɪz]

Tut mir leid, er/sie ist nicht da.
I'm sorry, he's/she's not here. [aɪm ˈsɔɚi hiz/ʃiz ˈnat ˈhɪɚ]

Kann er/sie Sie zurückrufen?
Could he/she return my call? [ˈkʊd‿hi/ʃi riˈtɚn maɪ kal]

Möchten Sie eine Nachricht hinterlassen?
Would you like to leave a message? [wʊd‿jʊ ˈlaɪk tə‿ˈliv‿ə ˈmɛsɪdʒ]

Indirekt

In manchen Gegenden kann man nicht direkt ins Ausland wählen, man wird vom **Operator** (*der Vermittlung*) verbunden. Über die Internationale Direktwahl wird so gewählt:

Auslandsvorwahl	Landeskennzahl		Ortsnetzkennzahl
Deutschland	**0 11**	**49**	**"0"** weglassen
Österreich	**0 11**	**43**	**"0"** weglassen
Schweiz	**0 11**	**41**	**"0"** weglassen

Anruf	(phone) call [(ˈfon) kɔl]
Anrufbeantworter	telephone answering machine [ˈtɛlɪfon‿ˈænsɚɪŋ məˈʃin]
anrufen	phone [fon]; call [kɔl]
Auskunft	directory assistance [dɪˈrɛktɚi‿əˈsɪstəns]
Auslandsgespräch	international call [ˌɪntɚˈnæʃənl kɔl]
besetzt	busy [ˈbɪsi]
Ferngespräch	long-distance call [ˌlaŋ ˈdɪstəns kɔl]
Gebühr	charge [tʃaɚdʒ]; fee [fi]
Gespräch	call [kɔl]
Handy	cell(ular) phone [ˈsɛl(jəlɚ) fon]
Hörer	receiver [rɪˈsivɚ]
Mailbox	voice mail [vɔɪs mel]
Ortsgespräch	local call [ˈlokl kɔl]
R-Gespräch	collect call [kəˈlɛkt ˈkɔl]
Telefon	telephone [ˈtɛlɪfon]
Telefonbuch	telephone directory/book [ˈtɛlɪfon dɪˈrɛktɚi/bʊk]
Telefonkarte	telephone card [ˈtɛlɪfon kaɚd]
Telefonnummer	phone number [ˈfon ˌnəmbɚ]
Telefonzelle	phone booth [ˈfon buθ]
Verbindung	connection [kəˈnɛkʃn]; line [laɪn]
Vorwahlnummer	area code [ˈɛɚiə kod]
wählen	dial [ˈdaɪl]

MIT DEM HANDY

Mein Akku ist leer. Haben Sie ein Ladekabel für mich?
My battery's empty. Do you have a charger cable for me?
[maɪ ˈbædəriz‿ˈɛmpti du ju hæv‿ ə ˈtʃaɚdʒɚ kebl fɔɚ mi]

Ich möchte meine Karte aufladen.
I'd like to refil my card. [aɪd laɪk tu rifɪl maɪ kaɚd]

Mein Provider ist …
My service provider is … [maɪ ˈsɚvɪs prəˈvaɪdɚ ɪs]

Ich hätte gerne ..., bitte.
I'd like ..., please. [aɪd laɪk ... pliz]

- ***ein Handy mit einer Prepaid-Karte***
  a cell phone with a prepaid card [ə ˈsɛl fon wɪð‿ə ˈpriped kaɚd]
- ***eine SIM-Karte***
  a SIM card [ə ˈsɪm kaɚd]

Geben Sie mir bitte eine Tarifübersicht.
Please give me a list of charges. [pliz gɪv mi ə lɪst əv ˈtʃaɚdʒɪz]

Haben Sie Guthabenkarten der Mobilfunkgesellschaft...?
Do you have prepaid cards for the cell phone service provider ...?
[dʊ jʊ hæv pri peɪd ˈkaɚdz fɔɚ ðə sɛl fon provaɪdɚ?]

Ladegerät	charger [ˈtʃaɚdʒɚ]
Prepaid-Guthaben	prepaid credit [ˈpriped ˈkrɛdɪt]
SIM-Karte	SIM card [ˈsɪm kaɚd]
Smartphone	smartphone [ˈsmaɚtfon]

TOILETTE UND BAD

Durch die Blume

Je nachdem, wo Sie sind, gibt es verschiedene Bezeichnungen für „Toilette“: Wenn Sie bei jemandem zu Hause sind, fragen Sie nach dem **bathroom**. Falls Sie sich nach einer öffentlichen Toilette erkundigen wollen, benutzen Sie das Wort **restroom**. Als unfein gilt es, nach der **toilet** zu fragen, denn dieser Begriff wird im amerikanischen Englisch nur für die Kloschüssel gebraucht.

Wo ist bitte die Toilette?
Could you tell me where the restroom/bathroom is?
[ˈkʊd‿jʊ ˈtɛl mi ˈwɛɚ ðə ˈrɛstrum/ˈbæθrum ɪz]

Dürfte ich bei Ihnen die Toilette benutzen?
Could I use your restroom/bathroom please?
[ˈkʊd‿aɪ ˈjuz jɔɚ ˈrɛstrum/ˈbæθrum pliz]

Würden Sie mir bitte den Schlüssel für die Toiletten geben?
Could I have the key to the restroom please?
[ˈkʊd‿aɪ ˈhæv ðə ˈki tə ðə ˈrɛstrum pliz]

Damen	women [ˈwɪmɪn]
Damenbinden	sanitary napkins [ˈsænɪtɛɚi ˈnæpkɪnz]
Handtuch	towel [ˈtæʊəl]
Handwaschbecken	sink [sɪnk]

Herren	men [mɛn]
sauber	clean [klin]
schmutzig	dirty [ˈdɚti]
Seife	soap [sop]
Tampons	tampons [ˈtæmpɔnz]
Toilettenpapier	toilet paper [ˈtɔɪlɪt ˌpepɚ]
die Toilette spülen	flush the toilet [flʊʃ ðə ˈtɔɪlɪt]

ÜBER DAS WETTER REDEN

Was für ein herrliches/schreckliches Wetter!
What fantastic/terrible weather!
[wət ˌfænˈtæstɪk/ˈtɛɚəbl ˈwɛðɚ]

Wie ist das Wetter?
What's the weather like? [wɑts ðə ˈwɛðɚ laɪk]

Wie wird es morgen ... sein?
Will it be ... tomorrow? [wɪl‿ ɪt bi ...təˈmɑɚo]

Es ist ...
It is ... [ɪt‿ ɪz]

Es ist sehr kalt/heiß/schwül.
It's really cold/hot/humid. [ɪtz ˈrili kold/hɔt/ˈhumɪd]

Es ist neblig/windig.
It's foggy/windy. [ɪts ˈfɔgi/ˈwɪndi]

Es bleibt schön/schlecht.
It's going to (gonna) stay nice/bad.
[ɪts ˈgoɪŋ tə (ˈgənə) ste ˈnɑɪs/bæd]

Es wird wärmer/kälter.
It's going to (gonna) get warmer/colder.
[ɪts ˈgoɪŋ tə (ˈgənə) gɛt ˈwɔɚmɚ/ˈkoldɚ]

Es wird regnen/schneien.
It's going to (gonna) rain/snow. [ɪts ˈgoɪŋ tə (ˈgənə) ren/sno]

Es regnet in Strömen.
It's raining cats and dogs. [ɪts ˈrenɪŋ kætz‿ənd dɔgz]

Es stürmt heftig.
It's really storming. [ɪts ˈrili ˈstɔɚmɪŋ]

Die Straßen sind glatt.
The roads are slippery. [ðə ˈrodz‿ɑɚ ˈslɪpri]

Schneeketten sind erforderlich.
Snow chains are necessary. [ˈsno ˌtʃenz ɑɚ ˈnɛsɪsɛɚi]

bewölkt	cloudy [ˈklæʊdi]; overcast [ˈoʊvɚkæst]
Blitz	lightning [ˈlaɪtnɪŋ]
Bö	gust of wind [ˌgəst‿əv ˈwɪnd]
Donner	thunder [ˈθəndɚ]
Ebbe	low tide [ˈlo ˈtaɪd]
Eis	ice [aɪs]
feucht	damp [dæmp]
Flaute	calm [kɑm]
Flut	high tide [ˈhaɪ ˈtaɪd]
Frost	frost [frɔst]
Gewitter	thunderstorm [ˈθəndɚ stɔɚm]
Glatteis	black ice [ˈblæk aɪs]
Hagel	hail [hel]
heiß	hot [hɑt]
Hitze	heat [hit]
Hitzewelle	heatwave [ˈhitˌwev]
kalt	cold [kold]
Luft	air [ɛɚ]
Luftfeuchtigkeit	humidity [huˈmɪdɪti]
nass	wet [wɛt]
Nebel	fog [fɔg]
Nieselregen	drizzle [ˈdrɪzl]
Orkan	hurricane [ˈhɛɚɪken]
Regen	rain [ren]
Regenschauer	rain shower [ren ˈʃæʊɚ]
regnerisch	rainy [ˈreni]
Schnee	snow [sno]
Schneematsch	slush [sləʃ]
Schneeregen	sleet [slit]
Schneesturm	blizzard [ˈblɪzɛɚd]
schwül	humid [ˈhjumɪd]
Sonne	sun [sən]
Sonnenschein	sunshine [ˈsənʃaɪn]
sonnig	sunny [ˈsəni]
Sturm	storm [stɔɚm]
Temperatur	temperature [ˈtɛmprəˌtʃɚ]
Tornado	tornado [tɔɚˈnedo]
warm	warm [wɔɚm]
wechselhaft	variable [ˈvɛɚiəbl]
Wetterbericht	weather report [ˈwɛðɚ rɪˈpɔɚt]
Wettervorhersage	weather forecast [ˈwɛðɚ ˌfɔɚkæst]
Wind	wind [wɪnd]
Windstärke	velocity [vəˈlɑsɪti]
Wolke	cloud [klæʊd]
Wolkenbruch	cloudburst [ˈklæʊdbɚst]

Wörterbuch Amerikanisch – Deutsch

A

AAA (Triple A) [ˈeˈeˈe (ˈtrɪpəl e)] ADAC
abbreviation [əˌbriviˈeʃn] Abkürzung
abdomen [ˈæbdəmən] Unterleib
able: be ~ to [bi ˈebl tu] können
about [əˈbæʊt] etwa; ungefähr; *(zeitlich)* gegen
about lunchtime [əˈbæʊt ˈləntʃˌtaɪm] gegen Mittag
about noon [əˈbæʊt ˈnun] gegen Mittag
about this time [əˈbæʊt ðɪs ˈtaɪm] um diese Zeit
abroad [əˈbrɔd] im/ins Ausland
abscess [ˈæbsɛs] Abszess
accept [əkˈsɛpt] *(Einladung)* annehmen
accessibility [əkˌsɛsɪˈbɪlɪti] Zugänglichkeit
accident [ˈæksɪdənt] Unfall
accommodation [əˌkaməˈdeʃn] Unterkunft
accompany [əˈkəmpəni] begleiten
accompanying adult [əˌkəmpəniɪŋ əˈdəlt] Begleitperson
account [əˈkæʊnt] Konto
ace bandage [ˈes ˈbændɪdʒ] Elastikbinde
acquaintance [əˈkwentəns] Bekanntschaft
across [əˈkrɑs] quer durch
action movie [ˈækʃən ˈmuvi] Actionfilm
actor (actress) [ˈæktɚ, ˈæktrɪs] Schauspieler(in)
actual(ly) [ˈæktʃuəl(i)] eigentlich
acupuncture [ˈækjʊˈpəŋktʃɚ] Akupunktur
adapter [əˈdæptɚ] Adapter; Zwischenstecker
adaptor [əˈdæptɚ] Adapter; Zwischenstecker
add [æd] hinzufügen
additional [əˈdɪʃənl] zusätzlich
additional charge [əˈdɪʃənl tʃɑɚdʒ] Zuschlag
additional costs [əˈdɪʃənl ˈkɑsts] Nebenkosten
address [ˈædrɛs] Adresse
addressee [ˌædrɛˈsi] Empfänger
administration [ədˌmɪnɪsˈtreʃn] Verwaltung
admission charge [ædˈmɪʃn tʃɑɚdʒ] Eintrittspreis
admission ticket [ædˈmɪʃn tɪkɪt] Eintrittskarte
adult [əˈdəlt] Erwachsene/r
advance ticket sales [ædˈvæns ˈtɪkɪt selz] Vorverkauf
advantage [ædˈvæntɪdʒ] Vorteil
aerobics [ɛˈrobɪks] Aerobic
affair [əˈfɛɚ] Angelegenheit; Sache
be afraid (of) [bi əˈfred (əv)] befürchten; fürchten (vor)
after [ˈæftɚ] nach
afternoon [ˌæftɚˈnun] Nachmittag
after-shave (lotion) [ˈæftɚʃev (ˌloʃn)] Rasierwasser
afterwards [ˈæftɚwɚdz] danach
again [əˈgɛn] wieder
against [əˈgɛnst] gegen; **be ~** dagegen sein
age [edʒ] Alter
agency [ˈedʒənsi] Agentur
agree on [əˈgri‿ɑn] vereinbaren
agreeable [əˈgriəbl] angenehm
aid [ed] Hilfe
aim [em] Ziel
air [ɛɚ] Luft
air conditioning [ɛɚ kənˈdɪʃnɪŋ] Klimaanlage
air mattress [ˈɛɚ ˈmætrəs] Luftmatratze
airline [ˈɛɚlaɪn] Fluggesellschaft
airmail [ˈɛɚmel] Luftpost
airport [ˈɛɚpɔɚt] Flughafen
airport bus [ˈɛɚpɔɚt bəs] Flughafenbus
airport shuttle [ˈɛɚpɔɚt ʃədl] Flughafenbus
airport tax [ˈɛɚpɔɚt tæks] Flughafengebühr
alarm system [əˈlɑɚm sɪstəm] Alarmanlage
alarmed [əˈlɑɚmd]; **be ~** erschrocken sein
all [ɔl] alle; ganz
all at once [ˈɔl‿ət ˈwəns] (alle) auf einmal; mit einem Mal
all inclusive [ˌɔl‿ɪnˈklusɪv] mit Vollpension; pauschal
allergy [ˈælɚdʒi] Allergie; **I'm prone to allergies** [aɪm ˌpron tu ˈælɚdʒiz] ich bin Allergiker(in)
alley [ˈæli] Gasse
allowed zulässig; **be ~** [bi əˈlæʊd] dürfen
almonds [ˈɑlməndz] Mandeln *(Nuss)*
almost [ˈɔlmost] fast
alone [əˈlon] allein
already [ɔlˈrɛdi] schon; bereits
also [ˈɔlso] auch
altar [ˈɑltɚ] Altar

alternater [ˈɔltɚˌnedɚ] Lichtmaschine
although [ɔlˈðo] obwohl
always [ˈɔlwez] immer
ambulance [ˈæmbjələns] Krankenwagen
America [əˈmɛɚrəkə] Amerika
American [əˈmɛɚəkn] Amerikaner(in)
among [əˈməŋ] unter; zwischen (mehreren)
amount [əˈmæʊnt] Betrag
amusement park [əˈmjuzmɛnt ˈpɑɚk] Freizeitpark; Vergnügungspark
ancient [ˈenʃnt] antik
and [ænd] und
anesthetic [ˌænɪsˈθɛtɪk] Narkose
angry [ˈæŋgri] verärgert
animal [ˈænɪməl] Tier
animated movie [ˈæniˌmedɪd ˈmuvi] Zeichentrickfilm
ankle [ˈænkl] Knöchel
announce [əˈnæʊns] verkünden
announcement [əˈnæʊnsmənt] Mitteilung
annoying [əˈnɔɪɪŋ] lästig
annual(ly) [ˈænjuəl(i)] jährlich
answer [ˈænsɚ] *(als Verb)* (be)antworten
answer the phone [ˈænsɚ ðə ˈfon] *(Telefon)* rangehen
antibiotic [ˌæntibɑɪˈɑtik] Antibiotikum; **antibiotics** *(Plural)* Antibiotika
anti-freeze [ˈænifriz] Frostschutzmittel
antique shop [ænˈtik ʃɑp] Antiquitätengeschäft
any [ˈɛni] jeder beliebige; *(bei Frage, Verneinung, Bedingung)* einige
anybody [ˈɛniˌbɑdi] *(in verneinten Sätzen/Fragesätzen)* jemand
anything [ˈɛniθɪŋ] *(verneint, fragend)* etwas
apartment [əˈpɑɚtmənt] Apartment; Wohnung
apologize [əˈpɑləgɑɪz] sich entschuldigen
appendicitis [əˌpɛndɪˈsɑɪtɪs] Blinddarmentzündung
appetite [ˈæpɪtɑɪt] Appetit
appetizer [ˈɑpəˌtɑizɚ] Vorspeise
applause [əˈplɔz] Beifall
apples [ˈæpləz] Äpfel
appointment [əˈpɔɪntmənt] Termin; (formelle) Verabredung
apricots [ˈæprɪkɑts] Aprikosen
April [ˈeprəl] April
aqua jogging [ˈɑkwə dʒɑgɪŋ] Aquajogging
archeology [ˌɑɚkiˈɑlədʒi] Archäologie
architect [ˈɑɚkɪtɛkt] Architekt(in)
architecture [ˈɑɚkɪtɛktʃɚ] Architektur
area [ˈɛɚiə] Gegend
area code [ˈɛɚiə kod] Vorwahlnummer
arena [əˈrinə] Arena
armchair [ˈɑrmtʃɛɚ] Sessel
aroma bath [əˈromɑ bæθ] Aromabad
around [əˈræʊnd] (her)um
arrest [əˈrɛst] verhaften
arrival [əˈrɑɪvl] Ankunft; Einreise
arrival time [əˈrɑɪvl tɑɪm] Ankunftszeit
arrive [əˈrɑɪv] ankommen
art [ɑɚt] Kunst
art dealer [ˈɑɚt dilɚ] Kunsthändler
arts and crafts [ˈɑɚts‿ən ˈkræfts] Kunstgewerbe
as [æz] *(Grund)* da
ashtray [ˈæʃtre] Aschenbecher
ask [æsk] fragen; **to ~ somebody for something** jemanden um etwas bitten
asparagus [əsˈpærəgəs] Spargel
aspirin [ˈæspɚɪn] Aspirin®; Kopfschmerztabletten
asthma [ˈæsmə] Asthma
at [æt] *(Zeitangabe)* um
at best [æt ˈbɛst] höchstens
at ground level [æt grɑʊnd ˈlɛvl] ebenerdig
at home [æt ˈhom] daheim
at least [æt ˈlist] wenigstens; mindestens
at lunchtime [æt ˈləntʃˌtɑɪm] mittags
at night [æt ˈnɑɪt] nachts
at once [æt ˈwəns] sofort
at that time [tɑɪm] damals
at the back [bæk] hinten
at the most [ət ðə ˈmost] höchstens
athletic field [æθˈlɛtɪk fild] Sportplatz
ATM [ˌe ti ˈɛm] Geldautomat
attack [əˈtæk] Überfall
attention [əˈtɛnʃn] Achtung
August [ˈɔgəst] August
Austria [ˈɔstriə] Österreich
Austrian [ˈɔstriən] Österreicher(in)
authorities [ɔˈθɔɚɪtiz] Behörde
automatic(ally) [ˌɑdəˈmætɪk(li)] automatisch
automatic door opener [ɑdəmædɪk ˈdɔɚ opənɚ] automatische Türöffnung
automatic teller machine [ɑdəmætɪk ˈtɛlɚ məʃin] Geldautomat
automatic (transmission) [ɑdəmædɪk (trænzˈmɪʃn)] Automatik(getriebe)

auto repair shop [ɑdo rɪˈpɛɚ ʃɑp] Werkstatt
average [ˈævrɪdʒ] *(als Adjektiv)* durchschnittlich; **on the ~** [an ðə ˈævrɪdʒ] durchschnittlich
awake [əˈwek] wach
aware: be ~ of [əˈwɛɚ‿əv] merken; sich bewusst sein
away [əˈwe] weg; fort
awful [ˈɔfʊl] schrecklich
Ayurveda [aɪjɔɚˈvedə] Ayurveda

B

baby [ˈbebi] Baby
baby food [ˈbebi ˌfud] Babynahrung
baby monitor [ˈbebi ˌmɑnɪdɚ] Babyfon®
baby seat [ˈbebi sit] *(fürs Auto)* Babyschale
babysitter [ˈbebi ˌsɪdɚ] Babysitter(in)
bachelor [ˈbætʃlɚ] Junggeselle
back [bæk] zurück; *(als Substantiv)* Rücken
back light [ˈbæk lɑɪt] Rücklicht
backache [ˈbækek] Rückenschmerzen
backpack [ˈbækpæk] Rucksack
backwards [ˈbækwɚdz] rückwärts
bad(ly) [bæd(li)] schlecht
badminton [ˈbædmɪtn] Badminton; Federball *(Spiel)*
bag [bæg] Tüte; Reisetasche; **shoulder ~** [ˈʃoldɚ bæg] Umhängetasche
bagels [ˈbeglz] Bagels
baggage [ˈbægɪdʒ] Gepäck
baggage cart [ˈbægɪdʒ kɑɚt] Gepäckwagen
baggage check-in [ˈbægɪdʒ tʃɛkɪn] Gepäckabfertigung; Gepäckschalter
baggage claim [ˈbægɪdʒ klem] Gepäckausgabe
baggage deposit [ˈbægɪdʒ dəpɑzit] Gepäckaufbewahrung
baked [bekt] gebacken
baked ham [bekt hæm] gekochter Schinken
bakery [ˈbekɚi] Bäckerei; Konditorei
balcony [ˈbælkəni] Balkon
ball [bɔl] *(zum Spielen; Fest)* Ball
ballet [bæˈle] Ballett
ballpoint pen [ˈbɔlpɔɪnt pɛn] Kugelschreiber
bananas [bəˈnænəz] Bananen
band [bænd] *(Stoffstreifen; Musik)* Band
bandage [ˈbɑndɪdʒ] Verband
Band-Aid [ˈbænded] Pflaster
bangs [bæŋz] Pony *(Frisur)*
bank [bæŋk] Bank; *(Fluss)* Ufer
bank charges [ˈbæŋk tʃɑɚdʒɪz] Bankgebühren
bar [bɑɚ] Bar; Kneipe
bar of chocolate [bɑɚ‿əv ˈtʃɑklɪt] Schokoriegel
barber shop [ˈbɑrbɚ ʃɑp] (Herren-)Friseur
barely [ˈbɛɚli] kaum
barrier-free [ˈbæɚiɚ fri] barrierefrei
basil [ˈbæzl] Basilikum
basket [ˈbæskɪt] Korb
basketball [ˈbæskɪtbɔl] Basketball
bathrobe [ˈbæθrob] Bademantel
bathroom [ˈbæθrum] Badezimmer; Toilette
bathtub [ˈbæθtəb] Badewanne
battery [ˈbædəri] Batterie
battery charger [ˈbædəri tʃɑɚdʒɚ] Ladegerät
bay [be] Bucht
bay leaf [ˈbe lif] Lorbeer
be [bi] sein; sich befinden
beach [bitʃ] Strand
beach resort [ˈbitʃ rɪzɔɚt] Badeort
beach shoes [ˈbitʃ ʃuz] Strandschuhe
beach volleyball [ˈbitʃ vɑlibɔl] Beachvolleyball
beans [binz] Bohnen
beard [bɪɚd] Bart
beat up [ˈbit‿ˈəp] zusammenschlagen
beautiful [ˈbjutəfl] schön
beauty salon [ˈbjuti səˈlɔn] Friseur
because [bɪˈkəz] weil; da
because of [bɪˈkəz‿əv] wegen
become [bɪˈkəm] werden
bed [bɛd] Bett; **to go to ~** [ˈgo tə ˈbɛd] zu Bett gehen
bed linen [ˈbɛdˌlɪnɪn] Bettwäsche
bedroom [ˈbɛdrum] Schlafzimmer
bedside table [ˈbɛdsɑɪd tebl] Nachttisch
bee [bi] Biene
beef [bif] Rindfleisch
beer [bɪɚ] Bier
before [bɪˈfɔɚ] *(zeitlich)* vor(her)
begin [bɪˈgɪn] anfangen
beginning [bɪˈgɪnɪŋ] Anfang
behind [bɪˈhɑɪnd] hinter
beige [beʒ] beige
believe [bɪˈliv] glauben
bell [bɛl] Klingel
belong to [bɪˈlɑŋ tu] gehören zu
below [bɪˈlo] unterhalb; unten
belt [bɛlt] Gürtel
bench [bɛntʃ] Sitzbank
beside [bɪˈsɑɪd] neben
besides [bɪˈsɑɪdz] außerdem
best [bɛst] beste(r, -s)
best before [ˈbɛst biˈfɔɚ] mindestens haltbar bis
better [ˈbɛdɚ] besser
between [bɪˈtwin] zwischen

bicycle [ˈbaɪsɪkl] Fahrrad
big [bɪg] groß
bike [baɪk] Fahrrad
bike helmet [ˈbaɪk hɛlmɪt] Fahrradhelm
bike path [ˈbaɪk pæθ] Fahrradweg
bike trip [ˈbaɪk trɪp] Radtour
bikini [bɪˈkini] Bikini
bill [bɪl] Rechnung; Geldschein
billfold [ˈbɪlfold] Brieftasche
bird [bɚd] Vogel
bird reserve [ˈbɚd rəsɚv] Vogelschutzgebiet
birthday [ˈbɚθde] Geburtstag
bit: a ~ [ə bɪt] ein bisschen
bite [baɪt] beißen
bitter [ˈbɪdɚ] bitter
black [blæk] schwarz
blackberries [ˈblækˌbɛɚiz] Brombeeren
bladder [ˈblædɚ] Blase
bladder infection [ˈblædɚ ɪnfɛkʃn] Blasenentzündung
blank disk [ˈblænk dɪsk] Rohling
blanket [ˈblæŋkɪt] Bettdecke; Wolldecke
blazer [ˈblezɚ] Blazer
bleed [blid] bluten
bleeding [ˈblidɪŋ] Blutung
blender [ˈblɛndɚ] Mixer
blinker [ˈblɪnkɚ] Blinker
blood [bləd] Blut
blood group [ˈbləd grup] Blutgruppe
blood pressure [ˈbləd prɛʃɚ] Blutdruck
blood-poisoning [ˈblədˌpɔɪzənɪŋ] Blutvergiftung
blouse [blæʊs] Bluse
blow dry [ˈblo draɪ] föhnen
blue [blu] blau
blues [bluz] Blues
blush [bləʃ] *(Wein)* Rosé
boarding card [ˈbɔɚdɪŋ kaɚd] Bordkarte
boating license [ˈbodɪŋ ˈlaɪsəns] Bootsführerschein
bobbypins [ˈbabipɪnz] Haarklammern
body [ˈbadi] Körper
bodybuilding [ˈbadiˌbɪldɪŋ] Bodybuilding
boil [bɔɪl] *(Wasser)* kochen
boiled [bɔɪld] gekocht
bone [bon] Knochen
book [bʊk] *(Platz)* buchen
book [bʊk] Buch
booking [ˈbʊkɪŋ] Buchung
bookstore [ˈbʊkstɔɚ] Buchhandlung
boots [buts] Stiefel
border [ˈbɔɚdɚ] Grenze
border crossing [ˈbɔrdɚ krasɪŋ] Grenzübergang
boring [ˈbɔɚɪŋ] langweilig
born [bɔɚn] geboren
borrow [ˈbaɚo] *(von jemandem)* leihen
boss [bɔs] Chef(in), Leiter(in)
Boston leaf lettuce [ˈbastən lif ˈlɛtɪs] Kopfsalat
botanical gardens [bəˈtænɪkl ˈgaɚdnz] Botanischer Garten
both [boθ] beide
bother [ˈbaðɚ] belästigen; stören
bottle [ˈbadl] Flasche
bottle opener [ˈbadl opɛnɚ] Flaschenöffner
bottle warmer [ˈbadl wɔrmɚ] Fläschchenwärmer
boules [ˈbul] Boulespiel
bouquet of flowers [boket‿əv ˈflæʊɚz] (Blumen-)Strauß
bowel movement [ˈbaʊwl ˈmuvmənt] Stuhlgang
bowl [bol] Schüssel
bowling [ˈbolɪŋ] Bowling
box [baks] Kiste; Dose; *(Theater)* Loge
boy [bɔɪ] Junge
boyfriend [ˈbɔɪfrɛnd] Freund
bra [bra] BH
bracelet [ˈbreslɪt] Armband
braille [brel] Braille
brain [bren] Gehirn
braised [brezd] geschmort
brake fluid [ˈbrek ˌfluɪd] Bremsflüssigkeit
brake lights [ˈbrek ˌlaɪts] Bremslichter
brakes [breks] Bremse
brand [brænd] *(Zigaretten)* Sorte
bread [brɛd] Brot
break into [brek ˈɪntʊ] aufbrechen
breakdown [ˈbrekdæʊn] Panne
breakfast [ˈbrɛkfəst] Frühstück
breakfast buffet [ˈbrɛkfəst bəfe] Frühstücksbüfett
breakfast included [ˈbrɛkfəst ɪnˈkludəd] mit Frühstück; Frühstück inklusive
breakfast room [ˈbrɛkfəst rum] Frühstücksraum
breast [brɛst] (weibliche) Brust
breathe [brið] atmen
breathing apparatus [ˈbriðɪŋ æpɚætəs] Sauerstoffgerät
breathing difficulties [ˈbriðɪŋ dɪfɪkəltiz] Atembeschwerden
bridge [brɪdʒ] Brücke
bright lights [ˌbraɪt ˈlaɪts] *(Plural)* Fernlicht
brights [braɪts] *(Plural)* Fernlicht
bring [brɪŋ] (her-)bringen; (mit-)bringen
bring back [brɪŋ ˈbæk] zurückbringen

broad [brɔd] breit
brochure [bro'ʃɚ] Prospekt
broken ['brokn] gebrochen; kaputt
bronchial tubes [brɑŋkiəl 'tubz] Bronchien
bronchitis [brɑŋ'kaɪdɪs] Bronchitis
bronze [brɑnz] Bronze
broom [brum] Besen
brother ['brəðɚ] Bruder
brother-in-law ['brəðɚɪnlɔ] Schwager
brown [bræʊn] braun
bruise [bruz] Prellung
brush [brəʃ] Bürste
bucket ['bəkɪt] Eimer
bug spray ['bəg spre] Insektenspray
building ['bɪldɪŋ] Gebäude; Bauwerk
bulb [bəlb] Glühbirne
bumper ['bəmpɚ] Stoßstange
bungalow ['bəŋgəlo] Bungalow
bungee jumping ['bəndʒi jəmpɪŋ] Bungeejumping
bunk bed ['bəŋk ˌbɛd] Etagenbett
bunny lift ['bəni lɪft] Babylift
buns [bʊnz] Brötchen
burn [bɚn] Verbrennung
bus [bəs] Bus
bus depot ['bəs dipo] Busbahnhof
bus station ['bəs‿ˌsteʃn] Busbahnhof
bus stop ['bəs stɑp] (Bus-)Haltestelle
bus pass ['bəs ˌpæs] Busfahrkarte *(Monatsmarke o. Ä.)*
busy ['bɪsi] *(Telefon)* besetzt
but [bət] aber
butcher shop ['bʊtʃɚ ʃɑp] Metzgerei
butter ['bədɚ] Butter
buttermilk ['bədɚmɪlk] Buttermilch
button ['bətn] Knopf
buy [baɪ] (ein-)kaufen
by [baɪ] *(Passiv)* von
by coincidence [baɪ ko'ɪnsɪdɛns] zufällig
by means of [baɪ 'minz‿əv] durch
bypass (operation) ['baɪpæs‿(ˌɑpə'reʃn)] Bypass(operation)

C

cabaret [ˌkæbɚ're] Kabarett; Kleinkunstbühne
cabbage ['kæbɪdʒ] Kohl
cab driver ['kæb draɪvɚ] Taxifahrer(in)
cabin ['kæbɪn] Kabine; *(Häuschen)* Ferienhaus
cabin for wheelchair users ['kæbən fɔɚ 'wiltʃɛɚ 'juzɚz] Rollstuhlkabine *(auf Schiff)*
cable railway ['kebl relwe] Seilbahn
cable transfer ['kebl trænsfɚ] Geldanweisung
cab stand ['kæb stænd] Taxistand
cake [kek] Kuchen
calculate ['kælkjʊlet] berechnen
call [kɔl] Anruf
call [kɔl] *(als Verb)* anrufen; rufen
called: be ~ [kɔld] heißen
calm [kɑm] ruhig; *(Seele)* Ruhe; *(Meer)* Flaute
calm down [kɑm 'dæʊn] sich beruhigen
camcorder [kæm'kɔɚdɚ] Camcorder
camera ['kæmərə] Fotoapparat
camp [kæmp] zelten
camping stove ['kæmpɪŋ stov] Gaskocher
campground ['kæmpgræʊnd] Campingplatz
camping ['kæmpɪŋ] Camping
camping guide ['kæmpɪŋ gaɪd] Campingführer
campsite ['kæmpsaɪt] Campingplatz
can [kæn] Konservendose
can opener ['kæn ˌopənɚ] Dosenöffner
canal [kə'næl] Kanal
cancel ['kænsəl] *(Zimmer, Fahr-, Flugkarten)* stornieren
cancer ['kænsɚ] Krebs *(Krankheit)*
candles ['kændlz] Kerzen
candy ['kændi] Süßigkeiten
candy bar ['kændi baɚ] Schokoriegel
candy drops ['kændi drɔps] Bonbons
candy store ['kændi stɔɚ] Süßwarengeschäft
cane [ken] Taststock
canned goods [kænd gʊdz] Konserven
canoe [kə'nu] Kanu; *(als Verb)* paddeln
canyon ['kænjʊn] Schlucht
capital ['kæpɪtl] Hauptstadt
captain ['kæptɪn] Kapitän
car [kaɚ] Auto
car number ['kaɚ ˌnəmbɚ] Autonummer
car papers ['kaɚ pepɚz] Kfz-Schein
car radio ['kaɚ redio] Autoradio
car registration ['kaɚ rɛdʒɪstreʃn] Kfz-Schein
car train ['kaɚ tren] Autoreisezug
carafe [kə'ræf] Karaffe
cardiac infarction [kaɚdiæk‿ɪn'faɚkʃn] Herzinfarkt
cardiac stimulant [kaɚdiæk 'stɪmjələnt] Kreislaufmittel
cardigan ['kaɚdəgn] Strickjacke
careful(ly) ['kɛɚfʊl(i)] vorsichtig

carnival [ˈkɑɚnəvəl] Karneval
carrots [ˈkærəts] Karotten
carry [ˈkæɚi] tragen
cash [kæʃ] Bargeld; **in ~** bar
cash-desk [ˈkæʃdɛsk] Kasse
casino [kəˈsino] Spielkasino
cat [kæt] Katze
catch [kætʃ] fangen
cathedral [kəˈθidrl] Kathedrale; Dom
cauliflower [ˈkɑlɪˌflæʊɚ] Blumenkohl
cause [kɔz] *(als Substantiv)* Grund
cause [kɔz] verursachen
caution: ~! [ˈkɔʃn] Vorsicht!
cautious(ly) [ˈkɔʃəs(li)] vorsichtig
cave [kev] Höhle; Grotte
ceiling [ˈsilɪŋ] Decke
celebration [ˌsɛlɪˈbreʃn] Feier
celery [ˈsɛlɚi] Sellerie
cell(ular) phone [ˈsɛl(jəlɚ) fon] Handy
cell phone store [ˈsɛl fon stɔɚ] Handygeschäft
cemetery [ˈsɛmɪˌtɛɚi] Friedhof
center [ˈsɛntɚ] Zentrum
centimeter [ˈsɛntɪˌmitɚ] Zentimeter
central [ˈsɛntrl] zentral
central heating [sɛntrəl ˈhitɪŋ] Zentralheizung
century [ˈsɛntʃəri] Jahrhundert
ceramics [səˈræmɪks] Keramik
certain(ly) [ˈsɚtn(li)] gewiss; bestimmt
certificate [sɚˈtɪfɪkət] Bescheinigung; Attest
certified letter [ˈsɚtɪfɑɪd ˈlɛtɚ] Einschreibebrief
certify [ˈsɚtɪfɑɪ] bescheinigen
chain [tʃen] Kette
chair [tʃɛɚ] Stuhl
chairlift [ˈtʃɛɚlɪft] Sessellift
champagne [ˌʃæmˈpeŋ] Champagner
change [tʃendʒ] Wechsel; Kleingeld; Wechselgeld
change [tʃenʒ] *(als Verb)* umtauschen; *(Kleidung)* sich umziehen; **to ~ the booking** [tʃendʒ ðə ˈbʊkɪŋ] umbuchen
changing table [ˈtʃendʒɪŋ ˌtebl] Wickeltisch
channel [ˈtʃænl] Kanal
chapel [ˈtʃæpl] Kapelle
charcoal [ˈtʃɑɚkol] Grillkohle
charming [ˈtʃɑɚmɪŋ] bezaubernd; entzückend
cheap [tʃip] billig
check [tʃɛk] (nach)prüfen; kontrollieren
check in [ˌtʃɛk‿ˈɪn] einchecken
cheese [tʃiz] Käse
chef [ʃɛf] Koch, Köchin *(als Beruf)*
cherries [ˈtʃɛɚiz] Kirschen
chest [tʃɛst] Kiste; *(Mensch)* Brust
chest pain [tʃɛst pen] Brustschmerzen
chewing gum [ˈtʃuɪŋ gəm] Kaugummi
chicken [ˈtʃɪkɪn] Hähnchen; Hühnchen
chickenpox [ˈtʃɪknpɑks] Windpocken
chickpeas [ˈtʃɪkpiz] Kichererbsen
chicory [ˈtʃɪkɚi] Chicorée
child [tʃɑɪld] Kind
children [ˈtʃɪldrən] Kinder
child seat cushion [ˈtʃɑɪld sit kʊʃn] Kindersitzkissen *(fürs Auto)*
child's car seat [tʃɑɪldz kɑɚ sit] Kindersitz
child-care service [ˈtʃɑɪldkɛɚ sɚvɪs] Kinderbetreuung
childhood disease [ˈtʃɑɪldhʊd dɪziz] Kinderkrankheit
children's clothing [ˈtʃɪldrənz ˌkləʊðɪŋ] Kinderkleidung
children's meal [ˈtʃɪldrənz mil] Kinderteller
children's pool [ˈtʃɪldrənz ˌpul] Kinderbecken
children's reduction [ˈtʃɪldrənz ˌrɪdəkʃən] Kinderermäßigung
china [ˈtʃɑɪnə] Porzellan
chocolate [ˈtʃɑklɪt] Schokolade
choice [tʃɔɪs] Auswahl
choir [ˈkwɑɪɚ] Chor
cholera [ˈkɑlɚə] Cholera
choose [tʃuz] wählen
chop [tʃɑp] Kotelett
chopping board [tʃɑpɪŋ ˈbɔɚd] Schneidebrett
Christianity [ˌkrɪstiˈænɪti] Christentum
Christmas [ˈkrɪsməs] Weihnachten
Christmas Eve [krɪsməs‿ˈiv] Heiliger Abend
church [tʃɚtʃ] Kirche
cigar [sɪˈgɑɚ] Zigarre
cigarette [sɪgəˈrɛt] Zigarette
cigarillo [ˌsɪgəˈrɪloz] Zigarillo
circulatory disorder [ˈsɚkjʊləˈtɔɚi dɪsˈɔɚdɚ] Kreislaufstörung
circus [ˈsɚkəs] Zirkus
city bus [ˈsɪdi bəs] Stadtbus
city hall [sɪdi ˈhɔl] Rathaus
city map [sɪdi ˈmæp] Stadtplan
clam [klæm] Venusmuschel
class [klæs] Klasse; Unterrichtsstunde
classic [ˈklæsɪk] Klassiker
classical music [klæsɪkl ˈmjuzɪk] Klassik
clean [klin] putzen
clean [klin] *(als Adjektiv)* sauber; *(Wäsche)* frisch
cleaning agent [ˈklinɪŋ edʒənt] Putzmittel

clear [klɪɚ] klar
clearance sale [ˈklɪɚəns sel] Ausverkauf
clever [ˈklɛvɚ] klug
cliff [klɪf] Klippe
climate [ˈklaɪmɪt] Klima
climax [ˈklaɪmæks] Höhepunkt
close [klos] nah(e)
close to [klos tʊ] nahe bei
closed [klozd] geschlossen
closet [ˈklasɪt] Schrank
cloth [klaθ] Tuch
clothes line [ˈkloz laɪn] Wäscheleine
clothes pins [ˈkloz pɪnz] Wäscheklammern
clothing [ˈkloðɪŋ] Kleidung
cloud [klæʊd] Wolke
cloudy [ˈklæʊdi] bewölkt
cloves [klovz] Nelken
club [kləb] Diskothek; Klub
clubhouse [kləbhæʊs] Klubhaus
clutch [klətʃ] Kupplung
coast [kost] Küste
coat [kot] Mantel
coat check [ˈkot tʃɛk] Garderobe *(im Theater etc.)*
coat hanger [ˈkot ˌhæŋɚ] Kleiderbügel
coconut [ˈkokənət] Kokosnuss
coffee [ˈkɔfi] Kaffee
coffee filter [ˈkafɪ ˌfɪltə] Kaffeefilter
coffee maker [ˈkafi ˈmekɚ] Kaffeemaschine
coffee shop [ˈkaˈfi ʃap] Café
coffee spoon [ˈkafɪ spun] Kaffeelöffel
coin [kɔɪn] Münze
coin purse [ˈkɔɪn pɚs] Geldbörse
coin-op laundry [ˈkɔɪnap ˈlɔndri] Waschsalon
cold [kold] *(als Adjektiv)* kalt; **be ~** frieren
cold [kold] *(Erkrankung)* Erkältung; Schnupfen
cold cuts [ˈkold kəts] Aufschnitt
cold water [kold ˈwadɚ] kaltes Wasser
colic [ˈkalɪk] Kolik
collarbone [ˈkalɚbon] Schlüsselbein
collect [kəˈlɛkt] sammeln
collect call [kəˈlɛkt kɔl] R-Gespräch
collection [kəˈlɛkʃn] Leerung
collector's stamp [kəˈlɛktɚz stæmp] Sondermarke
collision [kəˈlɪʒən] Zusammenstoß
collision and liability insurance [kəˈlɪʒən ənd ˈlaɪəˈbɪlɪti ɪnˈʃʊɚəns] Teilkasko
colored [ˈkələd] farbig
colored pencil [kələd ˈpɛnsl] Farbstift
colorful [ˈkələfʊl] bunt
comb [kom] Kamm, *(als Verb)* kämmen
come [kəm] kommen
come back [ˌkəm ˈbæk] zurückkehren; wiederkommen
come from [ˈkəm frəm] stammen aus
come in [kəm ˈɪn] hereinkommen; **~!** herein!
comedy [ˈkamədi] Komödie
comfortable [ˈkəmftɚbl] bequem; gemütlich
commemorative stamp [kəˈmɛməɚətɪv stæmp] Sondermarke
common [ˈkamən] gemeinsam; gebräuchlich
commuter train [kəmˈjudɚ ˈtren] ≈ S-Bahn
company [ˈkəmpəni] Firma
compartment [kəmˈpaɚtmənt] Abteil
compass [ˈkəmpəs] Kompass
compensation [ˌkampɛnˈseʃn] Ausgleich; Ersatz
complain [kəmˈplen] reklamieren
complain about [kəmˈplen əˈbæʊt] sich beschweren über
complain of/about [kəmˈplen‿əv/əˈbæʊt] sich beklagen über
comprehensive and liability insurance [kamprɪˈhɛnsɪv ənd laɪəˈbɪlɪdi ɪnˈʃʊɚəns] Vollkasko
computer store [kəmˈpjutɚ stɔɚ] Computerfachgeschäft
concert [ˈkansɚt] Konzert
concussion [kənˈkəʃn] Gehirnerschütterung
condom [ˈkandəm] Kondom
conductor [ˌkənˈdəktɚ] Schaffner(in), Kontrolleur(in), *(Musik)* Dirigent(in)
cone [ˈkon] (Eis-)Tüte
confidence [ˈkanfɪdəns] Vertrauen
confirm [kənˈfɚm] bestätigen
confiscate [ˈkanfɪsket] beschlagnahmen
congratulate [kənˈgrætʃəlet] gratulieren
congratulations [kənˌgrætʃəˈleʃnz] Glückwunsch
conjunctivitis [kənˈdʒəŋtəvaɪdɪs] Bindehautentzündung
connection [kəˈnɛkʃn] Verbindung; Anschluss
consist of [kənˈsɪst‿əv] bestehen aus
constipation [ˌkanstɪˈpeʃn] Verstopfung
consulate [ˈkansəlɪt] Konsulat
contact [ˈkantækt] Kontakt
contagious [kənˈtedʒəs] ansteckend
container [kənˈtenɚ] Behälter
contents [ˈkantɛnts] Inhalt

contest [ˈkɑntɛst] Wettkampf
contraceptive [ˌkɑntrəˈsɛptɪv] Verhütungsmittel
contraceptive pill [ˌkɑntrəˈsɛptɪv pɪl] Antibabypille
contract [ˈkɑntrækt] Vertrag
contrary [ˈkɑntrɛɚi] Gegenteil; **on the ~** im Gegenteil
control [kənˈtrol] beherrschen; kontrollieren
contusion [kənˈtuʒn] Prellung
convent [ˈkɑnvənt] (Nonnen-)Kloster
conversation [ˌkɑnvɚˈseʃn] Gespräch; Unterhaltung
cook [kʊk] Koch, Köchin
cook [kʊk] *(als Verb)* kochen; *(Speisen)* zubereiten
cookbook [ˈkʊkbʊk] Kochbuch
cookies [ˈkʊkizs] Kekse
cool [kul] kühl
coolant [ˈkulənt] Kühlwasser
cooler [ˈkulɚ] Kühltasche
copy [ˈkɑpi] Kopie
corkscrew [ˈkɔɚkskru] Korkenzieher
corner [ˈkɔɚnɚ] Ecke
corridor [ˈkɔɚɪdɔɚ] Gang *(in einem Gebäude)*
corrupt [kɚˈrəpt] *(sittlich)* verdorben
cost [kɔst] kosten
costume [ˈkɑstum] Tracht
cottage [ˈkɑtɪdʒ] *(im Urlaub)* Ferienhaus
cotton [ˈkɑtən] Baumwolle
cotton balls [ˈkɑtn bɔlz] Watte
cotton swabs [ˈkɑtn swɑbs] Wattestäbchen
cough [kɔf] Husten
cough syrup [ˈkɑf sɚəp] Hustensaft
count [kæʊnt] zählen
country [ˈkəntri] Land
country club [ˈkəntri kləb] Golfclub
countryside [ˈkəntrisaɪd] Landschaft
county road [ˈkæʊnti ˌrod] Landstraße
county fair [ˈkæʊnti fɛɚ] Jahrmarkt
couple [ˈkəpl] (Ehe-)Paar
course [kɔɚs] Kurs
court [kɔɚt] *(Justiz)* Gericht
cousin [ˈkəzn] Cousin, Cousine
co-worker [ˈkowɚkɚ] Kollege, Kollegin
cozy [ˈkozi] gemütlich
crab [kræb] Krebs *(Tier)*
crackers [ˈkrækɚz] (salziges) Gebäck
cramp [kræmp] Krampf
crash [kræʃ] Zusammenstoß
crash helmet [ˈkræʃ ˌhɛlmɪt] Sturzhelm
crazy [ˈkrezi] verrückt
crazy golf [ˈkrezigɑlf] Minigolf
cream [krim] Creme; *(Nahrungsmittel)* Sahne
creative [kriˈetɪv] kreativ
credit card [ˈkrɛdɪt kɑɚd] Kreditkarte
crew [kru] *(Schiff, Flugzeug)* Mannschaft
crib [krɪb] Kinderbett
crime [kraɪm] Verbrechen
cross [ˈkrɑs] Kreuz
cross-country skiing [ˈkrɔs ˈkəntri ˈskiɪŋ] Langlaufski
crossing [ˈkrɑsɪŋ] Übergang
crowded [ˈkræʊdɪd] überfüllt; voll
cruise [kruz] Kreuzfahrt
crutch [krətʃ] Krücke
cry [kraɪ] weinen
cucumber [ˈkjukəmbɚ] Gurke
cup [kəp] Tasse
curious [ˈkjɚiəs] neugierig
curlers [ˈkɚləz] Lockenwickler
curls [kɚlz] Locken
currency [ˈkɚənsi] Währung
current [ˈkɚənt] Strom *(Elektrizität)*
curve [kɚv] Kurve
customer [ˈkəstəmɚ] Kunde, Kundin
customs declaration [kəstəmz dɛkləˈeʃn] Zollerklärung
cut [kət] Schnittwunde
cute [kjut] hübsch
cutlery [ˈkətləɚi] Besteck
cycle [ˈsaɪkl] Rad fahren; **to go cycling** [go ˈsaɪklɪŋ] Rad fahren
cycling [ˈsaɪklɪŋ] Radsport
cycling tour [ˈsaɪklɪŋ ˌtʊɚ] Radtour
cyst [sɪst] Zyste

D

daily [ˈdeli] täglich
damage [ˈdæmɪdʒ] *(als Verb)* beschädigen
damage [ˈdæmɪdʒ] Schaden
damp [dæmp] feucht
dance [dæns] tanzen
dance band [ˈdæns ˌbænd] Tanzkapelle
dance theater [dæns ˈθiətɚ] Tanztheater
dancer [ˈdænsɚ] Tänzer(in)
dandruff [ˈdændrəf] Schuppen
danger [ˈdendʒɚ] Gefahr
dangerous [ˈdendʒɚəs] gefährlich
dark [dɑɚk] dunkel
dark blue [dɑɚk ˈblu] dunkelblau
dark green [dɑɚk ˈgrin] dunkelgrün
date [det] Datum; *(umgangssprachlich)* Verabredung
date of birth [ded‿əv ˈbɚθ] Geburtsdatum
dates [dets] Datteln
daughter [ˈdɔdɚ] Tochter
day [de] Tag

the day after tomorrow [ðə de͜ ˌæftɚ təˈmɑɚo] übermorgen
the day before yesterday [ðə de bɪfɔɚ ˈjɛstɚde] vorgestern
day of arrival [de͜ əv͜ əˈraɪvl] Anreisetag
day pass [ˈde ˌpæs] Tageskarte
day trip [ˈde trɪp] Tagesausflug; Tagestour
daypack [ˈdepæk] Rucksack
deadline [ˈdɛdlaɪn] Frist; Termin
debt [dɛt] (Geld-)Schuld
deceitful [dɪˈsitfʊl] betrügerisch; falsch
December [dɪˈsɛmbɚ] Dezember
decide [dɪˈsaɪd] entscheiden
deck [dɛk] Deck; Terrasse
declaration of value [dɛklɚeʃn͜ əv ˈvælju] Wertangabe
decline [dɪˈklaɪn] ablehnen
deep [dip] tief
defect [ˈdifɛkt] Defekt
definite(ly) [ˈdɛfɪnɪt(li)] endgültig
delay [dɪˈle] Verspätung
delicate [ˈdɛlɪkɪt] zart; fein
delicatessen [ˌdɛlɪkəˈtɛsn] Feinkostgeschäft
delicious [dɪˈlɪʃəs] lecker
delightful [dɪˈlaɪtfʊl] entzückend
dent [dɛnt] Delle
deodorant [diˈodərənt] Deo(dorant)
department [dɪˈpɑɚtmənt] Amt
department store [dɪˈpɑɚtmənt stɔɚ] Kaufhaus
departure [dɪˈpɑɚtʃɚ] Abfahrt, *(aus dem Land)* Ausreise
departure time [dɪˈpɑɚtʃɚ taɪm] Abfahrts-/Abflugszeit
deposit [dɪˈpɑzɪt] *(als Verb)* hinterlegen
deposit [dɪˈpɑzɪt] Pfand; *(Ferienwohnung)* Anzahlung
describe [dɪˈskraɪb] beschreiben
dessert [dɪˈzɚt] Nachtisch
destination [ˌdɛstɪˈneʃn] (Reise-)Ziel
detergent [dɪˈtɚdʒənt] Waschmittel
detour [ˈditʊɚ] Umweg; Umleitung
detoxify [diˈtɑksəfaɪ] entschlacken; entgiften
develop [dɪˈvɛləp] entwickeln
diabetes [ˌdaɪəˈbitiz] Diabetes
diabetic [ˈdaɪəˈbɛtɪk] Diabetiker(in)
diagnosis [ˌdaɪəgˈnosɪs] Diagnose
dial [ˈdaɪəl] *(Telefon)* wählen
diapers [ˈdaɪpɚz] Windeln
diarrhea [ˌdaɪəˈriə] Durchfall
diet [ˈdaɪət] Ernährung; Diät
different(ly) [ˈdɪfrənt(li)] anders
difficult [ˈdɪfɪkəlt] schwierig
dig [dɪg] Ausgrabung
digestion [daɪˈdʒɛstʃn] Verdauung
digital camera [dɪdʒɪtl ˈkæmɚə] Digitalkamera
dimmed lights [dɪmd ˈlaɪts] Abblendlicht
dining car [ˈdaɪnɪŋ ˌkɑɚ] Speisewagen
dining room [ˈdaɪnɪŋ rum] Speisesaal
dinner [ˈdɪnɚ] Abendessen
dinner special [ˈdɪnɚ spɛʃəl] Menü
diphtheria [ˌdɪfˈθɪɚiə] Diphtherie
direct [dɪˈrɛkt] direkt
directed by ... [dəˈrɛktɪd baɪ] Regie ...
direction [dɪˈrɛkʃn] Richtung
dirty [ˈdɚdi] schmutzig
dirty laundry [dɚdi ˈlɔndri] Schmutzwäsche
disabled identification card [dɪsebld aɪˌdɛntɪfɪˈkeʃn kɑɚd] Behindertenausweis
disabled ID [dɪsebld aɪ ˈdi] Behindertenausweis
disappointed [ˌdɪsəˈpɔɪntɪd] enttäuscht
disco(theque) [ˈdɪskə(tɛk)] Disko(thek)
discount [ˈdɪskæʊnt] Rabatt
discover [dɪsˈkəvɚ] entdecken
dish [dɪʃ] Schüssel; *(Essen)* Gericht
dish towel [ˈdɪʃ ˌtæʊəl] Geschirrtuch
dishcloth [ˈdɪʃklɑθ] Geschirrtuch
dishes: to do the ~ [ˈdɪʃɪz] abwaschen Geschirr))
dishwasher [ˈdɪʃˌwɑʃɚ] Geschirrspülmaschine
dish-washing liquid [ˈdɪʃwɑʃɪŋ ˌlɪkwɪd] Spülmittel
disinfect [ˌdɪsɪnˈfɛkt] desinfizieren
disinfectant [ˌdɪsɪnˈfɛktənt] Desinfektionsmittel
distance [ˈdɪstəns] Entfernung
distinct(ly) [dɪsˈtɪŋkt(li)] deutlich
distinguished [dɪsˈtɪŋgwɪʃt] vornehm; fein
district [ˈdɪstrɪkt] Gegend; Stadtteil
disturb [dɪsˈtɚb] stören
dive [daɪv] tauchen
diving equipment [ˈdaɪvɪŋ ɪkwɪpmənt] Taucherausrüstung
diving gear [ˈdaɪvɪŋ gɪɚ] Taucherausrüstung
dizziness [ˈdɪzinɪs] Schwindel
dizzy [ˈdɪzi] schwindlig
do [du] tun; machen; **to ~ someone's hair** [ˈdu ˈsəmwənz ˈhɛɚ] jemanden frisieren
dock [dɑk] (Landungs-)Steg
dock at [dɑk͜ ˈæt] anlegen in
documentary [ˌdɑkjuˈmɛntɚi] Dokumentarfilm
dog [dɑg] Hund

dome [dom] Kuppel
domestic flight [dəˈmɛstɪk flaɪt] Inlandsflug
done [dən] gar
door [dɔɚ] Tür
door code [ˈdɔɚ kod] Türcode
door width [ˈdɔɚ wɪdθ] Türbreite
doorstep [ˈdɔɚstɛp] Türschwelle
double [ˈdəbl] *(als Adjektiv)* doppelt
doubles [ˈdəblz] *(Sport)* Doppel
down payment [dæʊn ˈpemɛnt] Kaution
downtown [ˈdaʊnˈtaʊn] Stadtzentrum
draft: on ~ [dræft] vom Fass
drama [ˈdrɑmə] Drama
draw [drɔ] zeichnen
drawing [ˈdrɔɪŋ] Zeichnung
dreadful [ˈdrɛdfʊl] fürchterlich; schrecklich
dream [drim] Traum
dress [drɛs] *(als Verb)* anziehen
dress [drɛs] Kleid
dressing [ˈdrɛsɪŋ] Salatsoße
dressmaker [ˈdrɛsˌmekɚ] Schneider(in) *(für Damen)*
drier [ˈdraɪɚ] Wäschetrockner
drink [drɪŋk] *(als Verb)* trinken
drink [drɪŋk] Getränk
drinking water [ˈdrɪŋkɪŋ ˌwadɚ] Trinkwasser
drive [draɪv] *(als Verb)* fahren; lenken; **to ~ a car** Auto fahren
drive [draɪv] (Auto-)Fahrt
drive back [ˌdraɪv ˈbæk] zurückfahren
driver [ˈdraɪvɚ] Fahrer(in)
driver's license [ˈdraɪvɚz laɪsəns] Führerschein
driveway [ˈdraɪvwe] Einfahrt
drops [drɑps] Tropfen
drugstore [ˈdrəgstɔɚ] Apotheke; Drogerie
drunk [drəŋk] betrunken
dry [draɪ] trocken
dry [draɪ] trocknen
dry cleaners [draɪ ˈklinɚz] Reinigung
dry land [draɪ ˈlænd] Festland
dryclean [draɪˈklin] chemisch reinigen
durable [ˈdʊɚəbl] haltbar
during [ˈdʊɚɪŋ] während; **~ the day** [dʊɚɪŋ ðə ˈde] tagsüber
dust [dəst] Staub
dustpan [ˈdəsˈpæn] Kehrschaufel
duty [ˈdudi] Zoll; Zollgebühren
duty-free [dudi ˈfri] zollfrei
duty-free shop [dudi fri ʃap] zollfreier Laden
dye [daɪ] färben

E

each [itʃ] jede(r) einzelne
ear [ɪɚ] Ohr
ear infection [ˈɪɚ ɪnˌfɛkʃn] Mittelohrentzündung
ear plugs [ˈɪɚ pləgz] Ohropax®
ear-drops [ˈɪɚdrɑps] Ohrentropfen
eardrum [ˈɪɚdrəm] Trommelfell
earlier [ˈɚliɚ] früher; eher
early [ˈɚli] früh
earrings [ˈɪɚrɪŋz] Ohrringe
earth [ɚθ] Erde
east [ist] Osten; **to the ~ of** [ist‿ɔv] östlich von
Easter [ˈistɚ] Ostern
Easter Monday [ˈistɚ ˈmənde] Ostermontag
easy [ˈizi] leicht
eat [it] essen
edible [ˈɛdɪbl] essbar
education [ˌɛdjʊˈkeʃn] (Schul-)Ausbildung
eel [il] Aal
efficiency unit [ɪˈfɪʃənsi junɪt] Apartment
egg cup [ˈɛg kəp] Eierbecher
eggplant [ˈɛgplænt] Aubergine
eggs [ɛgz] Eier
either ... or [ˈiðɚ … ˈoɚ] entweder ... oder
elastic bandage [ɪlæstɪk ˈbændɪdʒ] Elastikbinde
electric stove [ɪlɛktrɪk ˈstov] Elektroherd
electric wheelchair [ɪlɛktrɪk ˈwiltʃɛɚ] Elektrorollstuhl
electric(ally) [ɪˈlɛktrɪk(li)] elektrisch
electrical appliance store [ɪlɛktrɪkəl əˈplaɪəns stɔɚ] Elektrohandlung
electrical outlet [ɪlɛktrɪkl ˈæʊtlɛt] Steckdose
elevator [ˈɛlɪˌvetɚ] Fahrstuhl
elsewhere [ˈɛlswɛɚ] anderswo
embassy [ˈɛmbəsi] Botschaft *(diplomatische Vertretung)*
emergency [ɪˈmɚdʒənsi] Notfall
emergency blinkers [ˌɪmˈɚdʒɛnsi blɪnkɚz] Warnblinkanlage
emergency brake [ɪˈmɚdʒənsi brek] Notbremse
emergency exit [ɪˈmɚdʒənsi ɛksɪt] Notausgang
emergency road service [ɪˈmɚdʒənsi rod sɚvɪs] Pannendienst
emergency telephone [ɪˈmɚdʒənsi tɛlɪfon] Notrufsäule
empty [ˈɛmpti] leer
end [ɛnd] Ende; *(Straße)* Mündung
end of the line [ɛnd‿əv ðə ˈlaɪn] Endstation
engine [ˈɛndʒɪn] Motor

English [ˈɪŋglɪʃ] englisch
enjoy [ɪnˈdʒɔɪ] genießen
enough [ɪˈnəf] genug
entertainer [ɛntɚˈtenɚ] Kabarettist(in)
entertainment [ˌɛntɚˈtenmənt] Unterhaltung; Vergnügen
enthusiastic (about) [ɪnˌθuziˈæstɪk (əˈbæʊt)] begeistert (von)
entire [ɪnˈtaɪɚ] ganz; vollständig
entrance [ˈɛntrəns] Eingang; Eintritt; Einfahrt
entree [ɔnˈtre] Hauptspeise
envelope [ˈɛnvəlop] Briefumschlag
environment [ɪnˈvaɪɚnmənt] Umwelt
epilepsy [ˈɛpɪlɛpsi] Epilepsie
esophagus [əˈsɑfəgəs] Speiseröhre
especially [ɪsˈpɛʃəli] hauptsächlich; besonders
estate [ɪsˈtet] Landgut; Anwesen
etching [ˈɛtʃɪŋ] Radierung
Europe [ˈjʊɚəp] Europa
European [ˌjʊɚəˈpiən] Europäer(in); *(als Adjektiv)* europäisch
even if [ivn ˈɪf] selbst wenn
evening [ˈivnɪŋ] Abend
event [ɪˈvɛnt] Veranstaltung
every [ˈɛvri] jeder
every day [ɛvri ˈde] jeden Tag
every hour [ɛvri ˈæʊɚ] stündlich
everybody [ˈɛvriˌbɑdi] jeder
everything [ˈɛvriθɪŋ] alles
everywhere [ˈevɚiwɛɚ] überall
evil [ˈivl] böse
exact(ly) [ɪgˈzækt(li)] genau
examination [ɪgˌzæmɪˈneʃn] Untersuchung
example [ɪgˈzæmpl] Beispiel
excavations [ˌɛkskəˈveʃnz] Ausgrabungen
excellent [ˈɛksələnt] ausgezeichnet
except [ɪkˈsɛpt] außer
exchange [ɪksˈtʃendʒ] *(als Verb)* austauschen
exchange [ɪksˈtʃendʒ] Wechsel; *(Währung)* Geldwechsel
exchange rate [ɪksˈtʃendʒ ˌret] Wechselkurs
excursion [ɪkˈskɚʃn] Ausflug; Landausflug; Tour
excuse [ɪksˈkjus] Entschuldigung
exempt [ɪgˈzɛmpt] frei (von Abgaben)
exhausted [ɪgˈzɔstɪd] erschöpft
exhibition [ˌɛksɪˈbɪʃn] Ausstellung; Messe
exit [ˈɛgzɪt] Ausgang; Ausfahrt
expect [ɪksˈpɛkt] rechnen mit; erwarten
expenses [ɪksˈpɛnsɪz] Unkosten
expensive [ɪksˈpɛnsɪv] teuer
experienced [ɪksˈpɪɚiənst] *(als Adjektiv)* erfahren
explicit(ly) [ɪksˈplɪsɪt(li)] ausdrücklich
expression [ɪksˈprɛʃn] Ausdruck
expressway [ɛksˈprɛswe] Schnellstraße
extend [ɪkˈstɛnd] verlängern
extended week [ɪkstɛndəd ˈwik] Verlängerungswoche
extension cord [ɪksˈtɛnʃən kɔɚd] Verlängerungsschnur
extra [ˈɛkstrə] extra
extraordinary [ɪksˈtrɔɚdənɛɚi] außergewöhnlich
extras [ˈɛkstrəz] Nebenkosten
eye drops [ˈaɪ drɑps] Augentropfen
eyes [aɪz] Augen

F

face [fes] Gesicht; *(Berg)* Felswand
face treatment [ˈfeɪs tritmənt] Gesichtsbehandlung
factory [ˈfæktɚi] Fabrik
faint [fent] Ohnmacht
fair [fɛɚ] fair; *(als Substantiv)* Messe; *(Fest)* Kirmes
fairly [ˈfɛɚli] ziemlich
fall [fɔl] fallen
fall [fɔl] *(als Substantiv)* Herbst
family [ˈfæmɪli] Familie
famous [ˈfeməs] berühmt
fan [fæn] Ventilator
fancy [ˈfænsi] vornehm
far [fɑɚ] weit (entfernt)
fare [fɛɚ] Fahrpreis
farm [fɑɚm] Bauernhof
farmers' market [fɑɚmɚz ˈmɑɚkɪt] Markt
fashion [ˈfæʃn] Mode
fashion jewelry [ˈfæʃn dʒuəlri] Modeschmuck
fast [fæst] schnell
fasting [ˈfæstɪŋ] Fasten
fasting cure [ˈfæstɪŋ kjʊɚ] Heilfasten
fat [fæt] fett; *(Person)* dick
father [ˈfɑðɚ] Vater
faucet [ˈfɔsɪt] Wasserhahn
fault [fɔlt] Fehler *(den man hat)*; **it's my ~** es ist meine Schuld
favorite [ˈfevɚɪt] Lieblings-
fax [fæks] Fax
fax machine [fæks məˈʃin] Faxgerät
fear [fɪɚ] (be)fürchten
February [ˈfɛbruˌɛɚi] Februar
feeble [ˈfibl] schwach
feeding bottle [ˈfidɪŋ ˌbɑdl] Saugflasche
feel [fil] fühlen

feeling [ˈfilɪŋ] Gefühl
fees [fiz] Gebühren
feet [fit] *(Plural)* Füße
fellow [ˈfɛlo] **my ~ American** mein (amerikanischer) Landsmann/ meine (amerikanische) Landsmännin
fennel [ˈfɛnl] Fenchel
ferry [ˈfɛɚi] Fähre
festival [ˈfɛstɪvl] Festival
feta cheese [ˈfɛtə ˈtʃiz] Schafskäse
fever [ˈfivɚ] Fieber
few [fju] wenig; **a ~** [ə fju] ein paar
fiancé (fiancée) [fɪˈɑnse, fɪˈɑnse] Verlobte/r
field [fild] Feld
figs [fɪgz] Feigen
figure [ˈfɪgjɚ] Zahl
fill out [fɪl‿ˈæʊt] ausfüllen
fill up [ˈfɪl ˈəp] tanken
filling [ˈfɪlɪŋ] Plombe
final clean [fɑɪnl ˈklin] Endreinigung
finally [ˈfɑɪnəli] endlich; schließlich; zum Schluss
find [fɑɪnd] finden
find out [fɑɪnd ˈæʊt] sich informieren; herausfinden
fine [fɑɪn] dünn; fein; *(als Substantiv)* Bußgeld
finger [ˈfɪŋgɚ] Finger
finished [ˈfɪnɪʃt] fertig; vollendet
fins [fɪnz] Schwimmflossen
fire [ˈfɑɪɚ] Feuer
fire alarm [ˈfɑɪɚ əˌlɑɚm] Feuermelder; Feueralarm
fire department [ˈfɑɪɚ dɪpɑɚtmənt] Feuerwehr
fire extinguisher [ˈfɑɪɚ ɪkstɪŋgwɪʃɚ] Feuerlöscher
fireworks [ˈfɑɪɚwɚks] Feuerwerk
firm [fɚm] fest; *(als Substantiv)* Firma
first [fɚst] erste(r, -s); **at ~** [æt ˈfɚst] zuerst
first aid [ˈfɚst ˈed] erste Hilfe
first-aid kit [fɚst ˈeɪd kɪt] Verbandskasten
first floor [ˈfɚst flɔɚ] Erdgeschoss
first gear [fɚst ˈgɪɚ] erster Gang
first name [ˈfɚst ˌnem] Vorname
first of all [ˈfɚst‿əv‿ˌɔl] (zu)erst
fish [fɪʃ] Fisch
fishbone [ˈfɪʃbon] Gräte
fishing: to go ~ [go ˈfɪʃɪŋ] angeln
fishing license [ˈfɪʃɪŋ lɑɪsns] Angelschein
fishing rod [ˈfɪʃɪŋ rɑd] Angel
fishing town [ˈfɪʃɪŋ tæʊn] Fischerort
fishmonger [ˈfɪʃˌməŋgɚ] Fischhändler
fit [fɪt] fit; *(als Verb)* passen
flammable [ˈflæməbl] feuergefährlich
flash [flæʃ] Blitzgerät
flat [flæt] flach; *(Reifen)* platt
flat rate [ˈflæt ˈret] Pauschalpreis
flat tire [ˈflæt ˈtɑɪɚ] Reifenpanne; Platten
flaw [flɔ] Defekt
flea market [ˈfli ˌmɑrkɪt] Flohmarkt
fleece [flis] (Schafs-)Fell
flight [flɑɪt] Flug
flip-flops [ˈflɪp flɑps] Badeschuhe
floor [flɔɚ] Fußboden; *(im Gebäude)* Stockwerk; **on the fourth ~** [ˈfɔɚθ flɔɚ] im vierten Stock
florist's [ˈflɑɚɪsts] Blumengeschäft
flour [ˈflæʊɚ] Mehl
flower [ˈflæʊɚ] Blume
flu [flu] Grippe
fly [flɑɪ] *(als Verb)* fliegen
fog [fɔg] Nebel
fold-out couch [ˈfoldæʊt kæʊtʃ] Schlafcouch
fold-up wheelchair [ˈfoldəp ˈwiltʃɛɚ] Faltrollstuhl
folk music [ˈfok mjuzɪk] Volksmusik
folklore [ˈfoklɔɚ] Folklore
food [fud] Nahrung
food-poisoning [ˈfudˌpɔɪznɪŋ] Lebensmittelvergiftung
foot [fʊt] Fuß
for [fɔɚ] für; *(Grund)* denn; *(Zeitraum)* seit; **to be ~ something** für etwas sein
for example [fɔr‿ɪgˈzæmpl] zum Beispiel
foreign [ˈfɑɚɪn] ausländisch
foreign countries [fɑɚən ˈkəntriz] Ausland
foreign currency [fɔrɪn ˈkɚənsi] Devisen
foreigner [ˈfɑɚɪnɚ] Ausländer(in)
forest [ˈfɑɚɪst] Wald
forget [fɚˈgɛt] vergessen
fork [fɔɚk] Gabel
form [fɔɚm] Form; *(zum Ausfüllen)* Formular
formal attire [fɔrml əˈtɑɪɚ] Abendgarderobe
fort(ress) [ˈfɔrt(rɪs)] Festung
forward [ˈfɔɚwɚd] nachsenden
forward(s) [ˈfɔɚwɚd(z)] vorwärts
fountain [ˈfæʊntɪn] Brunnen
fracture [ˈfræktʃɚ] Knochenbruch
fraud [frɔd] Betrug
free [fri] frei; *(ohne Kosten)* gratis
free of charge [fri əv ˈtʃɑɚdʒ] kostenlos
freeway [ˈfriwe] Autobahn
freeway exit [ˈfriwe ˈɛksɪt] Autobahnausfahrt
freeway ramp [ˈfriwe ræmp] Auffahrt; Abfahrt
freeze [friz] (ge)frieren

freezer pack [ˈfrizɚ pæk] Kühlelement
French beans [frɛntʃ ˈbinz] grüne Bohnen
frequently [ˈfrikwəntli] häufig
fresh [frɛʃ] frisch
Friday [ˈfraɪde] Freitag
fridge [frɪdʒ] Kühlschrank
fried food [fraɪd ˈfud] Pfannengericht
friend [frɛnd] Freund(in) Bekannte/r; **to be ~s** [bi frɛndz] befreundet sein
friendly [ˈfrɛndli] freundlich
frighten [ˈfraɪtn] erschrecken
from [frəm] *(Herkunft)* von; aus; ab
frost [frɔst] Frost
fruit [frut] Obst
fruit and vegetable stand [frut‿nd ˈvɛdʒtəbl stænd] Obst- und Gemüsehändler
full [fʊl] *(besetzt; satt)* voll
full body massage [ˈfʊl‿ˈbɑdɪ məˈsɑʒ] Ganzkörpermassage
full room and board [ˈfəl rum‿ən bɔɚd] Vollpension
fun [fən] Spaß
fungal infection [fəŋgl ɪnˈfɛkʃn] Pilzinfektion
funny [ˈfəni] lustig
fur [fɚ] Fell
furious [ˈfjʊɚiəs] wütend
furniture [ˈfɚnɪtʃɚ] Möbel
fuse [fjuz] *(Elektrizität)* Sicherung
future [ˈfjutʃɚ] Zukunft, *(als Adjektiv)* zukünftig

G

gadget [ˈgædʒɪt] Apparat
gall bladder [ˈgɔl ˌblædɚ] Gallenblase
gallery [ˈgæləi] Galerie
game [gem] Spiel
garage [gəˈrɑʒ] Garage; Werkstatt
garbage [ˈgɑɚbɪdʒ] Abfall; Müll
garbage bag [ˈgɑɚbɪdʒ bæg] Abfallbeutel
garbage can [ˈgɑɚbɪdʒ kæn] Mülltonne
garden [ˈgɑɚdn] Garten
garlic [ˈgɑɚlɪk] Knoblauch
gas [gæs] Benzin; *(medizinisch)* Blähungen
gas canister [ˈgæs kænəstɚ] Gasflasche
gas cartridge [ˈgæs kɑrtrɪdʒ] Gaskartusche
gasoline canister [ˈgæsəlin kænəstɚ] Benzinkanister
gas pedal [ˈgæs pɛdəl] Gaspedal
gas pump [ˈgæs pəmp] Benzinpumpe
gas stove [ˈgæs stov] Gasherd; *(Camping)* Gaskocher
gas tank [ˈgæs tæŋk] Tank
gate [get] Tor; *(Flughafen)* Flugsteig
gauze bandage [ˈgɔz bændɪdʒ] Mullbinde
gear [gɪɚ] *(Auto)* Gang
general delivery [dʒɛnɚəl dɪˈlɪvɚi] postlagernd
gentle [ˈdʒɛntl] zärtlich
gentleman [ˈdʒɛntlmən] Herr
genuine [ˈdʒɛnjuɪn] echt
German [ˈdʒɚmən] Deutsche/r, *(als Adjektiv)* deutsch
German measles [dʒɚmən ˈmizlz] Röteln
Germany [ˈdʒɚməni] Deutschland
get [gɛt] bekommen; besorgen
get acclimated [gɛt‿ˈækləˌmetɪd] sich akklimatisieren
get dressed [gɛt ˈdrɛst] sich anziehen
get on [ˌgɛd‿ˈɑn] einsteigen
get out [ˌgɛd‿ˈæʊt] aussteigen
get up [ˌgɛt ˈəp] aufstehen
gift [gɪft] Geschenk; Mitbringsel
gift shop [ˈgɪft ʃɑp] Souvenirladen
girl [gɚl] Mädchen
girlfriend [ˈgɚlfrɛnd] Freundin
give [gɪv] geben; **to ~ as a present** [gɪv‿əz‿ə ˈprɛzənt] schenken
give back [ˌgɪv ˈbæk] zurückgeben
glad [glæd] froh
gladly [ˈglædli] gern
glare ice [ˈglɛɚ ˈ aɪs] Glatteis
glass [ˈglæs] Glas
glass painting [ˈglæs ˌpentɪŋ] Glasmalerei
gliding [ˈglaɪdɪŋ] Segelfliegen
glorious [ˈglɔɚiəs] herrlich
gloves [gləvz] Handschuhe
glucose [ˈglukos] Traubenzucker
gnat [næt] Mücke
go [go] gehen; **to ~ by train/car etc.** mit dem Zug/Auto etc. fahren; **to ~ shopping** [go ˈʃɑpɪŋ] einkaufen; **to ~ skiing** [go ˈskiɪŋ] Ski laufen
go away [go‿əˈwe] weggehen; verreisen
go out [go ˈæʊt] ausgehen
goal [ˈgol] *(Sport)* Tor
goal pole [ˈgol pol] *(Pfosten)* Tor
goalie [ˈgoli] *(umgangssprachlich)* Torwart
goalkeeper [ˈgolˌkipɚ] Torwart
goat's cheese [ˈgotz tʃiz] Ziegenkäse
God [gɑd] Gott

goggles [ˈgaglz] Skibrille; Schwimmbrille
gold [gold] Gold
gold work [ˈgold wɚk] Goldschmiedekunst
golden [ˈgoldən] goldfarben
golf [galf] Golf
golf club [ˈgalf kləb] Golfschläger
gone [gan] weg
good [gʊd] gut
Good Friday [gʊd ˈfraɪde] Karfreitag
gorge [gɔɚdʒ] Schlucht
government [ˈgəvɚnmənt] Regierung
government office [ˈgəvɚnmənt ˈafɪs] Behörde
granddaughter [ˈgrænˌdɔtɚ] Enkelin
grandfather [ˈgrænˌfaðɚ] Großvater
grandmother [ˈgrænˌməðɚ] Großmutter
grandson [ˈgrænsən] Enkel
grapefruit [ˈgrepfrut] Grapefruit
graphic arts [græfɪk ˈarts] Grafik
grass [græs] Rasen
grater [ˈgretɚ] Reibe
gratin [graˈtan] Gratin; **au ~** überbacken [o graˈtan]
grave [grev] Grab
gravy [ˈgrevi] (Braten-)Soße
gray [gre] grau
great [gret] groß; bedeutend
green [grin] grün
green beans [grin ˈbinz] grüne Bohnen
greengrocer's [ˈgringrosɚz] Obst- und Gemüsehändler
greet [grit] (be)grüßen; empfangen
grill [grɪl] Grill
grilled [grɪld] vom Grill
grip [grɪp] Haltegriff
grocery store [ˈgroʃɚi stɔɚ] Lebensmittelgeschäft
ground [græʊnd] Boden; Gelände
ground meat [græʊnd‿ˈmit] Hackfleisch
ground floor [græʊnd ˈflɔɚ] Erdgeschoss
group [grup] Gruppe
growth [groθ] Geschwulst
guarantee [ˌgæɚənˈti] Garantie
guest [gɛst] Gast
guest house [ˈgɛsthæʊs] Pension
guide [gaɪd] Fremdenführer(in), Reiseführer(in); Begleitperson
guided tour [gaɪdɪd ˈtʊɚ] Führung
guilt [gɪlt] Schuld
gums [gəmz] Zahnfleisch
gust of wind [ˌgəst‿əv ˈwɪnd] (Wind-)Bö
gymnastics [dʒɪmˈnæstɪks] Gymnastik

H

hair [hɛɚ] Haar(e)
hair gel [ˈhɛɚ dʒɛl] Haargel
hairband [ˈhɛɚbænd] Haarband; Haarreifen
hairdo [ˈhɛɚdu] Frisur
hairdresser's [ˈhɛɚˌdrɛsɚz] Friseur
hairdryer [ˈhɛɚˌdraiɚ] Föhn
hairpins [ˈhɛɚpɪnz] Haarklammern
hairstyle [ˈhɛɚstaɪl] Frisur
half [hæf] halb
half [hæf] *(als Substantiv)* Hälfte
half-fare ticket [hæf fɛɚ ˈtɪkɪt] Kinderfahrkarte
hall [hɔl] (größerer) Saal
halves [hævz] *(Plural)* Hälften
ham [hæm] Schinken
hamburger [ˈhæmbɚgɚ] Hackfleisch; Hamburger
hammer [ˈhæmɚ] Hammer
hand [hænd] Hand
hand cream [ˈhænd krim] Handcreme
hand in [hænd ˈɪn] abgeben
hand throttle [ˈhænd θradəl] *(Auto)* Handgas
handle [ˈhændl] Haltegriff
handmade [ˈhændmed] handgemacht; handgefertigt
hand-operated bike [ˈhænd ˈɔpɚˌetɪd ˈbaɪk] Handbike
handwriting [ˈhændˌraɪtɪŋ] Handschrift
hang gliding [ˈhæng ˌglaɪdɪŋ] Drachenfliegen
happy [ˈhæpi] glücklich; froh
harbor [ˈhaɚbɚ] Hafen
hard [haɚd] hart
hard of hearing [haɚd əv ˈhɪɚɪŋ] hörgeschädigt
hardly [ˈhaɚdli] kaum
hat [hæt] Hut
have [hæv] haben; **to ~ a good time** [ˈhæv ə gʊd ˈtaɪm] sich amüsieren; **have an accident** [hæv‿ən‿ˈæksɪdənt] verunglücken; **have breakfast** [hæv ˈbrɛkfəst] frühstücken
have to [ˈhæv tʊ] müssen
hay bath [ˈhaɪ bæθ] Heubad
hay fever [ˈhe ˌfivɚ] Heuschnupfen
he [hi] er
head [hɛd] Kopf; *(Führungsperson)* Leiter(in), Chef(in)
headache [ˈhɛdek] Kopfschmerzen
headlights [ˈhɛdlaɪts] Scheinwerfer
headphones [ˈhɛdfonz] Kopfhörer
headquarters [ˌhɛdˈkwɔɚtɚz] (Haupt-)Sitz *(einer Firma usw.)*
health club [ˈhɛlθ kləb] Fitnesscenter

healthy [ˈhɛlθi] gesund
hear [hɪɚ] hören; erfahren
hearing [ˈhɪɚɪŋ] Gehör; **a person who is ~ impaired** [ə ˈpɚsən hu ɪz ˈhɪɚɪŋ ɪmˈpɛɚd] Gehörlose/r
heart [hɑɚt] Herz
heart attack [ˈhɑɚt‿ətæk] Herzanfall; Herzinfarkt
heart trouble [ˈhɑɚt ˌtrəbl] Herzbeschwerden
heartburn [ˈhɑɚtbɚn] Sodbrennen
heat [hit] Hitze
heating [ˈhidɪŋ] Heizung
heatwave [ˈhitˌwev] Hitzewelle
heaven [ˈhɛvn] Himmel *(Religion)*
heavy [ˈhɛvi] schwer; *(Person)* dick
heel [hil] (Schuh-)Absatz
height [hɑɪt] Höhe
help [hɛlp] *(als Substantiv)* Hilfe
help [hɛlp] **to ~ somebody** jemandem helfen
her [hɚ] ihr *(Possessivpronomen: weiblich)*
herbs [ɚbz] Kräuter
here [hɪɚ] hier
hernia [ˈhɚniə] Leistenbruch
herpes [ˈhɚpiz] Herpes
herring [ˈhɛɚɪŋ] Hering
high [hɑɪ] hoch
high tide [hɑɪ ˈtɑɪd] Flut
high voltage [hɑɪ ˈvoltɪdʒ] Hochspannung
highlight [ˈhɑɪlɑɪt] Höhepunkt
highlights [ˈhɑɪlɑɪtz] Strähnchen
highway [ˈhɑɪwe] Autobahn
hike [hɑɪk] wandern
hiking boots [ˈhɑɪkɪŋ buts] Wanderschuhe; Trekkingschuhe
hiking map [ˈhɑɪkɪŋ mæp] Wanderkarte
hiking path [ˈhɑɪkɪŋ pæθ] Wanderweg
hill [hɪl] Hügel
hinder [ˈhɪndɚ] hindern
hip [hɪp] Hüfte
his [hɪz] sein *(Possessivpronomen: männlich)*
historical district [hɪstɔrɪkəl ˈdɪstrɪkt] Altstadt
historical preservation [hɪstɔrɪkl ˌprɛzɚˈveʃn] Denkmalschutz
history [ˈhɪstɚi] Geschichte
hitchhike [ˈhɪtʃˌhɑɪk] trampen
HIV positive [etʃ ɑɪ vi ˈpɑzɪtɪv] HIV-positiv
hoarse [hoɚs] heiser
hole [hol] Loch
holy [ˈholi] heilig
home [hom] Heimat
homemade [homˈmed] hausgemacht
honey [ˈhəni] Honig
hood [hʊd] Motorhaube
hook [hʊk] Haken
hook-ups [ˈhʊk əpz] Stromanschluss
hopefully [ˈhopfəli] hoffentlich
horn [hɔɚn] Hupe
horrible [ˈhɔɚəbl] fürchterlich
hors d'oeuvre [ɔɚˈdɚv] Vorspeise
horse [hɔɚs] Pferd
horse-back riding: to go ~ [go ˈhɔɚsbæk ˈrɑɪdɪŋ] reiten gehen
hospital [ˈhɑspɪtl] Krankenhaus
hospitality [ˌhɑspɪˈtælɪti] Gastfreundschaft
host (hostess) [host, ˈhostɪs] Gastgeber(in)
hot [hɑt] heiß; *(Speisen)* scharf
hot air balloon [hɑt ˈɛɚ bəˈlon] Heißluftballon
hot water [hɔt ˈwɑdɚ] warmes Wasser
hour [ˈæʊɚ] Stunde; **a quarter of an ~** [ə kwɔɚtɚ‿əv‿ən‿ˈæʊɚ] eine Viertelstunde; **half an ~** [hæf‿ən‿ˈæʊɚ] eine halbe Stunde
hourly [ˈæʊɚli] stündlich
house [hæʊs] Haus
house number [ˈhæʊs ˌnəmbɚ] Hausnummer
household goods [ˈhæʊshold gʊdz] Haushaltswaren
housekeeper [ˈhæʊskipɚ] Zimmermädchen; Reinigungskraft
hovercraft [ˈhəvɚkræft] Luftkissenboot
how [hæʊ] *(in Fragen)* wie
however [hæʊˈɛvɚ] doch
humid [ˈhjumɪd] schwül
hungry [ˈhəŋgri] hungrig; **to be ~** Hunger haben
hurry [ˈhɚi] sich beeilen
hurry [ˈhɚi] *(als Substantiv)* Eile; **to be in a ~** es eilig haben
hurt [hɚt] schmerzen; wehtun; **to ~ somebody** [hɚt] jemanden verletzen
husband [ˈhəzbənd] Ehemann
hydrofoil [ˈhɑɪdrəfɔɪl] Tragflügelboot

I

ice [ɑɪs] Eis
ice cream [ɑɪs ˈkrim] Eis
ice hockey [ˈɑɪs ˌhɑki] Eishockey
ice skates [ˈɑɪs skets] Schlittschuhe
ice-skating [ˈɑɪs ˌsketɪŋ] Eislaufen
ice-skating rink [ˈɑɪs sketɪŋ rɪŋk] Eisbahn
ID [ɑɪˈdi] Personalausweis
idea [ɑɪˈdiə] Idee; *(Begriff)* Vorstellung
if [ɪf] *(Bedingung)* wenn; falls; ob

ignition [ɪɡˈnɪʃn] Zündung
ignition key [ɪɡˈnɪʃn ki] Zündschlüssel
ill [ɪl] krank
illness [ˈɪlnɪs] Krankheit
immediately [ɪˈmidiətli] sofort; direkt
impertinent [ɪmˈpɚdɪnənt] unverschämt
importance [ɪmˈpɔɚtəns] Wichtigkeit; Bedeutung
important [ɪmˈpɔɚtənt] wichtig
impossible [ɪmˈpɑsəbl] unmöglich
impressionism [ɪmˈprɛʃənˌɪzm] Impressionismus
impressive [ɪmˈprɛsɪv] beeindruckend
improbable [ɪmˈprɑbəbl] unwahrscheinlich
in [ɪn] in
in addition [ɪn‿əˈdɪʃn] zusätzlich
in advance [ɪn‿ədˈvæns] im Voraus
in case [ɪn ˈkes] falls
in English [ɪn‿ˈɪŋglɪʃ] auf Englisch
in front of [ɪn ˈfrənt‿əv] *(räumlich)* vor
in need of care [ɪn nid əv ˈkɛɚ] pflegebedürftig
in the afternoon [ɪn ðɪ‿ˌæftɚˈnun] nachmittags
in the evening [ɪn ði‿ˈivnɪŋ] abends
in the morning [ɪn ðə ˈmɔɚnɪŋ] morgens; am Vormittag
in time [ɪn ˈtaɪm] rechtzeitig
in writing [ɪn ˈraɪtɪŋ] schriftlich
incident [ˈɪnsɪdənt] Zwischenfall
incline [ˈɪnklaɪn] Steigung
included [ɪnˈkludɪd] inbegriffen
incredible [ɪnˈkrɛdəbl] unglaublich
indigestion [ˌɪndɪˈdʒɛstʃn] Verdauungsstörung
indoors [ˌɪnˈdɔɚz] drin; drinnen
infection [ɪnˈfɛkʃn] Infektion; Entzündung
inflammable [ɪnˈflæməbl] feuergefährlich
inflammation [ɪnfləˈmeʃn] Entzündung
inform [ɪnˈfɔɚm] benachrichtigen; informieren
information [ɪnfɚˈmeʃn] Auskunft; Information
infusion [ɪnˈfjuʃn] Infusion
inhabitant [ɪnˈhæbɪtənt] Einwohner(in)
injection [ɪnˈdʒɛkʃn] Spritze
injure [ˈɪndʒɚ] verletzen
injured person [ɪndʒɚd ˈpɚsn] Verletzte/r
injury [ˈɪndʒɚi] Verletzung
inliners [ˈɪnlaɪnɚz] Inliner
inn [ɪn] Pension
inner courtyard [ɪnɚ ˈkɔɚtjɑɚd] Innenhof
innertube [ˈɪnɚtub] Schwimmring
inscription [ɪnˈskrɪpʃn] Inschrift
insect [ˈɪnsɛkt] Insekt
insect repellant [ˈɪnsɛkt ripɛlənt] Mückenschutz
inside [ˈɪnˈsaɪd] innen; drin(nen)
insist [ɪnˈsɪst] bestehen (auf)
insomnia [ɪnˈsɑmnɪə] Schlaflosigkeit
instant camera [ɪnstənt ˈkæmɚə] Sofortbildkamera
instead of [ɪnˈstɛd‿əv] anstatt
insulin [ˈɪnsəlɪn] Insulin
insult [ˈɪnsəlt] Beleidigung
insurance [ɪnˈʃʊɚəns] Versicherung
insurance papers [ɪnˈʃʊɚəns pepɚz] Versicherungspapiere
intelligent [ɪnˈtɛlɪdʒənt] klug; intelligent
interested: to be ~ (in) [ˈɪntrɪstɪd (ɪn)] sich interessieren (für)
interesting [ˈɪntrɪstɪŋ] interessant
international [ˌɪndɚˈnæʃənl] international
international call [ɪndɚnæʃənl ˈkɔl] Auslandsgespräch
international flight [ɪndɚnæʃənl ˈflaɪt] Auslandsflug
interrupt [ˌɪndɚˈrəpt] unterbrechen
intersection [ˈɪndɚˌsɛkʃn] Kreuzung
interstate [ˈɪndɚstet] Autobahn
interval [ˈɪndɚvl] Pause
intestines [ɪnˈtɛstɪnz] Darm
intolerable [ɪnˈtɑlɚəbl] unerträglich
introduce [ˌɪntrəˈdus] bekannt machen
introduction [ˌɪntrəˈdəkʃn] Vorstellung
invite [ɪnˈvaɪt] einladen
invoice [ˈɪnvɔɪs] Rechnung
iodine [ˈaɪədaɪn] Jod(tinktur)
iPod [ˈaɪ pɑd] iPod®
iron [ˈaɪɚn] Bügeleisen
iron [ˈaɪɚn] *(als Verb)* bügeln
island [ˈaɪlənd] Insel
isolated [ˈaɪsəletɪd] *(Haus usw.)* einsam
itch [ɪtʃ] jucken
item [ˈaɪdəm] Gegenstand
its [ɪts] *(Possessivpronomen: sächlich)* sein

J

jack [dʒæk] Wagenheber
jacket [ˈdʒækɪt] Jacke; Anorak
jam [dʒæm] Marmelade
January [ˈdʒænjuˌɛɚi] Januar
jaw [dʒɔ] Kiefer *(Gesicht)*
jazz [jæz] Jazz

jeans [dʒinz] Jeans
jellyfish [ˈdʒɛlifɪʃ] Qualle
jeweler's [ˈdʒulɚz] Juwelier
jewelry [ˈdʒuəlɚi] Schmuck
job [dʒɑb] Beruf
jog [dʒɑg] joggen
jogging: to go ~ [go ˈdʒɑgɪŋ] joggen gehen
joint [dʒɔɪnt] Gelenk
joke [dʒok] Witz; Scherz; Spaß
judge [dʒədʒ] Richter(in)
juicy [ˈdʒusi] saftig
July [dʒʊˈlɑɪ] Juli
jumper cable [ˈdʒəmpɚ ˈkebl] Starthilfekabel
junction [ˈdʒəŋkʃn] Kreuzung
June [dʒun] Juni
just [dʒəst] gerade *(zeitlich)*
just as ... as [ˈdʒəst‿əz … əz] genauso ... wie

K

keep [kip] (be)halten; aufbewahren
ketchup [ˈkɛtʃəp] Ketschup
kettle [kɛtl] Wasserkocher
key [ki] Schlüssel
kidney [ˈkɪdni] Niere
kidney belt [ˈkɪdni bɛlt] Nierengurt
kidney stone [ˈkɪdni ston] Nierenstein
kilogram [ˈkɪləgræm] Kilogramm
kilometer [kɪlˈɑmətɚ] Kilometer
kind [kɑɪnd] Sorte; Art; *(als Adjektiv)* freundlich; liebenswürdig
kiss [kɪs] Kuss
kiss [kɪs] *(als Verb)* küssen
kitchen [ˈkɪtʃn] Küche
kitchenette [ˌkɪtʃɪˈnɛt] Kochnische
kiwi [ˈkiwi] Kiwi
Kleenex [ˈklinəks] Papiertaschentücher
knee [ni] Knie
kneipism [knɑɪpɪzəm] Kneippanwendung
knife [nɑɪf] Messer
know [no] wissen; kennen

L

ladle [ledl] Schöpfkelle
lake [lek] der See
lamb [læm] Lammfleisch
lamp [læmp] Lampe
land [lænd] Land *(Landmasse)*
land at [ˈlænd æt] anlegen in
landing [ˈlændɪŋ] Landung
landmark [ˈlændmɑɚk] Wahrzeichen
landscape format [ˈlændskep ˈfɔɚmæt] Querformat
lane [len] Gasse
language [ˈlæŋgwɪdʒ] Sprache
language course [ˈlæŋgwɪdʒ kɔɚs] Sprachkurs
laptop [ˈlæptɑp] Laptop
large [lɑɚdʒ] groß
last [læst] letzte(r, -s); zuletzt; **~ Monday** [ˈlæst ˈməndе] letzten Montag
last [læst] *(als Verb)* dauern
last name [ˈlæst ˌnem] Familienname
late [let] spät
later [ˈletɚ] später
laugh [læf] lachen
laundromat [ˈlɔndrəˌmæt] Waschsalon
laundry [ˈlɔndri] Wäscherei
lavatory [ˈlævətɔɚ i] Waschraum; Toilette
law court [ˈlɔ kɔɚt] *(Justiz)* Gericht
lawn [lɔn] Rasen
lawyer [ˈlɔɪjɚ] Rechtsanwalt(-anwältin)
laxative [ˈlæksətɪv] Abführmittel
layers [ˈleɚz] *(Haare)* Stufen
layover [ˈleˌovɚ] Zwischenlandung (über Nacht)
laze around [lez əˈræʊnd] faulenzen
lazy [ˈlezi] faul
leading role [lidɪŋ ˈrol] Hauptrolle
leaf [lif] Blatt
leaflet [ˈliflɪt] Prospekt
lean [lin] *(Fleisch)* mager
learn [lɚn] lernen; erfahren
leather goods [ˈlɛðɚ gʊdz] Lederwaren
leather goods store [ˈlɛðɚ gʊdz stɔɚ] Lederwarengeschäft
leather jacket [ˈlɛðɚ ˈdʒækɪt] Lederjacke
leave [liv] weggehen; abfahren von; verlassen
leave (for) [ˈliv (fɔɚ)] abreisen (nach)
leek [lik] Lauch
left links; **to the ~** links; **on the ~** links
left übrig; **to be ~** [bi lɛft] übrig geblieben sein
left(-hand) [ˈlɛft(ˌhænd)] linke(r, -s)
leg [lɛg] Bein
legal alcohol limit [ˈligəl ˈælkəhɔl ˈlimit] Promillegrenze
lemons [ˈlɛmənz] Zitronen
lend [lɛnd] *(jemandem)* leihen
lens [lɛnz] Linse; Objektiv
lentils [ˈlɛntɪlz] Linsen
less [lɛs] weniger
lesson [ˈlɛsn] Unterrichtsstunde
letter [ˈlɛtɚ] Brief
lettuce [ˈlɛtɪs] Salat
level [ˈlɛvl] eben; flach
lice [lɑɪs] Läuse

license [ˈlaɪsəns] Genehmigung; **driver's ~** [ˈdraɪvɚ laɪsəns] Führerschein
license plate [ˈlaɪsəns plet] Nummernschild
lie [laɪ] liegen; lügen
lie down [ˈlaɪ ˈdæʊn] sich hinlegen
life [laɪf] Leben
life jacket [ˈlaɪf ˌdʒækɪt] Schwimmweste
life preserver [ˈlaɪf prɪzɚvɚ] Rettungsring
lifeboat [ˈlaɪfbot] Rettungsboot
lifeguard [ˈlaɪfgɑɚd] Bademeister(in)
lifting ramp [ˈlɪftɪŋ ræmp] Hublift
light [laɪt] Licht; *(als Adjektiv: Gewicht)* leicht; *(als Verb)* anzünden
light blue [laɪt blu] hellblau
light green [laɪt grin] hellgrün
light meter [ˈlaɪt ˌmitɚ] Belichtungsmesser
light switch [ˈlaɪt swɪtʃ] Lichtschalter
lighthouse [ˈlaɪthæʊs] Leuchtturm
lightning [ˈlaɪtnɪŋ] Blitz
like [laɪk] *(Vergleich)* wie
like [laɪk] *(als Verb)* gern haben
lilac [ˈlaɪlək] lila
line [laɪn] Linie; **to stand in ~** [stænd ɪn laɪn] Schlange stehen
linen [ˈlɪnən] Leinen; *(fürs Bett)* (Bett-)Wäsche
lip [lɪp] Lippe
lipstick [ˈlɪpstɪk] Lippenstift
liquid [ˈlɪkwɪd] flüssig; Flüssigkeit
liquor store [ˈlɪkɚ stɔɚ] Spirituosengeschäft; Weinhandlung
listen (to) [ˈlɪsn tu] zuhören; **to ~ to music** [ˌlɪsn tə ˈmjuzɪk] Musik hören
little [ˈlɪdl] klein; wenig; **a ~** [ə ˈlɪdl] etwas ein wenig
live [lɪv] *(als Verb)* leben; wohnen
live music [ˈlaɪv ˈmjuzɪk] Livemusik
lively [ˈlaɪvli] lebhaft
liver [ˈlɪvɚ] Leber
liver paté [ˈlɪvɚ pæˈte] Leberpastete
living room [ˈlɪvɪŋ rum] Wohnzimmer
local [ˈlokl] einheimisch; hiesig
local call [ˈlokəl kɔl] Ortsgespräch
local train [ˈlokəl ˈtren] Nahverkehrszug
located: to be ~ [bi ˈloketɪd] sich befinden
location [loˈkeʃn] Lage *(eines Ortes)*
lock [lɑk] (Tür-)Schloss
lock [lɑk] *(als Verb)* abschließen; verschließen
locker [ˈlɑkɚ] Schließfach
lodge [lɑdʒ] Ferienanlage
lodging [ˈlɑdʒɪŋ] Pension
lonely [ˈlonli] *(Mensch)* einsam
long [lɑŋ] *(Weg)* lang; weit
long-distance call [ˌlɑŋ ˈdɪstəns kɔl] Ferngespräch
look [lʊk] Blick
look [lʊk] *(als Verb)* schauen
look after [lʊk ˈæftɚ] sich kümmern um; *(Kinder)* aufpassen auf
look at [lʊk‿ˈət] ansehen
look for [lʊk ˈfɔɚ] suchen
look forward to [lʊk ˈfɔɚwɔɚd tu] sich freuen auf
look out: ~! [lʊk ˈæʊt] Achtung! Vorsicht!
look-out point [ˈlʊkæʊt pɔɪnt] Aussichtspunkt
lose [luz] *(als Verb)* verlieren
lose one's way [luz wənz ˈwe] sich verirren
lost and found [ˈlɔst‿ənd fæʊnd] Fundbüro
a lot of [ə ˈlɑt‿əv] viel
loud [læʊd] laut
lounge [læʊndʒ] Aufenthaltsraum
love [ləv] Liebe
love [ləv] *(als Verb)* lieben
low [lo] nieder; niedrig; tief
low tide [lo ˈtaɪd] Ebbe
low-calorie [lo ˈkæləri] kalorienarm
low-fat [lo ˈfæt] fettarm
flow gear [lo ˈgɪɚ] erster Gang
luck [lək] Glück
lucky [ˈləki] glücklich *(Glück gehabt)*
luggage [ˈləgɪdʒ] Gepäck
lumbago [ləmˈbego] Hexenschuss
lump sum for electricity [ləmp səm fɔɚ ˌɪlɛkˈtrɪsəti] Strompauschale
lunch [ləntʃ] Mittagessen
lungs [ləŋz] Lunge
luxurious [ləgˈzjʊɚiəs] luxuriös
Lyme disease [ˈlaɪm dɪziz] Borreliose
lymphatic drainage [lɪmfætɪk ˈdreɪnɪdʒ] Lymphdrainage

M

machine [məˈʃin] Maschine
mackerel [ˈmækrəl] Makrele
mad [mæd] böse; **be ~ about something** sich ärgern über etwas; **be ~ at somebody** sich ärgern über jemanden
Madam [ˈmædəm] *(Anrede)* Frau
magazine [ˈmægəzin] Illustrierte; Zeitschrift
maiden name [ˈmedn ˌnem] Geburtsname
mailbox [ˈmelbɑks] Briefkasten

main post office [ˈmen ˈpostˌafɪs] Hauptpostamt
main central station [ˈmen ˈsɛntrəl ˈsteʃn] Hauptbahnhof
main street [ˈmen strit] Hauptstraße
mainland [ˈmenlænd] Festland
maintain [menˈten] behaupten; beibehalten
make [mek] machen; *(Kaffee, Tee)* kochen
make good [mek ˈgʊd] *(Schaden)* ersetzen
make up one's mind [ˈmek əp wənz ˈmaɪnd] sich entscheiden
male nurse [mel ˈnɚs] Krankenpfleger
man [mæn] Mann; (der) Mensch
manager [ˈmænɪdʒɚ] Leiter(in)
mango [mæŋgo] Mango
mansion [ˈmænʃn] Villa; Palast
map [mæp] Landkarte
March [maɚtʃ] März
Mardi Gras [ˈmaɚdi gra] Karneval *(in New Orleans)*
margarine [ˈmaɚdʒɚɪn] Margarine
market [ˈmaɚkɪt] Markt
marmalade [ˈmaɚməled] Orangenmarmelade
married (to) [ˈmæɚid (tu)] verheiratet (mit)
marry [ˈmæɚi] heiraten
marvelous [ˈmaɚvələs] wunderbar
mascara [mæˈskɛɚə] Wimperntusche
mass [mæs] *(Kirche)* Messe
massage [məˈsaʒ] Massage
match [mætʃ] Wettkampf; Spiel; *(zum Anzünden)* Streichholz
material [məˈtɪɚiəl] Material; Stoff
matter [ˈmætɚ] Angelegenheit; Sache
mattress [ˈmætrɪs] Matratze
mature [məˈtʃʊɚ] *(Mensch, Käse)* reif
May [me] Mai
maybe [ˈmebi] vielleicht
mayonnaise [ˈmeənez] Mayonnaise
me [mi] mich; mir
meadow [ˈmɛdo] Wiese
meal [mil] Mahlzeit; Essen
meaning [ˈminɪŋ] Sinn; Bedeutung
means [minz] Mittel
measles [ˈmizlz] Masern
meat [mit] Fleisch
meat market [ˈmit ˈmaɚkɪt] Metzgerei
medical insurance [mɛdɪkl‿ɪnˈʃʊɚəns] Krankenkasse
medical insurance card [mɛdɪkl‿ɪnˈʃʊɚəns ˈkaɚd] Krankenschein
medicine [ˈmɛdɪsn] Medikament
meditation [mɛdɪˈteɪʃn] Meditation
meet [mit] treffen; begegnen; kennen lernen
melon [ˈmɛlən] Melone
memorial [mɪˈmɔriəl] Gedenkstätte
memory card [ˈmɛməri kaɚd] Speicherkarte
men [mɛn] *(Plural)* Männer; *(Toilette)* Herren
meningitis [mɛnɪnˈdʒaɪtɪs] Hirnhautentzündung
menstruation [mɛnˈstreʃn] Menstruation
menu [ˈmɛnju] Speisekarte
message [ˈmɛsɪdʒ] Nachricht
meter [ˈmitɚ] Meter
methyl alcohol [ˈmɛθɪl ˈælkəhɔl] Brennspiritus
microwave [ˈmaɪkrowev] Mikrowelle
middle [ˈmɪdl] Mitte
migraine [ˈmaɪgren] Migräne
mild [maɪld] mild
milk [mɪlk] Milch
mind: I don't ~ [ˈaɪ dont ˈmaɪnd] meinetwegen
mineral water [ˈmɪnrəl ˌwadɚ] Mineralwasser
miniature golf [ˈmɪnətʃɚgalf] Minigolf
mini-bar [ˈmɪni baɚ] Minibar
minute [ˈmɪnɪt] Minute
mirror [ˈmɪɚɚ] Spiegel
miscalculate [ˌmɪsˈkælkjəlet] sich verrechnen
miscarriage [ˈmɪskærɪdʒ] Fehlgeburt
misfortune [mɪsˈfɔɚtʃən] Unglück; Pech
Miss [mɪs] *(Anrede, vor Namen)* Fräulein
miss [mɪs] verpassen
missing: to be ~ [ˈmɪsɪŋ] fehlen; vermisst werden
mistake [mɪsˈtek] Fehler *(den man macht)* Irrtum; **to make a ~** [ˈmek‿ə mɪsˈtek] einen Fehler machen
mistake for [mɪsˈtek fɔɚ] verwechseln
mistaken: to be ~ [bi mɪsˈtekn] sich täuschen
misunderstanding [ˌmɪsəndɚˈstændɪŋ] Missverständnis
mix [mɪks] (ver)mischen; *(Getränke)* zubereiten
mixed [mɪkst] gemischt
model [ˈmadl] Modell
modern [ˈmadɚn] modern
moist [mɔɪst] feucht
moment [ˈmomənt] Augenblick
Monday [ˈmənde] Montag
money [ˈməni] Geld

month [mənθ] Monat
monthly [ˈmənθli] monatlich
monument [ˈmɑnjəmənt] Denkmal; Grabmal
mood [mud] Laune; **to be in a good ~** [bi ɪn‿ə gʊd mud] gute Laune haben
moon [mun] Mond
mop [mɑp] Wischmopp
more [mɔɚ] mehr; **~ than** [mɔɚ ðæn] mehr als
morning [ˈmɔɚnɪŋ] Morgen; Vormittag
morning-after pill [ˈmɔɚnɪŋ‿ˈæftɚ pɪl] Pille danach
mosquito [məˈskito] Mücke
motel [moˈtɛl] Motel
mother [ˈməðɚ] Mutter
motive [ˈmodɪv] Beweggrund
motor [ˈmodɚ] Motor
mountain [ˈmæʊntɪn] Berg
mountain bike [ˈmæʊntɪn baɪk] Mountainbike
mountain village [ˈmæʊntɪn ˈvɪlɪdʒ] Bergdorf
mountaineering [ˌmæʊntəˈnɪrɪŋ] Bergsteigen
mountains [ˈmæʊntɪnz] Gebirge
mouth [mæʊθ] Mund; *(Fluss)* Mündung
movie [ˈmuvi] Film
movie actor (movie actress) [ˈmuvi æktɚ, æktrɪs] Filmschauspieler(in)
movie theater [ˈmuvi θiətɚ] Kino
mp3 player [em pi ˈθri plejɚ] MP3-Player
Mr. [ˈmɪstɚ] *(vor Namen)* Herr
Mrs. [ˈmɪsɪz] *(vor Namen)* Frau
Ms. [mɪz] *(vor Namen)* Frau
much [mətʃ] *(bei Fragen, Verneinung)* viel
muesli [ˈmjuzli] Müsli
muffler [ˈməflɚ] Auspuff
mugging [ˈməgɪŋ] Überfall
mumps [məmps] Mumps
muscle [ˈməsl] Muskel
museum [mjuˈziəm] Museum
mushroom [ˈməʃrum] Pilz
music [ˈmjuzɪk] Musik; **to make ~** [ˈmek ˈmjuzɪk] musizieren
music hall [ˈmjuzɪk hɔl] Konzerthalle
music store [ˈmjuzɪk stɔɚ] Musikgeschäft
musical [ˈmjuzɪkl] Musical
mustard [ˈməstɚd] Senf
mutton [ˈmətn] Hammelfleisch
my [maɪ] mein
myself: I did it ~ [aɪ ˈdɪd ɪt maɪˈsɛlf] ich habe es selbst gemacht

N

nail polish [ˈnel ˌpɑlɪʃ] Nagellack
nail scissors [ˈnel ˌsɪzɚz] Nagelschere
nail-polish remover [ˈnel pɑlɪʃ rɪmuvɚ] Nagellackentferner
naked [ˈnekɪd] nackt
name [nem] Name
napkin [ˈnæpkɪn] Serviette
narrow [ˈnæɚo] schmal; eng
national park [næʃnl ˈpɑɚk] Nationalpark
nationality [ˌnæʃəˈnælɪti] Staatsangehörigkeit
native [ˈnetɪv] einheimisch
native country [ˈnetɪv ˈkəntri] Heimat(land)
natural(ly) [ˈnætʃɚə(li)] natürlich
nature [ˈnetʃɚ] Natur
nature reserve [ˈnetʃɚ rizɚv] Naturschutzgebiet
naughty [ˈnɔti] ungezogen; böse
nausea [ˈnɔziə] Übelkeit; Brechreiz
navigation system [ˌnævəˈgeʃən ˌsɪstəm] Navigationsgerät
near [nɪɚ] nah(e); *(nahe)* bei
nearly [ˈnɪɚli] fast
necessary [ˈnɛsɪsɛɚi] nötig; notwendig
neck [nɛk] Hals
necklace [ˈnɛklɪs] (Hals-)Kette
need [nid] brauchen
needle [ˈnidl] Nadel
negative [ˈnɛgətɪv] negativ
neighbor [ˈnebɚ] Nachbar(in)
neither [ˈniðɚ] auch nicht
nephritis [nəˈfraɪtɪs] Nierenentzündung
nerve [nɚv] Nerv
nervous [ˈnɚvəs] nervös
net [nɛt] Netz
neutral (gear) [ˈnutrəl (ˈgɪɚ)] Leerlauf
never [ˈnɛvɚ] nie
nevertheless [ˌnɛvɚðəˈlɛs] trotzdem
new [nu] neu
new born [nu bɔɚn] Säugling
New Year's Day [nu ˌjɪɚz ˈde] Neujahr
New Year's Eve [nu ˌjɪɚz‿ˈiv] Silvesterabend
newspaper [ˈnuzˌpepɚ] Zeitung
newspaper stand [ˈnuzpepɚ stænd] Zeitungshändler
next [nɛkst] nächste(r, -s); **~ year** [ˈnɛkst jɪɚ] nächstes Jahr
next to [nɛkst tʊ] neben
nice [naɪs] nett; lieb; sympathisch
night [naɪt] Abend; Nacht
night club [ˈnaɪt kləb] Nachtklub
night's stay [naɪtz ste] Übernachtung

nipple [ˈnɪpəl] Sauger; Brustwarze
nobody [ˈnobədi] niemand
noise [nɔɪz] Lärm
non-alcoholic [nɔn ælkəˈhɔlɪk] alkoholfrei
non-alcoholic beer [nɔn ælkəhɔlɪk ˈbɪr] alkoholfreies Bier
non-smoking compartment [ˈnɑnˈsmokɪŋ kəmˈpɑɚtmənt] Nichtraucherabteil
non-verbal [nɑnˈvɚbl] stumm
noodles [ˈnudəlz] Nudeln
noon [nun] Mittag
normal [ˈnɔɚml] normal
normally [ˈnɔɚməli] normalerweise
north [nɔɚθ] Norden
north of [nɔɚθ‿əv] nördlich von
nose [noz] Nase
nose bleed [ˈnoz blid] Nasenbluten
not allowed [nɑt əˈlæʊd] verboten
not any [nɑd‿ˈæni] kein
not at all [ˈnɑt‿æt‿ˈɔl] gar nicht
notebook [ˈnotbʊk] Notizblock; *(Computer)* Notebook
nothing [ˈnəθɪŋ] nichts
notice [ˈnodɪs] bemerken
notion [ˈnoʃn] *(Begriff)* Vorstellung
novel [ˈnɑvl] Roman
November [noˈvɛmbɚ] November
now [næʊ] jetzt
nowhere [ˈnowɛɚ] nirgends
nude [nud] nackt; *(als Substantiv: Malerei)* Akt
nudist beach [ˈnudɪst bitʃ] FKK-Strand
number [ˈnəmbɚ] Nummer; Zahl
nurse [nɚs] Krankenschwester
nutmeg [ˈnətmɛg] Muskatnuss
nuts [nəts] Nüsse

O

object [ˈɑbdʒɛkt] Gegenstand
objective [əbˈjɛktɪv] Ziel; *(Foto)* Objektiv
occasionally [əˈkeʒənəli] gelegentlich
occupied [ˈɑkjəpɑɪd] *(Platz)* besetzt
October [ɑkˈtobɚ] Oktober
of [ɑv] *(Eigenschaft)* von; *(Material)* aus
offer [ˈɑfɚ] bieten
office [ˈɑfɪs] Büro; Dienststelle; Amt
office hours [ˈɑfɪs æʊɚz] Sprechstunde
Office of Tourism [ˈɑfɪs əv ˈtʊɚɪsm] Fremdenverkehrsamt
official [əˈfɪʃl] offiziell
off season [ˈɔf ˌsizn] Nebensaison
offside [ˈɑfsɑɪd] abseits
often [ˈɑfn] oft
oil [ɔɪl] Öl
oil change [ˈɔɪl tʃendʒ] Ölwechsel
oil painting [ˈɔɪl pentɪŋ] Ölmalerei
ointment [ˈɔɪntmənt] Salbe
ointment for burns [ˈɔɪntmənt fɔɚ ˈbɚnz] Brandsalbe
old [old] alt
olive oil [ˈɑlɪv ɔɪl] Olivenöl
olives [ˈɑlɪvz] Oliven
on [ɑn] auf; an
on short notice [ɑn ˈʃɔɚt ˈnodɪs] kurzfristig
on tap [ɔn tɑp] vom Fass
once [wəns] einmal
once a week [ˈwəns‿ə ˈwik] wöchentlich
once in awhile [wɔns ɪn‿əˈwɑɪl] ab und zu
one [wən] ein(e); man
onions [ˈənjənz] Zwiebeln
online booking [ˌɑnlaɪn ˈbʊkɪŋ] Internetbuchung
only [ˈonli] nur; erst; nicht früher als
open [ˈopn] offen; auf; geöffnet
open [ˈopn] *(als Verb)* öffnen
opening hours [ˈopnɪŋ ˌæʊɚz] Öffnungszeiten
opera [ˈɑprə] Oper
operation [ˌɑpəˈreʃn] Operation
operetta [ˌɑpəˈrɛdə] Operette
opinion [əˈpɪnjən] Meinung
opposite [ˈɑpəzɪt] entgegengesetzt; gegenüber; *(als Substantiv)* Gegenteil
optician's [ɑpˈtɪʃənz] Optiker
or [oɚ] oder
orange [ˈɔɚndʒ] orange
orange juice [ˈɔɚndʒ dʒus] Orangensaft
oranges [ˈɔrɪndʒɪz] Apfelsinen
orchestra [ˈɔɚkɪstrə] Orchester
order [ˈɔrdɚ] Bestellung
ordinary [ˈɔɚdənɛɚi] gewöhnlich
organic grocery store [ɔɚˈgænik ˈgroʃɚi stɔɚ] Bioladen
original [əˈrɪdʒənl] Original
original version [əˈrɪdʒənl ˈvɚʒn] Originalfassung
the other [ˈəðɚ] der/die/das andere
our [ˈæʊɚ] unser(e)
out of order [æʊt‿əv ˈɔɚdɚ] kaputt
outlet [ˈæʊtlɪt] Steckdose
outside [ˌæʊtˈsɑɪd] außen; außerhalb; draußen
oven [ˈəvɪn] Backofen
over [ˈovɚ] (vor)über
overcast [ˈovɚkæst] bewölkt
own [on] eigen
owner [ˈonɚ] Besitzer(in), Eigentümer(in)
oysters [ˈɔɪstɚz] Austern

P

pacemaker [ˈpesˌmekɚ] Herzschrittmacher
pacifier [ˈpæsɪfɑɪɚ] Schnuller
pack [pæk] einpacken
packaging [ˈpækɪdʒɪŋ] Verpackung
packing [ˈpækɪŋ] Verpackung
paddle [ˈpædl] paddeln
paddle boat [ˈpædl bot] Paddelboot; Tretboot
page [pedʒ] *(Buch usw.)* Seite
pain-killers [ˈpenˌkɪlɚz] Schmerztabletten
paint [pent] malen
painter [ˈpentɚ] Maler(in)
painting [ˈpentɪŋ] Gemälde; Malerei
pair [pɛɚ] Paar
pan [pæn] Pfanne
pants [pænts] Hose
panty liners [ˈpændi ˌlɑɪnɚz] Slipeinlagen
pantyhose [ˈpændihoz] Strumpfhose
paper [ˈpepɚ] Papier
paper tissues [ˈpepɚ ˈtɪʃuz] Papiertaschentücher
paperback [ˈpepɚbæk] Taschenbuch
paprika [ˈpæprɪkə] *(Gewürz)* Paprika
parachuting [ˈpærəˌʃutɪŋ] Fallschirmspringen
parade [pɛˈred] (Straßen-)Umzug
paragliding [ˈpærəˌglɑɪdɪŋ] Gleitschirm
paralysis [pəˈrælɪsɪs] Lähmung
paraplegic [ˌpɛɚəpəˈligɪk] querschnittsgelähmt
parcel [ˈpɑɚsl] Paket
parents [ˈpɛɚənts] Eltern
park [pɑɚk] Park
park [pɑɚk] *(als Verb)* parken
parking brake [ˈpɑɚkɪŋˌbrek] Handbremse
parking lights [ˈpɑɚkɪŋ lɑɪts] Standlicht
parking lot [ˈpɑɚkɪŋ lɑt] Parkplatz
parquet [pɑɚˈke] Parkett
parsley [ˈpɑɚsli] Petersilie
part [pɑɚt] Teil; *(Haare)* Scheitel
particularly [pɚˈtɪkjələli] besonders
party [ˈpɑɚdi] Party; Fest; *(unterwegs)* Reisegesellschaft
pass [pæs] Pass
pass [pæs] *(als Verb)* überholen
passenger [ˈpæsɪndʒɚ] Passagier; Fahrgast
passing through [ˈpæsɪŋ ˈθru] auf der Durchreise
passport [ˈpæspɔɚt] Reisepass
passport control [ˈpæspɔɚt kəntrol] Passkontrolle
past [pæst] vorüber; *(als Substantiv)* Vergangenheit
past the sell-by date [pæst ðə ˈsɛlbɑɪdet] abgelaufen
pasta [ˈpɑstə] Nudeln
path [pæθ] Weg; Pfad
patience [ˈpeʃɪns] Geduld
patio [ˈpætio] Terrasse
pay [pe] (be)zahlen; **to ~ cash** [pe cæʃ] bar zahlen
pay attention to [pe‿əˈtɛnʃn tu] beachten
payment [ˈpemənt] Zahlung
peaches [ˈpitʃɪz] Pfirsiche
peak [pik] Gipfel; Höhepunkt
peak season [ˈpik ˌsizn] Hauptsaison
pearl [pɚl] Perle
pears [pɛɚz] Birnen
peas [piz] Erbsen
pedestrian [pɪˈdɛstriən] Fußgänger(in)
pedestrian zone [pɪˈdɛstriən zon] Fußgängerzone
Pedialyte [ˈpidiəˌlɑɪt] Elektrolytlösung
pediatrician [ˌpidiəˈtrɪʃn] Kinderarzt(-ärztin)
pendant [ˈpɛndənt] Anhänger
people [ˈpipl] Leute; **the ~** das Volk
pepper [ˈpɛpɚ] Pfeffer; *(Gemüse)* Paprika(schote)
pepper mill [ˈpɛpɚ mɪl] Pfeffermühle
percent [pɚˈsɛnt] Prozent
perch [pɚtʃ] Barsch
performance [pɚˈfɔrməns] Aufführung
perfume [ˈpɚfjum] Parfüm
perfume store [ˈpɚfjum stɔɚ] Parfümerie
perhaps [pɚˈhæps] vielleicht
period [ˈpɪɚiəd] Epoche
perm [pɚm] Dauerwelle
permitted [pɚˈmɪtɪd] zulässig
person [ˈpɚsn] Person; Mensch
personal data [ˈpɚsənl ˈdætə] Personalien
personal(ly) [ˈpɚsənəl(i)] persönlich
perspire [pɚsˈpɑɪɚ] schwitzen
petroleum [ˈpəˈtroliəm] Petroleum
pets [pɛts] Haustiere
pharmacy [ˈfɑɚməsi] Apotheke
phone [fon] anrufen; telefonieren; *(als Substantiv)* Telefon
phone booth [ˈfon buθ] Telefonzelle
phone call [ˈfon kɔl] Anruf; **to make a ~** [mek‿ə ˈfonkɔl] telefonieren anrufen
phone number [ˈfon ˌnəmbɚ] Telefonnummer
photo store [ˈfodo stɔɚ] Fotogeschäft
photo(graph) [ˈfoto(græf)] Foto
photography [fəˈtɑgrəfi] Fotografie

physical challenge [ˌfɪzɪkl ˈtʃælɪndʒ] Körperbehinderung
physical disability [ˌfɪzɪkl dɪsəˈbɪlɪdi] Körperbehinderung
pick out [pɪk ˈæʊt] aussuchen
pick up [pɪk ˈəp] abholen
pickpocket [pɪkˌpakɪt] Taschendieb
pick-up service [ˈpɪkəp sɚvɪs] Rückholservice
picture [ˈpɪktʃɚ] Bild
picture postcard [pɪktʃɚ ˈpostkaɚd] Ansichtskarte
piece [pis] Stück
pier [pɪɚ] Pier
pill [pɪl] Tablette
pillow [ˈpɪlo] Kopfkissen
pilot [ˈpaɪlət] Pilot(in)
pin [pɪn] Brosche
pin number [ˈpɪn ˌnəmbɚ] Geheimzahl
pineapple [ˈpaɪnˌæpl] Ananas
ping-pong [ˈpɪŋpɔŋ] Tischtennis
pink [pɪŋk] rosa
place [ples] Ort; Platz
place of birth [ples‿əv ˈbɚθ] Geburtsort
place of residence [ples‿əv ˈrɛzɪdəns] Wohnort
place setting [ˈples sɛdɪŋ] Gedeck
plain [plen] einfarbig, *(als Substantiv)* Ebene
plant [plænt] Pflanze
plastic bag [ˈplæstɪk bæg] Plastikbeutel
plastic card [ˈplæstɪk kaɚd] Schlüssel
plastic wrap [ˈplæstɪk ræp] Frischhaltefolie
plate [plet] Teller
platform [ˈplætfɔɚm] Bahnsteig; Gleis
play [ple] spielen; *(Theater)* Theaterstück
playground [ˈplegræʊnd] Spielplatz
playmate [ˈplemet] Spielkamerad
pleasant [ˈplɛznt] angenehm; *(Person)* sympathisch
please [pliz] bitte; *(als Verb)* gefallen
pleased [plizd] erfreut
pleasure [ˈplɛʒɚ] Vergnügen
pluck one's eyebrows [plək wʌnz‿ˈaɪbraʊz] sich die Augenbrauen zupfen
plug [pləg] Stecker
plums [pləmz] Pflaumen
pneumonia [nəˈmonjə] Lungenentzündung
pocket [pakɪt] Tasche
pocket knife [ˈpakɪt naɪf] Taschenmesser
poison [ˈpɔɪzn] Gift
poisoning [ˈpɔɪznɪŋ] Vergiftung
poisonous [ˈpɔɪznəs] giftig
police [pəˈlis] Polizei
police car [pəˈlis kaɚ] Polizeiwagen
police custody [pəˈlis ˈkəstədi] Polizeigewahrsam
police officer [pəˈlis afɪsɚ] Polizist(in)
polio [ˈpolio] Kinderlähmung
polite [pəˈlaɪt] höflich
poor [pɔɚ] arm
pop [pap] Limonade
porcelain [ˈpɔɚsəlɪn] Porzellan
porch [pɔɚtʃ] Veranda
pork [pɔɚk] Schweinefleisch
port [pɔɚt] Hafen
portal [ˈpɔɚtəl] Portal
porter [ˈpɔɚtɚ] Portier
portion [ˈpɔɚʃn] Portion
portrait [ˈpɔɚtrɪt] Porträt
portrait format [ˈpɔɚtrɪt ˈfɔɚmæt] Hochformat
possible [ˈpasəbl] möglich
post office [ˈpost ˌafɪs] Postamt
postage [ˈpostɪdʒ] Porto
postcard [ˈpostkaɚd] Postkarte
poster [ˈpostɚ] Plakat
postpone [ˌposˈpon] (zeitlich nach hinten) verschieben
pot [pat] Topf
potatoes [pəˈtedoz] Kartoffeln
pottery [ˈpadəɚi] Töpferei; *(Produkt)* Töpferwaren
pound [pæʊnd] Pfund
powder [ˈpaʊdɚ] Puder
powder snow [ˈpaʊdɚ sno] Pulverschnee
power boat [ˈpowɚbot] Motorboot
practical(ly) [ˈpræktɪkl(i)] praktisch
practice [ˈpræktɪs] üben
pray [pre] beten
pregnancy [ˈprɛgnənsi] Schwangerschaft
premiere [prɪˈmɪɚ] Premiere
prepare [prɪˈpɛɚ] vorbereiten; zubereiten
prescribe [prɪˈskraɪb] verschreiben
prescription [prɪsˈkrɪpʃn] Rezept
preseason [ˈpriˌsizn] Vorsaison
present [ˈprɛznt] *(als Substantiv)* Geschenk
present: to be ~ [ˈprɛznt] da sein anwesend sein
press [prɛs] bügeln
pretty [ˈprɪdi] ziemlich
prevent [prɪˈvɛnt] (ver)hindern
price [praɪs] Preis; Kosten
priest [prist] Priester
principal [ˈprɪnsəpəl] *(als Adjektiv)* hauptsächlich
printer [prɪntɚ] Drucker
prison [ˈprɪzn] Gefängnis
private [ˈpraɪvɪt] privat

prize [praɪz] Gewinn; Preis
probable [ˈprɑbəbl] wahrscheinlich
probably [ˈprɑbəbli] wahrscheinlich
problem [ˈprɑbləm] Problem
procession [prɛˈsɛʃn] Prozession
product [ˈprɑdəkt] Produkt
production [prəˈdəkʃn] Produktion; *(Theater)* Inszenierung
profession [prəˈfɛʃn] Beruf
profit [ˈprɑfɪt] Gewinn
profoundly hearing impaired and nonverbal [ˌproˈfaʊndli ˈhɪɚɪŋ ɪmˈpɛɚd ænd ˌnɑnˈvɚbl] gehörlos
program [ˈprogræm] Programm; Spielplan; *(Theater)* Programmheft
pronounce [prəˈnæʊns] aussprechen
proper [ˈprɑpɚ] geeignet; richtig; echt
prosthesis [prɑsˈθəsɪs] Prothese
protection factor [prəˈtɛkʃn ˌfæktɚ] Lichtschutzfaktor
provisional [prəˈvɪʒənl] provisorisch
provisions [prəˈvɪʒns] Vorrat
public [ˈpəblɪk] öffentlich
pull [pʊl] ziehen
pulled ligament [pʊld ˈlɪgəmənt] Zerrung
pulled muscle [pʊld ˈməsl] (Muskel-)Zerrung
Pullman car [ˈpəlmən kaɚ] Schlafwagen
pullover [ˈpʊlˌovɚ] Pullover
pulse [pəls] Puls
pump [pəmp] Luftpumpe
pumpkin [ˈpəmpkɪn] Kürbis
punctual [ˈpəŋktjuəl] pünktlich
punishment [ˈpənɪʃmənt] Strafe
purify [ˈpjʊrəfaɪ] entschlacken; entgiften
purple [ˈpɚpl] violett
purse [pɚs] (Hand-)Tasche; Geldbeutel
pus [pəs] Eiter
put [pʊt] legen; **to ~ in a rinse** [pət‿ɪn ə ˈrɪns] tönen *(Haare)*
put off [pʊt ˈɔf] (zeitlich) verschieben
put on [pʊt ˈɑn] anziehen

Q

quality [ˈkwɑlɪti] Qualität
question [ˈkwɛstʃn] Frage
quick(ly) [kwɪk(li)] schnell
quiet [ˈkwaɪət] still; ruhig; leise
quite [kwaɪt] *(als Adverb)* ganz

R

rabbit [ˈræbɪt] Kaninchen
racing bike [ˈresɪŋ baɪk] Rennrad
racket [ˈrækɪt] Schläger
radar speed check [ˈredaɚ ˈspid tʃɛk] Radarkontrolle
radiator [ˈrediedɚ] Kühler
radiator water [ˈrediedɚ ˌwadɚ] Kühlwasser
radio [ˈredio] Radio; Radioapparat
rain [ren] Regen
rain shower [ˈren ʃæʊɚ] Regenschauer
raincoat [ˈrenkot] Regenmantel
rainy [ˈreni] regnerisch
ramp [ræmp] (Auffahrt-)Rampe
rape [rep] Vergewaltigung
rare(ly) [ˈrɛɚ(li)] selten
rash [ræʃ] Ausschlag
rather [ˈræðɚ] ziemlich
raw [rɔ] roh
razor [ˈrezɚ] Rasierapparat
razor blades [ˈrezɚ bledz] Rasierklingen
reach [ritʃ] erreichen
read [rid] lesen
reading lamp [ˈridɪŋ læmp] Nachttischlampe
ready [ˈrɛdi] bereit; fertig
real [ril] wirklich
really [ˈrili] *(als Adverb)* wirklich; unbedingt
rear-view mirror [ˈrɪɚvju ˈmɪrɚ] Rückspiegel
reason [ˈrizn] Grund
receipt [rɪˈsit] Quittung
receive [rɪˈsiv] empfangen; erhalten
receiver [rɪˈsivɚ] Hörer
recent(ly) [ˈrisnt(li)] kürzlich
reception (desk) [rɪˈsɛpʃn (dɛsk)] Rezeption
reception [rɪˈsɛpʃn] Empfangshalle
rechargeable battery [riˈtʃɑrdʒəbl ˈbædɚi] Akku
reclining chair seat [rɪˈklaːnɪŋ ˈtʃɛɚ sit] Liegewagenplatz
recommend [ˌrɛkəˈmɛnd] empfehlen
recover [rɪˈkəvɚ] sich erholen
red [rɛd] rot
red wine [rɛd ˈwaɪn] Rotwein
reduction [rɪˈdəkʃn] Ermäßigung
reflexology (foot) massage [ˌriflɛksɑlədʒɪ (ˈfʊt) məˈsɑʒ] Fuß(reflexzonen)massage
refreshment [rɪˈfrɛʃmənt] Erfrischung
refrigerator [rɪˈfrɪdʒɚetɚ] Kühlschrank
refuse [rɪˈfjuz] ablehnen
region [ˈridʒn] Region; Gegend
register [ˈrɛdʒɪstɚ] sich anmelden
registration [ˌrɛdʒɪsˈtreʃn] Anmeldung
regret [rɪˈgrɛt] bedauern
regular(ly) [ˈrɛgjəlɚ(li)] regelmäßig
regulation [rɛgjəˈleʃn] Vorschrift

related [rɪˈletɪd] verwandt
religion [ˌriˈlɪdʒən] Religion
reluctantly [rɪˈləktəntli] nicht gern
remain [rɪˈmen] bleiben
remains [rɪˈmenz] Überreste
remark [rɪˈmɑɚk] bemerken; anmerken
remedy [ˈrɛmɪdi] Heilmittel
remember [rɪˈmɛmbɚ] sich erinnern an
remind: to ~ somebody of something [rɪˈmaɪnd] jemanden an etwas erinnern
rent [rɛnt] *(als Verb)* (ver)mieten
rent [rɛnt] *(als Substantiv)* Miete
repair [rɪˈpɛɚ] reparieren
repeat [rɪˈpit] wiederholen
replace [rɪˈples] ersetzen
replacement [rɪˈplesmənt] Ersatz
reply [rɪˈplaɪ] *(als Verb)* antworten
report [rɪˈpɔɚt] anzeigen
request [rɪˈkwɛst] Bitte
reservation [ˌrɛzɚˈveʃn] Reservierung; Voranmeldung
reserve [rɪˈzɚv] reservieren
residence [ˈrɛzɪdəns] Wohnsitz
resort [ˈrɪˈsɔɚt] Ferienanlage; Urlaubsort
responsible [rɪsˈpɑnsəbl] verantwortlich; zuständig
rest [rɛst] *(als Substantiv)* Ruhe
rest [rɛst] *(als Verb)* sich ausruhen
rest area [ˈrɛst ˈɛɚiə] Rastplatz
restaurant [ˈrɛstərɔnt] Restaurant
restroom [ˈrɛstrum] Toilette
return [rɪˈtɚn] *(als Verb)* wiederkommen; zurückfahren; **to ~ the keys** [riˈtɚn ðə kiz] *(Ferienwohnung)* die Schlüssel zurückgeben
reverse [rɪˈvɚs] umgekehrt
reverse gear [rɪvɚs ˈgɪɚ] Rückwärtsgang
reward [rɪˈwɔɚd] Belohnung
rheumatism [ˈrumətɪzm] Rheuma
rice [raɪs] Reis
rich [rɪtʃ] reich
ride [raɪd] Ausritt
ridiculous [rɪˈdɪkjələs] lächerlich
riding school [ˈraɪdɪŋ skul] Reitschule
right [raɪt] richtig
right [raɪt] rechts; **to the ~** rechts; **on the ~** rechts
right(-hand) [ˈraɪt(ˌhænd)] rechte(r, -s)
rigid [ˈrɪdʒɪd] hart; fest
ring [rɪŋ] Ring
ripe [raɪp] reif
river [ˈrɪvɚ] Fluss
road [rod] Weg; (Land-)Straße
road construction [ˈrod kənstrʊkʃən] Baustelle
road map [rod mæp] Straßenkarte
roasted [ˈrostɪd] gebraten; geröstet
roasting pan [ˈrəʊstɪŋ pæn] Bräter
rock [rɑk] Fels; *(Musik)* Rock
rock-climbing [ˈrɑkˌklaɪmiŋ] Bergsteigen
rolled oats [ˈrold ˈots] Haferflocken
Rollerblades [ˈrolɚˌbledz] Inliner
rolls [rolz] Brötchen
roof [ruf] Dach
room [rum] Zimmer
rope [rop] Seil
rosé wine [ˈrəʊzeɪ waɪn] Rosé
rosemary [ˈrozmæɚi] Rosmarin
rotary steering wheel knob [ˈrotɚi ˈstɪrɪŋ wil nɑb] *(Auto)* Lenkraddrehknopf
rotten [ˈrɑtn] *(Obst)* faul; verdorben
rough seas [rəf ˈsiz] Seegang
round [ræʊnd] rund
round trip [ˈræʊnd ˌtrɪp] Rundfahrt
round-trip ticket [ˌræʊndtrɪp ˈtɪkɪt] Rückfahrkarte
route [rut/ræʊt] Route
row [ro] rudern
row boat [ˈro bot] Ruderboot
rubber [ˈrʊbɚ] Gummi *(Präservativ)*
rubber boat [rəbɚ ˈbot] Schlauchboot
rubber boots [rəbɚ ˈbuts] Gummistiefel
rudder [ˈrədɚ] Ruder
rude [rud] unverschämt
ruin [ruɪn] Ruine
run [rən] *(als Verb)* rennen
rupture [ˈrəptʃɚ] Leistenbruch
RV [ɑɚ ˈvi] Wohnmobil

S

sad [sæd] traurig
safe [sef] sicher; *(als Substantiv)* Safe
safety pin [ˈsefti pɪn] Sicherheitsnadel
safety belt [ˈseftibɛlt] Sicherheitsgurt
saffron [ˈsæfrən] Safran
sage [sedʒ] Salbei
sailboat [ˈselbot] Segelboot
sailing [ˈselɪŋ] Segeln; segeln
sailing trip [ˈselɪŋ trɪp] Segeltörn
salad bar [ˈsæləd bɑɚ] Salatbüfett
salad dressing [ˈsæləd drɛsɪŋ] Dressing
salami [səˈlɑmi] Salami
sale [sel] Ausverkauf
salmonella [ˈsælmnelə] Salmonellen
salt [sɔlt] Salz
salt shaker [ˈsɔlt ʃekɚ] Salzstreuer
same: the ~ [sem] der/die/das Gleiche

sample [ˈsæmpl] Probe
sandals [ˈsændlz] Sandalen
sandbox [ˈsændbɑks] Sandkasten
sandcastle [ˈsændˌkæsl] Sandburg
sandwich [ˈsændwɪtʃ] belegtes Brötchen
sanitary napkins [ˈsænɪtɛɚi ˈnæpkɪnz] Damenbinden
satisfied [ˈsætɪsfaɪd] zufrieden
Saturday [ˈsædɚde] Samstag
sauce [sɔs] Soße
saucer [ˈsɔsɚ] Untertasse
sauna [ˈsɔnə] Sauna
sausage [ˈsɑsɪdʒ] Wurst; Würstchen
sautéed [sɑˈted] gedünstet
say [se] sagen; **to ~ goodbye** [se gʊdˈbaɪ] sich verabschieden
scar [skɑɚ] Narbe
scenery [ˈsinɚi] Landschaft
scent [sɛnt] Parfüm
school [skul] Schule
schoolchildren [ˈskultʃɪldrɪn] Schulkinder
scissors [ˈsɪzɚz] Schere
scooter [ˈskutɚ] Roller
scratch [ˈskrætʃ] Kratzer
scream [skrim] *(als Verb)* (schrill) schreien
screw [skru] Schraube
scubadive [ˈskubədaɪv] tauchen
sculptor [ˈskəlptɚ] Bildhauer(in)
sculpture [ˈskəlptʃɚ] Skulptur
sea [si] Meer
seafood store [ˈsifʊd stɔɚ] Fischgeschäft
seagull [ˈsigəl] Möwe
seasick [ˈsisɪk] seekrank
season [ˈsizn] Jahreszeit; *(Tourismus)* Saison
season [ˈsizn] *(als Verb)* würzen
seasoning [ˈsizənɪŋ] Gewürz
seat [sit] Sitz(platz)
seat belt [ˈsitbɛlt] Sicherheitsgurt
seat reservation [sit rɛzɚˈveʃn] Platzkarte
secluded [sɪˈkludɪd] *(Haus usw.)* einsam
second [ˈsɛknd] Sekunde; *(als Adjektiv)* zweite(r, -s)
second to the last [ˈsɛkənd tʊ ðə ˈlæst] vorletzte(r, -s)
second(ly) [ˈsɛknd(li)] zweitens
second-hand store [ˈsɛkənd ˌhænd stɔɚ] Trödelladen
security [sɪˈkjɚɪdi] Sicherheit; Pfand
security charges [sɪˈkjɚɪdi ˌtʃɑɚdʒɪz] Sicherheitsgebühr
security check [sɪˈkjɚɪdi tʃɛk] Sicherheitskontrolle
sedative [ˈsɛdətɪv] Beruhigungsmittel
see [si] sehen
Seeing Eye dog [ˈsiɪŋ aɪ dɑg] Blindenhund
self-service [ˌsɛlfˈsɚvɪs] Selbstbedienung
self-timer [self ˈtaɪmɚ] Selbstauslöser
sell [sɛl] verkaufen
sell-by date [ˈsɛl baɪ det] Haltbarkeitsdatum
send [sɛnd] schicken
sender [ˈsɛndɚ] Absender
sentence [ˈsɛntəns] Satz
separation of garbage [sɛpəreɪʃn əv ˈgɑɚbɪdʒ] Mülltrennung
September [sɛpˈtɛmbɚ] September
serious [ˈsɪɚiəs] ernst, *(Krankheit)* schwer
seriously [ˈsɪɚiəsli] ernst
serve [sɚv] servieren; dienen
service [ˈsɚvɪs] Bedienung
service person [ˈsɚvɪs pɚsn] Kellner(in)
services [ˈsɛɚvɪsəs] Raststätte
services for the disabled [ˈsɚvɪsəz fɔɚ ə dɪsˈebld] Sozialstation
set meal [ˈsɛt ˈmil] Stammessen; Tagesessen
setting lotion [ˈsɛtɪŋ ˌloʃn] Haarfestiger
severe [sɪˈvɪɚ] *(Schmerzen)* stark
severely disabled [səˈvɪɚli dɪsˈebəld] Schwerstbehinderte/r
sexual harassment [ˈsɛkʃuəl həˈræsmənt] sexuelle Belästigung
shade [ʃed] Schatten; *(Farbe)* Ton
shadow [ˈʃædo] Schatten
shaking chills [ˈʃekɪŋ tʃɪlz] Schüttelfrost
shame: what a ~! [ˈwət ə ˈʃem] wie schade!
shampoo [ʃæmˈpu] Shampoo
shape [ʃep] Form
shaver [ˈʃevɚ] Rasierapparat
shaving brush [ˈʃevɪŋ brəʃ] Rasierpinsel
shaving cream [ˈʃevɪŋ krim] Rasierschaum
she [ʃi] sie *(Singular)*
sheet [ʃit] Bettlaken
shelter [ˈʃɛltɚ] Schutz; Schutzhütte
shin [ʃɪn] Schienbein
shirt [ʃɚt] Hemd
shoe [ʃu] Schuh
shoe brush [ˈʃu brəʃ] Schuhbürste
shoe polish [ˈʃu ˈpɑlɪʃ] Schuhcreme
shoe store [ˈʃu stɔɚ] Schuhgeschäft
shoelaces [ˈʃuˈlesəz] Schnürsenkel
shoemaker's [ˈʃuˌmekɚz] Schuhmacher
shore [ʃɔɚ] *(Meer)* Ufer
short [ʃɔɚt] kurz
short film [ˈʃɔɚt fɪlm] Kurzfilm

short-circuit [ʃɔɚt'sɚkɪt] Kurzschluss
short-cut ['ʃɔɚtkət] *(Weg)* Abkürzung
shorts [ʃɔɚts] Shorts
shot [ʃɑt] Spritze
should: you ~ ... [jʊ ʃʊd] Sie sollten .../du solltest ...
shoulder ['ʃoldɚ] Schulter
shoulder bag ['ʃoldɚ bæg] Umhängetasche
shout [ʃæʊt] schreien
show [ʃo] Show
show [ʃo] *(als Verb)* zeigen
shower ['ʃæʊɚ] Dusche
shower gel ['ʃɑʊɚ dʒɛl] Duschgel
shower seat ['ʃæʊɚ sit] Duschsitz
shrimp [ʃrɪmp] Garnele
shut [ʃət] geschlossen
shuttle bus ['ʃʊdl bəs] Transferbus
shy [ʃɑɪ] schüchtern
sick [sɪk] krank
side [sɑɪd] Seite
sideburns ['sɑɪdbɚnz] Koteletten
sidestreet ['sɑɪdstrit] Nebenstraße
sieve ['sɪv] Küchensieb
sights [sɑɪts] Sehenswürdigkeiten
sightseeing tour ['sɑɪtˌsiɪŋ tʊɚ] Stadtrundfahrt
sign [sɑɪn] *(als Verb)* unterschreiben
sign [sɑɪn] *(als Substantiv)* Zeichen; (Hinweis-) Schild; Wegweiser
sign language [sɑɪn 'læŋgwɪdʒ] Gebärdensprache
signature ['sɪgnɪtʃɚ] Unterschrift
silence ['sɑɪləns] Stille; Ruhe
silent ['sɑɪlənt] ruhig; still
silk [sɪlk] Seide
silk painting ['sɪlk 'pentɪŋ] Seidenmalerei
silver ['sɪlɚ] Silber; *(als Adjektiv)* silbern
silverware ['sɪlvɚwɛɚ] Besteck
similar ['sɪmɪlɚ] ähnlich
simple ['sɪmpl] einfach
simultaneously [ˌsɑɪməl'teniəsli] gleichzeitig
since [sɪns] weil; *(Zeitpunkt)* seit
sincere [sɪn'sɪɚ] herzlich
sing [sɪŋ] singen
singer ['sɪŋɚ] Sänger(in)
single ['sɪŋgl] ledig
singles ['sɪŋglz] *(Sport)* Einzel
sink [sɪnk] Waschbecken; Spüle
sinusitis [sɑɪnə'sɑɪtɪs] Stirnhöhlenentzündung
sister ['sɪstɚ] Schwester
sister-in-law ['sɪstɚɪnlɔ] Schwägerin
sit [sɪt] sitzen
situation [ˌsɪtju'eʃn] Lage
size [sɑɪz] Größe; Umfang
ski [ski] Ski
ski binding ['ski bɑɪndɪŋ] Skibindung
ski boots ['ski buts] Skistiefel
ski poles ['ski polz] Skistöcke
skiing instructor ['skiɪŋ ɪnstrəktɚ] Skilehrer(in)
skiing lessons ['skiɪŋ ˌlɛsnz] Skikurs
skimmed milk [skɪmd 'mɪlk] fettarme Milch
skin [skɪn] Haut
skipants ['skipæntz] Skihose
skirt [skɚt] Rock
sky [skɑɪ] Himmel
skyscraper ['skɑɪˌskrepɚ] Wolkenkratzer
sled [slɛd] Schlitten
sleep [slip] *(als Verb)* schlafen
sleeping pills ['slipɪŋ pɪlz] Schlaftabletten
sleeve [sliv] Ärmel
slender ['slɛndɚ] schlank
slice [slɑɪs] Scheibe
sliced cheese ['slɑɪst 'tʃiz] Schnittkäse
slight [slɑɪt] geringfügig; leicht
slim [slɪm] schlank
slow(ly) ['slo(li)] langsam
small [smɔl] klein
small package [smɔl 'pækɪdʒ] Päckchen
smartphone ['smɑɚtfon] Smartphone
smell [smɛl] Geruch
smell [smɛl] *(als Verb)* riechen; stinken
smoke [smok] *(als Verb)* rauchen
smoked [smokt] geräuchert
smoked ham ['smokt 'hæm] geräucherter Schinken
smoker ['smokɚ] Raucher(in)
smoking section ['smokɪŋ 'sɛkʃn] Raucherzone
smuggle ['sməgl] schmuggeln
snack [snæk] Imbiss
snake [snek] Schlange
snap beans ['snæp 'binz] Brechbohnen
sneakers ['snikɚz] Turnschuhe
sneeze [sniz] niesen
snore [snɔɚ] schnarchen
snorkel ['snɔɚkl] *(als Substantiv)* Schnorchel
snorkel ['snɔɚkl] *(als Verb)* schnorcheln
snow [sno] Schnee, *(als Verb)* schneien
snow tires ['sno tɑɪɚz] Winterreifen
so [so] also
soaked [sokt] durchnässt
soap [sop] Seife
sober ['sobɚ] nüchtern
soccer ['sɑkɚ] *(Spiel)* Fußball
soccer ball ['sɑkɚ bɔl] Fußball
soccer field ['sɑkɚ fild] Fußballplatz

soccer game [ˈsɑkɚ gem] Fußballspiel
socks [sɑks] Socken
soda [ˈsodə] Limonade
soft [sɑft] weich
soft cheese [sɑft ˈtʃiz] Weichkäse
soft drink [ˈsɑft drɪŋk] Limonade; Cola
solarium [səˈlɛɚiəm] Solarium
sole [sol] Sohle; *(Fisch)* Seezunge
solid [ˈsɑlɪd] fest
soloist [ˈsoloɪst] Solist(in)
some [səm] einige
somebody [ˈsəmbədi] jemand
something [ˈsəmθɪŋ] etwas
sometimes [ˈsəmtaɪmz] manchmal
son [sən] Sohn
song [sɑŋ] Lied
soon [sun] bald; **as ~ as possible** so bald wie möglich
sore throat [sɔɚ ˈθrot] Halsschmerzen
sort [sɔɚt] Sorte; Art
sound [sæʊnd] *(Klang)* Ton
soup [sup] Suppe
soup bowl [ˈsup bol] Suppenteller
sour [ˈsæʊɚ] sauer
sour cream [ˈsaʊɚ ˈkrim] saure Sahne
south [sæʊθ] Süden
south of [sæʊθ‿əv] südlich von
space [spes] Raum
Spanish [ˈspænɪʃ] spanisch
spare tire [spɛɚ ˈtɪɚ] Ersatzrad
spark plug [ˈspɑɚk pləg] Zündkerze
speak [spik] sprechen
speaker [ˈspikɚ] Lautsprecher
special [ˈspɛʃl] speziell; extra
special dietary foods [ˈspɛʃəl ˈdaɪtɛɚi fʊdz] Schonkost
specialist [ˈspɛʃəlɪst] Facharzt(-ärztin)
speciality [ˌspɛʃɪˈælɪti] Spezialität
spectators [ˈspɛktedɚz] Zuschauer
speed [spid] Geschwindigkeit
speed trap [ˈspid træp] Radarkontrolle
speedometer [spɪˈdɑmɪdɚ] Tachometer
spell [spɛl] *(als Verb)* buchstabieren
spend [spɛnd] ausgeben
spend the night [ˈspɛnd ðə ˈnaɪt] (eine Nacht) übernachten
spice [spaɪs] Gewürz
spicy [ˈspaɪsi] scharf
spinach [ˈspɪnɪtʃ] Spinat
spine [spaɪn] Wirbelsäule
splint [splɪnt] Schiene
spoiled [ˈspɔɪld] verdorben
spoon [spun] Löffel
sport [spɔɚt] Sport
sporting goods store [ˈspɔɚdtɪŋ gʊdz stɔɚ] Sportgeschäft
spot [spɑt] Ort; Stelle
sprained [sprend] verstaucht
spring [sprɪŋ] Frühling, *(Wasser)* Quelle
square [skwɛɚ] Quadrat
squash [skwɑʃ] Kürbis
squid [skwɪd] Tintenfisch
stadium [ˈstediəm] Stadion
stain [sten] Fleck
staircase [ˈstɛɚkes] Treppe
stairs [stɛɚz] Treppe
stamp [stæmp] Stempel; *(Postwertzeichen)* Briefmarke; *(als Verb)* frankieren; **to ~ one's ticket** [ˌstæmp wənz ˈtɪkɪt] seine Fahrkarte entwerten
stand [stænd] stehen
standard [ˈstændɚd] *(als Adjektiv)* normal; *(als Substantiv)* Standard
star [stɑɚ] Stern
start (from) [stɑɚt (frəm)] abfahren (von)
starter [ˈstɑɚdɚ] Anlasser
startle [ˈstɑɚtl] erschrecken
state [stet] Staat
state fair [ˈstet fɛɚ] Jahrmarkt
statement [ˈstetmənt] Angabe
the States [ðə stets] die Staaten *(Amerika)*
stationery [ˈsteʃnɛɚi] Schreibwaren *(Papier, Umschläge usw.)*
statue [ˈstætʃu] Statue
stay [ste] Aufenthalt
stay [ste] *(als Verb)* bleiben; sich aufhalten; wohnen
steal [stil] stehlen
steamed [stimd] gedämpft
steamship [ˈstimʃɪp] Dampfer
steep [stip] steil
steeple [ˈstipl] Kirchturm
step [stɛp] Stufe
stepless access [ˈstɛpləs ˈæksɛs] stufenloser Zugang
steps [stɛps] Treppe *(im Freien)*
stick [stɪk] Stock
still [stɪl] noch
sting [stɪŋ] *(als Verb)* brennen; stechen
stink [stɪŋk] stinken
stirring spoon [ˈstɚɪŋ spun] Rührlöffel
stitch up [stɪtʃ‿ˈəp] nähen
stock [stɑk] Vorrat
stockings [ˈstɑkɪŋz] Strümpfe
stomach [ˈstəmək] Bauch; Magen
stomach ache [ˈstəməkˌek] Magenschmerzen
stone [ston] Stein
stony [ˈstoni] steinig
stop [stɑp] Halt; *(Zug)* Aufenthalt
stop [stɑp] *(als Verb)* stehen bleiben; (an)halten; aufhören; **~!** halt!

stopover [ˈstɑpˌovɚ] Zwischenlandung
store window [ˈstɔɚ ˈwɪndo] Schaufenster
storey [ˈstɔɚi] Etage
storm [stɔɚm] Sturm
story [ˈstɔɚi] Erzählung; Geschichte; *(im Gebäude)* Stockwerk
stove [stov] Herd; Kocher
straight [stret] gerade
straight across [stret͜əˈkrɑs] quer durch
straight ahead [stred͜əˈhɛd] geradeaus
straight through [stret ˈθru] quer durch
strange [strendʒ] fremd; seltsam
stranger [ˈstrendʒɚ] Fremde/r
straw [strɔ] Strohhalm
strawberries [ˈstrɔbɛɚiz] Erdbeeren
street [strit] Straße
streetcar [ˈstritkɑɚ] Straßenbahn
strenuous [ˈstrɛnjuəs] anstrengend
string [strɪŋ] Schnur; Bindfaden
stroke [strok] Gehirnschlag; Schlaganfall
stroll [strol] Spaziergang
stroller [ˈstrolɚ] Kinderwagen
strong [strɑŋ] stark
studio [ˈstudio] Studio
study [ˈstədi] *(als Verb)* studieren
stuffed [stəft] gefüllt
stupid [ˈstupɪd] dumm; blöd
style [stɑɪl] Stil
subject to duty [səbdʒɛkt tə ˈdudi] zollpflichtig
subtitles [ˈsəbtɑɪdlz] Untertitel
suburb [ˈsəbɚb] Vorort
subway [ˈsəbwe] U-Bahn
success [səkˈsɛs] Erfolg
suddenly [ˈsədənli] plötzlich
sugar [ˈʃʊgɚ] Zucker
suggestion [səˈdʒɛstʃn] Vorschlag
suit [sut] Anzug; Kostüm
suit [sut] *(als Verb)* passen; zusagen
suitable for the disabled [ˈsutɪbl fɔɚ ðə dɪsˈebld] behindertengerecht
suitcase [ˈsutkes] Koffer
sum [səm] Summe
summer [ˈsəmɚ] Sommer
summit [ˈsəmɪt] Gipfel
summit station [ˈsəmɪt ˈsteʃn] Bergstation
sun [sən] Sonne
sunbathing area [ˈsənbeðɪŋ ˈɛɚiə] Liegewiese
sunburn [ˈsənˌbɚn] Sonnenbrand
sun cream [ˈsən krim] Sonnencreme
Sunday [ˈsənde] Sonntag; on ~ [ɔn ˈsənde] am Sonntag
sunhat [ˈsənhæt] Sonnenhut
sunny [ˈsəni] sonnig
sun protection [ˈsən prəˌtɛkʃn] Sonnenschutz
sunroof [ˈsənruf] Schiebedach
sun screen [ˈsən ˌskrin] Sonnenschutz
sunstroke [ˈsənstrok] Sonnenstich
suntan oil [ˈsəntæn͜ɔɪl] Sonnenöl
supermarket [ˈsupɚˌmɑɚkɪt] Supermarkt
suppository [səˈpɑzɪtɔɚi] Zäpfchen
sure(ly) [ʃʊɚ(li)] gewiss
surf [ˈsɚf] surfen
surfboard [ˈsɚfbɔɚd] Surfbrett
surgeon [ˈsɚdʒn] Chirurg(in)
surprised [səˈprɑɪzd] überrascht; **to be ~ about** [səˈprɑɪzd͜əˈbæʊt] sich wundern über; **to be ~ at** [səˈprɑɪzd͜ət] sich wundern über
surroundings [sɚˈræʊndɪŋz] Umgebung
swamp [swɑmp] Sumpf
sweat [swɛt] *(als Verb)* schwitzen
sweat pants [ˈswɛt pænts] Jogginghose
sweater [ˈswɛtɚ] Pullover
sweet [swit] süß
sweetcorn [ˈswitkɔɚn] Mais
sweetener [ˈswitnɚ] Süßstoff
sweetheart [ˈswithɑɚt] Liebling
swelling [ˈswɛlɪŋ] Schwellung
swim [swɪm] *(als Verb)* schwimmen
swim(ming) suit [ˈswɪm(ɪŋ) sut] Badeanzug
swimmer [ˈswɪmɚ] Schwimmer(in)
swimming lessons [ˈswɪmɪŋ ˌlɛsnz] Schwimmkurs
swimming pool [ˈswɪmɪŋpul] Swimmingpool
swimming trunks [ˈswɪmɪŋ trəŋks] Badehose
swindle [ˈswɪndl] Betrug; Gaunerei
Swiss: I'm ~ [ɑɪm ˈswɪs] ich bin Schweizer(in)
Swiss (man/woman) [ˈswɪs(ˈmæn/ˈwʊmən)] Schweizer(in)
Swiss franc(s) [ˈswɪs ˈfræŋk(s)] Schweizer Franken
switch on [swɪtʃ͜ˈɑn] einschalten
Switzerland [ˈswɪtsɚlənd] Schweiz
swollen [ˈswolən] geschwollen
swordfish [ˈsɔɚdfɪʃ] Schwertfisch
symphony concert [ˈsɪmfəni kɑnsɚt] Sinfoniekonzert

T

table [ˈtebl] Tisch
table tennis [ˈtebl ˈtɛnɪs] Tischtennis
tablecloth [ˈteblklɔθ] Tischtuch
tacky [ˈtæki] kitschig; geschmacklos
tail light [ˈtel lɑɪt] Rücklicht

tailor [ˈtelɚ] Schneider(in) *(für Herren)*
take [tek] nehmen; mitnehmen; (weg)bringen; *(Zeit)* brauchen; *(Verkehrsmittel)* benutzen; **to ~ a picture** [tek ə ˈpɪkʃɚ] fotografieren; **to ~ care of** [tek ˈkɛɚ‿əv] sich kümmern um aufpassen auf; **to ~ part (in)** [tek ˈpɑɚt (ɪn)] teilnehmen (an); **to ~ place** [ˈtek ˈples] stattfinden
taken [ˈtekn] *(Platz)* besetzt
takeoff [ˈtekˌɔf] Abflug
talk [tɔk] Gespräch
talk [tɔk] *(als Verb)* reden; sich unterhalten
tall [tɔl] *(Statur)* groß
tampons [ˈtæmpɔnz] Tampons
tangerines [ˌtændʒəˈrinz] Mandarinen
tank [tæŋk] Tank
taste [test] *(als Substantiv)* Geschmack
taste [test] *(als Verb: Speisen)* versuchen
taste (like) [ˈtest (laɪk)] schmecken (nach)
taxi driver [ˈtæksi draɪvɚ] Taxifahrer(in)
taxi stand [ˈtæksi stænd] Taxistand
T-bar [ˈtibɑr] Schlepplift
tea [ti] Tee
tea bag [ˈti bæg] Teebeutel
teach [titʃ] *(Schule)* unterrichten
team [tim] Team; *(Sport)* Mannschaft
teaspoon [ˈtispun] Teelöffel
teeth [tiθ] *(Plural)* Zähne
telephone [ˈtɛlɪfon] Telefon
telephone answering machine [ˈtɛlɪfon‿ˈænsɚɪŋ məˈʃin] Anrufbeantworter
telephone book [ˈtɛlɪfon bʊk] Telefonbuch
telephone directory [ˈtɛlɪfon dɪˈrɛktɚi] Telefonbuch
telephoto lens [ˈtɛlɪˌfoto lɛnz] Teleobjektiv
television [ˈtɛlɪˌvɪʒn] Fernseher; Fernsehen
television lounge [ˈtɛlɪˌvɪʒn læʊndʒ] Fernsehraum
tell [tɛl] erzählen; mitteilen
temperature [ˈtɛmprəˌtʃɚ] Temperatur; *(Erkrankung)* Fieber
temporary [ˈtɛmpɚɛɚi] provisorisch
ten zehn; **~ minutes ago** [ˈtɛn ˈmɪnɪts‿əˈgo] vor zehn Minuten
tender [ˈtɛndɚ] zart
tennis racket [ˈtɛnɪsˌrækɪt] Tennisschläger
tennis shoes [ˈtɛnɪs ʃuz] Turnschuhe
tent [tɛnt] Zelt
tent peg [ˈtɛnt pɛg] Hering
tentpole [ˈtɛntpol] Zeltstange
terminal [ˈtɚmɪnl] Terminal
terrace [ˈtɛrəs] Terrasse
terracotta [ˌtɛɚəˈkɑtə] Terrakotta
terrible [ˈtɛɚəbl] schrecklich; fürchterlich
terrific [təˈrɪfɪk] herrlich
tetanus [ˈtɛtənəs] Tetanus
tether line [ˈtɛðɚ laɪn] Zeltschnur
than [ðæn] *(bei Vergleich)* als
thank [θænk] **to ~ somebody** jemandem danken
that [ðæt] diese(r, -s); *(dort)* jene(r, -s); *(als Konjunktion)* dass
theater ensemble [ˈθiətɚ ənˈsɑmbl] Theatergruppe
theft [θɛft] Diebstahl
their [ðɛɚ] ihr *(Possessivpronomen: Plural)*
then [ðɛn] da *(Zeit)* damals; dann
therapeutic bath [ˈθɛrəpjʊtɪk ˈbæθ] Heilbad
therapy [ˈθɛrəpɪ] Therapie
there [ðɛɚ] dort; **to be ~** da sein anwesend sein
there is/are [ðɛɚ‿ɪz/ɑɚ] es gibt
therefore [ˈðɛɚfɔɚ] deshalb
thermal bath [θɚməl ˈbæθ] Thermalbad
thermometer [θɚˈmɑmɪtɚ] Fieberthermometer
Thermos flask [ˈθɚməs flæsk] Thermosflasche®
these [ðiz] diese *(Plural)*
they [ðe] sie *(Plural)*
thick [θɪk] dick
thief [θif] Dieb(in)
thin [θɪn] dünn
thing [θɪŋ] Ding
think [θɪŋk] denken; meinen; **to ~ (about)** [ˈθɪŋk‿(əˌbæʊt)] denken (an)
third [θɚd] dritte(r, -s)
thirsty: to be ~ [bi ˈθɚsti] durstig sein Durst haben
this [ðɪs] diese(r, -s)
this evening [ˌðɪs ˈivnɪŋ] heute Abend
this morning [ˌðɪs ˈmɔɚnɪŋ] heute Morgen
those [ðoz] diese (dort); jene(r, -s) *(Plural)*
thread [θrɛd] Faden
thriller [ˈθrɪlɚ] Thriller
throat [θrot] Kehle; Hals
throat lozenges [ˈθrot ˈlɑzɪndʒɪz] Halstabletten
through [θru] durch
thunderstorm [ˈθəndɚstɔɚm] Gewitter

Thursday [ˈθɚzde] Donnerstag
thus [ðəs] also
thyme [taɪm] Thymian
tick [tɪk] Zecke
ticket [ˈtɪkɪt] (Eintritts-/Fahr-)Karte
ticket counter [ˈtɪkɪt ˌkæʊndɚ] Fahrkartenschalter
ticket-(box)office [ˈtɪkɪt(ˈbɑks)ˌɑfɪs] (Theater-)Kasse
ticket vendor [ˈtɪkɪt ˌvɛndɚ] Fahrkartenautomat
ticket-taker [ˈtɪkɪtˌtekɚ] Kontrolleur(in)
tie [taɪ] Krawatte
a tie [taɪ] unentschieden
tight [taɪt] *(Kleider)* eng
tights [taɪts] Strumpfhose
till [tɪl] bis *(zeitlich)* **~ now** [tɪl ˈnæʊ] bis jetzt
time [taɪm] Zeit; **on ~** [ɑn ˈtaɪm] pünktlich
timetable [ˈtaɪmˌtebl] Fahrplan
tin foil [tɪn fɔɪl] Alufolie
tip [tɪp] Tipp; *(Restaurant)* Trinkgeld
tire [ˈtaɪɚ] Reifen
tire repair kit [ˈtaɪɚ rɪˈpɛɚ kɪt] Flickzeug
tired [ˈtaɪɚd] müde
to [tu] *(Richtung)* zu; bis
toast [tost] Toast
toasted [ˈtostəd] geröstet
toaster [ˈtostɚ] Toaster
tobacco [təˈbæko] Tabak
tobacco store [təˈbæko stɔɚ] Tabakladen
toboggan [təˈbɑgən] Schlitten
today [təˈde] heute
today's special [təˈdez ˈspɛʃəl] Tagesgericht
toe [to] Zehe
together [təˈgɛðɚ] *(als Adverb)* gemeinsam; zusammen
toilet [ˈtɔɪlɪt] Klo
toilet paper [ˈtɔɪlɪt ˌpepɚ] Toilettenpapier
toiletries [ˈtɔɪlətriz] Drogerieartikel
token [ˈtokn] Fahrschein
token vendor [ˈtokn ˌvɛndɚ] Fahrkartenautomat
toll (charge) [tɔl (tʃɑɚdʒ)] Maut
tomatoes [təˈmedoz] Tomaten
tomb [tum] Grab
tomorrow evening [təmɑɚo ˈivnɪŋ] morgen Abend
tomorrow morning [təmɑɚo ˈmɔɚnɪŋ] morgen früh
tongue [təŋ] Zunge
tonight [təˈnaɪt] heute Abend
tonsilitis [ˌtɑnsɪˈlaɪtɪs] Mandelentzündung
tonsils [ˈtɑnsɪls] Mandeln *(im Körper)*
too [tu] *(nachgestellt)* auch; *(mit Adjektiv)* zu;
~ much [ˈtu ˈmətʃ] zu sehr zu viel
tools [tulz] Werkzeug
tooth [tuθ] Zahn
toothache [ˈtuθek] Zahnschmerzen
toothbrush [ˈtuθbrəʃ] Zahnbürste
toothpaste [ˈtuθpest] Zahnpasta
toothpick [ˈtuθpɪk] Zahnstocher
topic [ˈtɑpɪk] Gesprächsgegenstand
torn ligament [tɔɚn ˈlɪgəmənt] Bänderriss
touch [tətʃ] *(als Verb)* berühren
tough [təf] zäh
tour [tʊɚ] Tour; Besichtigung
tourist [ˈtʊɚɪst] Tourist(in)
tourist information office [ˈtʊɚɪst‿ˌɪnfɔɚˈmeʃn‿ˌɑfɪs] Fremdenverkehrsamt; Touristeninformation
tow (away) [to (əˈwe)] abschleppen
tow lift [ˈto lɪft] Schlepplift
tow rope [ˈto rop] Abschleppseil
tow truck [ˈto trək] Abschleppwagen
towards [tɔɚdz] in Richtung; *(zeitlich)* gegen
towel [ˈtæʊəl] Handtuch
tower [ˈtæʊɚ] Turm
towing service [ˈtoɪŋ ˌsɚvis] Abschleppdienst
town [tæʊn] Dorf; Ortschaft
toys [tɔɪz] Spielsachen
toy store [ˈtɔɪ stɔɚ] Spielwarengeschäft
track [træk] Pfad; Loipe
track and field [træk‿ən ˈfild] Leichtathletik
traffic [ˈtræfɪk] Verkehr
traffic jam [ˈtræfɪk dʒæm] Stau
traffic lights [ˈtræfɪk ˌlaɪts] Ampel
tragedy [ˈtrædʒɪdi] Tragödie
trail [trel] Wanderweg
trailer [ˈtrelɚ] Wohnwagen
train [tren] Zug
train pass [ˈtren ˌpæs] Mehrfahrtenkarte *(für den Zug)*
train station [ˈtren ˌsteʃn] Bahnhof
training [ˈtrenɪŋ] Ausbildung
tranquilizer [ˈtrænkwɪlaɪzɚ] Beruhigungsmittel
transfer [ˈtrænsfɚ] Überweisung
transition [trænˈzɪʃn] Wechsel; Übergang
translate [ˈtrænslet] übersetzen
transmission [trænsˈmɪʃn] Getriebe
transportation service [trænspɚˈteʃn ˈsɚvɪs] Fahrdienst
trash can [ˈtræʃ kæn] Mülltonne
travel [ˈtrævl] reisen
travel agency [ˈtrævl edʒənsi] Reisebüro

traveler's check [ˈtrævləː tʃɛk] Reisescheck
treat [trit] behandeln
treatment [ˈtritmənt] Behandlung
tree [tri] Baum
trekking bike [ˈtrɛkɪŋ baɪk] Trekkingrad
triangular safety reflector [traɪˈæŋgjələ ˈsefti rɪˈflɛktə] Warndreieck
trim the ends [trɪm ðə endz] Spitzen schneiden
trip [trɪp] Reise; Fahrt; Ausflug; **to go on a ~** [go an ə ˈtrɪp] verreisen
trip back [trɪp ˈbæk] Rückfahrt
trip home [trɪp ˈhom] Heimreise
tripod [ˈtraɪpad] Stativ
trolley [ˈtrali] Straßenbahn
truck [trək] Lastwagen
true [tru] wahr; wirklich; echt
trunk [trənk] Kofferraum
try [traɪ] *(als Verb)* versuchen
try hard [traɪ ˈhaəd] sich bemühen
tube [tub] Schlauch
Tuesday [ˈtuzde] Dienstag
tumbler [ˈtəmblə] Wasserglas
tumor [ˈtumə] Geschwulst
tuna [ˈtunə] Thunfisch
tunnel [ˈtənl] Tunnel
turn back [tən ˈbæk] umkehren
turquoise [ˈtəˌkɔɪz] türkis
TV [ˌtiˈvi] Fernseher
tweezers [ˈtwizəz] Pinzette
twice [twaɪs] *(als Adverb)* doppelt
typical [ˈtɪpɪkl] typisch

U

ugly [ˈəgli] hässlich
ulcer [ˈəlsə] Geschwür
umbrella [əmˈbrɛlə] Schirm
unbearable [ənˈbɛəəbl] unerträglich
unconscious [ənˈkanʃəs] bewusstlos
under [ˈəndə] unter
underpants [ˈəndəpæntz] Slip
underpass [ˈəndəpæs] Unterführung
understand [ˌəndəˈstænd] verstehen
underwater camera [ˈəndə ˈwadə ˈkæməə] Unterwasserkamera
underwear [ˈəndəwɛə] Unterwäsche
unemployed [æənɪmˈplɔɪd] arbeitslos
unfortunately [ənˈfɔətʃnɪtli] leider
unimportant [ˌənɪmˈpɔətənt] unwichtig
unlikely [ənˈlaɪkli] unwahrscheinlich
unpleasant [ənˈplɛznt] unangenehm
unsuited [ˌənˈsudɪd] ungeeignet
until [ənˈtɪl] *(zeitlich)* bis
unusual [ˌənˈjuʒuəl] ungewöhnlich
up [əp] oben; aufwärts
up to date [ˈəp tə ˈdet] modern
urgent [ˈədʒənt] dringend; eilig
urine [ˈjʊəɪn] Urin
us [əs] uns
use [juz] *(als Verb)* benutzen
used: to be ~ to something [bi ˈjuzd tʊ] etwas gewohnt sein
usual [ˈjuʒuəl] normal; üblich
usually [ˈjuʒuəli] normalerweise

V

vacation [vəˈkeʃən] Ferien; Urlaub
vaccination [ˌvæksɪˈneʃn] Impfung
vaccination card [ˌvæksɪˈneʃn ˌkaəd] Impfpass
vacuum cleaner [ˈvækjʊm klinə] Staubsauger
valid [ˈvælɪd] gültig
valley [ˈvæli] Tal
valuables [ˈvæljəbəlz] Wertsachen
van [væn] Großraumwagen
variable [ˈvɛriəbl] wechselhaft
variety theater [vəˈraɪədi ˈθiətə] Varietee
vase [ves] Vase
vault(s) [vɔlt(s)] Gewölbe
veal [vil] Kalbfleisch
vegetables [ˈvɛdʒtəblz] Gemüse
vegetarian [ˌvɛdʒɪˈtɛəɪən] vegetarisch; *(als Substantiv)* Vegetarier(in)
velocity [vəˈlasɪdi] Windstärke
vending machine [ˈvɛndɪŋ məʃin] (Waren-)Automat
versus [ˈvəsəs] *(Sport usw.)* gegen
very [ˈvɛəi] sehr; **~ much** [ˈvɛəi ˈmətʃ] sehr
vest [vɛst] Weste
view [vju] Aussicht; Blick, *(Ansicht)* Meinung
viewfinder [ˈvjuˌfaɪndə] Sucher
villa [ˈvɪlə] Villa
vinegar [ˈvɪnɪgə] Essig
violet [ˈvaɪəlɪt] violett
virus [ˈvaɪrəs] Virus
visa [ˈvizə] Visum
visit [ˈvɪzɪt] Besuch
visit [ˈvɪzɪt] *(als Verb)* besichtigen; *(jemanden)* besuchen
visiting hours [ˈvɪzɪtɪŋ ˌæʊəz] Besuchszeit
visitor's tax [ˈvɪzɪtəz ˈtæks] Kurtaxe
visually challenged [ˌvɪʒuəli ˈtʃælɪndʒd] sehbehindert; **a person who is ~** Sehbehinderte/r
visually impaired [ˌvɪʒuəli ˌɪmˈpɛəd] sehbehindert
vocalist [ˈvokəlɪst] Sänger(in)
volcanic mud [vɔlkænik ˈməd] Fango
volcano [valˈkeno] Vulkan

volleyball [ˈvɑlibɔl] Volleyball
voltage [ˈvoltɪdʒ] Stromspannung
vote [vot] *(Politiker)* wählen
voucher [ˈvæʊtʃɚ] Gutschein
vulgar [ˈvəlgɚ] ordinär; gewöhnlich

W

wagen for wheelchair users [wægn fɔɚ ˈwiltʃɛɚ juzɚz] *(Zug)* rollstuhlgängiger Wagen
wait for [wet fɔɚ] warten auf; erwarten
waiter (waitress) [ˈwetɚ, ˈwetrɪs] Kellner(in)
waiting room [ˈwetɪŋ rum] Wartezimmer; Wartesaal
wake [wek] wecken
wake up [wek ˈəp] aufwachen
walk [wɔk] *(als Verb)* zu Fuß gehen
walk [wɔk] Spaziergang; **to go for a ~** [go fɔɚ‿ə ˈwɔk] spazieren gehen
wall [wɔl] Mauer; Wand
wallet [ˈwɑlɪt] Brieftasche
want [wɑnt] wollen; wünschen; brauchen
ward [wɔɚd] Station
warm [wɔɚm] warm; *(Empfang)* herzlich
warning triangle [ˈwɔɚrnɪŋ traɪæŋgl] Warndreieck
wash [wɑʃ] waschen
washcloth [ˈwɑʃklɔθ] Waschlappen
washing machine [ˈwɑʃɪŋ məʃin] Waschmaschine
washing-up brush [ˈwɑʃɪŋ ˈəp brəʃ] Spülbürste
wasp [wɑsp] Wespe
watch [wɑtʃ] zuschauen
watchmaker's [ˈwɑtʃˌmekɚz] Uhrmacher
water [ˈwɑdɚ] Wasser
water canister [ˈwɑdtɚ kænɪstɚ] Wasserkanister
water consumption [ˈwɑdɚ kənsəmʃn] Wasserverbrauch
water wings [ˈwɑdɚ wɪŋz] Schwimmflügel
watercolor [ˈwɑdɚˌkəlɚ] Aquarell
watercolor painting [ˈwɑdɚˌkəlɚ ˈpentɪŋ] Aquarellmalen
waterfall [ˈwɑdɚfɔl] Wasserfall
waterski [ˈwɑdɚski] Wasserski
waterproof [ˈwɑdɚpruf] wasserdicht
wave pool [ˈweɪv pul] Wellenbad
way [we] Weg; **on the ~** [ɑn ðə ˈwe] unterwegs
way back [we ˈbæk] Heimreise
wayside rest [ˈwesɑɪd ˈrɛst] Rastplatz
we [wi] wir
weak [wik] schwach
wear [wɛɚ] *(Kleidung)* tragen
weather forecast [ˈwɛðɚ ˌfɔɚkæst] Wettervorhersage
weather report [ˈwɛðɚ rɪˈpɔɚt] Wetterbericht
wedding [ˈwɛdɪŋ] Hochzeit
Wednesday [ˈwɛnzde] Mittwoch
week [wik] Woche; **in a ~** [ɪn‿ə ˈwik] in einer Woche
weekdays [ˈwikdez] wochentags
weekend [wikˈɛnd] Wochenende; **over the ~** [ovɚ ðə ˈwikˌɛnd] am Wochenende
weekend special [ˈwikɛnd ˈspɛʃəl] Wochenendpauschale
weekly [ˈwikli] wöchentlich
weekly ticket [ˈwikli ˈtɪkɪt] Wochenkarte
weight [wet] Gewicht
welcome [ˈwɛlkəm] *(als Verb)* begrüßen; empfangen; **~!** [ˈwɛlkəm] willkommen!
well [wɛl] gut
well-done [wɛlˈdən] durchgebraten
well-known [wɛlˈnon] bekannt
west Westen; **to the ~ of** [tə ðəˈwɛst əv] westlich von
western [ˈwɛstɚn] Western
wet [wɛt] nass
wet suit [wɛt sut] Neoprenanzug
wharf [wɔɚf] Kai
what [wət] was; **~ a pity** [wət‿ə ˈpɪti] schade!; **~ sort of ...?** [ˈwət ˈsɔɚt‿əv] was für ein(e) ...?
wheel [wil] Rad
wheelchair [ˈwiltʃɛɚ] Rollstuhl
wheelchair accessible [ˈwiltʃɛɚ əkˈsɛsɪbl] rollstuhlgerecht
wheelchair accessible parking lot [ˈwiltʃɛɚ əkˈsɛsɪbl ˈpɑɚkɪŋ lɑt] Behindertenparkplatz
wheelchair accessible restroom [ˈwiltʃɛɚ əkˈsɛsɪbl ˈrɛstrum] Behindertentoilette
wheelchair user [ˈwiltʃɛɚ ˈjuzɚ] Rollstuhlfahrer(in)
when [wɛn] wenn *(zeitlich)* als
whether [ˈwɛðɚ] ob
while [waɪl] während *(als Konjunktion)*
whipped cream [wɪpt ˈkrim] Schlagsahne
whisk [wɪsk] Schneebesen
white [waɪt] weiß
white bread [waɪt ˈbrɛd] Weißbrot
white wine [waɪt ˈwaɪn] Weißwein
whole [hol] *(als Adjektiv)* ganz
wholemeal bread [holmil brɛd] Vollkornbrot
whooping cough [ˈhupɪŋ kɔf] Keuchhusten
wide [waɪd] breit; weit

widow [ˈwɪdo] Witwe
widower [ˈwɪdoɚ] Witwer
width [wɪdθ] Breite
wife [waɪf] Ehefrau
Wi-Fi [ˈwaɪfaɪ] WLAN
wild(ly) [waɪld(li)] wild
wilderness area [ˈwɪldɚnɛs ˈɛɚiə] Naturschutzgebiet
wildlife park [ˈwaɪldlaɪf paɚk] Wildpark
wildlife sanctuary [ˈwaɪldlaɪf ˈsenkʃuˌɛɚi] Naturschutzgebiet
win [wɪn] gewinnen
wind [wɪnd] Wind
wind direction [wɪnd dɪˈrɛkʃn] Windrichtung
window [ˈwɪndo] Fenster
window seat [ˈwɪndo sit] Fensterplatz
windshield [ˈwɪndʃild] Windschutzscheibe
windshield wiper(s) [ˈwɪndʃild waɪpɚ(z)] Scheibenwischer
windsurfing [ˈwɪndsɚfɪŋ] Windsurfen
wine [waɪn] Wein
wine glass [ˈwaɪn glæs] Weinglas
wine dealer [ˈwaɪn dɪlɚ] Weinhandlung
wing [wɪŋ] Flügel
winter [ˈwɪntɚ] Winter
wire [ˈwaɪɚ] Draht
wisdom tooth [ˈwɪzdm tuθ] Weisheitszahn
wish [wɪʃ] *(als Verb)* wünschen, *(als Substantiv)* Wunsch
wish for [wɪʃ fɔɚ] wünschen
with [wɪð] mit
without [wɪθˈæʊt] ohne; **~ obligation** [wɪθˈæʊt ˌablɪˈgeʃn] unverbindlich
witness [ˈwɪtnɛs] Zeuge, Zeugin
woman [ˈwʊmən] Frau
women [ˈwɪmɪn] *(Plural)* Frauen; *(Toilette)* Damen
wonderful [ˈwəndɚfʊl] wunderbar
wood [wʊd] Holz
woodcarving [ˈwʊdˌkaɚvɪŋ] Schnitzerei
woodcutting [ˈwʊdkətɪŋ] Holzschnitt
woods [wʊdz] Wald
wool [wəl] Wolle
word [wɚd] Wort
work [wɚk] Arbeit
work [wɚk] *(als Verb)* arbeiten; *(Maschine)* funktionieren
workday [ˈwɚkde] Werktag
world [wɔɚld] Welt
worm [wɚm] Wurm
be worried (about) [ˈwɚid(ˌəˈbæʊt)] sich sorgen (um)
worry [ˈwɚi] *(als Verb)* sich Sorgen machen
worthless [ˈwɚθlɪs] wertlos
wound [wund] Wunde
wrap [ræp] einpacken
wrapping [ˈræpɪŋ] Verpackung
wristwatch [ˈrɪstwatʃ] Armbanduhr
write [raɪt] schreiben
write down [raɪt ˈdæʊn] aufschreiben
writing [ˈraɪtɪŋ] Schreiben; (Hand-)Schrift
wrong [raŋ] falsch; **to be ~** [bi raŋ] sich täuschen

X

x-ray [ˈɛksre] Röntgenaufnahme
x-ray [ˈɛksre] *(als Verb)* röntgen

Y

yard [jaɚd] Hof
year [jɪɚ] Jahr
yellow [ˈjɛlo] gelb
yesterday [ˈjɛstɚde] gestern
yet [jɛt] doch; **not ~** [ˈnat ˈjɛt] noch nicht
yoga [ˈjogə] Yoga
yoghurt [ˈjogɚt] Joghurt
you [ju] du; dich; dir; *(Plural)* euch; *(höflich)* Sie
young [jəŋ] jung
young person [jəŋ ˈpɚsən] Jugendliche/r
your [jɔɚ] dein(e, -r, -s); euer

Z

zip code [ˈzɪp kod] Postleitzahl
zoo [zu] Zoo

Wörterbuch Deutsch – Amerikanisch

A

Aal eel [il]
ab und zu once in awhile [wɔns ɪn‿ə waɪl]
ab from [frəm]
Abblendlicht dimmed lights [dɪmd laɪts]
Abend evening [ˈivnɪŋ]; night [naɪt]
Abendessen dinner [ˈdɪnɚ]
Abendgarderobe formal attire [ˈfɔrml əˈtaɪɚ]
abends in the evening [ɪn ði‿ˈivnɪŋ]
aber but [bət]
abfahren (von) to start (from) [stɑɚt (frəm)]; to leave [liv]
Abfahrt departure [dɪˈpɑɚtʃɚ]; *(Autobahn~)* freeway ramp [ˈfriˌwe ræmp]
Abfahrtszeit departure time [dɪˈpɑɚtʃɚ taɪm]
Abfall garbage [ˈgɑɚbɪdʒ]
Abfallbeutel garbage bag [ˈgɑɚbɪdʒ bæg]
Abflug takeoff [ˈtekˌɔf]
Abführmittel laxative [ˈlæksətɪv]
abgeben *(Formular)* to hand in [ˈhænd ˈɪn]; *(bei jemandem hinterlassen)* to leave [liv]
abgelaufen past the sell-by date [pæst ðə ˈsɛl baɪ det]
abholen to pick up [pɪk ˈəp]
Abkürzung abbreviation [əˌbriviˈeʃn]; *(Weg)* short-cut [ˈʃɔɚtkət]
ablehnen to decline [dɪˈklaɪn]; to refuse [rɪˈfjuz]
abreisen (nach) to leave (for) [ˈliv (fɔɚ)]
Absatz heel [hil]
Abschleppdienst towing service [ˈtoɪŋ ˌsɚvis]; AAA [eeˈe]
abschleppen to tow (away) [to (əˈwe)]
Abschleppseil tow rope [ˈto rop]
Abschleppwagen tow truck [ˈto trək]
abschließen to lock [lɑk]
abseits offside [ˈɑfsaɪd]
Absender sender [ˈsɛndɚ]
Abszess abscess [ˈæbsɛs]
Abteil compartment [kəmˈpɑrtmənt]
Achtung attention [əˈtɛnʃn]; ~! look out! [ˈlʊkˈæʊt]
Actionfilm action movie [ˈækʃn muvi]
Adapter adapter adaptor [əˈdæptɚ]
Adresse address [ˈædrɛs]
Aerobic aerobics [ɛˈrobɪks]
Agentur agency [ˈedʒənsi]
ähnlich similar [ˈsɪmɪlɚ]
akklimatisieren: sich ~ to get acclimated [gɛt‿ˈækləˌmetɪd]
Akku rechargeable battery [riˈtʃɑrdʒəbl ˈbædɚi]
Akt nude [nud]
Akupunktur acupuncture [ˈækjʊˈpəŋktʃɚ]
Alarmanlage alarm system [əˈlɑɚm sɪstəm]
alkoholfrei non-alcoholic [ˈnɔn ælkəˈhɔlɪk]; **~es Bier** non-alcoholic beer [ˌnɔnælkəhɔlɪk ˈbɪr]
alle all [ɔl]
allein alone [əˈlon]
Allergie allergy [ˈælɚdʒi]
Allergiker(in): ich bin ~ I'm prone to allergies [aɪm ˌpron tu ˈælɚdʒiz]
alles everything [ˈɛvriθɪŋ]
als *(zeitlich)* when [wɛn]; *(bei Vergleich)* than [ðæn]
also so [so]; thus [ðəs]
alt old [old]
Altar altar [ˈɑltɚ]
Alter age [edʒ]
Altstadt the historical district [ði‿ˈhɪsˈtɔrɪkəl ˈdɪstrɪkt]
Alufolie tin foil [ˈtɪn fɔɪl]
Amerika America [əˈmɛɚrəkə]; the States [ðə stets]
Amerikaner(in) American [əˈmɛɚəkn]
Ampel traffic lights [ˈtræfɪk ˌlaɪts]
Amt *(Dienststelle)* office [ˈɑfɪs]; department [dɪˈpɑɚtmənt]
amüsieren: sich ~ to have a good time [ˈhæv ə ˈgʊd ˈtaɪm]
an on [ɑn]; **am Colorado** on the Colorado [kɑlɚˈædo]
Ananas pineapple [ˈpaɪnˌæpl]
andere: der/die/das ~ the other [ˈəðɚ]
anders different(ly) [ˈdɪfrənt(li)]
anderswo elsewhere [ˈɛlswɛɚ]
Anfang beginning [bɪˈgɪnɪŋ]
anfangen to begin [bɪˈgɪn]
Angabe *(Mitteilung)* statement [ˈstetmənt]
Angel fishing rod [ˈfɪʃɪŋ rɑd]
angeln to go fishing [go ˈfɪʃɪŋ]
Angelschein fishing license [ˈfɪʃɪŋ laɪsns]
angenehm agreeable [əˈgriəbl]; pleasant [ˈplɛznt]
Angina angina [aŋˈgina]
anhalten to stop [stɑp]

Anhänger *(Kette)* pendant [ˈpɛndənt]
ankommen to arrive [əˈraɪv]
Ankunft arrival [əˈraɪvl]
Ankunftszeit arrival time [əˈraɪvl taɪm]
Anlasser starter [ˈstaɚdɚ]
anlegen in to land at [ˈlænd‿æt]; to dock at [ˈdak‿æt]
anmelden: sich ~ to register [ˈrɛdʒɪstɚ]
Anmeldung registration [ˌrɛdʒɪsˈtreʃn]
Anorak jacket [ˈjækɪt]
Anreisetag day of arrival [de‿əv‿əˈraɪvl]
Anruf (phone) call [(ˈfon) kɔl]
Anrufbeantworter answering machine [ˈænsɚɪŋ məʃin]
anrufen to phone [fon]; to call [kɔl]
Anschluss connection [kəˈnɛkʃn]
ansehen to look at [ˈlʊk‿ət]
Ansichtskarte picture postcard [pɪktʃɚ ˈpostkaɚd]
anstatt instead of [ɪnˈstɛd‿əv]
ansteckend contagious [kənˈtedʒəs]
anstrengend strenuous [ˈstrɛnjuəs]
Antibabypille contraceptive pill [ˌkantrəˈsɛptɪv pɪl]
Antibiotika *(Plural)* antibiotics [ˌæntaɪbaɪˈɔtɪks]
Antibiotikum antibiotic [ˌændibaɪˈatik]
antik ancient [ˈenʃnt]
Antiquitätengeschäft antique shop [ænˈtik ʃap]
antworten to answer [ˈænsɚ]
Anzahlung deposit [dɪˈpazɪt]
anzeigen to report [rɪˈpɔɚt]
anziehen to put on [pʊt ˈan]; **sich anziehen** to get dressed [gɛt ˈdrɛst]
Anzug suit [sut]
anzünden to light [laɪt]
Apartment apartment [əˈpaɚtmənt]; efficiency unit [ɪˈfɪʃənsi junɪt]
Äpfel apples [ˈæpəlz]
Apfelsinen oranges [ˈɔrɪndʒɪz]
Apotheke pharmacy [ˈfaɚməsi]; drugstore [ˈdrəgstɔɚ]
Apparat gadget [ˈgædʒɪt]; *(Fotoapparat)* camera [ˈkæmərə]; *(Fernsehapparat)* set [sɛt]
Appetit appetite [ˈæpɪtaɪt]
Aprikosen apricots [ˈæprɪkats]
April April [ˈeprəl]
Aquajogging aqua jogging [ˈakwə dʒagɪŋ]
Aquarell watercolor [ˈwadɚˌkələ]
Aquarellmalen watercolor painting [ˈwadɚˌkələ ˈpentɪŋ]
Arbeit work [wɚk]; *(Anstellung)* job [dʒab]
arbeiten to work [wɚk]
arbeitslos unemployed [æənɪmˈplɔɪd]
Archäologie archaeology [ˌaɚkiˈalədʒi]
Architekt(in) architect [ˈaɚkɪtɛkt]
Architektur architecture [ˈaɚkɪtɛktʃɚ]
Arena arena [əˈrinə]
ärgern: sich ~ über jemanden/über etwas to be mad at somebody/ about something [mæd]
arm poor [pɔɚ]
Armband bracelet [ˈbreslɪt]
Armbanduhr wristwatch [ˈrɪstwatʃ]
Ärmel sleeve [sliv]
Aromabad aroma bath [ˈəroma ˈbæθ]
Art kind [kaɪnd]; sort [sɔɚt]
Aschenbecher ashtray [ˈæʃtre]
Aspirin aspirin [ˈæspɚɪn]
Asthma asthma [ˈæsmə]
Atembeschwerden breathing difficulties [ˈbriðɪŋ dɪfɪkəltiz]
atmen to breathe [brið]
Attest certificate [sɚˈtɪfɪkət]
Aubergine eggplant [ˈɛgplænt]
auch also [ˈɔlso]; *(nachgestellt)* too [tu]; **~ nicht** neither [ˈniðɚ]
auf on [an]; *(offen)* open [ˈopn]; **~ Englisch** in English [ˈɪŋglɪʃ]; **~ einmal** all at once [ˈɔl‿ət ˈwəns]
aufbewahren to keep [kip]
aufbrechen to break into [brek‿ˈɪntʊ]
Aufenthalt stay [ste]; *(Zug)* stop [stap]
Aufenthaltsraum lounge [læʊndʒ]
Auffahrt *(Autobahn)* freeway ramp [ˈfriˌwe ræmp]
Auffahrtrampe ramp [ræmp]
Aufführung performance [pɚˈfɔrməns]
aufhalten: sich ~ *(verweilen)* to stop [stap]; to stay [ste]
aufhören to stop [stap]
aufpassen auf to take care of [tek ˈkɛɚ‿əv]; to look after [lʊk ˈæftɚ]
Aufschnitt cold cuts [ˈkold kəts]
aufschreiben to write down [raɪt ˈdæʊn]
aufstehen to get up [gɛt ˈəp]
aufwachen to wake up [wek ˈəp]
aufwärts up [əp]
Aufzug elevator [ˈɛlɪvetɚ]
Augen eyes [aɪz]
Augenblick moment [ˈmomənt]
Augenbrauen: sich die ~ zupfen to pluck one's eyebrows [plək wənz‿ˈaɪbraʊz]
Augentropfen eye drops [ˈaɪ draps]
August August [ˈɔgəst]
aus *(Herkunft)* from [frəm]; *(Material)* of [əv]; *(Grund)* for [fɔɚ]

Ausbildung *(Schulausbildung)* education [ˌɛdjʊˈkeʃn]; training [ˈtrenɪŋ]
Ausdruck expression [ɪksˈprɛʃn]
ausdrücklich explicit(ly) [ɪksˈplɪsɪt(li)]
Ausfahrt exit [ˈɛksɪt]
Ausflug excursion [ɪkˈskɚʃn]; trip [trɪp]
ausfüllen to fill out [fɪl‿ˈæʊt]
Ausgang exit [ˈɛgzɪt]
ausgeben to spend [spɛnd]
ausgehen to go out [go ˈæʊt]
ausgezeichnet excellent [ˈɛksələnt]
Ausgrabungen dig [dɪg]; excavations [ˌɛkskəˈveʃnz]
Auskunft information [ɪnfɚˈmeʃn]
Ausland foreign countries [ˈfɑɚən ˈkəntriz]; **im/ins ~** abroad [əˈbrɔd]
Ausländer(in) foreigner [ˈfɑɚɪnɚ]
ausländisch foreign [ˈfɑɚɪn]
Auslandsflug international flight [ˌɪndɚˈnæʃənl flaɪt]
Auslandsgespräch international call [ˌɪndɚˈnæʃənl kɔl]
Auspuff muffler [ˈməflɚ]
Ausreise departure [diˈpɑɚtʃɚ]
Ausritt ride [raɪd]
ausruhen: sich ~ to rest [rɛst]
Ausschlag rash [ræʃ]
außen outside [ˌæʊtˈsaɪd]
außer except [ɪkˈsɛpt]
außerdem besides [bɪˈsaɪdz]
außergewöhnlich extraordinary [ɪksˈtrɔɚdənɛɚi]
außerhalb outside [ˌæʊtˈsaɪd]
Aussicht view [vju]
Aussichtspunkt look-out point [ˈlʊkæʊt pɔɪnt]
aussprechen *(Wort)* to pronounce [prəˈnæʊns]
aussteigen to get out [ˌgɛd‿ˈæʊt]
Ausstellung exhibition [ˌɛksɪˈbɪʃn]
aussuchen to pick out [pɪk ˈæʊt]
austauschen to exchange [ɪksˈtʃendʒ]
Austern oysters [ˈɔɪstɚz]
Ausverkauf (clearance) sale [(ˈklɪɚəns) sel]
Auswahl choice [tʃɔɪs]
Auto car [kɑɚ]; **~ fahren** to drive a car [draɪv]
Autobahn freeway [ˈfriwe]; interstate [ˈɪntɚstet]
Autobahnausfahrt freeway exit [ˈfriwe ˈɛksɪt]
Automat *(für Waren)* vending machine [ˈvɛndɪŋ məˈʃin]
Automatik(getriebe) automatic (transmission) [ˌɑdəˈmædɪk (trænzˈmɪʃn)]
automatisch automatic(ally) [ˌɑdəˈmætɪk(li)]
automatische Türöffnung automatic door opener [ˌɑdəˈmædɪk ˈdɔɚ opənɚ]
Autoradio car radio [ˈkɑɚ redio]
Autoreisezug car train [ˈkɑɚ tren]
Ayurveda Ayurveda [ajʊvedə]

B

Baby baby [ˈbebi]
Babyfon baby monitor [ˈbebi ˌmanɪdɚ]
Babylift bunny lift [ˈbəni lɪft]
Babynahrung baby food [ˈbebi ˌfud]
Babyschale *(fürs Auto)* baby seat [ˈbebi sit]
Babysitter(in) babysitter [ˈbebiˌsɪdɚ]
Bäckerei bakery [ˈbekɚi]
Backofen oven [ˈəvɪn]
Badeanzug swim(ming) suit [ˈswɪm(ɪŋ) sut]
Badehose swimming trunks [ˈswɪmɪŋ trəŋks]
Bademantel bathrobe [ˈbæθrob]
Bademeister(in) lifeguard [ˈlaɪfgɑɚd]
Badeort beach resort [ˈbitʃ rɪˈzɔɚt]
Badeschuhe flip-flops® [ˈflɪp flɑps]
Badewanne bathtub [ˈbæθtəb]
Badezimmer bathroom [ˈbæθrum]
Badminton badminton [ˈbædmɪtn]
Bahnhof train station [ˈtren ˌsteʃn]
Bahnsteig platform [ˈplætfɔɚm]
bald soon [sun]; **so ~ wie möglich** as soon as possible [ˈpɑsəbl]
Balkon balcony [ˈbælkəni]
Ball ball [bɔl]; *(Fest)* ball [bɔl]; dance [dæns]
Ballett ballet [bæˈle]
Bananen bananas [bəˈnænəz]
Band band [bænd]
Bänderriss torn ligament [tɔɚn ˈlɪgəmənt]
Bank *(Geldinstitut)* bank [bæŋk]; *(Sitzbank)* bench [bɛntʃ]
bar zahlen to pay cash [pe ˈcæʃ]
Bar bar [bɑɚ]
bar cash [kæʃ]
Bargeld cash [kæʃ]
Barock Baroque [bəˈrok]
barrierefrei barrier-free [ˈbæɚiɚ fri]
Barsch perch [pɚtʃ]
Bart beard [bɪɚd]
Basilikum basil [ˈbæzl]
Basketball basketball [ˈbæskɪtbɔl]
Batterie battery [ˈbædəri]
Bauch stomach [ˈstəmək]
Bauernhof farm [fɑɚm]
Baum tree [tri]
Baumwolle cotton [ˈkɑtən]
Baustelle *(auf Straße)* road construction [ˌrod ˌkənˈstrʊkʃən]

Bauwerk building [ˈbɪldɪŋ]
beachten to pay attention to [pe͜əˈtɛnʃn tu]
Beachvolleyball beach volleyball [ˈbitʃ vɑlibɔl]
beantworten to reply [rɪˈplɑɪ]; to answer [ˈænsɚ]
Bearbeitungsgebühr *(auf der Bank)* bank charges [ˈbæŋk tʃɑɚdʒɪz]
bedauern to regret [rɪˈgrɛt]
Bedeutung *(Sinn)* meaning [ˈminɪŋ]; *(Wichtigkeit)* importance [ɪmˈpɔɚtəns]
Bedienung service [ˈsɚvɪs]
beeilen: sich ~ to hurry [ˈhɚi]
beeindruckend impressive [ɪmˈprɛsɪv]
befinden: sich ~ to be [bi]; to be located [bi ˈloketɪd]
befreundet sein to be friends [bi frɛndz]
befürchten to fear [fɪɚ]; to be afraid (of) [bi əˈfred (əv)]
begegnen to meet [mit]
begeistert (von) enthusiastic (about) [ɪnˌθuziˈæstɪk (əˈbæʊt)]
begleiten to accompany [əˈkəmpəni]
Begleitperson accompanying adult [əˌkəmpəniɪŋ əˈdəlt]; *(bei Führungen)* guide [gɑɪd]
begrüßen to greet [grit]; to welcome [ˈwɛlkəm]
behalten to keep [kip]
Behälter container [kənˈtenɚ]
behandeln to treat [trit]
Behandlung treatment [ˈtritmənt]
behaupten to maintain [menˈten]; *(bestimmt)* to insist [ɪnˈsɪst]
Behindertenausweis disabled identification card (ID) [dɪsˈebld ɑɪˌdɛntɪfɪˈkeʃn kɑɚd (ɑɪ di)]
behindertengerecht suitable for the disabled [ˈsutɪbl fɔɚ ðə dɪsˈebld]
Behindertenparkplatz wheelchair accessible parking lot [ˈwiltʃɛɚ əkˈsɛsɪbl ˈpɑɚkɪŋ lɑt]
Behindertentoilette wheelchair accessible restroom [ˈwiltʃɛɚ əkˈsɛsɪbl ˈrɛstrum]
Behörde authorities [ɔˈθɔɚɪtiz]; government office [ˈgəvɚnmənt ɑfɪs]
bei *(nahe)* near [nɪɚ]
beide both [boθ]
Beifall applause [əˈplɔz]
beige beige [beʒ]
Bein leg [lɛg]
Beispiel example [ɪgˈzæmpl]; **zum ~** for example [fɔr͜ ɪgˈzæmpl]
beißen to bite [bɑɪt]
bekannt well-known [ˈwɛlˈnon]; **~ machen** to introduce [ˌɪntrəˈdus]
Bekannte/r acquaintance [əˈkwentəns]; *(näher)* friend [frɛnd]
Bekanntschaft acquaintance [əˈkwentəns]
beklagen: sich ~ (über) to complain (of/about) [kəmˈplen͜ (əv/əˈbæʊt)]
bekommen to get [gɛt]
belästigen to bother [ˈbɑðɚ]
belegtes Brötchen sandwich [ˈsændwɪtʃ]
Beleidigung insult [ˈɪnsəlt]
Belichtungsmesser light meter [ˈlɑɪt ˌmitɚ]
Belohnung reward [rɪˈwɔɚd]
bemerken to notice [ˈnotɪs]; *(sagen)* to remark [rɪˈmɑɚk]
bemühen: sich ~ to try hard [trɑɪ ˈhɑɚd]
benachrichtigen to inform [ɪnˈfɔɚm]
benutzen to use [juz]; *(Verkehrsmittel)* to take [tek]
Benzinkanister gas(oline) canister [ˈgæs(əˈlin) kænəstɚ]
Benzinpumpe gas pump [ˈgæs pəmp]
bequem comfortable [ˈkəmftɚbl]
berechnen to calculate [ˈkælkjʊlet]
bereits already [ɔlˈrɛdi]
Berg mountain [ˈmæʊntɪn]
Bergdorf mountain village [ˈmæʊntɪn vɪlɪdʒ]
Bergstation summit station [ˈsəmɪt steʃn]
Bergsteigen rock-climbing [ˈrɑkˌklɑɪmiŋ]; mountaineering [ˌmæʊntəˈnɪrɪŋ]
Beruf job [dʒɑb]; profession [prəˈfɛʃn]
beruhigen: sich ~ to calm down [kɑm ˈdæʊn]
Beruhigungsmittel sedative [ˈsɛdətɪv]; tranquilizer [ˈtrænkwɪlɑɪzɚ]
berühmt famous [ˈfeməs]
berühren to touch [tətʃ]
beschädigen to damage [ˈdæmɪdʒ]
bescheinigen to certify [ˈsɚdɪfɑɪ]
Bescheinigung certificate [sɚˈtɪfɪkət]
beschlagnahmen to confiscate [ˈkɑnfɪsket]
beschließen to decide [dɪˈsɑɪd]; *(sich entscheiden)* to make up one's mind [ˈmek əp wənz ˈmɑɪnd]
beschreiben to describe [dɪˈskrɑɪb]
beschweren: sich ~ (über) to complain (about) [kəmˈplen (əˈbæʊt)]
Besen broom [brum]
besetzt *(Platz, Toilette)* occupied [ˈɑkjəpɑɪd]; taken [ˈtekn]; *(voll)* full [fʊl]; *(Telefon)* busy [ˈbɪsi]

besichtigen to visit [ˈvɪzɪt]
Besichtigung tour [tʊɚ]
Besitzer(in) owner [ˈonɚ]
besonders particularly [pɚˈtɪkjəlɚli]; especially [ɪˈspɛʃli]
besorgen to get [gɛt]
besser better [ˈbɛtɚ]
bestätigen to confirm [kənˈfɝm]
beste(r, -s) best [bɛst]
Besteck cutlery [ˈkətləɚi]; *(aus Silber)* silverware [ˈsɪlvɚwɛɚ]
bestehen aus to consist of [kənˈsɪst‿əv]
Bestellung order [ˈɔrdɚ]
bestimmt certain(ly) [ˈsɚtən(li)]
Besuch visit [ˈvɪzɪt]
besuchen: jemanden~ to visit somebody [ˈvɪzɪt]
Besuchszeit visiting hours [ˈvɪzɪtɪŋ ˌæʊɚz]
beten to pray [pre]
Betrag amount [əˈmæʊnt]
Betrug *(Gaunerei)* swindle [ˈswɪndl]; *(Handel)* fraud [frɔd]
betrunken drunk [drəŋk]
Bett bed [bɛd]; **zu ~ gehen** to go to bed [ˈgo tə ˈbɛd]
Bettdecke blanket [ˈblæŋkɪt]
Bettwäsche bed linen [ˈbɛdˌlɪnɪn]
beunruhigen: sich ~ to worry [ˈwɚi]
bevor before [bɪˈfɔɚ]
bewölkt cloudy [ˈklæʊdi]; overcast [ˈovɚkæst]
bewusstlos unconscious [ənˈkanʃəs]
bezahlen to pay [pe]
bezaubernd charming [ˈtʃaɚmɪŋ]
BH bra [bra]
Biene bee [bi]
Bier beer [bɪɚ]
bieten to offer [ˈafɚ]
Bikini bikini [bɪˈkini]
Bild picture [ˈpɪktʃɚ]; *(Gemälde)* painting [ˈpentɪŋ]
Bildhauer(in) sculptor [ˈskəlptɚ]
billig cheap [tʃip]
Bindehautentzündung conjunctivitis [kənˈdʒəŋtəvaɪtɪs]
Bindfaden string [strɪŋ]
Bioladen organic grocery store [ɔɚgænik ˈgroʃɚi stɔr]
Birnen pears [pɛɚz]
bis to [tu]; *(zeitlich)* till [tɪl]; until [ənˈtɪl]; **~ jetzt** till now [tɪl ˈnæʊ]
bisschen: ein ~ a bit [ə bɪt]
Bitte request [rɪˈkwɛst]
bitten: jemanden um etwas ~ to ask somebody for something [æsk]
bitter bitter [ˈbɪtɚ]
Blähungen gas [gæs]
Blase bladder [ˈblædɚ]
Blasenentzündung bladder infection [ˈblædɚ ɪnfɛkʃn]
Blatt leaf [lif]
blau blue [blu]
Blazer blazer [ˈblezɚ]
bleiben to remain [rɪˈmen]; to stay [ste]
Blick look [lʊk]; *(Ausblick)* view [vju]
Blinddarmentzündung appendicitis [əˌpɛndɪˈsaɪtɪs]
Blindenhund Seeing Eye dog® [ˈsiɪŋ aɪ dag]
Blinker blinker [ˈblɪnkɚ]
Blitz lightning [ˈlaɪtnɪŋ]
Blitzgerät flash [flæʃ]
Block *(für Notizen)* notebook [ˈnotbʊk]
blöd stupid [ˈstupɪd]
Blues blues [bluz]
Blume flower [ˈflæʊɚ]
Blumengeschäft florist's [ˈflaɚɪsts]
Blumenkohl cauliflower [ˈkalɪˌflæʊɚ]
Bluse blouse [blæʊs]
Blut blood [bləd]
Blutdruck blood pressure [ˈbləd prɛʃɚ]
bluten bleed [blid]
Blutgruppe blood group [ˈbləd grup]
Blutung bleeding [ˈblidɪŋ]
Blutvergiftung blood-poisoning [ˈblədˌpɔɪzənɪŋ]
Bö gust of wind [ˌgəst‿əv ˈwɪnd]
Boden ground [græʊnd]; *(Fußboden)* floor [flɔɚ]
Bodybuilding bodybuilding [ˈbadiˌbɪldɪŋ]
Bogen arch [aɚtʃ]
Bohnen beans [binz]
Bonbon candy (drops) [ˈkændi (draps)]
Bootsführerschein boating license [ˈbotɪŋ ˈlaɪsəns]
Bordkarte boarding card [ˈbɔɚdɪŋ kaɚd]
Borreliose Lyme disease [ˈlaɪm dɪziz]
böse evil [ˈivl]; *(ungezogen)* naughty [ˈnɔti]; *(verärgert)* angry [ˈæŋgri]
Botanischer Garten botanical gardens [bəˈtænɪkl ˈgaɚdnz]
Botschaft *(diplomatische Vertretung)* embassy [ˈɛmbəsi]
Bowling bowling [ˈbolɪŋ]
Braille braille [brel]
Brandsalbe ointment for burns [ˈɔɪntmənt fɔɚ ˈbɝnz]
Bräter roasting pan [ˈrəʊstɪŋ pæn]
brauchen to need [nid]; *(Zeit)* to take [tek]
braun brown [bræʊn]
Brechreiz nausea [ˈnɔziə]
breit broad [brɔd]; wide [waɪd]
Breite width [wɪdθ]

Bremse brakes [breks]
Bremsflüssigkeit brake fluid ['brek ˌfluɪd]
Bremslichter brake lights ['brek ˌlaɪts]
brennen to sting [stɪŋ]
Brennspiritus methyl alcohol ['mɛθɪl 'ælkəhɔl]
Brief letter ['lɛtɚ]
Briefkasten mailbox ['melbɑks]
Briefmarke stamp [stæmp]
Briefpapier stationery ['steʃnɛɚi]
Brieftasche billfold ['bɪlfold]; wallet ['wɑlɪt]
Briefumschlag envelope ['ɛnvəlop]
bringen *(herbringen)* to bring [brɪŋ]; *(wegbringen)* to take [tek]
Brombeeren blackberries ['blækˌbɛɚiz]
Bronchien bronchial tubes ['brɑŋkiəl 'tubz]
Bronchitis bronchitis [brɑŋ'kaɪtɪs]
Bronze bronze [brɑnz]
Brosche pin [pɪn]
Brot bread [brɛd]
Brötchen buns [bʊnz]; rolls [rolz]; bagels ['beglz]
Bruch *(Leistenbruch)* hernia ['hɚniə]; *(Knochenbruch)* fracture ['fræktʃɚ]
Brücke bridge [brɪdʒ]
Bruder brother ['brəðɚ]
Brunnen fountain ['fæʊntɪn]
Brust chest [tʃɛst]; *(Frau)* breast [brɛst]
Buch book [bʊk]
buchen *(Platz)* to book [bʊk]
Buchhandlung bookstore ['bʊkstɔɚ]
buchstabieren to spell [spɛl]
Bucht bay [be]
Buchung booking ['bʊkɪŋ]
Bügeleisen iron ['ɑɪɚn]
bügeln to iron ['ɑɪɚn]; to press [prɛs]
Bungalow bungalow ['bəŋgəlo]
Bungeejumping bungee jumping ['bəndʒi jəmpɪŋ]
bunt colorful ['kələ·fʊl]
Burg castle ['kæsəl]
Büro office ['ɑfɪs]
Bürste brush [brəʃ]
Bus bus [bəs]
Busbahnhof bus station ['bəs‿ˌsteʃn]; bus depot ['bəs dipo]
Bußgeld fine [faɪn]
Butter butter ['bədɚ]
Buttermilch buttermilk ['bədɚmɪlk]
Bypass bypass (operation) ['baɪpæs‿(ˌɑpə'reʃn)]

C

Café coffee shop ['kɑfi ʃɑp]
Camcorder camcorder ['kæmkɔɚdɚ]
Camping camping ['kæmpɪŋ]
Campingführer camping guide ['kæmpɪŋ gaɪd]
Campingplatz campground ['kæmpgræʊnd]; *(einzelner)* campsite ['kæmpsaɪt]
Champagner champagne [ˌʃæm'peŋ]
Chef(in) head [hɛd]; boss [bɑs]
chemisch reinigen to dryclean ['draɪ'klin]
Chicorée chicory ['tʃɪkɚi]
Chirurg(in) surgeon ['sɚdʒn]
Cholera cholera ['kɑlɚə]
Chor choir ['kwɑɪɚ]
Christentum Christianity [ˌkrɪsti'ænɪti]
Clubhaus clubhouse [kləbhæʊs]
Computerfachgeschäft computer store [kəm'pjutɚ stɔɚ]
Cousin (Cousine) cousin ['kəzn]
Creme cream [krim]

D

da *(Ort)* there [ðɛɚ]; *(Zeit)* then [ðɛn]; *(Grund)* as [æz]; because [bɪ'kɑz]; **~ sein** *(anwesend)* to be present ['prɛznt]; to be there [ðɛɚ]
Dach roof [ruf]
dafür sein to be for something ['fɔɚ]
dagegen sein to be against something [ə'gɛnst]
daheim at home [æt‿'hom]
damals then [ðɛn]; at that time [taɪm]
Damen women ['wɪmɪn]
Damenbinden sanitary napkins ['sænɪtɛɚi næpkɪnz]
Dampfer steamship ['stimʃɪp]
danach afterwards ['æftɚwɚdz]
danken: jemandem ~ to thank somebody [θænk]
dann then [ðɛn]
Darm intestines [ɪn'tɛstɪnz]
dass that [ðæt]
dasselbe the same [sem]
Datteln dates [dets]
Datum date [det]
dauern to last [læst]
Dauerwelle perm [pɚm]
Deck deck [dɛk]
Decke ceiling ['silɪŋ]
Defekt defect ['difɛkt]; flaw [flɔ]
deine(r, -s) your [jɔɚ]
Delle dent [dɛnt]
denken (an) to think (about) ['θɪŋk‿(əˌbæʊt)]
Denkmal monument ['mɑnjəmənt]
Denkmalschutz historical preservation [hɪs'tɔrɪkl ˌprɛzɚ'veʃn]

denn for [fɔɚ]
Deo(dorant) deodorant [diˈodərənt]
deshalb therefore [ˈðɛɚfɔɚ]
Desinfektionsmittel disinfectant [ˌdɪsɪnˈfɛktənt]
desinfizieren to disinfect [ˌdɪsɪnˈfɛkt]
deutlich distinct(ly) [dɪsˈtɪŋkt(li)]
deutsch German [ˈdʒɚmən]
Deutsche/r German [ˈdʒɚmən]
Deutschland Germany [ˈdʒɚməni]
Devisen foreign currency [fɔrɪn ˈkɚənsi]
Dezember December [dɪˈsɛmbɚ]
Diabetes diabetes [ˌdaɪəˈbitiz]
Diabetiker(in) diabetic [ˈdaɪəˈbɛdɪk]
Diagnose diagnosis [ˌdaɪəgˈnosɪs]
Diät diet [ˈdaɪət]
dich you [ju]
dick thick [θɪk]; *(Person)* heavy [ˈhɛvi]; fat [fæt]; *(geschwollen)* swollen [ˈswolən]
Dieb thief [θif]
Diebstahl theft [θɛft]
Dienstag Tuesday [ˈtuzde]
diese(r, -s) this [ðɪs]; *(dort)* that [ðæt]
diese *(Plural)* these [ðiz]; *(dort)* those [ðoz]
Digitalkamera digital camera [dɪdʒɪtl ˈkæmɚə]
Ding thing [θɪŋ]
Diphtherie diphtheria [ˌdɪpˈθɪɚiə]
dir (to) you [(ˈtə)‿ˈju]; *(unmittelbar hinter Verb)* you [ju]
direkt direct [dɪˈrɛkt]; *(sofort)* immediately [ɪˈmidiətli]
Direktion management [ˈmænɪdʒmənt]
Dirigent(in) conductor [kənˈdəktɚ]
Diskothek disco(theque) [ˈdɪskə(tɛk)]; club [kləb]
doch yet [jɛt]; however [hæʊˈɛvɚ]
Dokumentarfilm documentary [ˌdakjuˈmɛndɚi]
Dom cathedral [kəˈθidrl]
Donnerstag Thursday [ˈθɚzde]
Doppel *(Sport)* doubles [ˈdəblz]
doppelt *(als Adjektiv)* double [ˈdəbl]; *(als Adverb)* twice [twaɪs]
Dorf (small) town [(smɔl) tæʊn]
dort there [ðɛɚ]
Dose box [baks]; *(Konserve)* can [kæn]
Dosenöffner can opener [ˈkæn ˌopənɚ]
Drachenfliegen hang gliding [ˈhæŋ ˌglaɪdɪŋ]
Draht wire [ˈwaɪɚ]
Drama drama [ˈdramə]
draußen outside [ˌæʊtˈsaɪd]
Dressing salad dressing [ˈsæləd drɛsɪŋ]
drin inside [ˌɪnˈsaɪd]; indoors [ˌɪnˈdɔɚz]
dringend urgent [ˈɚdʒənt]
drinnen inside [ˌɪnˈsaɪd]; indoors [ˌɪnˈdɔɚz]
dritte(r, -s) third [θɚd]
Drogerie drugstore [ˈdrəgstɔɚ]
Drogerieartikel toiletries [ˈtɔɪlətriz]
Drucker printer [prɪntɚ]
du you [ju]
dumm stupid [ˈstupɪd]
dunkel dark [daɚk]
dunkelblau dark blue [daɚk blu]
dunkelgrün dark green [daɚk grin]
dünn thin [θɪn]; *(schlank)* slim [slɪm]; slender [ˈslɛndɚ]
durch through [θru]; *(quer durch)* across [əˈkrɑs]; *(Mittel)* by (means of) [baɪ (ˈminz‿əv)]
Durchfall diarrhea [ˌdaɪəˈriə]
durchgebraten well-done [ˈwɛlˈdən]
Durchreise: auf der ~ passing through [ˈpæsɪŋ ˈθru]
durchschnittlich *(als Adjektiv)* average [ˈævrɪdʒ]
durchschnittlich *(als Adverb)* on the average [ɑn ði ˈævrɪdʒ]
dürfen to be allowed [bi əˈlæʊd]
durstig sein to be thirsty [bi ˈθɚsti]
Dusche shower [ˈʃæʊɚ]
Duschgel shower gel [ˈʃaʊɚ dʒɛl]
Duschsitz shower seat [ˈʃæʊɚ sit]

E

Ebbe low tide [lo ˈtaɪd]
Ebene plain [plen]
ebenerdig at ground level [æt graʊnd ˈlɛvl]
echt genuine [ˈdʒɛnjuɪn]
Ecke corner [ˈkɔɚnɚ]
Ehefrau wife [waɪf]
Ehemann husband [ˈhəzbənd]
Eier eggs [ɛgz]
Eierbecher egg cup [ˈɛg kəp]
eigen own [on]
eigentlich actual(ly) [ˈæktʃuəl(i)]
Eigentümer(in) owner [ˈonɚ]
eilig urgent [ˈɚdʒənt]; **es ~ haben** to be in a hurry [ˈhɚi]
Eimer bucket [ˈbəkɪt]
ein(e) one [wən]
einchecken to check in [ˌtʃɛk‿ˈɪn]
einfach simple [ˈsɪmpl]
Einfahrt entrance [ˈɛntrəns]; driveway [ˈdraɪvwe]
einfarbig plain [plen]
Eingang entrance [ˈɛntrəns]
einheimisch native [ˈnetɪv]; local [ˈlokl]
einige some [səm]; *(bei Frage, Verneinung, Bedingung)* any [ˈɛni]

einkaufen to buy [baɪ]; to go shopping [go ˈʃɑpɪŋ]
einladen to invite [ɪnˈvaɪt]
einmal once [wəns]
einpacken to wrap [ræp]; to pack [pæk]
Einreise arrival [əˈraɪvəl]
einsam *(Mensch)* lonely [ˈlonli]; *(Haus usw.)* secluded [sɪˈkludɪd]; isolated [ˈaɪsəletɪd]
einschalten to switch on [swɪtʃ‿ˈɑn]
Einschreibebrief certified letter [ˈsɚtɪfaɪd ˈlɛtɚ]
einsteigen to get on [ˌgɛd‿ˈɑn]
Eintritt entrance [ˈɛntrəns]
Eintrittskarte (admission) ticket [(ædˈmɪʃn) tɪkɪt]
Eintrittspreis admission charge [ædˈmɪʃn tʃɑɚdʒ]
Einwohner(in) inhabitant [ɪnˈhæbɪtənt]
Einzel *(Sport)* singles [ˈsɪŋglz]
einzig only [ˈonli]
Eis ice [aɪs]; *(Speise~)* ice cream [aɪs ˈkrim]
Eisbahn ice-skating rink [ˈaɪs ˈsketɪŋ rɪŋk]
Eishockey ice hockey [ˈaɪs ˌhɑki]
Eislaufen ice-skating [ˈaɪs ˌsketɪŋ]
Eiter pus [pəs]
Elastikbinde elastic bandage [ɪˈlæstɪk ˈbændɪdʒ]
elektrisch electric(ally) [ɪˈlɛktrɪk(li)]
Elektrohandlung electrical appliance store [ɪlɛktrɪkəl əˈplaɪəns stɔɚ]
Elektroherd electric stove [ɪlɛktrɪk ˈstov]
Elektrolytlösung Pedialyte® [ˈpidiəˌlaɪt]
Elektrorollstuhl electric wheelchair [ɪlɛktrɪk ˈwiltʃɛɚ]
Eltern parents [ˈpɛɚənts]
empfangen to receive [rɪˈsiv]; *(begrüßen)* to greet [grit]; to welcome [ˈwɛlkəm]
Empfänger addressee [ˌædrɛˈsi]
Empfangshalle reception [rɪˈsɛpʃn]
empfehlen to recommend [ˌrɛkəˈmɛnd]
Ende end [ɛnd]
endgültig definite(ly) [ˈdɛfɪnɪt(li)]
endlich finally [ˈfaɪnəli]
Endreinigung final clean [faɪnl ˈklin]
Endstation end of the line [ˈɛnd‿əv ðə ˈlaɪn]
eng narrow [ˈnæɚo]; *(Kleider)* tight [taɪt]
englisch English [ˈɪŋglɪʃ]
Enkel grandson [ˈgrænsən]
Enkelin granddaughter [ˈgrænˌdɑdɚ]
entdecken to discover [dɪsˈkəvɚ]
Entfernung distance [ˈdɪstəns]
entgegengesetzt opposite [ˈɑpəzɪt]
entscheiden to decide [dɪˈsaɪd]
entgiften to purify [ˈpjʊrəfaɪ]; to detoxify [diˈtɑksəfaɪ]
entschlacken to purify [ˈpjʊrəfaɪ]; to detoxify [diˈtɑksəfaɪ]
entschuldigen: sich ~ to apologize [əˈpɑləgaɪz]
Entschuldigung excuse [ɪksˈkjus]
enttäuscht disappointed [ˌdɪsəˈpɔɪntɪd]
entweder ... oder either ... or [ˈiðɚ ... ˈoɚ]
entwerten to stamp one's ticket [ˌstæmp wənz ˈtɪkɪt]
entwickeln to develop [dɪˈvɛləp]
entzückend charming [ˈtʃɑɚmɪŋ]; delightful [dɪˈlaɪtfʊl]
Entzündung infection [ɪnˈfɛkʃn]; inflammation [ɪnfləˈmeʃn]
Epilepsie epilepsy [ˈɛpɪlɛpsi]
Epoche period [ˈpɪɚiəd]
er he [hi]
Erbsen peas [piz]
Erdbeeren strawberries [ˈstrɔbɛɚiz]
Erde earth [ɚθ]
Erdgeschoss ground floor [græʊndˈflɔɚ]; first floor [fɚst ˈflɔɚ]
erfahren to learn [lɚn]; to hear [hɪɚ]; *(als Adjektiv)* experienced [ɪksˈpɪɚiənst]
erfreut (über) pleased (with/about) [plizd (wɪð/əˈbæʊt)]; glad (about) [glæd (‿əˈbæʊt)]
Erfrischung refreshment [rɪˈfrɛʃmənt]
erhalten to receive [rɪˈsiv]; to get [gɛt]
erholen: sich ~ to recover [rɪˈkəvɚ]
erinnern: jemanden an etwas ~ to remind somebody of something [rɪˈmaɪnd]; **sich ~** to remember [rɪˈmɛmbɚ]
Erkältung cold [kold]
Ermäßigung reduction [rɪˈdəkʃn]
ernst serious(ly) [ˈsɪɚiəs(li)]
erreichen to reach [ritʃ]
Ersatz replacement [rɪˈplesmənt]; *(Ausgleich)* compensation [ˌkɑmpɛnˈseʃn]
Ersatzrad spare tire [ˈspɛɚ ˈtɪɚ]
erschöpft exhausted [ɪgˈzɑstɪd]
erschrecken to frighten [ˈfraɪtn]; to startle [ˈstɑɚtl]
ersetzen to replace [rɪˈples]; *(Schaden)* to make good [ˈmek ˈgʊd]
erst *(zuerst)* first of all [ˈfɚst‿əv‿ˌɔl]; *(nicht früher als)* only [ˈonli]
erste(r, -s) first [fɚst]

erster Gang first gear [fɚst ˈgɪɚ]; low gear [lo ˈgɪɚ]
Erwachsene/r adult [əˈdəlt]
erwarten to wait for [ˈwet fɔɚ]; *(rechnen mit)* to expect [ɪksˈpɛkt]
erzählen to tell [tɛl]
essbar edible [ˈɛdɪbl]
Essen *(Mahlzeit)* meal [mil]; *(Nahrung)* food [fud]
essen to eat [it]
Essig vinegar [ˈvɪnɪgɚ]
Etage floor [flɔɚ]; storey [ˈstɔɚi]
Etagenbett bunk bed [ˈbəŋk ˌbɛd]
etwa about [əˈbæʊt]
etwas something [ˈsəmθɪŋ]; *(verneint, fragend)* anything [ˈɛniθɪŋ]; *(ein wenig)* a little [ˈlɪdl]
euch you [ju]
euer your [jɔɚ]
Europa Europe [ˈjʊɚəp]
Europäer(in) European [ˌjʊɚəˈpiən]
europäisch European [ˌjʊɚəˈpiən]
extra extra [ˈɛkstrə]; special [ˈspɛʃl]

F

Fabrik factory [ˈfæktɚi]
Facharzt(-ärztin) specialist [ˈspɛʃəlɪst]
Faden thread [θrɛd]
Fahrdienst transportation service [trænspɚˈteʃn ˈsɚvɪs]
Fähre ferry [ˈfɛɚi]
fahren *(mit dem Zug, Auto)* to go by train, car etc. [go]; *(lenken)* to drive [draɪv]
Fahrer(in) driver [ˈdraɪvɚ]
Fahrgast passenger [ˈpæsɪndʒɚ]
Fahrkarte ticket [ˈtɪkɪt]
Fahrkartenautomat ticket vendor [ˈtɪkɪt ˌvɛndɚ]; token vendor [ˈtokn ˌvɛndɚ]
Fahrkartenschalter ticket counter [ˈtɪkɪt ˌkæʊndɚ]
Fahrplan timetable [ˈtaɪmˌtebl]
Fahrpreis fare [fɛɚ]
Fahrrad bicycle [ˈbaɪsɪkl]; bike [baɪk]
Fahrradhelm bike helmet [ˈbaɪk hɛlmɪt]
Fahrradweg bike path [ˈbaɪk pæθ]
Fahrschein ticket [ˈtɪkɪt]; token [ˈtokn]
Fahrstuhl elevator [ˈɛlɪˌvetɚ]
Fahrt *(Reise)* trip [trɪp]; *(Auto)* drive [draɪv]
fair fair [fɛɚ]
fallen to fall [fɑl]
falls in case [ɪn ˈkes]; if [ɪf]
Fallschirmspringen parachuting [ˈpærəˌʃutɪŋ]
falsch wrong [rɑŋ]; *(betrügerisch)* deceitful [dɪˈsitfʊl]
Faltrollstuhl fold-up wheelchair [ˈfoldəp ˈwiltʃɛɚ]
Familie family [ˈfæmɪli]
Familienname last name [ˈlæst ˌnem]
fangen to catch [kætʃ]
Fango volcanic mud [vɑlkænik məd]
färben to dye [daɪ]
farbig colored [ˈkələd]
Farbstift colored pencil [ˈkələd ˈpɛnsl]
fast almost [ˈɔlmost]; nearly [ˈnɪɚli]
Fasten fasting [ˈfæstɪŋ]
faul lazy [ˈlezi]; *(Obst)* rotten [ˈrɑtn]
faulenzen to laze around [ˈlez əˈræʊnd]
Fax fax [fæks]
Faxgerät fax machine [ˈfæks məʃin]
Februar February [ˈfɛbruˌɛɚi]
Federball *(Ball)* shuttlecock [ˈʃətlkɑk]; *(Spiel)* badminton [ˈbædmɪtən]
fehlen to be missing [ˈmɪsɪŋ]
Fehler *(den man macht)* mistake [mɪsˈtek]; *(den man hat)* fault [fɔlt]
Fehlgeburt miscarriage [ˈmɪskærɪdʒ]
Feigen figs [fɪgz]
fein *(dünn)* fine [faɪn]; *(zart)* delicate [ˈdɛlɪkɪt]; *(vornehm)* distinguished [dɪsˈtɪŋgwɪʃt]
Feinkostgeschäft delicatessen [ˌdɛlɪkəˈtɛsn]
Feld field [fild]
Fell fur [fɚ]; *(Schafsfell)* fleece [flis]
Fels rock [rɑk]; *(Klippe)* cliff [klɪf]
Felswand face [fes]
Fenchel fennel [ˈfɛnl]
Fenster window [ˈwɪndo]
Fensterplatz window seat [ˈwɪndo sit]
Ferien vacation [vəˈkeʃən]
Ferienanlage resort [ˈrɪˈsɔɚt]; lodge [lɔdʒ]
Ferienhaus cabin [ˈkæbɪn]; cottage [ˈkatɪdʒ]
Ferngespräch long-distance call [ˌlɑŋ ˈdɪstəns kɔl]
Fernlicht brights [braɪts]; bright lights [braɪt laɪts]
Fernseher television [ˈtɛlɪˌvɪʒn]; TV [ˌtiˈvi]
Fernsehraum television lounge [ˈtɛlɪˌvɪʒn læʊndʒ]
fertig *(bereit)* ready [ˈrɛdi]; *(vollendet)* finished [ˈfɪnɪʃt]
Fest celebration(s) [ˌsɛlɪˈbreʃn(z)]; party [ˈpaɚti]
fest firm [fɚm]; *(hart)* rigid [ˈrɪdʒɪd]
Festival festival [ˈfɛstɪvl]

Festland mainland [ˈmenlænd]; dry land [draɪ ˈlænd]
Festung fort(ress) [ˈfɔrt(rɪs)]
fett fat [fæt]
fettarm low-fat [lo ˈfæt]
fettarme Milch skimmed milk [ˈskɪmd mɪlk]; 2% milk [tu pɚˈsɛnt mɪlk]
feucht moist [mɔɪst]; damp [dæmp]
Feuer fire [ˈfaɪɚ]
feuergefährlich(in) flammable [(ɪn)ˈflæməbl]
Feuerlöscher fire extinguisher [ˈfaɪɚ ɪksˈtɪŋgwɪʃɚ]
Feuermelder fire alarm [ˈfaɪɚ əˌlaɚm]
Feuerwehr fire department [ˈfaɪɚ dɪˈpaɚtmənt]
Feuerwerk fireworks [ˈfaɪɚwɚks]
Fieber fever [ˈfivɚ]; temperature [ˈtɛmprətʃɚ]
Fieberthermometer thermometer [θɚˈmamɪtɚ]
Film movie [ˈmuvi]
Filmschauspieler(in) movie actor; (movie actress) [ˈmuvi æktɚ, ˈmuvi æktrɪs]
finden to find [faɪnd]
Finger finger [ˈfɪŋgɚ]
Firma firm [fɚm]; company [ˈkəmpəni]
Fisch fish [fɪʃ]
Fischerort fishing town [ˈfɪʃɪŋ tæʊn]
Fischgeschäft seafood store [ˈsifʊd stɔɚ]
Fischhändler fishmonger [ˈfɪʃˌməŋgɚ]
fit fit [fɪt]
Fitnesscenter health club [ˈhɛlθ kləb]
FKK-Strand nudist beach [ˈnudɪst bitʃ]
flach flat [flæt]; *(eben)* level [ˈlɛvl]
Fläschchenwärmer bottle warmer [ˈbadlˌwɔrmɚ]
Flasche bottle [ˈbadl]
Flaschenöffner bottle opener [ˈbadl ˈopɛnɚ]
Flaute calm [kam]
Fleck stain [sten]
Fleisch meat [mit]
Flickzeug tire repair kit [ˈtaɪɚ rɪˈpɛɚ ˈkɪt]
fliegen to fly [flaɪ]
Flip-Flops flip-flops® [flɪp flaps]
Flohmarkt flea market [ˈfli ˌmarkɪt]
Flug flight [flaɪt]
Flügel wing [wɪŋ]
Fluggesellschaft airline [ˈɛɚlaɪn]
Flughafen airport [ˈɛɚpɔɚt]
Flughafenbus airport shuttle [ˈɛɚpɔɚt ʃədl]; airport bus [ˈɛɚpɔɚt bəs]
Flughafengebühr airport tax [ˈɛɚpɔɚt tæks]
Flugsteig gate [get]
Fluss river [ˈrɪvɚ]
flüssig liquid [ˈlɪkwɪd]
Flut high tide [haɪ ˈtaɪd]
Föhn hairdryer [ˈhɛɚˌdraiɚ]
föhnen to blow dry [ˈblo ˈdraɪ]
Folklore folklore [ˈfoklɔɚ]
Form form [fɚm]; shape [ʃep]
Formular form [fɔɚm]
fort away [əˈwe]
Foto photo(graph) [ˈfoto(græf)]
Fotoapparat camera [ˈkæmrə]
Fotogeschäft photo store [ˈfodo stɔɚ]
Fotografie photography [fəˈtagrəfi]
fotografieren to take a picture [ˈtek ə ˈpɪkʃɚ]
Frage question [ˈkwɛstʃn]
fragen to ask [æsk]
frankieren to stamp [stæmp]
Frau woman [ˈwʊmən]; *(Ehefrau)* wife [waɪf]; *(Anrede)* Madam [ˈmædəm]; *(vor Namen)* Mrs. [ˈmɪsɪz]; Ms. [mɪz]
Fräulein young lady [ˈjəŋ ˈledi]; *(Anrede, vor Namen)* Miss [mɪs]
frei free [fri]; *(von Abgaben)* exempt [ɪgˈzɛmpt]
Freitag Friday [ˈfraɪde]
Freizeitpark amusement park [əˈmjuzmɛnt paɚk]
fremd strange [strendʒ]
Fremde/r stranger [ˈstrendʒɚ]; *(Ausländer)* foreigner [ˈfaɚənɚ]
Fremdenführer guide [gaɪd]
Fremdenverkehrsamt tourist information [ˈtʊɚɪst‿ˌɪnfɔɚmeʃn]
freuen: sich ~ (über) to be pleased (with/about) [ˈplizd (wɪð/əˈbæʊt)] **sich ~ auf** to look forward to [ˈlʊk ˈfɔɚwɔɚd tu]
Freund(in) (boy)friend ((girl)friend) [(ˈbɔɪ)frɛnd, (ˈgɚl)frɛnd]
freundlich friendly [ˈfrɛndli]; kind [kaɪnd]
Friedhof cemetery [ˈsɛmɪˌtɛɚi]
frieren to be cold [kold]; *(gefrieren)* to freeze [friz]
frisch fresh [frɛʃ]; *(kühl)* cool [kul]; *(neu)* new [nu]; *(Wäsche)* clean [klin]
Frischhaltefolie plastic wrap [ˈplæstɪk ræp]
Friseur hairdresser's [ˈhɛɚˌdrɛsɚz]; beauty salon [ˈbjuti səˈlɔn]; *(Herren)* barber shop [ˈbarbɚ ʃap]
frisieren to do someone's hair [du səmwənz ˈhɛɚ]
Frisur hairstyle [ˈhɛɚstaɪl]; hairdo [ˈhɛɚdu]
froh glad [glæd]; *(glücklich)* happy [ˈhæpi]; *(lustig)* to be in a good mood [bi ɪn‿ə gʊd ˈmud]

Frost frost [frɔst]
Frostschutzmittel anti-freeze [ˈændifriz]
früh early [ˈɚli]
früher *(eher)* earlier [ˈɚliɚ]
Frühling spring [sprɪŋ]
Frühstück breakfast [ˈbrɛkfəst]
frühstücken to have breakfast [hæv ˈbrɛkfəst]
Frühstücksbüfett breakfast buffet [ˈbrɛkfəst bəfe]
Frühstücksraum breakfast room [ˈbrɛkfəst rum]
fühlen to feel [fil]
Führer(in) *(für Fremde)* guide [gaɪd]
Führerschein driver's license [ˈdraɪvɚz laɪsəns]
Führung guided tour [ˈgaɪdɪd ˈtʊɚ]
Fundbüro lost and found [lɔst‿ənd ˈfæʊnd]
funktionieren to work [wɚk]
für for [fɔɚ]
fürchten to fear [fɪɚ]; **sich ~ vor** to be afraid of [əˈfred‿əv]
fürchterlich terrible [ˈtɛɚəbl]; horrible [ˈhɔɚəbl]; dreadful [ˈdrɛdfʊl]
Fuß foot [fʊt]
Fußball *(Spiel)* soccer [ˈsakɚ]; *(Ball)* soccer ball [ˈsakɚ bɔl]
Fußballplatz soccer field [ˈsakɚ fild]
Fußballspiel soccer game [ˈsakɚ gem]
Füße feet [fit]
Fußgänger(in) pedestrian [pɪˈdɛstriən]
Fußgängerzone pedestrian zone [pɛˈdəstrɪən zon]
Fuß(reflexzonen)massage reflexology (foot) massage [ˌriflˈɛksˈalədʒɪ (ˈfʊt) məˈsaʒ]

G

Gabel fork [fɔɚk]
Galerie gallery [ˈgæləi]
Gallenblase gall bladder [ˈgɔl ˌblædɚ]
Gang *(Gebäude)* corridor [ˈkɔɚɪdɔɚ]; *(Auto)* gear [gɪɚ]
ganz *(als Adjektiv)* whole [hol]; *(Plural)* all [ɔl]; *(vollständig)* entire [ɪnˈtaɪɚ]
ganz *(als Adverb)* quite [kwaɪt]
Ganzkörpermassage full body massage [fʊl‿ˈbadɪ məsaʒ]
gar done [dən]
Garage garage [gəˈraʒ]
Garantie guarantee [ˌgæɚənˈti]
Garderobe coat check [ˈkot tʃɛk]
Garnelen shrimp [ʃrɪmp]
Garten garden [ˈgaɚdn]
Gasflasche gas canister [ˈgæs ˈkænəstɚ]
Gasherd gas stove [ˈgæs stov]
Gaskartusche gas cartridge [ˈgæs kartrɪdʒ]
Gaskocher gas stove [ˈgæs stov]; camping stove [ˈkæmpɪŋ stov]
Gaspedal gas pedal [ˈgæs pədəl]
Gasse lane [len]; alley [ˈæli]
Gast guest [gɛst]
Gastfreundschaft hospitality [ˌhaspɪˈtælɪti]
Gastgeber(in) host (hostess) [host, ˈhostɪs]
Gebäck *nt (salzig)* crackers [ˈkrækɚz]; *(süß)* cookies [ˈkʊkizs]
gebacken baked [bekt]
Gebäude building [ˈbɪldɪŋ]
geben to give [gɪv]
Gebirge mountains [ˈmæʊntɪnz]
geboren born [bɔɚn]
gebraten roasted [ˈrostɪd]
gebräuchlich common [ˈkamən]
gebrochen broken [ˈbrokn]
Gebühren fees [fiz]
Geburtsdatum date of birth [ˈded‿əv ˈbɚθ]
Geburtsname maiden name [ˈmedn ˌnem]
Geburtsort place of birth [ˈples‿əv ˈbɚθ]
Geburtstag birthday [ˈbɚθde]
gedämpft steamed [stimd]
Gedeck place setting [ˈples sɛdɪŋ]
Gedenkstätte memorial [mɪˈmɔriəl]
Geduld patience [ˈpeʃɪns]
gedünstet sautéed [saˈted]
Gefahr danger [ˈdendʒɚ]
gefährlich dangerous [ˈdendʒɚəs]
gefallen to please [pliz]
Gefängnis prison [ˈprɪzn]
Gefühl feeling [ˈfilɪŋ]
gefüllt stuffed [stəft]
gegen against [əˈgɛnst]; *(Sport)* versus [ˈvɚsəs]; *(in Richtung auf)* towards [tɔɚdz]; *(zeitlich)* about [əˈbæʊt]; **~ Mittag** about noon [əbæʊt ˈnun] about lunchtime [əbæʊt ˈləntʃ‿taɪm]
Gegend region [ˈridʒən]; area [ˈɛɚiə]; district [ˈdɪstrɪkt]
Gegenstand object [ˈabdʒɛkt]; item [ˈaɪdəm]; *(Gesprächsgegenstand)* topic [ˈtapɪk]
Gegenteil opposite [ˈapəzɪt]; **im ~** on the contrary [ˈkantrɛɚi]
gegenüber opposite [ˈapəzɪt]
Geheimzahl pin number [ˈpɪn ˌnəmbɚ]
gehen to go [go]; *(zu Fuß)* to walk [wɔk]

Gehirn brain [bren]
Gehirnerschütterung concussion [kən'kəʃn]
Gehirnschlag stroke [strok]
Gehör hearing ['hɪɚɪŋ]
gehören to belong to [bɪ'lɑŋ tu]
Gehörlose/r a person who is hearing impaired [ə 'pɚsən hu ɪz 'hɪɚɪŋ ɪm'pɛɚd]
gekocht boiled [bɔɪld]
Gelände ground [græʊnd]
gelb yellow ['jɛlo]
Geld money ['məni]
Geldanweisung cable transfer ['kebl 'trænsfɚ]
Geldautomat ATM [eti'ɛm]; automatic teller machine [ɑdəmætɪk 'tɛlɚ məʃin]
Geldbeutel purse [pɚs]
Geldbörse coin purse ['kɔɪn pɚs]
Geldschein bill [bɪl]
Geldwechsel exchange [ɪks'tʃenʒ]
gelegentlich *(als Adverb)* occasionally [ə'keʒənəli]
Gelenk joint [dʒɔɪnt]
Gemälde painting ['pentɪŋ]
gemeinsam *(als Adjektiv)* common ['kɑmən]; *(als Adverb)* together [tə'gɛðɚ]
gemischt mixed [mɪkst]
Gemüse vegetables ['vɛdʒtəblz]
gemütlich cozy ['kozi]; comfortable ['kəmftɚbl]
genau exact(ly) [ɪg'zækt(li)]; **~ so ... wie** just as ... as ['dʒəst‿əz ... əz]
genießen to enjoy [ɪn'dʒɔɪ]
genug enough [ɪ'nəf]
geöffnet open ['opn]
Gepäck baggage ['bægɪdʒ]; luggage ['ləgɪdʒ]
Gepäckabfertigung baggage check-in ['bægɪdʒ tʃɛkɪn]
Gepäckaufbewahrung baggage deposit ['bægɪdʒ dəpɑzit]
Gepäckausgabe baggage claim ['bægɪdʒ klem]
Gepäckschalter baggage check-in ['bægɪdʒ tʃɛkɪn]
Gepäckwagen baggage cart ['bægɪdʒ kɑɚt]
gerade straight [stret]; *(zeitlich)* just [dʒəst]
geradeaus straight ahead [ˌstred‿ə'hɛd]
geräuchert smoked [smokt]
Geräusch noise [nɔɪz]
Gericht *(Essen)* dish [dɪʃ]; *(Justiz)* (law) court [(lɔ) kɔɚt]
gern gladly ['glædli]; **nicht ~** reluctantly [rɪ'ləktəntli]
geröstet toasted ['tostəd]; roasted ['rostəd]

Geruch smell [smɛl]
Geschenk present ['prɛzənt]; gift [gɪft]
Geschichte history ['hɪstɚi]; *(Erzählung)* story ['stɔɚi]
Geschirr dishes ['dɪʃɪz]
Geschirrspülbecken sink [sɪŋk]
Geschirrspülmaschine dish washer ['dɪʃˌwɑʃɚ]
Geschirrtuch dish towel ['dɪʃ ˌtæʊəl]
geschlossen shut [ʃət]; closed [klozd]
Geschmack taste [test]
geschmort braised [brezd]
Geschwindigkeit speed [spid]
geschwollen swollen ['swolən]
Geschwulst growth [groθ]; tumor ['tumɚ]
Geschwür ulcer ['əlsɚ]
Gesicht face [fes]
Gesichtsbehandlung face treatment ['feɪs tritmənt]
Gespräch conversation [ˌkɑnvɚ'seʃn]; talk [tɔk]
gestern yesterday ['jɛstɚde]
gesund healthy ['hɛlθi]
Getränk drink [drɪŋk]
Getriebe transmission [træns'mɪʃn]
Gewicht weight [wet]
Gewinn profit ['prɑfɪt]
gewinnen to win [wɪn]
Gewitter thunderstorm ['θəndɚstɔɚm]
gewöhnlich usual ['juʒuəl]; ordinary ['ɔɚdənɛɚi]
gewohnt: etwas ~ sein to be used to something [bi 'juzd tʊ]
Gewölbe vault(s) [vɔlt(s)]
Gewürz seasoning ['sizənɪŋ]; spice [spaɪs]
gibt: es ~ there is [ðɛɚ‿ɪz] *(Plural)* there are [ðɛɚ‿ɑɚ]
Gift poison ['pɔɪzn]
giftig poisonous ['pɔɪznəs]
Gipfel summit ['səmɪt]; peak [pik]
Glas glass ['glæs]
Glasmalerei glass painting ['glæs ˌpentɪŋ]
Glatteis glare ice ['glɛɚ ' ɑɪs]
glauben to believe [bɪ'liv]
gleich same [sem]; *(sofort)* immediately [ɪ'midiətli]; at once [ət 'wəns]
gleichzeitig simultaneously [ˌsɑɪməl'teniəsli]
Gleis platform ['plætfɔɚm]
Gleitschirm paragliding ['pærəˌglɑɪdɪŋ]
Glück luck [lək]; *(Erfolg)* success [sək'sɛs]
glücklich happy ['hæpi]; *(Glück gehabt)* lucky ['ləki]

Glückwunsch congratulations [kənˌgrætʃəˈleʃnz]
Glühbirne bulb [bəlb]
Gold gold [gold]
goldfarben golden [ˈgoldən]
Goldschmiedekunst gold work [ˈgold wɚk]
Golf golf [gɑlf]
Golfclub country club [ˈkəntri kləb]
Golfschläger golf club [ˈgɑlf kləb]
Gott God [gɑd]
Grab tomb [tum]; grave [grev]
Grabmal monument [ˈmɑnjəmənt]
Grafik graphic arts [græfɪk ˈɑrts]
Grapefruit grapefruit [ˈgrepfrut]
Gräte fishbone [ˈfɪʃbon]
gratis free [fri]
gratulieren to congratulate [kənˈgrætʃəlet]
grau gray [gre]
Grenze border [ˈbɔɚdɚ]
Grenzübergang border crossing [ˈbɔrdɚ ˈkrɑsɪŋ]
Grill grill [grɪl]
Grillkohle charcoal [ˈtʃɑ ɚ kol]
Grippe flu [flu]
groß big [bɪg]; large [lɑɚdʒ]; *(Statur)* tall [tɔl]; *(bedeutend)* great [gret]
Größe *(Umfang)* size [saɪz]; *(Länge, Höhe)* height [haɪt]
Großmutter grandmother [ˈgrænˌməðɚ]
Großraumwagen van [væn]
Großvater grandfather [ˈgrænˌfɑðɚ]
Grotte cave [kev]
grün green [grin]
Grund reason [ˈrizn]; cause [kɔz]; *(Beweggrund)* motive [ˈmodɪv]
grüne Bohnen French beans [frɛntʃ ˈbinz]; green beans [grin ˈbinz]; snap beans [ˈsnæp binz]
Gruppe group [grup]
grüßen to greet [grit]
gültig valid [ˈvælɪd]
Gummistiefel rubber boots [rəbɚ ˈbuts]
Gurke cucumber [ˈkjukəmbɚ]
Gürtel belt [bɛlt]
gut *(als Adjektiv)* good [gʊd]; *(als Adverb)* well [wɛl]
Gutschein voucher [ˈvæʊtʃɚ]
Gymnastik gymnastics [dʒɪmˈnæstɪks]

H

Haar(e) hair [hɛɚ]
Haarfestiger setting lotion [ˈsɛtɪŋ ˌloʃn]
Haargel hair gel [ˈhɛɚ dʒɛl]
Haargummi hairband [ˈhɛɚbænd]
Haarklammern hairpins [ˈhɛɚpɪnz]; bobbypins [ˈbɑbipɪnz]
haben to have [hæv]
Hackfleisch ground meat [græʊnd ˈmit]; hamburger [ˈhæmbɚgɚ]
Hafen port [pɔɚt]; harbor [ˈhɑɚbɚ]
Haferflocken rolled oats [ˈrold ˈots]
Hähnchen chicken [ˈtʃɪkɪn]
Haken hook [hʊk]; *(Kleiderhaken)* clothes hook [ˈkloz hʊk]
halb half [hæf]
Halbpension: mit ~ breakfast included [ˈbrɛkfəst ɪnˈkludəd]
Hälfte half [hæf]
Hälften *(Plural)* halves [hævz]
Hals neck [nɛk]; *(Kehle)* throat [θrot]
Halsschmerzen sore throat [sɔɚ ˈθrot]
Halstabletten throat lozenges [ˈθrot ˈlɑzɪndʒɪz]
haltbar durable [ˈdʊɚəbl]
Haltbarkeitsdatum sell-by date [ˈsɛl baɪ det]; best before [bɛst biˈfɔɚ]
Haltegriff grip [grɪp]; handle [ˈhændl]
halten to keep [kip]; *(dauern)* to last [læst]; *(stehen bleiben)* to stop [stɑp]
Haltestelle *(für Bus)* bus stop [ˈbəs stɑp]
Hammelfleisch mutton [ˈmətn]
Hammer hammer [ˈhæmɚ]
Hand hand [ˈhænd]
Handbike hand-operated bike [ˈhænd ˈɔpɚetɪd ˈbaɪk]
Handbremse parking brake [ˈpɑɚkɪŋˌbrek]
Handcreme hand cream [ˈhænd krim]
Handgas *(Auto)* hand throttle [ˈhænd θrɑdəl]
handgemacht handmade [ˈhændmed]
Handschuhe gloves [gləvz]
Handtasche purse [pɚs]
Handtuch towel [ˈtæʊəl]
Handwaschbecken sink [sɪnk]
Handy cell(ular) phone [ˈsɛl(jəlɚ) ˈfon]
Handygeschäft cell phone store [ˈsɛl fon stɔɚ]
hart hard [hɑɚd]; solid [ˈsɑlɪd]
hässlich ugly [ˈəgli]
häufig *(als Adverb)* frequently [ˈfrikwəntli]
Hauptbahnhof main central station [ˈmen ˈsɛntrəl ˈsteʃn]
Hauptpostamt main post office [ˈmen ˈpost ˌɑfɪs]
Hauptrolle leading role [lidɪŋ ˈrol]
hauptsächlich *(als Adjektiv)* principal [ˈprɪnsəpəl]; *(als Adverb)* especially [ɪsˈpɛʃəli]

Hauptsaison peak season [ˈpik ˌsizn]
Hauptspeise entree [ɔnˈtre]
Hauptstadt capital [ˈkæpɪdl]
Hauptstraße main street [ˈmen strit]
Haus house [hæʊs]
Hausbesitzer(in) owner [ˈonɚ]
hausgemacht homemade [ˈhommed]
Haushaltswaren household goods [ˈhæʊshold gʊdz]
Hausnummer house number [ˈhæʊs ˌnəmbɚ]
Haustiere pets [pɛts]
Haut skin [skɪn]
Heilbad therapeutic bath [θɛrəpjʊtɪk ˈbæθ]
Heilfasten fasting cure [ˈfæstɪŋ kjʊɚ]
heilig holy [ˈholi]
Heiliger Abend Christmas Eve [krɪsməs‿ˈiv]
Heimat home [hom]; *(Heimatland)* native country [ˈnetɪv ˈkəntri]
Heimreise way back [we ˈbæk]; trip home [trɪp ˈhom]
heiraten to marry [ˈmæɚi]
heiser hoarse [hoɚs]
heiß hot [hɑt]
heißen to be called [kɔld]
Heißluftballon hot air balloon [hɑt ˈɛɚ bəˈlon]
Heizung central heating [sɛntrl ˈhitɪŋ]
helfen: jemandem ~ to help somebody [hɛlp]
hellblau light blue [lɑɪt blu]
hellgrün light green [lɑɪt grin]
Hemd shirt [ʃɚt]
Herbst fall [ˈfɔl]
Herd stove [stov]
herein! come in! [kəm ˈɪn]
hereinkommen to come in [kəm ˈɪn]
Hering herring [ˈhɛɚɪŋ]; *(Zelt)* tent peg [ˈtɛnt pɛg]
Herpes herpes [ˈhɚpiz]
Herr gentleman [ˈdʒɛntlmən]; *(vor Namen)* Mr. [ˈmɪstɚ]
Herren men [mɛn]
herrlich glorious [ˈglɔɚiəs]; terrific [təˈrɪfɪk]
Herz heart [hɑɚt]
Herzanfall heart attack [ˈhɑrt‿ətæk]
Herzbeschwerden heart trouble [ˈhɑrt ˌtrəbl]
Herzinfarkt heart attack [ˈhɑrt‿ətæk]; cardiac infarction [kɑɚdiæk‿ɪnˈfɑɚkʃn]
herzlich warm [wɔɚm]; sincere [sɪnˈsɪɚ]
Herzschrittmacher pacemaker [ˈpesˌmekɚ]
Heubad hay bath [ˈhɑɪ bæθ]
Heuschnupfen hay fever [ˈhe ˌfivɚ]
heute today [təˈde]; **~ Abend** this evening [ˌðɪs ˈivnɪŋ], tonight [təˈnaɪt]; **~ Morgen** this morning [ˌðɪs ˈmɔɚnɪŋ]
Hexenschuss lumbago [ləmˈbego]
hier here [hɪɚ]
Hilfe help [hɛlp]; aid [ed]; **erste ~** first aid [ˈfɚst ˈed]
Himmel sky [skɑɪ]; *(religiös)* heaven [ˈhɛvn]
hindern to prevent [prɪˈvɛnt]; to hinder [ˈhɪndɚ]
hinlegen: sich ~ to lie down [ˈlɑɪ ˈdæʊn]
hinten at the back [bæk]
hinter behind [bɪˈhɑɪnd]
hinterlegen *(Kaution)* to deposit [dɪˈpɑzɪt]
hinzufügen to add [æd]
Hirnhautentzündung meningitis [mɛnɪnˈdʒɑɪtɪs]
Hitze heat [hit]
Hitzewelle heatwave [ˈhitˌwev]
HIV-positiv HIV positive [etʃ ɑɪ vi ˈpɑzɪtɪv]
hoch high [hɑɪ]
Hochformat portrait format [ˈpɔɚtrɪt ˈfɔɚmæt]
Hochspannung high voltage [hɑɪ ˈvoltɪdʒ]
höchstens at the most [ət ðə ˈmost]; at best [ət ˈbɛst]
Hochzeit wedding [ˈwɛdɪŋ]
Hof yard [jɑɚd]
hoffentlich hopefully [ˈhopfəli]
höflich polite [pəˈlɑɪt]
Höhe height [hɑɪt]
Höhepunkt climax [ˈklɑɪmæks]; *(Film, Theaterstück, Reise)* highlight [ˈhɑɪlɑɪt]; *(Karriere)* peak [pik]
Höhle cave [kev]
Holz wood [wʊd]
Holzschnitt woodcutting [ˈwʊdkətɪŋ]
Honig honey [ˈhəni]
hören to hear [hɪɚ]; *(zuhören)* to listen (to) [ˈlɪsn]
Hörer receiver [rɪˈsivɚ]
hörgeschädigt hard of hearing [ˈhɑɚd əv ˈhɪɚɪŋ]
Hose pants [pænts]
Hublift lifting ramp [ˈlɪftɪŋ ræmp]
hübsch cute [kjut]
Hüfte hip [hɪp]
Hügel hill [hɪl]
Hund dog [dɑg]
hungrig sein to be hungry [ˈhəŋgri]
Hupe horn [hɔɚn]
Husten cough [kɔf]
Hustensaft cough syrup [ˈkɑf sɚəp]
Hut hat [hæt]

I

Idee idea [aɪˈdiə]
ihr *(Possessivpronomen: weiblich)* her [hɚ]; *(Plural)* their [ðɛɚ]
Illustrierte magazine [ˌmegəˈzin]
Imbiss snack [snæk]
immer always [ˈɔlwez]
Impfpass vaccination card [ˌvæksɪˈneʃn ˌkɑɚd]
Impfung vaccination [ˌvæksɪˈneʃn]
Impressionismus impressionism [ɪmˈprɛʃənˌɪzm]
in in [ɪn]
inbegriffen included [ɪnˈkludɪd]
Infektion infection [ɪnˈfɛkʃn]
informieren: sich ~ to find out [faɪnd ˈæʊt]
Infusion infusion [ɪnˈfjuʃn]
Inhalt contents [ˈkantɛnts]
Inlandsflug domestic flight [dəˈmɛstɪk flaɪt]
Inliner inliners [ˈɪnlaɪnɚz]; Rollerblades® [ˈrolɚˌbledz]
innen inside [ˈɪnˈsaɪd]
Innenhof inner courtyard [ˈɪnɚ ˈkɔɚtjɑɚd]
Inschrift inscription [ɪnˈskrɪpʃn]
Insekt insect [ˈɪnsɛkt]
Insektenspray insect repellent [ˈɪnsɛkt riˈpɛlənt]; bug spray [bəg spre]
Insel island [ˈaɪlənd]
Inselrundfahrt tour around the island [tɔɚ əræʊnd ðə ˈaɪlənd]
Insulin insulin [ˈɪnsəlɪn]
Inszenierung *(Theater)* production [prəˈdəkʃn]
interessant interesting [ˈɪntrɪstɪŋ]
interessieren: sich ~ (für) to be interested (in) [ˈɪntrɪstɪd (ɪn)]
international international [ˌɪntɚˈnæʃənl]
Internetbuchung online booking [ˌanlaɪn ˈbʊkɪŋ]
iPod iPod® [ˈaɪ pad]
Irrtum mistake [mɪsˈtek]

J

Jacke jacket [ˈdʒækɪt]
Jahr year [jɪɚ]
Jahreszeit season [ˈsizn]
Jahrhundert century [ˈsɛntʃəri]
jährlich annual(ly) [ˈænjuəl(i)]
Jahrmarkt county fair [ˈkæʊnti fɛɚ]; state fair [ˈstet fɛɚ]
Januar January [ˈdʒænjuˌɛɚi]
Jazz jazz [jæz]
Jeans jeans [dʒinz]
jeden Tag every day [ˈɛvri ˈde]
jeder every [ˈɛvri]; **~ beliebige** any [ˈɛni] **~ einzelne** each [itʃ]
jedermann everybody [ˈɛvriˌbadi]
jemand somebody [ˈsəmbədi]; *(bei Verneinung, in Fragen)* anybody [ˈɛniˌbadi]
jene(r, -s) that [ðæt]
jene *(Plural)* those [ðoz]
jetzt now [næʊ]
Jod(tinktur) (tincture of) iodine [(ˈtɪŋktʃɚ‿əv) ˈaɪədaɪn]
joggen to go jogging [go ˈdʒagɪŋ]; to jog [dʒag]
Jogginghose sweat pants [ˈswɛt pænts]
Joghurt yoghurt [ˈjogɚt]
jucken to itch [ɪtʃ]
Jugendliche/r young person [jəŋ ˈpɚsən]
Juli July [dʒʊˈlaɪ]
jung young [jəŋ]
Junge boy [bɔɪ]
Junggeselle bachelor [ˈbætʃlɚ]
Juni June [dʒun]
Juwelier jeweler's [ˈdʒulɚz]

K

Kabarett cabaret [ˌkæbɚˈre]
Kabarettist(in) entertainer [ɛntɚˈtenɚ]
Kabine cabin [ˈkæbɪn]
Kaffee coffee [ˈkafi]
Kaffeefilter coffee filter [ˈkafɪ ˌfɪltə]
Kaffeelöffel coffee spoon [ˈkafɪ spun]
Kaffeemaschine coffee maker [ˈkafi mekɚ]
Kai wharf [wɔɚf]
Kalbfleisch veal [vil]
kalorienarm low-calorie [lo ˈkælərɪ]
kalt cold [kold]
kaltes Wasser cold water [kold ˈwadɚ]
Kamm comb [kom]
kämmen to comb [kom]
Kanal *(für Boote)* canal [kəˈnæl]; *(TV)* channel [ˈtʃænl]
Kaninchen rabbit [ˈræbɪt]
Kanu canoe [kəˈnu]
Kapelle chapel [ˈtʃæpl]
Kapitän captain [ˈkæptɪn]
kaputt broken [ˈbrokn]; *(Aufzug)* out of order [æʊt‿əv ˈɔɚdɚ]
Karaffe carafe [kəˈræf]
Karfreitag Good Friday [ˈgʊd ˈfraɪde]
Karneval carnival [ˈkaɚnəvəl]; Mardi Gras *(in New Orleans)* [ˈmaɚdi gra]
Karotten carrots [ˈkærəts]

Kartoffeln potatoes [pəˈtetoz]
Käse cheese [tʃiz]
Kasse cash-desk [ˈkæʃdɛsk]; *(Theaterkasse)* ticket-(box)office [ˈtɪkɪt(ˈbɑks) ˌɑfɪs]
Kathedrale cathedral [kəˈθidrl]
Katze cat [kæt]
kaufen to buy [baɪ]
Kaufhaus department store [dɪˈpɑɚtmənt stɔɚ]
Kaugummi chewing gum [ˈtʃuɪŋ gəm]
kaum hardly [ˈhɑɚdli]; barely [bɛɚli]
Kaution down payment [dæʊn ˈpemɛnt]; deposit [dɪˈpɑzɪt]
Kehrschaufel dustpan [ˈdəsˈpæn]
kein no [no]; not any [nɑd‿ˈæni]
Kekse cookies [ˈkʊkiz]
Kellner(in) service person [ˈsɚvɪs pɚsn]; waiter (waitress) [ˈwetɚ, ˈwetrɪs]
kennen to know [no]; **~ lernen** to meet [mit]
Keramik ceramics [səˈræmɪks]
Kerzen candles [ˈkændlz]
Ketschup ketchup [ˈkɛtʃəp]
Kette chain [tʃen]; *(Schmuck)* necklace [ˈnɛklɪs]
Keuchhusten whooping cough [ˈhupɪŋ kɔf]
Kfz-Schein car papers [ˈkɑɚ pepɚz]; car registration [ˈkɑɚ rɛdʒɪstreʃn]
Kichererbsen chickpeas [ˈtʃɪkˈpiz]
Kiefer *(Gesicht)* jaw [dʒɔ]
Kilogramm kilogram [ˈkɪləgræm]
Kilometer kilometer [kɪlˈɑmətɚ]
Kind child [tʃaɪld]; **~er** *(Plural)* children [ˈtʃɪldrən]
Kinderarzt(-ärztin) pediatrician [ˌpidiəˈtrɪʃn]
Kinderbecken children's pool [ˈtʃɪldrənz ˌpul]
Kinderbetreuung child-care service [ˈtʃaɪldkɛɚ ˈsɚvɪs]
Kinderbett crib [krɪb]
Kinderermäßigung children's reduction [ˈtʃɪldrənz ˌrɪdəkʃən]
Kinderfahrkarte half-fare ticket [hæf fɛɚ ˈtɪkɪt]
Kinderkleidung children's clothing [ˈtʃɪldrənz ˌklo ɪŋ]
Kinderkrankheit childhood disease [ˌtʃaɪldhʊd dɪˈziz]
Kinderlähmung polio [ˈpolio]
Kindersitz child's car seat [tʃaɪldz kaɚ sit]
Kindersitzkissen *(fürs Auto)* child seat cushion [tʃaɪld sit ˈkʊʃn]
Kinderteller children's meal [ˈtʃɪldrənz mil]
Kinderwagen stroller [ˈstrolɚ]
Kino movie theater [ˈmuvi θiətɚ]
Kirche church [tʃɚtʃ]
Kirchturm steeple [ˈstipl]
Kirmes fair [fɛɚ]
Kirschen cherries [ˈtʃɛɚiz]
Kiste box [bɑks]; chest [tʃɛst]
kitschig tacky [ˈtæki]
Kiwi kiwi [ˈkiwi]
klar clear [klɪɚ]
Klasse class [klæs]
Klassik classical music [klæsɪkl ˈmjuzɪk]
Klassiker classic [ˈklæsɪk]
Kleid dress [drɛs]
Kleiderbügel coat hanger [ˈkot ˌhæŋɚ]
Kleidung clothing [ˈkloðɪŋ]
klein little [lɪdl]; small [smɔl]
Kleingeld change [tʃenʒ]
Kleinkunstbühne cabaret [ˌkæbɚˈre]
Klima climate [ˈklaɪmɪt]
Klimaanlage air conditioning [ɛɚ kənˈdɪʃnɪŋ]
Klingel bell [bɛl]
klug clever [ˈklɛvɚ]; intelligent [ɪnˈtɛlɪdʒənt]
Kneipe bar [bɑɚ]
Kneippanwendung kneip sm [knaɪpɪzəm]
Knie knee [ni]
Knoblauch garlic [ˈgɑɚlɪk]
Knöchel ankle [ˈænkl]
Knochen bone [bon]
Knochenbruch fracture [ˈfræktʃɚ]
Knopf button [ˈbətn]
Koch (Köchin) *(Beruf)* chef [ʃɛf]; cook [kʊk]
Kochbuch cookbook [ˈkʊkbʊk]
kochen to cook [kʊk]; *(Kaffee, Tee)* to make [mek]; *(Wasser)* to boil [bɔɪl]
Kocher stove [stov]
Kochnische kitchenette [ˌkɪtʃɪˈnɛt]
Koffer suitcase [ˈsutkes]
Kofferraum trunk [trənk]
Kohl cabbage [ˈkæbɪdʒ]
Kokosnuss coconut [ˈkokənət]
Kolik colic [ˈkalɪk]
Kollege (Kollegin) co-worker [ko ˈwɚkɚ]; colleague [ˈkalig]
kommen to come [kəm]
Komödie comedy [ˈkamədi]
Kompass compass [ˈkəmpəs]
Konditorei bakery [ˈbekɚi]
Kondom condom [ˈkandəm]
können to be able to [bi ˈebl tʊ]
Konserven canned goods [kænd gʊdz]
Konsulat consulate [ˈkansəlɪt]
Kontakt contact [ˈkantækt]
Konto account [əˈkæʊnt]

Kontrolleur(in) ticket-taker [ˈtɪkɪtˌtekɚ]; conductor [kənˈdəktɚ]
kontrollieren *(beherrschen)* to control [kənˈtrol]; *(nachprüfen)* to check [tʃɛk]
Konzert concert [ˈkɑnsɚt]
Kopf head [hɛd]
Kopfhörer headphones [ˈhɛdfonz]
Kopfkissen pillow [ˈpɪlo]
Kopfsalat Boston leaf lettuce [ˈbɑstən lif ˈlɛtɪs]
Kopfschmerzen headache [ˈhɛdek]
Kopfschmerztabletten aspirin [ˈæspɚɪn]
Kopie copy [ˈkɑpi]
Korb basket [ˈbæskɪt]
Korkenzieher corkscrew [ˈkɔɚkskru]
Körper body [ˈbɑdi]
Körperbehinderung physical challenge [ˌfɪzɪkl ˈtʃælɪndʒ]; physical disability [ˌfɪzɪkl dɪsəˈbɪlɪdi]
kosten to cost [kɑst]
kostenlos free (of charge) [fri (əv ˈtʃɑɚdʒ)]
Kostüm suit [sut]
Kotelett chop [tʃɑp]
Koteletten sideburns [ˈsaɪdbɚnz]
Krabben prawn [prɑn]
Krampf cramp [kræmp]
krank ill [ɪl]; sick [sɪk]
Krankenhaus hospital [ˈhɑspɪdl]
Krankenkasse medical insurance [mɛdɪkl‿ɪnˈʃʊɚəns]
Krankenpfleger male nurse [mel ˈnɚs]
Krankenschein medical insurance card [mɛdɪkl‿ɪnˈʃʊɚəns kɑɚd]
Krankenschwester nurse [nɚs]
Krankenwagen ambulance [ˈæmbjələns]
Krankheit illness [ˈɪlnɪs]
Kratzer scratch [ˈskrætʃ]
Kräuter herbs [ɚbz]
Krawatte tie [taɪ]
kreativ creative [kriˈetɪv]
Krebs crab [kræb]; *(Krankheit)* cancer [ˈkænsɚ]
Kreditkarte credit card [ˈkrɛdɪt kɑɚd]
Kreislaufmittel cardiac stimulant [kɑɚdiæk ˈstɪmjələnt]
Kreislaufstörung circulatory disorder [sɚkjʊˈlətɔɚi dɪsɔɚdɚ]
Kreuz cross [krɑs]
Kreuzfahrt cruise [kruz]
Kreuzung intersection [ˈɪndɚˌsɛkʃn]; junction [ˈdʒəŋkʃn]
Krücke crutch [krətʃ]
Küche kitchen [ˈkɪtʃn]
Kuchen cake [kek]
Küchensieb sieve [sɪv]
Kugelschreiber ballpoint pen [bɔlpɔɪnt ˈpɛn]
kühl cool [kul]
Kühlelement freezer pack [ˈfrizɚ pæk]
Kühler radiator [ˈrediedɚ]
Kühlschrank refrigerator [rɪˈfrɪdʒɚetɚ]; fridge [frɪdʒ]
Kühltasche cooler [ˈkulɚ]
Kühlwasser coolant [ˈkulənt]; radiator water [ˈrediedɚ ˌwɑdɚ]
kümmern: sich ~ um to look after [ˌlʊk‿ˈæftɚ]; to take care of [tek ˈkɛɚ‿əv]
Kunde (Kundin) customer [ˈkəstəmɚ]
Kunst art [ɑɚt]
Kunstgewerbe arts and crafts [ˈɑɚts‿ən ˈkræfts]
Kunsthändler art dealer [ˈɑɚt ˈdilɚ]
Kuppel dome [dom]
Kupplung clutch [klətʃ]
Kürbis pumpkin [ˈpəmpkɪn]; squash [skwɑʃ]
Kurs course [kɔɚs]
Kurtaxe visitor's tax [ˈvɪzɪtəz tæks]
Kurve curve [kɚv]
kurz short [ʃɔɚt]
Kurzfilm short film [ˈʃɔɚt fɪlm]
kurzfristig on short notice [ɑn ˈʃɔɚt ˈnotɪs]
kürzlich recently [ˈrisəntli]
Kurzschluss short-circuit [ʃɔɚtˈsɚkɪt]
Kuss kiss [kɪs]
küssen to kiss [kɪs]
Küste coast [kost]

L

lachen to laugh [læf]
lächerlich ridiculous [rɪˈdɪkjələs]
Ladegerät battery charger [ˈbædəri tʃɑɚdʒɚ]
Lage situation [ˌsɪtjuˈeʃn]; *(eines Ortes)* location [loˈkeʃn]
Lähmung paralysis [pəˈrælɪsɪs]
Lammfleisch lamb [læm]
Lampe lamp [læmp]
Land country [ˈkəntri]; *(Gegensatz zu Wasser)* land [lænd]
Landausflug excursion [ɪksˈkɚʒn]
Landgut estate [ɪsˈtet]
Landkarte map [mæp]
Landschaft scenery [ˈsinɚi]; countryside [ˈkəntrisaɪd]
Landsmann *m* fellow countryman (fellow countrywoman) [fɛlo ˈkəntrimæn, fɛlo ˈkəntriwʊmən]
Landstraße county road [ˈkaʊnti ˌrod]

Landung landing [ˈlændɪŋ]
lang long [lɑŋ]
Langlaufski cross-country skiing [ˈkrɔs ˈkəntri ˈskiɪŋ]
langsam slow(ly) [ˈslo(li)]
langweilig boring [ˈbɔɚɪŋ]
Laptop laptop [ˈlæptɑp]
Lärm noise [nɔɪz]
lästig annoying [əˈnɔɪɪŋ]
Lastwagen truck [trək]
Lauch leek(s) [lik(s)]
laufen *(rennen)* to run [rən]; *(gehen)* to go [go]; *(zu Fuß gehen)* to walk [wɔk]
Läuse lice [lɑɪs]
laut loud [læʊd]
Lautsprecher speaker [ˈspikɚ]
Leben life [lɑɪf]
leben to live [lɪv]
Lebensmittelgeschäft grocery store [ˈgroʃɚi stɔɚ]; *(größer)* supermarket [ˈsupɚˌmɑɚkɪt]
Lebensmittelvergiftung food-poisoning [ˈfudˌpɔɪznɪŋ]
Leber liver [ˈlɪvɚ]
Leberpastete liver paté [ˈlɪvɚ pæte]
lebhaft lively [ˈlɑɪvli]
lecker delicious [dɪˈlɪʃəs]
Lederjacke leather jacket [ˈlɛðɚ ˈdʒækɪt]
Lederwaren leather goods [ˈlɛðɚ gʊdz]
Lederwarengeschäft leather goods store [ˈlɛðɚ gʊdz stɔɚ]
ledig single [ˈsɪŋgl]
leer empty [ˈɛmpti]
Leerlauf neutral gear [ˈnutrəl ˈgɪɚ]
Leerung collection [kəˈlɛkʃn]
leicht easy [ˈizi]; *(geringfügig)* slight [slɑɪt]; *(Gewicht)* light [lɑɪt]
Leichtathletik track and field [træk‿ən ˈfild]
leider unfortunately [ənˈfɔɚtʃnɪtli]
leihen *(jemandem)* to lend [lɛnd]; *(von jemandem)* to borrow [ˈbɑɚo]
Leinen linen [ˈlɪnən]
leise quiet [ˈkwɑɪət]
Leistenbruch hernia [ˈhɚniə]; rupture [ˈrəptʃɚ]
Leiter(in) head [hɛd]; boss [bɑs]; manager [ˈmænɪdʒɚ]
Lenkraddrehknopf *(Auto)* rotary steering wheel knob [ˈrotɚi ˈstɪrɪŋ wil nɑb]
lernen to learn [lɚn]
lesen to read [rid]
letzte(r, -s) last [læst]
letzten Montag last Monday [læst ˈmənde]
Leuchtturm lighthouse [ˈlɑɪthæʊs]
Leute people [ˈpipl]
Licht light [lɑɪt]
Lichtmaschine alternater [ˈɔltɚˌnedɚ]
Lichtschalter light switch [ˈlɑɪt swɪtʃ]
Lichtschutzfaktor protection factor [prəˈtɛkʃn ˌfæktɚ]
lieb nice [nɑɪs]
Liebe love [ləv]
lieben to love [ləv]
liebenswürdig kind [kɑɪnd]
lieblich sweet [swit]
Liebling sweetheart [ˈswithɑɚt]
Lieblings- favorite ... [ˈfevɚɪt]
Lied song [sɑŋ]
liegen to lie [lɑɪ]
Liegewagenplatz reclining chair seat [rɪˈklɑɪnɪŋ tʃɛɚ sit]
Liegewiese sunbathing area [ˈsənbeðɪŋ ˈɛɚiə]
lila lilac [ˈlɑɪlək]
Limonade pop [pɑp]; soda [ˈsodə]; soft drink [ˈsɑft drɪŋk]
Linie line [lɑɪn]
linke(r, -s) left(-hand) [ˈlɛft(ˌhænd)]
links on/to the left [lɛft]
Linse lens [lɛnz]
Linsen lentils [ˈlɛntɪlz]
Lippe lip [lɪp]
Lippenstift lipstick [ˈlɪpstɪk]
Livemusik live music [ˈlɑɪv ˈmjuzɪk]
Loch hole [hol]; **ein ~ haben** *(Reifen)* to be flat [flæt]
Locken curls [kɚlz]
Lockenwickler curlers [ˈkɚləz]
Löffel spoon [spun]
Loge box [bɑks]
Loipe track [træk]
Lorbeer bay leaf [ˈbe lif]
Luft air [ɛɚ]
Luftkissenboot hovercraft [ˈhəvɚkræft]
Luftmatratze air mattress [ˈɛɚ mætrəs]
Luftpost: mit ~ by airmail [bɑɪ ˈɛɚmel]
Luftpumpe pump [pəmp]
Lunge lungs [ləŋz]
Lungenentzündung pneumonia [nəˈmonjə]
lustig in a good mood [gʊd mʊd]; *(erheiternd)* funny [ˈfəni]
luxuriös luxurious [ləgˈzjʊɚiəs]
Lymphdrainage lymphatic drainage [lɪmfætɪk ˈdreɪnɪdʒ]

M

machen to do [du]; *(herstellen)* to make [mek]
Mädchen girl [gɚl]
Magen stomach [ˈstəmək]

Magenschmerzen stomach-ache [ˈstəmək ˌek]
mager thin [θɪn]; *(Fleisch)* lean [lin]
Mahlzeit meal [mil]
Mai May [me]
Mais sweetcorn [ˈswitkɔɚn]
Makrele mackerel [ˈmækrəl]
malen to paint [pent]
Maler(in) painter [ˈpentɚ]
Malerei painting [ˈpentɪŋ]
man one [wən]
manchmal sometimes [ˈsəmtaɪmz]
Mandarinen tangerines [ˌtændʒəˈrinz]
Mandelentzündung tonsilitis [ˌtɑnsɪˈlaɪtɪs]
Mandeln *(Nuss)* almonds [ˈɑlməndz]; *(Körper)* tonsils [ˈtɑnsɪls]
Mango mango [ˈmæŋgo]
Mann man [mæn]; *(Ehemann)* husband [ˈhəzbənd]
Männer *(Plural)* men [mɛn]
Mannschaft *(Sport)* team [tim]; *(Schiff)* crew [kru]
Mantel coat [kot]
Margarine margarine [ˈmaɚdʒɚɪn]
Markt (farmers') market [(ˈfaɚmɚz) ˈmaɚkɪt]
Marmelade jam [dʒæm]; *(Orangen~)* marmalade [ˈmaɚməled]
März March [maɚtʃ]
Maschine machine [məˈʃin]
Masern measles [ˈmizlz]
Massage massage [məˈsɑʒ]
Material material [məˈtɪɚiəl]
Matratze mattress [ˈmætrɪs]
Mauer wall [wɔl]
Maut toll (charge) [tol (tʃɑɚdʒ)]
Mayonnaise mayonnaise [ˈmeənez]
Medikament medicine [ˈmɛdɪsn]
Meditation meditation [mɛdɪˈteɪʃn]
Meer sea [si]
Mehl flour [ˈflæʊɚ]
mehr more [mɔɚ]; **~ als** more than [mɔɚ ðæn]
Mehrfahrtenkarte bus pass [ˈbəs ˌpæs]; *(Zug)* train pass [ˈtren ˌpæs]
mein my [maɪ]
meinen to think [θɪŋk]
meinetwegen I don't mind [aɪ dont ˈmaɪnd]
Meinung opinion [əˈpɪnjən]; view [vju]
Melone melon [ˈmɛlən]
Memorystick memory stick [ˈmɛməri stɪk]
Mensch person [ˈpɚsn]; *(allgemein)* man [mæn]
Menstruation menstruation [mɛnˈstreʃn]
Menü set meal [sɛt ˈmil]; dinner special [ˈdɪnɚ spɛʃəl]
merken to be aware of [əˈwɛɚ‿əv]; **sich etwas merken** to remember something [rɪˈmɛmbɚ]
Messe *(Kirche)* mass [mæs]; *(Ausstellung)* fair [fɛɚ]; exhibition [ˌɛksɪˈbɪʃn]
Messer knife [naɪf]
Meter meter [ˈmitɚ]
Metzgerei butcher shop [ˈbʊtʃɚ ʃɑp]; meat market [ˈmit maɚkɪt]
mich me [mi]
Miete rent [rɛnt]
mieten to rent [rɛnt]
Migräne migraine [ˈmaɪgren]
Mikrowelle microwave [ˈmaɪkrowev]
Milch milk [mɪlk]
mild mild [maɪld]
mindestens at least [æt ˈlist]
Mineralwasser mineral water [ˈmɪnrəl ˌwadɚ]
Minibar mini-bar [ˈmɪni baɚ]
Minigolf miniature golf [ˈmɪnəˌtʃɚgalf]; crazy golf [ˈkrezigalf]
Minute minute [ˈmɪnɪt]
mir (to) me [mi]
Missverständnis misunderstanding [ˌmɪsəndɚˈstændɪŋ]
mit with [wɪð]
mitbringen to bring [brɪŋ]
Mitbringsel gift [gɪft]; *(aus dem Urlaub)* souvenir [suvəˈnɪɚ]
mitnehmen to take [tek]
Mittag noon [nun]
Mittagessen lunch [ləntʃ]
mittags at lunchtime [æt ˈləntʃˌtaɪm]
Mitte middle [ˈmɪdl]
Mitteilung announcement [əˈnæʊnsmənt]
Mittel means [minʒ]; *(Heilmittel)* remedy [ˈrɛmɪdi]
Mittelohrentzündung ear infection [ˈɪɚ ɪnˌfɛkʃn]
Mittwoch Wednesday [ˈwɛnzde]
Mixer blender [ˈblɛndɚ]
Möbel furniture [ˈfɚnɪtʃɚ]
Mobilitätsbehinderte/r a person who is a paraplegic [ə ˈpɚsən huz ə ˌpɛɚəpəˈligɪk]
Mode fashion [ˈfæʃn]
Modell model [ˈmɑdl]
modern modern [ˈmɑdɚn]; up to date [əp tə ˈdet]
Modeschmuck fashion jewelry [ˈfæʃn ˈdʒuəlri]
mögen *(gern haben)* to like [laɪk]; *(wünschen)* to want [wɑnt]
möglich possible [ˈpɑsəbl]
Monat month [mənθ]
monatlich monthly [ˈmənθli]

Mond moon [mun]
Montag Monday [ˈmənde]
Morgen morning [ˈmɔɚnɪŋ]
morgen Abend tomorrow evening [təˈmɑɚo ˈivnɪŋ]
morgen früh tomorrow morning [təˈmɑɚo ˈmɔɚnɪŋ]
morgens in the morning [ɪn ðə ˈmɔɚnɪŋ]
Motel motel [moˈtɛl]
Motor motor [ˈmodɚ]; engine [ˈɛndʒɪn]
Motorboot power boat [ˈpowɚbot]
Motorhaube hood [hʊd]
Mountainbike mountain bike [ˈmæʊntɪn baɪk]
Möwe seagull [ˈsigəl]
MP3-Player mp3 player [em pi ˈθri plejɚ]
Mücke gnat [næt]; mosquito [məˈskito]
Mückenschutz insect repellant [ˈɪnsɛkt riˈpɛlənt]
müde tired [ˈtaɪɚd]
Müll garbage [ˈgɑɚbɪdʒ]
Mullbinde gauze bandage [gɔz ˈbændɪdʒ]
Mülltonne garbage can [ˈgɑɚbɪdʒ kæn]; trash can [ˈtræʃ kæn]
Mülltrennung separation of garbage [sɛpəreɪʃn əv ˈgɑɚbɪdʒ]
Mumps mumps [məmps]
Mund mouth [mæʊθ]
Mündung *(Fluss)* mouth [mæʊθ]; *(Straße)* end [ɛnd]
Münze coin [kɔɪn]
Muschel *(Venus~)* clam [klæm]
Museum museum [mjuˈziəm]
Musical musical [ˈmjuzɪkl]
Musik music [ˈmjuzɪk]; **~ hören** to listen to music [lɪsn tə ˈmjuzɪk]
Musikgeschäft music store [ˈmjuzɪk stɔɚ]
musizieren to make music [ˈmek ˈmjuzɪk]
Muskatnuss nutmeg [ˈnətmɛg]
Muskel muscle [ˈməsl]
Müsli muesli [ˈmjuzli]
Mutter mother [ˈməðɚ]

N

nach after [ˈæftɚ]; **~ Chicago** to Chicago [tʊ ʃɪˈkago]
Nachbar(in) neighbor [ˈnebɚ]
Nachmittag afternoon [ˌæftɚˈnun]
nachmittags in the afternoon [ɪn ðɪ‿ˌæftɚˈnun]
Nachricht message [ˈmɛsɪdʒ]
Nachsaison off season [ˈɔf ˌsizn]
nachsenden to forward [ˈfɔɚwɚd]
nächste(r, -s) next [nɛkst]
nächstes Jahr next year [ˈnɛkst ˈjɪɚ]
Nacht night [naɪt]
Nachtisch dessert [dɪˈzɚt]
Nachtklub night club [ˈnaɪt kləb]
nachts at night [æt ˈnaɪt]
Nachttisch bedside table [ˈbɛdsaɪd ˈtebl]
Nachttischlampe reading lamp [ˈridɪŋ læmp]
nackt naked [ˈnekɪd]; nude [nud]
Nadel needle [ˈnidl]
Nagellack nail polish [ˈnel ˌpalɪʃ]
Nagellackentferner nail-polish remover [ˈnel palɪʃ rɪmuvɚ]
Nagelschere nail scissors [ˈnel ˌsɪzɚz]
nah(e) near [nɪɚ]; close [klos]; **~ bei** close to [klos tʊ]
nähen *(Wunde)* to stitch up [stɪtʃ‿ˈəp]
Nahverkehrszug local train [ˈlokəl ˈtren]
Name name [nem]
Narbe scar [skɑɚ]
Narkose anesthetic [ˌænɪsˈθɛtɪk]
Nase nose [noz]
Nasenbluten nose bleed [ˈnoz blid]
nass wet [wɛt]; *(feucht)* moist [mɔɪst]; *(durchnässt)* soaked [sokt]
Nationalpark national park [næʃnl ˈpɑɚk]
Natur nature [ˈnetʃɚ]
natürlich natural(ly) [ˈnætʃɚəl(i)]
Naturschutzgebiet wilderness area [ˈwɪldɚnɛs ɛɚiə]; wildlife sanctuary [ˈwaɪldlaɪf senkʃuˌɛɚi]; nature reserve [ˈnetʃɚ rizɚv]
Navigationsgerät navigation system [ˌnævəˈgeʃən ˌsɪstəm]
Nebel fog [fag]
neben next to [ˈnɛkst ˈtʊ]; beside [bɪˈsaɪd]
Nebenkosten additional costs [əˈdɪʃənl ˈkasts]; extras [ˈɛkstrəz]
Nebenstraße sidestreet [ˈsaɪdstrit]
negativ negative [ˈnɛgətɪv]
nehmen to take [tek]
Nelken cloves [klovz]
Neoprenanzug wet suit [wɛt sut]
Nerv nerve [nɚv]
nervös nervous [ˈnɚvəs]
nett nice [naɪs]
Netz net [nɛt]
neu new [nu]; *(kürzlich)* recent [ˈrisnt]
neugierig curious [ˈkjɚiəs]
Neujahr New Year's Day [nu jɪɚz ˈde]
nicht not [nat]; **gar ~** not at all [nat æt‿ˈɔl]
Nichtraucherabteil non-smoking compartment [ˈnanˈsmokɪŋ kəmˈpɑɚtmənt]

nichts nothing [ˈnəθɪŋ]
nie never [ˈnɛvɚ]
nieder low [lo]
niedrig low [lo]
niemand nobody [ˈnobədi]
Niere kidney [ˈkɪdni]
Nierenentzündung nephritis [nəˈfraɪtɪs]
Nierengurt kidney belt [ˈkɪdni bɛlt]
Nierenstein kidney stone [ˈkɪdni ston]
niesen to sneeze [sniz]
nirgends nowhere [ˈnowɛɚ]
noch still [stɪl]; **~ nicht** not yet [ˈnɑt ˈjɛt]
Norden north [nɔɚθ]
nördlich von (to the) north of [nɔɚθ‿ɔv]
normal normal [ˈnɔɚml]; *(Format)* standard [ˈstændɚd]
normalerweise normally [ˈnɔɚməli]; usually [ˈjuʒuəli]
Notausgang emergency exit [ɪˈmɚdʒənsi ɛksɪt]
Notbremse emergency brake [ɪˈmɚdʒənsi brek]
Notebook notebook [ˈnotbʊk]
Notfall emergency [ɪˈmɚdʒənsi]
nötig necessary [ˈnɛsɪsɛɚi]
Notrufsäule emergency telephone [ɪˈmɚdʒənsi tɛlɪfon]
notwendig necessary [ˈnɛsɪsɛɚi]
November November [noˈvɛmbɚ]
nüchtern sober [ˈsobɚ]
Nudeln pasta [ˈpɑstə]; *(in Suppe)* noodles [ˈnudəlz]
Nummer number [ˈnəmbɚ]
Nummernschild license plate [ˈlaɪsəns plet]
nur only [ˈonli]
Nüsse nuts [nəts]

O

ob whether [ˈwɛðɚ]; if [ɪf]
oben up [əp]
Ober waiter [ˈwetɚ]
Objektiv lens [lɛnz]; objective [əbˈjɛktɪv]
Obst fruit [frut]
Obst- und Gemüsehändler greengrocer('s) [grinˈgrosɚ(z)]
obwohl although [ɔlˈðo]
oder or [oɚ]
offen open [ˈopn]
öffentlich public [ˈpəblɪk]; *(als Adverb)* in public [ɪn ˈpəblɪk]
offiziell official [əˈfɪʃl]
öffnen to open [ˈopn]
Öffnungszeiten opening hours [ˈopnɪŋ ˌæʊɚz]

oft often [ˈɑfn]
ohne without [wɪθˈæʊt]
ohnmächtig werden to faint [to fent]
Ohr ear [ɪɚ]
Ohrentropfen ear-drops [ˈɪɚdrɑps]
Ohropax ear plugs [ˈɪɚ pləgz]
Ohrringe earrings [ˈɪɚrɪŋz]
Oktober October [ɑkˈtobɚ]
Öl oil [ɔɪl]
Oliven olives [ˈɑlɪvz]
Olivenöl olive oil [ˈɑlɪv ɔɪl]
Ölmalerei oil painting [ˈɔɪl pentɪŋ]
Ölwechsel oil change [ˈɔɪl tʃendʒ]
Oper opera [ˈɑprə]
Operation operation [ˌɑpəˈreʃn]
Operette operetta [ˌɑpəˈrɛdə]
Optiker optician's [ɑpˈtɪʃənz]
orange orange [ˈɔɚndʒ]
Orangensaft orange juice [ˈɔɚndʒ dʒus]
Orchester orchestra [ˈɔɚkɪstrə]
Original original [əˈrɪdʒənl]
Originalfassung original version [əˈrɪdʒənl ˈvɚʒn]
Ort place [ples]; *(Stelle)* spot [spɑt]
Ortschaft town [tæʊn]
Ortsgespräch local call [ˈlokəl kɔl]
Osten east [ist]
Ostermontag Easter Monday [istɚ ˈmənde]
Ostern Easter [ˈistɚ]
Österreich Austria [ˈɔstriə]
Österreicher(in) Austrian [ˈɔstriən]
östlich von to the east of [ist‿ɔv]

P

Paar pair [pɛɚ]; *(Ehepaar)* couple [ˈkəpl]
paar: ein ~ a few [ə ˈfju]
Päckchen small package [smɔl ˈpækɪdʒ]
Paddelboot paddleboat [ˈpædlbot]
paddeln to paddle [ˈpædl]
Paket parcel [ˈpɑɚsl]
Panne breakdown [ˈbrekdæʊn]; *(Reifenpanne)* flat (tire) [ˈflæt (ˈtaɪɚ)]
Pannendienst emergency road service [ɪmɚdʒənsi ˈrod sɚvɪs]
Papier paper [ˈpepɚ]
Papiere license [ˈlaɪsəns]
Papiertaschentücher paper tissues [pepɚ ˈtɪʃuz]; Kleenex® [ˈklinəks]
Paprika *(Gewürz)* paprika [ˈpæprɪkə]; *(Schote)* pepper [ˈpɛpɚ]
Parfüm perfume [ˈpɚfjum]; scent [sɛnt]
Parfümerie perfume store [ˈpɚfjum stɔɚ]

Park park [pɑɚk]
parken to park [pɑɚk]
Parkett parquet [pɑɚˈke]; *(Theater)* orchestra [ˈɔɚkɪstrə]
Parkplatz parking lot [ˈpɑɚkɪŋ lɑt]
Party party [ˈpɑɚdi]
Pass pass [pæs]
Passagier passenger [ˈpæsɪndʒɚ]
passen *(Kleidung)* to fit [fɪt]; *(zusagen)* to suit [sut]
Passkontrolle passport control [ˈpæspɔɚt kəntrol]
Pauschalpreis flat rate [ˈflæt ret]
Pause break [brek]; *(Theater)* interval [ˈɪntɚvl]
Pension lodging [ˈlɑdʒɪŋ]; guest house [ˈgɛsthæʊs]; inn [ɪn]
Perle pearl [pɚl]
Person person [ˈpɚsn]
Personalausweis ID [ɑɪˈdi]; identification [ɑɪdɛntɪfɪˈkeʃn]
Personalien personal data [ˈpɚsənl ˈdætə]
persönlich personal(ly) [ˈpɚsənəl(i)]
Petersilie parsley [ˈpɑɚsli]
Petroleum petroleum [ˈpəˈtroliəm]
Pfand deposit [dɪˈpɑzɪt]; security [sɪˈkjʊɚɪti]
Pfanne pan [pæn]
Pfannengericht fried food [ˈfrɑɪd fud]
Pfeffer pepper [ˈpɛpɚ]
Pfeffermühle pepper mill [ˈpɛpɚ mɪl]
Pferd horse [hɔɚs]
Pfirsiche peaches [ˈpitʃɪz]
Pflanze plant [plænt]
Pflaster Band-Aid® [ˈbænded]
Pflaumen plums [pləmz]
pflegebedürftig in need of care [ɪn nid əv ˈkɛɚ]
Pfund pound [pæʊnd]
Pier pier [pɪɚ]
Pille: ~ danach morning-after pill [ˈmɔɚnɪŋ‿ˈæftɚ pɪl]
Pilot(in) pilot [ˈpɑɪlət]
Pilz *(zum Essen)* mushroom [ˈməʃrum]
Pilzinfektion fungal infection [fəŋgl ɪnˈfɛkʃn]
Pinzette tweezers [ˈtwizɚz]
Plakat poster [ˈpostɚ]
Plastik sculpture [ˈskəlptʃɚ]
Plastikbeutel plastic bag [ˈplæstɪk bæg]
Platten flat tire [flæt ˈtɑɪɚ]
Platz *(in Stadt)* square [skwɛɚ]; *(Ort)* place [ples]; *(Sitzplatz)* seat [sit]
Platzkarte seat reservation [sit rɛzɚˈveʃn]
Plombe filling [ˈfɪlɪŋ]
plötzlich suddenly [ˈsədənli]
Polizei police [pəˈlis]
Polizeiwagen police car [pəˈlis kɑɚ]
Polizist(in) police officer [pəˈlis ɑfɪsɚ]

Pony *(Frisur)* bangs [bæŋz]
Portal portal [ˈpɔɚtəl]
Portier porter [ˈpɔɚtɚ]
Portion portion [ˈpɔɚʃn]
Porto postage [ˈpostɪdʒ]
Porträt portrait [ˈpɔɚtrɪt]
Porzellan china [ˈtʃɑɪnə]; porcelain [ˈpɔɚsəlɪn]
Postamt post office [ˈpost ˌɑfɪs]
Postkarte postcard [ˈpostkɑɚd]
Postleitzahl zip code [zɪp kod]
praktisch practical(ly) [ˈpræktɪkl(i)]
Präservativ condom [ˈkɑndəm]
Preis *(Kosten)* price [prɑɪs]; *(Gewinn)* prize [prɑɪz]
Prellung bruise [bruz]; contusion [kənˈtuʒn]
Premiere premiere [prɪˈmɪɚ]
Priester priest [prist]
privat private [ˈprɑɪvɪt]
Probe *(Versuch)* experiment [ɪksˈpɛɚəmənt]; *(Warenprobe)* sample [ˈsæmpl]
Problem problem [ˈprɑbləm]
Produkt product [ˈprɑdəkt]
Programm program [ˈprogræm]
Programmheft program [ˈprogræm]
Promillegrenze legal alcohol limit [ˈligəl ˈælkəhɔl ˈlimit]
Prospekt leaflet [ˈliflɪt]; brochure [broˈʃɚ]
Prothese prosthesis [prɑsˈθəsɪs]
provisorisch provisional [prəˈvɪʒənl]; temporary [ˈtɛmpɚɛɚi]
Prozent percent [pɚˈsɛnt]
Prozession procession [prɛˈsɛʃn]
Puder powder [ˈpæʊdɚ]
Pullover pullover [ˈpʊlˌovɚ]; sweater [ˈswɛtɚ]
Puls pulse [pəls]
Pulverschnee powder snow [ˈpæʊdɚ sno]
pünktlich *(als Adjektiv)* punctual [ˈpəŋktjuəl]; *(als Adverb)* on time [ɑn ˈtɑɪm]
putzen to clean [klin]
Putzmittel cleaning agent [klinɪŋ edʒənt]

Q

Quadrat- square [skwɛɚ]
Qualität quality [ˈkwɑlɪdi]
Qualle jellyfish [ˈdʒɛlifɪʃ]
Quelle spring [sprɪŋ]
quer durch straight across [ˈstret‿əˈkrɑs]; straight through [ˈstret ˈθru]
Querformat landscape format [ˈlændskep ˈfɔɚmæt]

querschnittsgelähmt paraplegic [ˌpɛɚəpəˈligɪk]
Quittung receipt [rɪˈsit]

R

Rabatt discount [ˈdɪskæʊnt]
Rad fahren to cycle [ˈsaɪkl]
Rad wheel [wil]
Radarkontrolle radar speed check [ˈredaɚ ˈspid tʃɛk]; speed trap [ˈspid træp]
Radierung etching [ˈɛtʃɪŋ]
Radio radio [ˈredio]
Radsport cycling [ˈsaɪklɪŋ]
Radtour cycling tour [ˈsaɪklɪŋ ˌtʊɚ]; bike trip [ˈbaɪk trɪp]
Rampe ramp [ræmp]
Rasen lawn [lɔn]; grass [græs]
Rasierapparat razor [ˈrezɚ]; shaver [ˈʃevɚ]
Rasierklingen razor blades [ˈrezɚ bledz]
Rasierpinsel shaving brush [ˈʃevɪŋ brəʃ]
Rasierschaum shaving cream [ˈʃevɪŋ krim]
Rasierwasser after-shave (lotion) [ˈæftɚʃev (ˌloʃn)]
Rastplatz rest area [ˈrɛst ˈɛɚiə]; wayside rest [ˈwesaɪd ˈrɛst]
Raststätte services [ˈsɛɚvɪsəs]
Rathaus city hall [sɪti ˈhɔl]
rauchen to smoke [smok]
Raucher smoker [ˈsmokɚ]; *(Abteil)* smoking section [ˈsmokɪŋ sɛkʃn]
Raum space [spes]; *(Zimmer)* room [rum]
Rechnung bill [bɪl]; invoice [ˈɪnvɔɪs]
rechte(r, -s) right(-hand) [ˈraɪt(ˌhænd)]
rechts on/to the right [raɪt]
Rechtsanwalt(-anwältin) lawyer [lɔɪjɚ]
rechtzeitig *(als Adverb)* in time [ɪn ˈtaɪm]
reden to talk [tɔk]
regelmäßig regular(ly) [ˈrɛgjəlɚ(li)]
Regen rain [ren]
Regenmantel raincoat [ˈrenkot]
Regenschauer rain shower [ˈren ʃæʊɚ]
Regierung government [ˈgəvɚnmənt]
Region region [ˈridʒn]
regnerisch rainy [ˈreni]
Reibe grater [ˈgretɚ]
reich rich [rɪtʃ]
reif ripe [raɪp]; *(Mensch)* mature [məˈtʃʊɚ]
Reifen tire [ˈtaɪɚ]
reinigen to clean [klin]
Reinigung dry cleaners [ˈdraɪ klinɚz]
Reis rice [raɪs]
Reise trip [trɪp]
Reisebüro travel agency [ˈtrævl edʒənsi]
Reiseführer guide [gaɪd]
Reisegesellschaft party [ˈpaɚdi]
reisen to travel [ˈtrævl]
Reisepass passport [ˈpæspɔɚt]
Reisescheck traveler's check [ˈtrævlɚz tʃɛk]
Reisetasche bag [bæg]
reiten to ride [raɪd]
Reitschule riding school [ˈraɪdɪŋ skul]
reklamieren: etwas ~ to complain about something [kəmˈplen]
Religion religion [ˌriˈlɪdʒən]
rennen to run [rən]
Rennrad racing bike [ˈresɪŋ baɪk]
reparieren to repair [rɪˈpɛɚ]
reservieren to reserve [rɪˈzɚv]
Reservierung reservation [ˌrɛzɚˈveʃn]
Restaurant restaurant [ˈrɛstərant]
Rettungsboot lifeboat [ˈlaɪfbot]
Rettungsring life preserver [ˈlaɪf prɪzɚvɚ]
Rezept *(Arzt)* prescription [prɪsˈkrɪpʃn]
Rezeption reception (desk) [rɪˈsɛpʃn (dɛsk)]
R-Gespräch collect call [kəˈlɛkt kɔl]
Rheuma rheumatism [ˈrumətɪzm]
Richter(in) judge [dʒədʒ]
richtig right [raɪt]; *(geeignet)* proper [ˈprapɚ]
Richtung direction [dɪˈrɛkʃn]
riechen to smell [smɛl]
Rindfleisch beef [bif]
Ring ring [rɪŋ]
Rock skirt [skɚt]; *(Musik)* rock [rak]
roh raw [rɔ]
Rohling blank disk [ˈblænk dɪsk]
Roller scooter [ˈskutɚ]
Rollschuh roller-skating [ˈrolɚ skedɪŋ]
Rollstuhl wheelchair [ˈwiltʃɛɚ]
Rollstuhlfahrer(in) wheelchair user [ˈwiltʃɛɚ juzɚ]
rollstuhlgängiger Wagen *(Zug)* wagen for wheelchair users [ˈwægn fɔɚ ˈwiltʃɛɚ juzɚz]
rollstuhlgerecht wheelchair accessible [ˈwiltʃɛɚ əkˈsɛsɪbl]
Rollstuhlkabine *(Schiff)* cabin for wheelchair users [ˈkæbən fɔɚ ˈwiltʃɛɚ juzɚz]
Roman novel [ˈnavl]
röntgen to x-ray [ˈɛksre]
Röntgenaufnahme x-ray [ˈɛksre]

rosa pink [pɪŋk]
Rosé rosé (wine) [roˈse waɪn]; blush [bləʃ]
Rosmarin rosemary [ˈrozmæɚi]
rot red [rɛd]
Röteln German measles [dʒɚmən ˈmizlz]
Rotwein red wine [rɛd ˈwaɪn]
Route route [rut/ræʊt]
Rücken back [bæk]
Rückenschmerzen backache [ˈbækek]
Rückfahrkarte round-trip ticket [ˌræʊndtrɪp ˈtɪkɪt]
Rückfahrt trip back [trɪp bæk]
Rückholservice pick-up service [ˈpɪkəp sɚvɪs]
Rücklicht back light [ˈbæk laɪt]; taillight [ˈtellaɪt]
Rucksack backpack [ˈbækpæk]; daypack [ˈdepæk]
Rückspiegel rear-view mirror [ˈrɪɚvju ˈmɪrɚ]
rückwärts backwards [ˈbækwɚdz]
Rückwärtsgang reverse gear [rɪvɚs ˈgɪɚ]
Ruder rudder [ˈrədɚ]
Ruderboot row boat [ˈro bot]
rudern row [to ro]
Ruhe rest [rɛst]; *(seelisch)* calm [kɑm]; *(Stille)* silence [ˈsaɪləns]
ruhig silent [ˈsaɪlənt]; quiet [ˈkwaɪət]; calm [kɑm]
Rührlöffel stirring spoon [ˈstɚɪŋ spun]
Ruine ruin [ruɪn]
rund round [ræʊnd]
Rundfahrt round trip [ˈræʊnd ˌtrɪp]

S

Saal room [rum]; *(größer)* hall [hɔl]
Sache thing [θɪŋ]; *(Angelegenheit)* matter [ˈmædɚ]; affair [əˈfɛɚ]
Safe safe [sef]
Safran saffron [ˈsæfrən]
saftig juicy [ˈdʒusi]
sagen to say [se]; *(mitteilen)* to tell [tɛl]
Sahne cream [krim]
Saison season [ˈsizn]
Salami salami [səˈlɑmi]
Salat lettuce [ˈlɛtɪs]
Salatbüfett salad bar [ˈsæləd bɑɚ]
Salbe ointment [ˈɔɪntmənt]
Salbei sage [sedʒ]
Salmonellen salmonella [ˈsælmnelə]
Salz salt [sɔlt]
Salzstreuer salt shaker [ˈsɔlt ʃekɚ]
sammeln to collect [kəˈlɛkt]
Samstag Saturday [ˈsædɚde]
Sandalen sandals [ˈsændlz]
Sandburg sandcastle [ˈsændˌkæsl]
Sandkasten sandbox [ˈsændbɑks]
Sänger(in) singer [ˈsɪŋɚ]; vocalist [ˈvokalɪst]
satt full [fʊl]
Satz sentence [ˈsɛntəns]
sauber clean [klin]
sauer sour [ˈsæʊɚ]
Sauerstoffgerät breathing apparatus [ˈbriðɪŋ æpɚætəs]
Sauger nipple [ˈnɪpəl]
Saugflasche feeding bottle [ˈfidɪŋ ˌbɑdl]
Säugling new born [ˈnu bɔɚn]
Sauna sauna [ˈsɔnə]
saure Sahne sour cream [sɑʊɚ ˈkrim]
S-Bahn (commuter) train [kəmˈjudɚ tren]
schade: ~! what a pity [wət‿ə ˈpɪdi]
wie ~! what a shame! [wət‿ə ˈʃem]
Schaden damage [ˈdæmɪdʒ]
Schaffner(in) conductor [ˌkənˈdəktɚ]
Schal scarf [skɑɚf]
scharf hot [hɑt]; spicy [ˈspaɪsi]
Schatten shadow [ˈʃædo]; shade [ʃed]
schauen to look [lʊk]
Schaufenster store window [ˈstɔɚ wɪndo]
Schauspieler(in) actor (actress) [ˈæktɚ, ˈæktrɪs]
Scheibe slice [slaɪs]
Scheibenwischer windshield wiper(s) [ˈwɪndʃild waɪpɚ(z)]
Scheinwerfer headlights [ˈhɛdlaɪts]
Scheitel part [pɑɚt]
schenken to give as a present [gɪv‿əz‿ə ˈprɛzənt]
Schere scissors [ˈsɪzɚz]
schicken to send [sɛnd]
Schiebedach sunroof [ˈsənruf]
Schienbein shin [ʃɪn]
Schiene splint [splɪnt]
Schild *(Hinweisschild)* sign [saɪn]
Schinken ham [hæm]
Schirm umbrella [əmˈbrɛlə]
Schlafcouch fold-out couch [ˈfoldæʊt kæʊtʃ]
schlafen to sleep [slip]
Schlaflosigkeit insomnia [ɪnˈsɑmnɪə]
Schlaftabletten sleeping pills [ˈslipɪŋ pɪlz]
Schlafwagen Pullman car [ˈpəlmən kɑɚ]
Schlafzimmer bedroom [ˈbɛdrum]
Schlaganfall stroke [strok]
Schläger racket [ˈrækɪt]
Schlagsahne whipped cream [wɪpt ˈkrim]; whipping cream [ˈwɪpɪŋ krim]
Schlange snake [snek]; **~ stehen** to stand in line [stænd ɪn ˈlaɪn]

schlank slim [slɪm]; slender [ˈslɛndɚ]
Schlauch (inner) tube [(ɪnɚ) ˈtub]
Schlauchboot rubber boat [rəbɚ ˈbot]
schlecht *(als Adjektiv)* bad [bæd]; *(als Adverb)* badly [ˈbædli]
Schlepplift tow lift [ˈto lɪft]; T-bar [ˈtibɑr]
Schließfach locker [ˈlɑkɚ]
Schlitten sled [slɛd]; toboggan [təˈbɑgən]
Schlittschuhe ice skates [ˈaɪs skets]
Schloss *(Gebäude)* castle [ˈkæsl]; *(Tür)* lock [lɑk]
Schlucht canyon [ˈkænjʊn]; gorge [gɔɚdʒ]
Schlüssel key [ki]
Schlüsselbein collarbone [ˈkɑlɚbon]
schmal narrow [ˈnæɚo]
schmecken (nach) to taste (like) [ˈtest (laɪk)]
schmerzen to hurt [hɚt]
Schmerztabletten pain-killers [ˈpenˌkɪlɚz]
Schmuck jewelry [ˈdʒuəlɚi]
schmuggeln to smuggle [ˈsməgl]
schmutzig dirty [ˈdɚti]
schnarchen to snore [snɔɚ]
Schnee snow [sno]
Schneebesen whisk [ˈwɪsk]
Schneidebrett chopping board [ˈtʃɑpɪŋ bɔɚd]
Schneider(in) *(für Herren)* tailor [ˈtelɚ]; *(für Damen)* dressmaker [ˈdrɛsˌmekɚ]
schnell *(als Adjektiv)* quick [kwɪk]; fast [fæst]; *(als Adverb)* quickly [ˈkwɪkli]; fast [fæst]
Schnellstraße highway [ˈhɑɪwe]; expressway [ɛksˈprɛswe]
Schnittkäse sliced cheese [ˈslaɪst ˈtʃiz]
Schnittwunde cut [kət]
Schnitzerei woodcarving [ˈwʊdˌkaɚvɪŋ]
schnorchel to snorkel [ˈsnɔɚkl]
Schnorchel snorkel [ˈsnɔɚkl]
Schnuller pacifier [ˈpæsɪfaɪɚ]
Schnupfen cold [kold]
Schnürsenkel shoelaces [ˈʃulesəz]
Schokolade chocolate [ˈtʃɑklɪt]
Schokoriegel bar of chocolate [baɚ‿əv ˈtʃɑklɪt]; candy bar [ˈkændi baɚ]
schon already [ɔlˈrɛdi]
schön beautiful [ˈbjutəfl]
Schonkost special dietary foods [ˈspɛʃəl ˈdaɪtɛɚi fʊdz]
Schöpfkelle ladle [ˈledl]
Schrank closet [ˈklasɪt]
Schraube screw [skru]
schrecklich terrible [ˈtɛɚəbl]; awful [ˈɑfʊl]; dreadful [ˈdrɛdfʊl]
schreiben to write [raɪt]
Schreibwaren *(Papier und Umschläge)* stationery [ˈsteʃnɛɚi]
Schreibwarengeschäft stationery store [ˈsteʃnɛɚi stɔɚ]
schreien to shout [ʃæʊt]; *(schrill)* to scream [skrim]
Schrift *(Handschrift)* (hand)writing [(ˈhænd)ˌraɪtɪŋ]
schriftlich in writing [ɪn ˈraɪtɪŋ]
schüchtern shy [ʃɑɪ]
Schuh shoe [ˈʃu]
Schuhbürste shoe brush [ˈʃu brəʃ]
Schuhcreme shoe polish [ˈʃu pɑlɪʃ]
Schuhgeschäft shoe store [ˈʃu stɔɚ]
Schuhmacher shoemaker's [ˈʃuˌmekɚz]
Schuld guilt [gɪlt]; *(Geld)* debt [dɛt]; **es ist meine ~** it's my fault [fɔlt]
Schule school [skul]
Schulkinder schoolchildren [ˈskultʃɪldrɪn]
Schulter shoulder [ˈʃoldɚ]
Schuppen dandruff [ˈdændrəf]
Schüssel dish [dɪʃ]; bowl [bol]
Schüttelfrost shaking chills [ˈʃekɪŋ tʃɪlz]
Schutzhütte shelter [ˈʃɛltɚ]
schwach weak [wik]; feeble [ˈfibl]
Schwager brother-in-law [ˈbrəðɚɪnlɔ]
Schwägerin sister-in-law [ˈsɪstɚɪnlɔ]
Schwangerschaft pregnancy [ˈprɛgnənsi]
schwarz black [blæk]
Schweinefleisch pork [pɔɚk]
Schweiz Switzerland [ˈswɪtsɚlənd]
Schweizer Franken Swiss franc(s) [ˈswɪs ˈfræŋk(s)]
Schweizer(in) Swiss (man), (Swiss (woman)) [ˈswɪs (ˈmæn), ˈswɪs (ˈwʊmən)]; **ich bin Schweizer(in)** I'm Swiss [aɪm ˈswɪs]
Schwellung swelling [ˈswɛlɪŋ]
schwer heavy [ˈhɛvi]; *(Krankheit)* serious [ˈsɪɚiəs]; *(schwierig)* difficult [ˈdɪfɪkəlt]
Schwerstbehinderte/r severely disabled [səvɪɚli dɪsˈebəld]
Schwertfisch swordfish [ˈsɔɚdfɪʃ]
Schwester sister [ˈsɪstɚ]
schwierig difficult [ˈdɪfɪkəlt]
schwimmen to swim [swɪm]
Schwimmer(in) swimmer [ˈswɪmɚ]
Schwimmflossen fins [fɪnz]
Schwimmflügel water wings [ˈwɑdɚ ˌwɪŋz]
Schwimmkurs swimming lessons [ˈswɪmɪŋ ˌlɛsnz]
Schwimmring innertube [ˈɪnɚtub]

Schwimmweste life jacket [ˈlaɪf ˌdʒækɪt]
Schwindel dizziness [ˈdɪzinɪs]
schwindlig dizzy [ˈdɪzi]
schwitzen to perspire [pɚsˈpaɪɚ]; to sweat [swɛt]
schwül humid [ˈhjumɪd]
See *(Binnensee)* lake [lek]
Seegang rough seas [rəf ˈsiz]
seekrank seasick [ˈsisɪk]
Seezunge sole [sol]
Segelboot sailboat [ˈselbot]
Segelfliegen gliding [ˈglaɪdɪŋ]
segeln to sail [ˈsel]
Segeln sailing [ˈselɪŋ]
Segeltörn sailing trip [ˈselɪŋ trɪp]
sehbehindert visually challenged [ˌvɪʒuəli ˈtʃælɪndʒd]; visually impaired [ˌvɪʒuəli ˌɪmˈpɛɚd]
Sehbehinderte/r a person who is visually challenged [ə ˈpɚsən huz ˌvɪʒuəli ˈtʃælɪndʒd]
sehen to see [si]
Sehenswürdigkeiten sights [saɪts]
sehr very [ˈvɛɚi]; *(bei Verb)* very much [ˈvɛɚi ˈmətʃ]
Seide silk [sɪlk]
Seidenmalerei silk painting [ˈsɪlk ˈpentɪŋ]
Seife soap [sop]
Seil rope [rop]
Seilbahn cable railway [kebl ˈrelwe]
sein *(als Verb)* to be [bi]; *(als Possessivpronomen: männlich)* his [hɪz]; *(sächlich)* its [ɪts]
seit *(Zeitpunkt)* since [sɪns]; *(Zeitraum)* for [fɔɚ]
Seite side [saɪd]; *(Buch)* page [pedʒ]
Sekunde second [ˈsɛknd]
selbst: ich habe es ~ gemacht I did it myself [aɪ dɪd ɪt maɪˈsɛlf]
selbst wenn even if [ivn ˈɪf]
Selbstauslöser self-timer [self ˈtaɪmɚ]; delayed-action shutter release [diˈledˈækʃn ˈʃətɚ rɪˈlis]
Selbstbedienung self-service [ˌsɛlfˈsɚvɪs]
Sellerie celery [ˈsɛlɚi]
selten rare(ly) [ˈrɛɚ(li)]
Senf mustard [ˈməstɚd]
September September [sɛpˈtɛmbɚ]
servieren to serve [sɚv]
Serviette napkin [ˈnæpkɪn]
Sessel armchair [ˈɑrmtʃɛɚ]
Sessellift chairlift [ˈtʃɛɚlɪft]
sexuelle Belästigung sexual harassment [sɛkʃuəl həˈræsmənt]
Shampoo shampoo [ʃæmˈpu]
Shorts shorts [ʃɔɚts]
Show show [ʃo]
sicher safe [sef]; *(gewiss)* sure(ly) [ʃʊɚ(li)]; certain(ly) [ˈsɚtn(li)]
Sicherheitsgebühr security charges [sɪˈkjɚdi ˌtʃɑɚdʒɪz]
Sicherheitsgurt safety belt [ˈsefti bɛlt]; seat belt [ˈsit bɛlt]
Sicherheitskontrolle security check [sɪˈkjɚdi tʃɛk]
Sicherheitsnadel safety pin [ˈsefti pɪn]
Sicherung *(Elektrizität)* fuse [fjuz]
sie *(Singular: weiblich)* she [ʃi]; *(Plural)* they [ðe]
Sie *(höflich)* you [ju]
Silber silver [ˈsɪlɚ]
silbern silver [ˈsɪlvɚ]
Silvesterabend New Year's Eve [nu jɪɚz‿ˈiv]
Sinfoniekonzert symphony concert [ˈsɪmfəni kɑnsɚt]
singen to sing [sɪŋ]
Sitz seat [sit]; *(Wohnsitz)* (place of) residence [(ˈples‿əv) ˈrɛzɪdəns]; *(von Firma usw.)* headquarters [ˌhɛdˈkwɔɚtɚz]
sitzen to sit [sɪt]
Ski ski [ski]; **~ laufen** to go skiing [go ˈskiɪŋ]
Skibindung ski binding [ˈski baɪndɪŋ]
Skibrille goggles [ˈgɑglz]
Skihose skipants [ˈskipæntz]
Skikurs skiing lessons [ˈskiɪŋ ˌlɛsnz]
Skilehrer(in) skiing instructor [ˈskiɪŋ ɪnstrəktɚ]
Skistiefel ski boots [ˈski buts]
Skistöcke ski poles [ˈski polz]
Skulptur sculpture [ˈskəlptʃɚ]
Slip *(Herren)* underpants [ˈəndɚpæntz]; briefs [brifs]; *(Damen)* underpants [ˈəndɚpæntz]
Slipeinlagen panty liners [ˈpænti ˌlaɪnɚz]
Smartphone smartphone [ˈsmɑɚtfon]
Socken socks [sɑks]
Sodbrennen heartburn [ˈhɑrtbɚn]
sofort at once [æt ˈwəns]; im mediately [ɪˈmidiətli]
Sofortbildkamera instant camera [ˈɪnstənt ˈkæmɚə]
Sohle sole [sol]
Sohn son [sən]
Solarium solarium [səˈlɛɚiəm]
Solist(in) soloist [ˈsoloɪst]
sollen *(müssen)* to have to [ˈhæv tʊ]; **Sie sollten** you should [jʊ ʃʊd]
Sommer summer [ˈsəmɚ]
Sondermarke collector's stamp [kəˈlɛktɚz stæmp]; commemorative stamp [kəˈmɛmɚətɪv stæmp]
Sonne sun [sən]

Sonnenbrand sunburn [ˈsənˌbən]
Sonnencreme sun cream [ˈsən krim]
Sonnenhut sunhat [ˈsənhæt]
Sonnenöl suntan oil [ˈsəntænˌɔɪl]
Sonnenschutz sun protection [ˈsən prəˌtɛkʃn]; sunscreen [ˈsənˌskrin]
Sonnenstich sunstroke [ˈsənstrok]
sonnig sunny [ˈsəni]
Sonntag Sunday [ˈsənde]; **am ~** on Sunday [ɔn ˈsənde]
sorgen: sich ~ (um) to be worried (about) [ˈwɚid‿əˈbæʊt)]
Sorte sort [sɔɚt]; kind [kaɪnd]; *(Zigaretten)* brand [brænd]
Soße sauce [sɔs]; *(zum Braten)* gravy [ˈgrevi]; *(Salatsoße)* dressing [ˈdrɛsɪŋ]
Souvenirladen gift shop [ˈgɪft ʃap]
Sozialstation services for the disabled [ˈsɚvɪsəz fɔɚ ə dɪsˈebld]
spanisch Spanish [ˈspænɪʃ]
Spargel asparagus [əsˈpærəgəs]
Spaß *(Scherz)* joke [dʒok]; *(Vergnügung)* fun [fən]
spät late [let]
später later [ˈletɚ]
spazieren gehen to go for a walk [go fɔɚ‿ə ˈwɔk]
Spaziergang walk [wɔk]; stroll [strol]
Speicherkarte memory card [ˈmɛməri kaɚd]
Speisekarte menu [ˈmɛnju]
Speiseröhre esophagus [əˈsafəgəs]
Speisesaal dining room [ˈdaɪnɪŋ rum]
Speisewagen dining car [ˈdaɪnɪŋ ˌkaɚ]
Spezialität speciality [ˌspɛʃɪˈælɪti]
speziell special [ˈspɛʃl]
Spiegel mirror [ˈmɪrɚ]
Spiel match [mætʃ]; game [gem]
Spielkamerad playmate [ˈplemet]
Spielkasino casino [kəˈsino]
Spielplan program [ˈprogræm]
Spielplatz playground [ˈplegræʊnd]
Spielsachen toys [tɔɪz]
Spielwarengeschäft toy store [ˈtɔɪ stɔɚ]
Spinat spinach [ˈspɪnɪtʃ]
Spirituosengeschäft liquor store [ˈlɪkɚ stɔɚ]
Spitzen schneiden to trim the ends [trɪm ðə lendz]
Sport sport [spɔɚt]
Sportgeschäft sporting goods store [ˈspɔɚdɪŋ gʊdz stɔɚ]
Sportplatz athletic field [æθlɛtɪk ˈfild]
Sprache language [ˈlæŋgwɪdʒ]
Sprachkurs language course [læŋgwɪdʒ kɔɚs]
sprechen to speak [spik]
Sprechstunde office hours [ˈafɪs æʊɚz]
Spritze injection [ɪnˈdʒɛkʃn]; shot [ʃat]
Spülbürste washing-up brush [waʃɪŋ ˈəp brəʃ]
Spülmittel dish-washing liquid [ˈdɪʃwaʃɪŋ ˌlɪkwɪd]
Spültuch dishcloth [ˈdɪʃklaθ]
Staat state [stet]
Staatsangehörigkeit nationality [ˌnæʃəˈnælɪti]
Stadion stadium [ˈstediəm]
Stadt town [tæʊn]
Stadtbus city bus [ˈsɪdi bəs]
Stadtplan city map [ˈsɪti mæp]
Stadtrundfahrt sightseeing tour [ˈsaɪtˌsiɪŋ tʊɚ]
Stadtteil district [ˈdɪstrɪkt]
Stadtzentrum downtown [ˈdaʊntaʊn]
stammen aus to come from [ˈkəm frəm]
Standlicht parking lights [ˈpaɚkɪŋ laɪts]
stark strong [straŋ]; *(dick)* thick [θɪk]; *(Schmerzen)* severe [sɪˈvɪɚ]
Starthilfekabel jumper cable [ˈdʒəmpɚ kebl]
Station ward [wɔɚd]
Stativ tripod [ˈtraɪpad]
stattfinden to take place [tek ˈples]
Statue statue [ˈstætʃu]
Stau traffic jam [ˈtræfɪk dʒæm]
Staub dust [dəst]
Staubsauger vacuum cleaner [ˈvækjʊm klinɚ]
stechen to sting [stɪŋ]
Steckdose outlet [ˈæʊtlɪt]
Stecker plug [pləg]
Steg *(Landungssteg)* dock [dak]
stehen to stand [stænd]
stehlen to steal [stil]
Steigung incline [ˈɪnklaɪn]
steil steep [stip]
Stein stone [ston]
steinig stony [ˈstoni]
Stempel stamp [stæmp]
Stern star [staɚ]
Stiefel boots [buts]
Stil style [staɪl]
still quiet [ˈkwaɪət]
stinken to smell [smɛl]; to stink [stɪŋk]
Stirnhöhlenentzündung sinusitis [ˌsaɪnəˈsaɪtɪs]
Stock stick [stɪk]; **im vierten ~** on the fourth floor [ˈfɔɚθ flɔɚ]
Stockwerk floor [flɔɚ]; story [ˈstɔɚi]
Stoff material [məˈtɪɚiəl]
stören to disturb [dɪsˈtɚb]; to bother [ˈbaðɚ]

stornieren *(Zimmer, Fahr-, Flugkarten)* to cancel [ˈkænsəl]
Stoßstange bumper [ˈbəmpɚ]
Strafe punishment [ˈpənɪʃmənt]; *(Geldstrafe)* fine [faɪn]
Strähnchen highlights [ˈhaɪlaɪtz]
Strand beach [bitʃ]
Strandschuhe sandals [ˈsændlz]; beach shoes [ˈbitʃ ʃuz]
Straße street [strit]; *(Landstraße)* road [rod]
Straßenbahn trolley [ˈtrɑli]; street car [ˈstritkɑɚ]
Straßenkarte road map [rod mæp]
Strauß *(Blumen)* bouquet of flowers [ˈboˈket‿əv ˈflæʊɚz]
Streichholz match [mætʃ]
Strickjacke cardigan [ˈkɑɚdɪgən]
Strohhalm straw [strɔ]
Strom *(Fluss)* river [ˈrɪvɚ]; *(Elektrizität)* current [ˈkɚənt]
Stromanschluss hook-ups [ˈhʊk əpz]; electrical outlet [ɪˈlɛktrɪkl ˈæʊtlɛt]
Strompauschale lump sum for electricity [ləmp səm fɔɚ ˌɪlɛkˈtrɪsəti]
Stromspannung voltage [ˈvoltɪdʒ]
Strumpfhose tights [taɪts]; pantyhose [ˈpæntihoz]
Stück piece [pis]; *(Theater)* play [ple]
studieren to study [ˈstədi]
Studio studio [ˈstudio]
Stufe step [stɛp]
Stufen *(Haare)* layers [leɚz]
stufenloser Zugang stepless access [stɛpləs ˈæksɛs]
Stuhl chair [tʃɛɚ]
Stuhlgang bowel movement [ˈbaʊwl muvmənt]
stumm non-verbal [nɑnˈvɚbl]
Stunde hour [ˈæʊɚ]; *(Unterrichtsstunde)* class [klæs]; lesson [ˈlɛsn]; **eine halbe ~** half an hour [ˈhæf‿ən‿ˈæʊɚ]
stündlich every hour [ˈɛvri‿ˈæʊɚ]; hourly [ˈæʊɚli]
Sturm storm [stɔɚm]
stürzen *(fallen)* to fall [fɔl]
Sturzhelm crash helmet [ˈkræʃ ˌhɛlmɪt]
suchen to look for [ˈlʊk fɔɚ]
Sucher *(Kamera)* viewfinder [ˈvjuˌfaɪndɚ]
Süden south [sæʊθ]
südlich von south of [sæʊθ‿əv]
Summe sum [səm]
Sumpf swamp [swɑmp]
Supermarkt supermarket [ˈsupɚˌmɑɚkɪt]
Suppe soup [sup]
Suppenteller soup bowl [ˈsup bol]
Surfbrett surfboard [ˈsɚfbɔɚd]
surfen surf [ˈsɚf]
süß sweet [swit]
Süßigkeiten candy [ˈkændi]
Süßstoff sweetener [ˈswitnɚ]
Süßwarengeschäft candy store [ˈkændi stɔɚ]
Swimmingpool swimming pool [ˈswɪmɪŋpul]
sympathisch nice [naɪs]; pleasant [ˈplɛznt]

T

Tabak tobacco [təˈbæko]
Tabakladen tobacco store [təˈbæko stɔɚ]
Tablette pill [pɪl]
Tachometer speedometer [spɪˈdɑmɪdɚ]
Tag day [de]
Tagesausflug day trip [ˈde trɪp]
Tagesgericht today's special [təˈdez ˈspɛʃəl]
Tageskarte day pass [ˈde ˌpæs]
Tagestour day trip [ˈde trip]
täglich every day [ˈɛvri ˈde]; daily [ˈdeli]
tagsüber during the day [ˈdʊɚɪŋ ðə ˈde]
Tal valley [ˈvæli]
Tampons tampons [ˈtæmpɔːnz]
Tank (gas) tank [(ˈgæs) tæŋk]
tanken to fill up [fɪl ˈəp]
tanzen to dance [dæns]
Tänzer(in) dancer [ˈdænsɚ]
Tanzkapelle dance band [ˈdæns ˌbænd]
Tanztheater dance theatre [ˈdæns θiətɚ]
Tasche pocket [ˈpɑkɪt]; *(Handtasche)* purse [pɚs]
Taschenbuch paperback [ˈpepɚbæk]
Taschendieb pickpocket [ˈpɪkˌpɑkɪt]
Taschenmesser pocket knife [ˈpɑkɪt naɪf]
Tasse cup [kəp]
Taststock cane [ken]
tauchen to (scuba)dive [(ˈskubə)daɪv]
Taucherausrüstung diving equipment [ˈdaɪvɪŋ ɪkwɪpmənt]; diving gear [ˈdaɪvɪŋ gɪɚ]
Taucherbrille mask [mæsk]
täuschen: sich ~ to be mistaken [bi mɪsˈtekn]; to be wrong [bi rɑŋ]
Taxifahrer(in) cab driver [ˈkæb draɪvɚ]; taxidriver [ˈtæksi draɪvɚ]
Taxistand cab stand [ˈkæb stænd]; taxi stand [ˈtæksi stænd]
Tee tea [ti]

Teebeutel tea bag [ˈti bæg]
Teelöffel teaspoon [ˈtispun]
Teil part [pɑɚt]
Teilkasko collision and liability insurance [kəˈlɪʒən ənd laɪəˈbɪlɪti ɪnˈʃʊɚəns]
teilnehmen (an) to take part (in) [tek ˈpɑɚt (ɪn)]
Telefon telephone [ˈtɛlɪfon]
Telefonbuch telephone directory [ˈtɛlɪfon dɪrɛktɚi]; telephone book [ˈtɛlɪfon bʊk]
telefonieren to make a phone call [mek‿ə ˈfonkɔl]; to phone [fon]
Telefonnummer phone number [ˈfon ˌnəmbɚ]
Telefonzelle phone booth [ˈfon buθ]
Teleobjektiv telephoto lens [tɛlɪfoto ˈlɛnz]
Teller plate [plet]
Temperatur temperature [ˈtɛmprətʃɚ]
Tennisschläger tennis racket [ˈtɛnɪsˌrækɪt]
Termin appointment [əˈpɔɪntmənt]; *(Frist)* deadline [ˈdɛdlaɪn]
Terminal terminal [ˈtɚmɪnl]
Terrakotta terracotta [ˌtɛɚəˈkɑtə]
Terrasse patio [ˈpætio]; deck [dɛk]; terrace [ˈtɛrəs]
teuer expensive [ɪksˈpɛnsɪv]
Theatergruppe theater ensemble [ˈθiətɚ ɑnˈsɑmbl]
Theaterstück play [ple]
Therapie therapy [ˈθɛrəpɪ]
Thermalbad thermal bath [θɚməl ˈbæθ]
Thermosflasche thermos flask® [ˈθɚməs flæsk]; thermos bottle® [ˈθɚməs badl]
Thriller thriller [ˈθrɪlɚ]
Thunfisch tuna [ˈtunə]
Thymian thyme [taɪm]
tief deep [dip]; *(niedrig)* low [lo]
Tier animal [ˈænɪməl]
Tintenfisch squid [skwɪd]
Tipp tip [tɪp]
Tisch table [ˈtebl]
Tischtennis ping-pong [ˈpɪŋpɔŋ]; table tennis [ˈtebl ˈtɛnɪs]
Tischtuch tablecloth [ˈteblklɔθ]
Toast toast [tost]
Toaster toaster [ˈtostɚ]
Tochter daughter [ˈdɑdɚ]
Toilette restroom [ˈrɛstrum]; bathroom [ˈbæθrum]
Toilettenpapier toilet paper [ˈtɔɪlɪt ˌpepɚ]
Tomaten tomatoes [təˈmedoz]
Ton *(Klang)* sound [saʊnd]; *(Farbe)* shade [ʃed]
tönen *(Haare)* to put in a rinse [pət‿ɪn ə ˈrɪns]
Topf pot [pɑt]
Töpferei pottery [ˈpɑdɚi]
Töpferwaren pottery [ˈpɑdɚi]
Tor gate [get]; *(Schuss)* goal [gol]; *(Pfosten)* goal pole [ˈgol pol]
Torwart goalie [ˈgoli]; goalkeeper [ˈgolˌkipɚ]
Tour tour [tʊɚ]; excursion [ɪksˈkɚʃən]; trip [trɪp]
Tourist(in) tourist [ˈtʊɚɪst]
Tracht costume [ˈkɑstum]
tragen to carry [ˈkæɚi]; *(Kleidung)* to wear [wɛɚ]
Tragflügelboot hydrofoil [ˈhaɪdrəfɔɪl]
Tragödie tragedy [ˈtrædʒɪdi]
trampen to hitchhike [ˈhɪtʃˌhaɪk]
Transferbus shuttle bus [ˈʃʊdl bəs]
Traubenzucker glucose [ˈglukos]
Traum dream [drim]
traurig sad [sæd]
treffen to meet [mit]
Trekkingrad trekking bike [ˈtrɛkɪŋ baɪk]
Trekkingschuhe hiking boots [ˈhaɪkɪŋ buts]
Treppe stairs [stɛɚz]; staircase [ˈstɛɚkes]; *(im Freien)* steps [stɛps]
Tretboot paddle boat [ˈpædl bot]
trinken to drink [drɪŋk]
Trinkflasche bottle [ˈbadl]
Trinkgeld tip [tɪp]
Trinkwasser drinking water [ˈdrɪŋkɪŋ ˌwadɚ]
trocken dry [draɪ]
trocknen to dry [draɪ]
Trockner drier [draɪɚ]
Trödler *(Laden)* second-hand store [sɛkənd ˈhænd stɔɚ]
Trommelfell eardrum [ˈɪɚdrəm]
Tropfen drops [drɑps]
trotzdem nevertheless [ˌnɛvɚðəˈlɛs]
Tuch cloth [klɑθ]; *(Kopftuch)* scarf [skɑɚf]
tun to do [du]
Tunnel tunnel [ˈtənl]
Tür door [dɔɚ]
Türbreite door width [ˈdɔɚ wɪdθ]
Türcode door code [ˈdɔɚ kod]
türkis turquoise [ˈtɚˌkɔɪz]
Turm tower [ˈtæʊɚ]
Turnschuhe tennis shoes [ˈtɛnɪs ʃuz]; sneakers [ˈsnikɚz]
Türschwelle doorstep [ˈdɔɚstɛp]
Tüte bag [bæg]; *(Eis)* cone [kon]
typisch typical [ˈtɪpɪkl]

U

U-Bahn subway [ˈsəbwe]
Übelkeit nausea [ˈnɔziə]
üben to practice [ˈpræktɪs]

über over [ˈovɚ]
überall everywhere [ˈevɚiwɛɚ]
überbacken gratin [grɑˈtɑn]
Überfall attack [əˈtæk]; mugging [ˈməgɪŋ]
Übergang crossing [ˈkrɑsɪŋ]; *(Wechsel)* transition [trænˈzɪʃn]
überholen to pass [pæs]
Überlandbus bus [bəs]
übermorgen the day after tomorrow [ðə de‿ˈæftɚ təˈmɑɚo]
übernachten to stay [ste]; *(eine Nacht)* to spend the night [spɛnd ðə ˈnɑɪt]
Übernachtung night's stay [ˈnɑɪtz ste]
Überreste remains [rɪˈmenz]
übersetzen to translate [ˈtrænslet]
Überweisung transfer [ˈtrænsfɚ]
üblich usual [ˈjuʒuəl]
übrig bleiben to be left [bi ˈlɛft]
Ufer *(Fluss)* bank [bæŋk]; *(Meer)* shore [ʃɔɚ]
Uhrmacher watchmaker's [ˈwɑtʃˌmekɚz]
um *(herum)* around [əˈræʊnd]; *(Zeitangabe)* at [æt]; *(gegen)* about [əˈbæʊt]; **~ diese Zeit** about this time [əbæʊt ðɪs ˈtɑɪm]
umbuchen to change the booking [tʃendʒ ðə ˈbʊkɪŋ]
Umgebung surroundings [sɚˈræʊndɪŋz]
umgekehrt reverse [rɪˈvɚs]
Umhängetasche (shoulder) bag [ˈʃoldɚ bæg]
umkehren to turn back [tɚn ˈbæk]
Umleitung detour [ˈditʊɚ]
umtauschen to change [tʃenʒ]
Umweg detour [ˈditʊɚ]
Umwelt environment [ɪnˈvɑɪɚnmənt]
umziehen: sich ~ to change [tʃenʒ]
Umzug *(auf Straße)* parade [pɛˈred]
unangenehm unpleasant [ənˈplɛznt]
unbedingt *(als Adverb)* really [ˈrili]
und and [ænd]
unentschieden *(Sport)* in a tie [tɑɪ]
unerträglich intolerable [ɪnˈtɑlɚəbl]; unbearable [ənˈbɛɚəbl]
Unfall accident [ˈæksɪdənt]
ungeeignet unsuited [ˌənˈsudɪd]
ungefähr about [əˈbæʊt]
ungewöhnlich unusual [ˌənˈjuʒuəl]
unglaublich incredible [ɪnˈkrɛdəbl]
Unglück *(Unfall)* accident [ˈæksɪdənt]; *(Unheil)* misfortune [mɪsˈfɔɚtʃən]
Unkosten expenses [ɪksˈpɛnsɪz]
unmöglich impossible [ɪmˈpɑsəbl]
uns us [əs]
unser(e) our [ˈæʊɚ]
unten below [bɪˈlo]
unter under [ˈəndɚ]; *(zwischen)* among [əˈməŋ]
unterbrechen to interrupt [ˌɪntəˈrəpt]
Unterführung underpass [ˈəndəpæs]
unterhalb below [bɪˈlo]
unterhalten: sich ~ to talk [tɔk]
Unterhaltung *(Gespräch)* conversation [ˌkɑnvɚˈseʃn]; *(Vergnügen)* entertainment [ˌɛntɚˈtenmənt]
Unterkunft accommodation [əˌkɑməˈdeʃn]
Unterleib abdomen [ˈæbdəmən]
unterrichten to inform [ɪnˈfɔɚm]; *(Schule)* to teach [titʃ]
unterschreiben to sign [sɑɪn]
Unterschrift signature [ˈsɪgnɪtʃɚ]
Untersuchung examination [ɪgˌzæmɪˈneʃn]
Untersuchungshaft police custody [pəˈlis ˈkəstədi]
Untertasse saucer [ˈsɔsɚ]
Untertitel subtitles [ˈsəbtɑɪdlz]
Unterwäsche underwear [ˈəndɚwɛɚ]
Unterwasserkamera underwater camera [ˈəndɚwɑdɚ ˈkæmɚə]
unterwegs on the way [ɑn ðə ˈwe]
unverbindlich without obligation [wɪθæʊt ˌɑblɪˈgeʃn]
unverschämt impertinent [ɪmˈpɚtɪnənt]; rude [rud]
unwahrscheinlich unlikely [ənˈlɑɪkli]; improbable [ɪmˈprɑbəbl]
unwichtig unimportant [ˌənɪmˈpɔɚtənt]
Urin urine [ˈjʊɚɪn]
Urlaub vacation [veˈkeʃn]

V

Varietee music hall [ˈmjuzɪk hɔl]; variety theater [vəˈrɑɪədi θɪətɚ]
Vase vase [ves]
Vater father [ˈfɑðɚ]
vegetarisch vegetarian [ˌvɛdʒɪˈtɛɚɪən]
Ventilator fan [fæn]
Verabredung *(formell)* appointment [əˈpɔɪntmənt]; *(umgangssprachlich)* date [det]
verabschieden: sich ~ to say goodbye [se ˌgʊdˈbɑɪ]
Veranda porch [pɔɚtʃ]
Veranstaltung event [ɪˈvɛnt]
verantwortlich responsible [rɪsˈpɑnsəbl]
Verband bandage [ˈbɑndɪdʒ]
Verbandskasten first-aid kit [fɚst ˈeɪd kɪt]
Verbindung connection [kəˈnɛkʃn]
verboten not allowed [nɑt əˈlæʊd]
Verbrechen crime [krɑɪm]

Verbrennung burn [bɚn]
Verdauung digestion [daɪˈdʒɛstʃn]
Verdauungsstörung indigestion [ˌɪndɪˈdʒɛstʃn]
verdorben spoiled [ˈspɔɪld]; *(faul)* rotten [ˈrɑtn]; *(sittlich)* corrupt [kɚˈrəpt]
vereinbaren to agree on [əˈgri‿ɑn]
Vergangenheit past [pæst]
vergessen to forget [fɚˈgɛt]
Vergewaltigung rape [rep]
Vergiftung poisoning [ˈpɔɪznɪŋ]
Vergnügen pleasure [ˈplɛʒɚ]
Vergnügungspark amusement park [əˈmjuzmənt ˌpɑɚk]
verhaften to arrest [əˈrɛst]
verheiratet (mit) married (to) [ˈmæɚid]
Verhütungsmittel contraceptive [ˌkɑntrə sɛptɪv]
verirren: sich ~ to lose one's way [ˈluz wənz ˈwe]
verkaufen to sell [sɛl]
Verkehr traffic [ˈtræfɪk]
Verkehrsamt tourist information office [ˈtʊɚɪst‿ˌɪnfɔɚˈmeʃn‿ˌɑfɪs]
verlängern to extend [ɪkˈstɛnd]
Verlängerungsschnur extension cord [ɪksˈtɛnʃən kɔɚd]
Verlängerungswoche extended week [ɪksˈtɛndəd wik]
verlassen to leave [liv]
verletzen to hurt [hɚt]; to injure [ˈɪndʒɚ]
Verletzte/r injured person [ɪndʒɚd ˈpɚsn]
Verletzung injury [ˈɪndʒɚi]
verlieren to lose [luz]
Verlobte/r fiancé (fiancée) [fɪˈɑnse]
vermieten to rent [rɛnt]
Verpackung wrapping [ˈræpɪŋ]; packaging [ˈpækɪdʒɪŋ]; *(innen)* packing [ˈpækɪŋ]
verpassen to miss [mɪs]
Verpflegung food [fud]
verrechnen: sich ~ to miscalculate [ˌmɪsˈkælkjəlet]
verreisen to go on a trip [go ɑn‿ə ˈtrɪp]; to go away [go‿əˈwe]
verrückt crazy [ˈkrezi]
verschieben *(zeitlich)* to put off [pʊt ˈɔf]; to postpone [ˌposˈpon]
verschließen to lock [lɑk]
verschreiben to prescribe [prɪˈskraɪb]
Versicherung insurance [ɪnˈʃʊɚəns]
Versicherungspapiere insurance papers [ɪnˈʃʊɚəns pepɚz]
Verspätung delay [dɪˈle]
verstaucht sprained [sprend]
verstehen to understand [ˌəndɚˈstænd]
Verstopfung constipation [ˌkɑnstɪˈpeʃn]
versuchen to try [traɪ]; *(Speisen)* to taste [test]
Vertrag contract [ˈkɑntrækt]
Vertrauen confidence [ˈkɑnfɪdəns]
verunglücken to have an accident [hæv‿ən‿ˈæksɪdənt]
verursachen to cause [kɔz]
Verwaltung administration [ədˌmɪnɪsˈtreʃn]
verwandt related [rɪˈledɪd]
verwechseln to mistake for [mɪsˈtek fɔɚ]
verwitwet *(Frau)* widow [ˈwɪdo]; *(Mann)* widower [ˈwɪdoɚ]
viel a lot of [ə ˈlɑt‿əv]; *(Frage, Verneinung)* much [mətʃ]
vielleicht perhaps [pɚˈhæps]; maybe [ˈmebi]
Viertelstunde: eine ~ a quarter of an hour [ə ˈkwɔɚtɚ‿əv‿ən‿ˈæʊɚ]
Villa villa [ˈvɪlə]; mansion [ˈmænʃn]
violett purple [ˈpɚpl]; violet [ˈvaɪəlɪt]
Virus virus [ˈvaɪrəs]
Visum visa [ˈvizə]
Vogel bird [bɚd]
Vogelschutzgebiet bird reserve [ˈbɚd rəsɚv]
Volk people [ˈpipl]
Volksmusik folk music [ˈfok mjuzɪk]
voll full [fʊl]; *(überfüllt)* crowded [ˈkræʊdɪd]
Volleyball volleyball [ˈvɑlibɔl]
Vollkasko comprehensive and liability insurance [kɑmprɪˈhɛnsɪv ənd ˈlaɪəˈbɪlɪti ɪnˈʃʊɚəns]
Vollkornbrot wholemeal bread [ˈholmil brɛd]
Vollpension all inclusive [ˌɔl‿ɪnˈklusɪv]; full room and board [ˈfəl rum‿ən bɔɚd]
vom Fass draft [dræft]; on tap [ɑn tɑp]
vom Grill grilled [grɪld]
von *(Herkunft)* from [frəm]; *(Eigenschaft)* of [ɑv]; *(Passiv)* by [baɪ]
vor zehn Minuten ten minutes ago [tɛn ˈmɪnɪts‿əgo]
vor *(räumlich)* in front of [ɪn ˈfrənt‿əv]; *(zeitlich)* before [bɪˈfɔɚ]
Voranmeldung reservation [rɛsɚˈveʃn]
Voraus: im ~ in advance [ɪn‿ədˈvæns]
vorbereiten to prepare [prɪˈpɛɚ]
Vordruck form [fɔɚm]
vorgestern the day before yesterday [ðə de bɪfɔɚ ˈjɛstɚde]
vorher before [bɪˈfɔɚ]
vorletzte(r, -s) second to the last [sɛkənd tʊ ðə ˈlæst]
Vormittag morning [ˈmɔɚnɪŋ]; **am ~** in the morning [ɪn ðə mɔɚnɪŋ]
vormittags in the morning [ɪn ðə ˈmɔɚnɪŋ]

vorn in front [ɪn ˈfrənt]
Vorname first name [ˈfɚst ˌnem]
vornehm distinguished [dɪsˈtɪŋgwɪʃt]; fancy [ˈfænsi]
Vorort suburb [ˈsəbɚb]
Vorrat stock [stɑk]; provisions [prəˈvɪʒns]
Vorsaison off season [ˈɔf ˌsizn]; preseason [ˈpriˌsizn]
Vorschlag suggestion [səˈdʒɛstʃn]
Vorschrift regulation [rɛgjəˈleʃn]
Vorsicht! Caution! [ˈkɔʃn]
vorsichtig careful(ly) [ˈkɛɚfʊl(li)]; cautious(ly) [ˈkɔʃəs(li)]
Vorspeise hors d'oeuvre [ɔɚˈdɚv]; appetizer [ˈɑpəˌtaizɚ]
Vorstellung introduction [ˌɪntrəˈdəkʃn]; *(Begriff)* notion [ˈnoʃn]; idea [ɑɪˈdiə]; *(Theater)* performance [pɚˈfɔɚməns]
Vorteil advantage [ədˈvæntɪdʒ]
vorüber past [pæst]; over [ˈovɚ]
Vorverkauf advance ticket sales [ədˈvæns ˈtɪkɪt selz]
Vorwahlnummer area code [ˈɛɚiə kod]
vorwärts forward(s) [ˈfɔɚwɚd(z)]
Vulkan volcano [vɑlˈkeno]

W

wach awake [əˈwek]
Wagenheber jack [dʒæk]
Wagennummer car number [ˈkɑɚ ˌnəmbɚ]
wählen to choose [tʃuz]; *(Politik)* to vote [vot]; *(Telefon)* to dial [ˈdɑɪəl]
wahr true [tru]
während *(als Präposition)* during [ˈdʊɚɪŋ]; *(als Konjunktion)* while [waɪl]
wahrscheinlich *(als Adjektiv)* probable [ˈprɑbəbl]; *(als Adverb)* probably [ˈprɑbəbli]
Währung currency [ˈkɚənsi]
Wahrzeichen landmark [ˈlændmɑɚk]
Wald woods [wʊdz]; forest [ˈfɑɚɪst]
Wand wall [wɔl]
Wanderkarte hiking map [ˈhaɪkɪŋ mæp]
wandern to hike [haɪk]
Wanderschuhe hiking boots [ˈhaɪkɪŋ buts]
Wanderweg hiking path [ˈhaɪkɪŋ pæθ]; trail [trel]
warm warm [wɔɚm]
warmes Wasser hot water [hɑt ˈwɑdɚ]
Warnblinkanlage emergency blinkers [ɪˈmɚdʒənsi blɪnkɚz]
Warndreieck warning triangle [ˈwɔɚrnɪŋ traɪæŋgl]
warten (auf) to wait (for) [wet (fɔɚ)]
Wartesaal waiting room [ˈwedɪŋ rum]
Wartezimmer waiting room [ˈwedɪŋ rum]
was what [wət]; **~ für ein/eine …?** what sort of …? [ˈwət ˈsɔɚt‿əv]
Waschbecken sink [sɪnk]
Wäsche *(Bettwäsche)* linen [ˈlɪnɪn]; *(Unterwäsche)* underwear [ˈəndɚwɛɚ]; *(zum Waschen)* dirty laundry [ˈdɚdi ˈlɔndri]
Wäscheklammern clothes pins [ˈkloz pɪnz]
Wäscheleine clothes line [ˈkloz laɪn]
waschen to wash [wɑʃ]
Wäscherei laundry [ˈlɔndri]
Wäschetrockner drier [ˈdraɪɚ]
Waschlappen washcloth [ˈwɑʃklɔθ]
Waschmaschine washing machine [ˈwɑʃɪŋ məʃin]
Waschmittel detergent [dɪˈtɚdʒənt]
Waschraum lavatory [ˈlævətɔɚ i]
Waschsalon laundromat [ˈlɔndrəˌmæt]; coin-op laundry [ˈkɔɪnɑp ˈlɔndri]
Wasser water [ˈwɑdɚ]
wasserdicht waterproof [ˈwɑdɚpruf]
Wasserfall waterfall [ˈwɑdɚfɔl]
Wasserglas tumbler [ˈtəmblɚ]; glass [glæs]
Wasserhahn faucet [ˈfɔsɪt]
Wasserkanister water canister [ˈwɑdɚ kænɪstɚ]
Wasserkocher kettle [kɛtl]
Wasserski waterski [ˈwɑdɚski]
Wasserverbrauch water consumption [ˈwɑdɚ kənsəmʃn]
Watte cotton balls [ˈkɑtn ˈbɔlz]; cotton-wool [ˈkɑtnˈwʊl]
Wattestäbchen cotton swabs [kɑtn ˈswɑbs]
Wechsel change [tʃendʒ]; *(Austausch)* exchange [ɪksˈtʃendʒ]
Wechselgeld change [tʃendʒ]
wechselhaft variable [ˈvɛriəbl]
Wechselkurs exchange rate [ɪksˈtʃendʒ ˌret]
wecken to wake [wek]
weg away [əˈwe]; gone [gɑn]
Weg way [we]; *(Pfad)* path [pæθ]; *(Straße)* road [rod]
wegen because of [bɪˈkəz‿əv]
weggehen to go away [go‿əˈwe]; to leave [liv]
Wegweiser sign [saɪn]
wehtun to hurt [ˌhɚt]
weich soft [sɑft]
Weichkäse soft cheese [sɑft ˈtʃiz]
Weihnachten Christmas [ˈkrɪsməs]
weil because [bɪˈkəz]; since [sɪns]
Wein wine [waɪn]
weinen to cry [kraɪ]
Weinglas wine glass [ˈwaɪn glæs]

Weinhandlung wine dealer [ˈwaɪn dɪlɚ]; liquor store [ˈlɪkɚ stɔɚ]
Weisheitszahn wisdom tooth [ˈwɪzdm tuθ]
weiß white [waɪt]
Weißbrot white bread [ˈwaɪt ˌbrɛd]
Weißwein white wine [waɪt ˈwaɪn]
weit *(Gegenteil von eng)* wide [waɪd]; *(Weg)* long [laŋ]; *(entfernt)* far [faɚ]
Wellenbad wave pool [ˈweɪv pul]
Welt world [wɔɚld]
wenig little [ˈlɪdl]; few [fju]; **ein ~** a little **~er** less [ˈlɛs]
wenigstens at least [æt ˈlist]
wenn *(Bedingung)* if [ɪf]; *(zeitlich)* when [wɛn]
werden to become [bɪˈkəm]
Werkstatt auto repair shop [ɑdo rɪˈpɛɚ ʃɑp]; garage [gəˈrɑʒ]
Werktag workday [ˈwɚkde]
Werkzeug tools [tulz]
Wertangabe declaration of value [dɛklɚeʃn‿əv ˈvælju]
wertlos worthless [ˈwɚθlɪs]
Wertsachen valuables [ˈvæljəbəlz]
Wespe wasp [wɑsp]
Weste vest [vɛst]
Western western [ˈwɛstɚn]
westlich von to the west of [tə ðəˈwɛst əv]
Wetterbericht weather report [ˈwɛðɚ rɪpɔɚt]
Wettervorhersage weather forecast [ˈwɛðɚ ˌfɔɚkæst]
Wettkampf contest [ˈkɑntɛst]; match [mætʃ]
wichtig important [ɪmˈpɔɚtənt]
Wickeltisch changing table [ˈtʃendʒɪŋ ˌtebl]
wie *(Frage)* how [hæʊ]; *(Vergleich)* like [laɪk]
wieder again [əˈgɛn]
wiederholen to repeat [rɪˈpit]
wiederkommen to come back [kəm ˈbæk]; to return [rɪˈtɚn]
Wiese meadow [ˈmɛdo]
wild wild(ly) [waɪld(li)]
Wildpark wildlife park [ˈwaɪldlaɪf paɚk]
willkommen! welcome! [ˈwɛlkəm]
Wimperntusche mascara [mæsˈkɛɚə]
Wind wind [wɪnd]
Windeln diapers [ˈdaɪpɚz]
Windpocken chickenpox [ˈtʃɪknpaks]
Windrichtung wind direction [wɪnd dɪˈrɛkʃn]
Windschutzscheibe windshield [ˈwɪndʃild]
Windstärke velocity [vəˈlasɪti]
Windsurfen windsurfing [ˈwɪndsɚfɪŋ]
Winter winter [ˈwɪntɚ]
Winterreifen snow tires [ˈsno taɪɚz]
wir we [wi]
Wirbelsäule spine [spaɪn]
wirklich *(als Adjektiv)* real [ril]; *(echt)* true [tru]; *(als Adverb)* really [ˈrili]
Wischmopp mop [mɑp]
wissen to know [no]
Witz joke [dʒok]
WLAN Wi-Fi [ˈwaɪfaɪ]
Woche week [wik]; **in einer ~** in a week [ɪn‿ə wik]
Wochenende weekend [wikˈɛnd]; **am ~** over the weekend [ovɚ ðə wikˈɛnd]
Wochenendpauschale weekend special [ˈwikɛnd ˈspɛʃəl]
Wochenkarte weekly ticket [ˈwikli ˈtɪkɪt]
wochentags (on) weekdays [ˈwikdez]
wöchentlich *(als Adjektiv)* weekly [ˈwikli]; *(als Adverb)* once a week [ˈwəns‿ə ˈwik]
wohnen to live [lɪv]; to stay [ste]
Wohnmobil RV [aɚ ˈvi]
Wohnort place of residence [ˌples‿əv ˈrɛzɪdəns]
Wohnung apartment [əˈpaɚtmənt]
Wohnwagen trailer [ˈtrelɚ]
Wohnzimmer living room [ˈlɪvɪŋ rum]
Wolke cloud [klæʊd]
Wolkenkratzer skyscraper [ˈskaɪˌskrepɚ]
Wolldecke blanket [ˈblæŋkɪt]
Wolle wool [wəl]
Wort word [wɚd]
Wunde wound [wund]
wunderbar wonderful [ˈwəndɚfʊl]; marvelous [ˈmaɚvələs]
wundern: sich ~ (über) to be surprised (at/about) [səˈpraɪzd‿ət/ əˈbæʊt]
wünschen to want [wɑnt]; to wish for [wɪʃ fɔɚ]
Wurm worm [wɚm]
Wurst cold cuts [ˈkold kəts]
Würstchen sausage [ˈsasɪdʒ]
würzen to season [ˈsizn]
wütend furious [ˈfjʊɚiəs]

Y

Yoga yoga [ˈjogə]

Z

zäh tough [təf]
Zahl number [ˈnəmbɚ]; figure [ˈfɪgjɚ]
zählen to count [kæʊnt]
zahlen to pay [pe]

Zahlung payment [ˈpemənt]
Zahn tooth [tuθ]
Zähne teeth [tiθ]
Zahnbürste toothbrush [ˈtuθbrəʃ]
Zahnfleisch gums [gəmz]
Zahnpasta toothpaste [ˈtuθpest]
Zahnschmerzen toothache [ˈtuθek]
Zahnstocher toothpick [ˈtuθpɪk]
Zäpfchen suppository [səˈpɑzɪtɔɚi]
zart tender [ˈtɛndɚ]
zärtlich gentle [ˈdʒɛntl]
Zecke tick [tɪk]
Zehe toe [to]
Zeichen sign [saɪn]
Zeichensprache sign language [saɪn ˈlæŋgwɪdʒ]
Zeichentrickfilm animated movie [ˈæniˌmedɪd ˈmuvi]
zeichnen to draw [drɔ]
Zeichnung drawing [ˈdrɔɪŋ]
zeigen to show [ʃo]
Zeit time [taɪm]
Zeitschrift magazine [ˌmegəˈzin]
Zeitung newspaper [ˈnuzˌpepɚ]
Zeitungshändler newspaper stand [ˈnuzpepɚ stænd]
Zelt tent [tɛnt]
zelten to camp [kæmp]
Zeltschnur tether line [ˈtɛðɚ laɪn]
Zeltstange tentpole [ˈtɛntpol]
Zentimeter centimeter [ˈsɛntɪˌmidɚ]
zentral central [ˈsɛntrl]
Zentralheizung central heating [ˈsɛntrəl ˈhitɪŋ]
Zentrum center [ˈsɛndɚ]
Zerrung *(Bänder)* pulled ligament [pʊld ˈlɪgəmənt]; *(Muskel)* pulled muscle [pʊld ˈməsl]
Zeuge(Zeugin) witness [ˈwɪtnɛs]
Ziegenkäse goat's cheese [ˈgotz tʃiz]
ziehen to pull [pʊl]
Ziel aim [em]; *(Reiseziel)* destination [ˌdɛstɪˈneʃn]
ziemlich fairly [ˈfɛɚli]; rather [ˈræðɚ]; pretty [ˈprɪdi]
Zigarette cigarette [sɪgəˈrɛt]
Zigarillo cigarillo [ˌsɪgəˈrɪlo]
Zigarre cigar [sɪˈgɑɚ]
Zimmer room [rum]
Zimmermädchen housekeeper [ˈhæʊskipɚ]
Zimmertelefon phone in the room [ˈfon‿ɪn ðə ˈrum]
Zirkus circus [ˈsɚkəs]
Zitronen lemons [ˈlɛmənz]
Zoll duty [ˈdudi]
Zollerklärung customs declaration [ˈkəstəmz ˌdɛkləˈeʃn]
zollfrei duty-free [dudi ˈfri]
zollfreier Laden duty-free shop [dudi ˈfri ʃɑp]
Zollgebühren duty [ˈdudi]
zollpflichtig subject to duty [ˈsəbdʒɛkt tə ˈdudi]
Zoo zoo [zu]
zu *(Richtung)* to [tu]; *(geschlossen)* shut [ʃət]; closed [klozd]; *(mit Adjektiv)* too [tu]; **~ sehr** too much [tu ˈmətʃ] **~ viel** too much [tu ˈmətʃ]
zubereiten to prepare [prɪˈpɛɚ]; *(Getränke)* to mix [mɪks]; *(Speisen)* to cook [kʊk]
Zucker sugar [ˈʃʊgɚ]
zuerst (at) first [(æt) ˈfɚst]
zufällig by coincidence [baɪ koˈɪnsɪdɛns]
zufrieden satisfied [ˈsætɪsfaɪd]
Zug train [tren]
Zugänglichkeit accessibility [əkˌsɛsɪˈbɪlɪdi]
zuhören to listen [ˈlɪsn]
Zukunft future [ˈfjutʃɚ]
zukünftig future [ˈfjutʃɚ]
zulässig permitted [pɚˈmɪdɪd]; allowed [əˈlæʊd]
zuletzt finally [ˈfaɪnəli]; last [læst]
Zündkerze spark plug [ˈspɑɚk pləg]
Zündschlüssel ignition key [ɪgˈnɪʃn ki]
Zündung ignition [ɪgˈnɪʃn]
Zunge tongue [təŋ]
zurück back [bæk]
zurückbringen to bring back [brɪŋ ˈbæk]
zurückfahren to return [rɪˈtɚn]; to drive back [ˌdraɪv ˈbæk]
zurückgeben to give back [ˌgɪv ˈbæk]
zurückkehren to come back [ˌkəm ˈbæk]
zusagen *(Einladung)* to accept [əkˈsɛpt]
zusammen together [təˈgɛðɚ]
zusammenschlagen to beat up [ˈbit‿əp]
Zusammenstoß collision [kəˈlɪʒən]; crash [kræʃ]
zusätzlich *(als Adjektiv)* additional [əˈdɪʃənl]; *(als Adverb)* in addition [ɪn‿əˈdɪʃn]
zuschauen to watch [wɑtʃ]
Zuschauer spectators [ˈspɛktedɚz]
Zuschlag additional charge [əˈdɪʃənl ˈtʃɑɚdʒ]
zuständig responsible [rɪˈspɑnsəbl]
zweite(r, -s) second [ˈsɛknd]
zweitens second(ly) [ˈsɛknd(li)]
Zwiebeln onions [ˈənjənz]
zwischen between [bɪˈtwin]; *(zwischen mehreren)* among [əˈməŋ]
Zwischenfall incident [ˈɪnsɪdənt]
Zwischenlandung stopover [ˈstɑp ovɚ]; *(über Nacht)* layover [ˈleˌovɚ]
Zwischenstecker adapter, adaptor [əˈdæptɚ]
Zyste cyst [sɪst]

Bildquellen

Umschlagfotos: Thinkstock/iStocka; Thinkstock/Jupiterimages
10/11: © leekris - Fotolia.com; **20:** thinkstock (Digital Vision) ; **22/23:** © beatrice prève - Fotolia.com; **28/29:** fotolia/Alexey Protasov; **31:** shutterstock/ Maridav; **36:** © ViewApart - Fotolia.com; **50/51:** © laurenthuet - Fotolia.com; **56:** shutterstock/ Jorg Hackemann; **63:** fotolia.com/makoto-garage.com; **66:** fotolia.com/Bombaert Partick; **77:** shutterstock/ littleny; **81:** shutterstock/ Andrey Bayda ; **82/83:** fotolia.de/Fırat; **84:** © iofoto - Fotolia.com; **91:** © takada hiroto - Fotolia.com; **100/101:** © Lenslife - Fotolia.com; **102:** © fotek - Fotolia. com; **103:** © Maridav - Fotolia.com; **107:** shutterstock/ Monkey Business Images; **128/129:** © SeanPavonePhoto - Fotolia.com; **130:** © lunamarina - Fotolia.com; **145:** thinkstock (Pixel-68); **146/147:** © Mariusz Blach - Fotolia.com; **148:** thinkstock (IPGGutenbergUKLtd); **155:** © JJAVA - Fotolia.com; **162/163:** shutterstock/ Ritu Manoj Jethani; **165:** © henryart - Fotolia.com; **168:** shutterstock/ Monkey Business Images; **190/191:** thinkstock (RobinsonBecquart)

Zeigebilder (v. l. n. r.):
126: fotolia/Giuseppe Lancia; Fotolia/Jiri Hera ; Fotolia/roobcio; fotolia/Andrey Starostin; fotolia/Rémy MASSEGLIA; Dreamstime/Wksp; Fotolia/Andrei Nekrassov ; fotolia/dulsita; fotolia/Dani Vincek; fotolia/HelleM; Thinkstock/ Hemera ; fotolia/BSANI; fotolia/felinda; fotolia/Dionisvera; iStockphoto LP/ malerapaso; fotolia/pedrolieb; fotolia/o.meerson; fotolia/ExQuisine; fotolia/ Dalmatin.o; fotolia/Picture Partners; fotolia/SGV; Dreamstime/Wksp; Fotolia/ lunamarina; Dreamstime.com/Witoldkr1; **124:** Dreamstime/Givaga; fotolia/ yamix; fotolia/sspice; fotolia/Sergejs Rahunoks; fotolia/Andreas F.; fotolia/ Sergii Moscaliuk; fotolia/Corinna Gissemann; fotolia/Viktor; fotolia/Picture Partners; fotolia/IrisArt; fotolia/BeTa-Artworks; fotolia/Marius Graf; fotolia/ Peredniankina; © Boris Ryzhkov/fotolia.com; fotolia/Viktor; fotolia/ExQuisine; fotolia/Piovanello; Shutterstock Inc./Aleksandr Sulga; fotolia/gtranquillity; Dreamstime/Travelling-light; **125:** Fotolia/by-studio; Fotolia/valeriy555; Fotolia/Anna Kucherova; Fotolia/Tomboy2290; Fotolia/Irochka; iStockphoto LP./ Libby Chapman; 7-11: Fotolia/valeriy555; Fotolia/Marc Dietrich; Fotolia/salade; Fotolia/Malyshchyts Viktar; iStockphoto LP./coloroftime; 16-19: Fotolia/valeriy555; Creativ Collection; 21; 22: Fotolia/margo555; iStockphoto LP./Sandra Caldwell; Fotolia/valeriy555; **126:** Fotolia/Oleksiy Ilyashenko; 2-5: Fotolia/valeriy555; Fotolia/Popova Olga; Fotolia/valeriy555; Fotolia/Malyshchyts Viktar; Fotolia/valeriy555; Fotolia/Popova Olga; 10-12: Fotolia/valeriy555; Fotolia/Popova Olga; Fotolia/valeriy555; MDB; Fotolia/marilyn barbone; 17; 18: Fotolia/ valeriy555; Fotolia/Malyshchyts Viktar; 19; 20: Fotolia/valeriy555; 23; 24: Fotolia/valeriy555; **189:** fotolia/cristi180884; fotolia/by-studio; fotolia/Tharakorn; fotolia/NilsZ; fotolia/byggarn.se; fotolia/picsfive; fotolia/Nazzu; fotolia/picsfive; fotolia/DOC RABE Media; fotolia/picsfive; fotolia/ksena32; fotolia/picsfive; fotolia/bpstocks; fotolia/Jiri Hera; fotolia/Foto-Ruhrgebiet; fotolia/NilsZ; fotolia/jlcst; fotolia/Gresei; Ingram Publ.; fotolia/wiedzma